莫砺锋 著

杜甫评传

南京大学出版社

杜甫像（明·张骏 模）

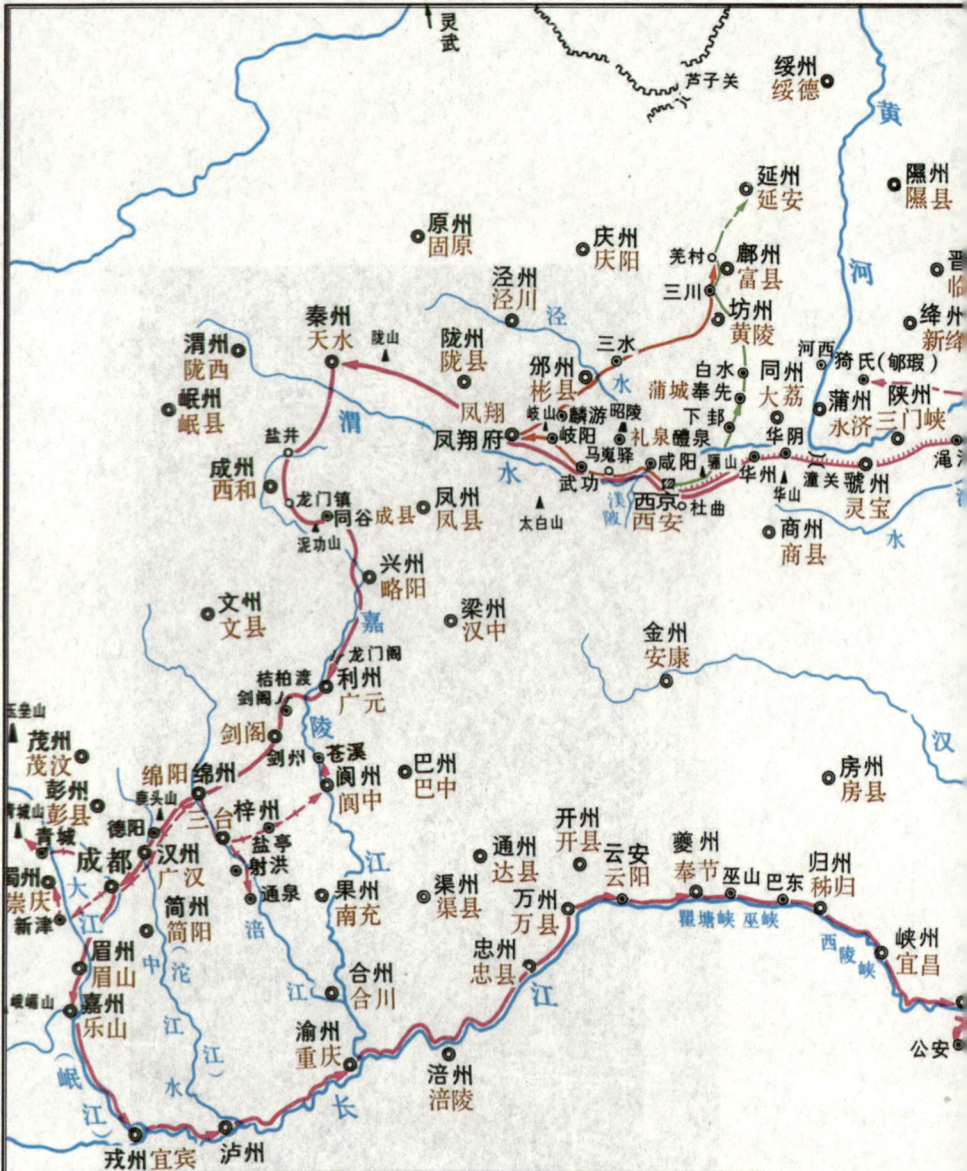

灵武
芦子关
绥州 绥德
黄河
原州 固原
庆州 庆阳
延州 延安
羌村
三川
鄜州 富县
隰州 隰县
晋州 临汾
泾州 泾川
泾
坊州 黄陵
河西
绛州 新绛
渭州 陇西
岷州 岷县
秦州 天水
陇山
陇州 陇县
邠州 彬县
岐山
三水
水
白水
蒲城奉先
下邽
同州 大荔
猗氏(郇瑕)
新
凤翔
凤翔府
麟游 昭陵
岐阳
礼泉醴泉
马嵬驿
咸阳
华阴
蒲州 永济
陕州 三门峡
渭
水
成州 西和
盐井
龙门镇
同谷成县
泾功山
凤州 凤县
太白山
武功
汉陵
西京 西安 杜曲
华州
华山
潼关 虢州 灵宝
商州 商县
潼
水
文州 文县
兴州 略阳
嘉
梁州 汉中
金州 安康
玉垒山
茂州 茂汶
彭州 彭县
青城山 青城
蜀州 崇庆 新津
大江
成都
德阳
绵州 绵阳 三台
吴山
梓州 梓州
盐亭
射洪
汉州 广汉
简州 简阳
通泉
龙门阁
利州 广元
桔柏渡 剑门
剑阁
剑州
陵
苍溪
阆州 阆中
巴州 巴中
房州 房县
开州 开县
通州 达县
云安 云阳
夔州 奉节
巫山 巴东
归州 秭归
峡州 宜昌
渠州 渠县
万州 万县
瞿塘峡 巫峡
忠州 忠县
西陵峡
果州 南充
中
江
沱
江
合州 合川
眉州 眉山
峨眉山
嘉州 乐山
岷
江
泸州
渝州 重庆
涪州 涪陵
长
江
戎州 宜宾
公安
衡阳衡

图　　例

⊟ 都城　　　　　○ 聚落　　　　　▲ 山峰　　　　　〜 河流
◎ 郡、府、州、都护府驻所　**奉节** 今地名　)(关隘　═ 运河
⊙ 县级驻所　　　▲ 陵墓　　　　∧∧∧ 长城　　　　⊂ 湖泊

—→ 开元十八年(730)郇瑕之游及开元十九年——二十三年(731—735)吴越之游路线
- - -→ 开元二十四年——二十九年(736—741)齐赵之游路线
- ·-→ 天宝三载——四载(744—745)王屋山访道及梁宋齐鲁之游路线
—→ 天宝十四载(755)奉先省家及天宝十五载(756)避难鄜州路线
→ 至德二载(757)逃归凤翔及鄜州省家路线
·········→ 乾元元年(758)移官华州、东归洛阳及乾元二年(759)自洛阳返华州路线
━━→ 乾元二年(759)自华州往秦州、成都及永泰元年——大历五年(765—770)出蜀漂泊江湘路线
- - -→ 乾元三年——广德二年(760—764)在蜀中游历及避乱路线

杜甫行踪示意图

渤海

东海

南海

一、本图县以上政区的位置参照中国历史地图集编辑组编辑的《中国历史地图集》第五册绘制，政区建制以开元二十九年（741年）为准，个别政区有所改动，如岐州改为凤翔府（凤翔府置于至德二载[757年]）。

二、本图对都邑古今地名有异者以红字标明今地名（古今地名同者不标），凡其它今内容一概从略，以求简明。

杜甫草堂（四川成都）

杜甫故里（河南巩县）

目 次

第 一 章

孕育"诗圣"的条件：时代、家庭与禀赋

一 / 历史奉上的桂冠："集大成"的"诗圣"

对于文学家及其作品来说，时间是最公正、最具权威的评判者。在流经了两千多年的中国文学这条长河中，有许多作家曾经名动一时，灿若明星，但曾几何时，他们的光彩逐渐暗淡了。他们那些曾经使得"洛阳纸贵"的作品也成为尘封鼠啮的一堆故纸，有的甚至湮灭无遗。然而也有相反的现象，有少数作家生前不甚为文坛所重，身后的声誉却与日俱增。前一类作家有如碎石细沙，最终被不舍昼夜的流水淘尽。后一类作家则如沙中之金，愈经磨洗愈能发出灿烂的光辉。杜甫就属于后一类作家。

杜甫在晚年所作的《壮游》一诗中回忆说："往昔十四五，出游翰墨场。斯文崔魏徒，以我似班扬。七龄思即壮，开口咏凤凰。九龄书大字，有作成一囊。""崔"指崔尚，武后久视元年（700）进士

及第,官至祠部郎中。"魏"指魏启心,中宗神龙三年(707)举"才膺管乐科"。当玄宗开元十三、十四年(725—726)杜甫十四五岁时,崔、魏二人都已是闲居洛阳的文坛前辈了。他们称誉少年杜甫好像班固和扬雄,可见诗人的才华很早就引起了人们的注意。开元二十三年(735),杜甫自吴越漫游归来,在洛阳参加进士考试,没有及第,此时他的诗才却受到了当时在文坛享有盛名的李邕和王翰的赏识。① 可是杜甫漫游齐赵与困居长安时,虽曾与当时的著名诗人李白、高适、王维、岑参、储光羲等人交游唱酬,然而在上述诸人的作品中,却找不到一句对杜诗的称扬之语。直到代宗宝应元年(762),杜甫五十一岁时,才有任华作《杂言寄杜拾遗》,对杜诗予以高度的赞扬:"杜拾遗,名甫第二才甚奇。……昨日有人诵得数篇黄绢词,吾怪异奇特借问,果然称是杜二之所为。势攫虎豹,气腾蛟螭。沧海无风似鼓荡,华岳平地欲奔驰。曹刘俯仰惭大敌,沈谢逡巡称小儿。昔在帝城中,盛名君一个。诸人见所作,无不心胆破。"② 代宗大历四年(769),即杜甫去世的前一年,又有郭受作《杜员外兄垂示诗因作此寄上》说杜甫"新诗海内流传遍",韦迢作《潭州留别

① 《奉赠韦左丞丈二十二韵》:"甫昔少年日,早充观国宾。读书破万卷,下笔如有神。赋料扬雄敌,诗看子建亲。李邕求识面,王翰愿卜邻。"按:《新唐书·杜甫传》云:杜甫"少贫,不自振,客吴越、齐赵间。李邕奇其材,先往见之"。杜甫晚年作《八哀诗·赠秘书监江夏李公邕》中回忆说:"伊昔临淄亭,酒酣托末契。重叙东都别,朝阴改轩砌。"(临淄亭即济州历下亭,杜甫于玄宗天宝四载与李邕同游历下亭,作《陪李北海宴历下亭》)可见李邕"先往见之"之事当是在东都洛阳。王翰卜邻亦当是实有其事,而师古《杜诗详说》杜撰《唐史拾遗》载"杜华母使华与王翰卜邻"事,钱谦益《钱注杜诗·略例》中斥其"伪造故事",甚当。今检《唐才子传》卷一王翰条亦载此事,傅璇琮先生笺云"此未详出于何书"。(见《唐才子传校笺》卷一)我们颇疑辛文房撰此书时即据师古谬说。细味上引《奉赠韦左丞丈二十二韵》诗句之语气,"李邕求识面,王翰愿卜邻"之事当发生在杜甫开元二十三年(735)下第后不久。
② 任华此诗首见于唐末韦庄编《又玄集》卷上。仇兆鳌《杜诗详注》中录此诗于所附《诸家咏杜》,但于诗后注云:"玩此诗起段,似杜旧交,又似杜乍交。当时少陵诗名,推重海内,此篇颇傲睨放恣,几乎呼大将如小儿矣。考《唐诗纪》中,止载华两首,一寄太白,一寄少陵,何独拣此二大名公作诗相赠耶? 又篇中语带俚俗,格调不见高雅,俱属可疑。"笔者认为此诗中称"任生与君别来已多时,何曾一日不相思",则任华与杜甫相交甚笃,然杜诗中绝无一处提及之,是为最可疑之事。因为杜甫笃于友情,集中对于诸友皆反复咏及,何以独遗任华一人? 待考。

杜员外院长》说杜甫"大名诗独步"。（郭、韦二诗并见《唐诗纪事校笺》卷二四）任华等三人虽然对杜诗称颂备至，但他们本人在诗坛上并无名声，他们的称颂在当时也不会有多大的影响。所以总的说来，杜甫生前虽然不算是默默无闻，但他在诗坛上的名声不但远逊于李白、王维，而且也不如岑参、储光羲。大历四年（769），五十八岁的杜甫在《南征》诗中感慨万分地说："百年歌自苦，未见有知音！"第二年，诗人就在湘江上的一叶扁舟中寂寞地去世了。

杜甫去世后不久，樊晃搜集杜诗编成《杜工部小集》，他在《杜工部小集序》中痛心地说：

> 属时方用武，斯文将坠，故不为东人之所知。江左词人所传诵者，皆公之戏题剧论耳。曾不知君有大雅之作，当今一人而已。

其实杜诗在当时不仅是"不为东人之所知"，而且几乎是"不为世人之所知"。当时有几种重要的诗歌选本，如殷璠编选的《河岳英灵集》，收诗年代起于开元二年（714），终于天宝十二载（753），又有高仲武编选的《中兴间气集》，收诗年代起于肃宗至德元载（756），终于代宗大历末年（779），这两种著名的选本所涵括的年代几乎与杜甫的一生正好重合，然而二书都没有入选杜诗。此外还有芮挺章编选的《国秀集》，主要选盛唐诗人之作，且以五律等近体为主，但竟然也不及杜诗。由此可见杜诗在当时确实没有得到诗坛的重视。

到了中唐，情况发生了很大的变化。中唐诗坛上主要的两个流派——元、白诗派与韩、孟诗派尽管在诗学观点和创作倾向上都大异其趣，但是他们对杜甫都一致推崇，所不同的有两点：第一，元、白诗派推崇杜诗主要着眼于杜诗多写民生疾苦和国政时事，例如元稹《乐府古题序》（《元氏长庆集》卷二三）中赞扬道："近代唯诗人杜甫《悲陈陶》、《哀江头》、《兵车》、《丽人》等，凡所歌行，率皆即事名篇，无复倚傍。"白居易《与元九书》（《白氏长庆集》卷四五）中则说："又诗之豪者，世称李杜。李①

---

① 按：《白氏长庆集》卷四五所载《与元九书》无此"李"字，此据《全唐文》卷六七五校补。

之作,才矣奇矣,人不逮矣。索其风雅比兴,十无一焉。杜诗最多,可传者千余首,至于贯穿今古,规缕格律,尽工尽善,又过于李。然撮其《新安》、《石壕》、《潼关吏》、《塞芦子》、《留花门》之章,'朱门酒肉臭,路有冻死骨'之句,亦不过三四十首。杜尚如此,况不逮杜者乎?"而韩、孟诗派推崇杜诗则主要着眼于其才力之雄强,例如韩愈《荐士》(《韩昌黎诗系年集释》卷六)诗云:"勃兴得李杜,万类困陵暴。"又《石鼓歌》(同上卷七)云:"少陵无人谪仙死,才薄将奈石鼓何?"第二,元、白有时颇有扬杜抑李的倾向,如上引白居易《与元九书》就认为杜"过于李",而元稹在《唐故工部员外郎杜君墓系铭并序》(《元氏长庆集》卷五六)中甚至说:"时山东人李白,亦以奇文取胜,时人谓之李杜。余观其壮浪纵恣,摆去拘束,模写物象,及乐府歌诗,诚亦差肩于子美矣。至若铺陈终始,排比声韵,大或千言,次犹数百,辞气豪迈而风调清深,属对律切而脱弃凡近,则李尚不能历其藩翰,况堂奥乎!"而韩、孟则李、杜并重,无轩轾之分,韩愈《调张籍》诗云:"李杜文章在,光焰万丈长。不知群儿愚,那用故谤伤?蚍蜉撼大树,可笑不自量!"[1]由此可见,在中唐诗坛上,杜甫的地位已经超过了王维等人,而与李白分庭抗礼了。

及至晚唐,李、杜齐名已成为诗坛的共识。杜牧诗云:"命代风骚将,谁登李杜坛?少陵鲸海动,翰苑鹤天寒。"(《雪晴访赵嘏街西所居三韵》,《樊川文集》卷二)李商隐诗云:"李杜操持事略齐,三才万象共端倪。"(《漫成五章》之二,《李义山诗集》卷六)在被后人称为"小李杜"[2]的李商隐、杜牧看来,李白、杜甫无疑是唐代最杰出的诗人。与此同时,杜诗也开始受到选家的青睐。宣宗大中十年(856),顾陶编成《唐诗类选》二十卷,此书今已不存,但《文苑英华》卷七一四收有其序,序云:"国朝以来,人多反古,德泽广被,诗之作者继出,则有杜李迥生于时,群才莫得而

---

① 前人多认为韩愈此论乃针对元、白而发,如清人方世举即举白居易《与元九书》和元稹《唐故工部员外郎杜君墓系铭并序》以注此诗(见《韩昌黎诗系年集释》卷九)。然而白居易《与元九书》作于元和十年(815)十二月,而韩愈此诗作于元和十一年(816),恐未必已得知白氏书信中内容,所以我们认为韩诗主要是针对元稹而发,元稹为杜甫作墓系铭事在元和八年(813)。

② 明胡应麟《诗薮》外编卷四云:"李商隐、杜牧之齐名晚季,咸称李杜。"清薛雪《一瓢诗话》中遂称之为"小李杜"。

问。"值得注意的是，此书不但是唐人选本中最早入选杜诗的一种，而且把杜甫尊为有唐诗坛之第一人。自中唐以来，对李白、杜甫并称李杜，已成惯例，即使是有扬杜抑李倾向的元、白也不例外。而顾陶却改称"杜李"，鲜明地表示了尊杜的态度。此书共收诗一千二百余首，卞孝萱先生已考出其中三十首杜诗的题目，① 不难推测，杜诗在此书中是占相当大的比重的。二十四年以后，韦庄编《又玄集》，也以杜甫为第一，李白为第二，可能即受顾陶此书的影响。

从晚唐以来，杜甫及杜诗开始得到各种桂冠，择其要者，有下面三说：

（一）"诗史"

晚唐孟棨《本事诗·高逸第三》：

> 杜逢禄山之难，流离陇蜀，毕陈于诗，推见至隐，殆无遗事，故当时号为"诗史"。

此说得到后人广泛的认可，如北宋黄庭坚诗云："老杜文章擅一家，国风纯正不欹斜……千古是非存史笔，百年忠义寄江花！"（《次韵伯氏寄赠盖郎中喜学老杜诗》，《山谷诗外集补》卷四）胡宗愈《成都新刻草堂先生诗碑序》（《杜诗详注》附编）、王彦辅《增注杜工部诗序》（同上）等也都申述此意。

（二）"集大成"

北宋秦观《韩愈论》（《淮海集》卷二二）云：

> 杜子美之于诗，实积众家之长，适当其时而已。昔苏武、李陵之诗，长于高妙；曹植、刘公干之诗，长于豪逸；陶潜、阮籍之诗，长于冲淡；谢灵运、鲍照之诗，长于峻洁；徐陵、庾信之诗，长于藻丽。于是杜子美者，穷高妙之格，极豪逸之气，包冲淡之趣，兼峻洁之姿，备藻丽之态，而诸家之作所不及焉。然不集诸家之长，杜氏亦不能独至于斯也。岂非适当其时故耶？孟子曰："伯夷，圣之清者也；伊尹，圣之任者也；柳下惠，圣之和者

---

① 见《顾陶〈唐诗类选〉是第一部尊杜选本》，载卞孝萱《唐代文史论丛》。

也；孔子，圣之时者也。孔子之谓集大成。"呜呼，杜氏、韩氏，亦集诗文之
大成者欤！

"集大成"之说实乃当时人之共识，苏轼云："杜子美诗，格力天纵，奄有汉、魏、晋、
宋以来风流，后之作者，殆难复措手。"（《书唐氏六家书后一首》，《东坡集》卷二三）
又云："诗至于杜子美，文至于韩退之，书至于颜鲁公，画至于吴道子，而古今之变，
天下之能事毕矣。"（《书吴道子画后》，《东坡集》卷二二）所以陈师道《后山诗话》
称："子瞻谓：杜诗、韩文、颜书、左史，皆集大成者也。"也许就是从苏轼的话引申而
来的。而且，早在元稹所作的杜甫墓系铭中已说过："至于子美，盖所谓上薄风骚，
下该沈宋，古傍苏李，气夺曹刘，掩颜谢之孤高，杂徐庾之流丽，尽得古今之体势，而
兼人人之所独专矣。"这段话虽未拈出"集大成"三字，但这层意思已经呼之欲出了。

（三）"诗圣"

南宋杨万里《江西宗派诗序》（《诚斋集》卷七九）云：

> 苏、李之诗，子列子之御风也。杜、黄之诗，灵均之乘桂舟、驾玉车
> 也。无待者，神于诗者欤？有待而未尝有待者，圣于诗者欤？

杨万里此论，后人多予引述，[①] 因为他首先标出一个"圣"字。但事实上这也不是
杨万里的独得之秘，早在北宋，邹浩作《送裴仲孺赴官江西叙》（《道乡先生文集》卷
二七）说："昔司马子长、杜子美皆放浪沅湘、窥九疑、登衡山，以搜抉天地之秘，然
后发愤一鸣，声落万古，儒家仰之，几不减六经。"南北宋之际的张戒在《岁寒堂诗
话》卷上中说："至于杜子美，则又不然。气吞曹刘，固无与为敌。如放归鄜州，而
曰：'维时遭艰虞，朝野少暇日。顾惭恩私被，诏许归蓬荜。'新婚戍边，而云：'勿为
新婚念，努力事戎行。罗襦不复施，对君洗红妆。'《壮游》云：'两宫各警跸，万里遥
相望。'《洗兵马》云：'鹤驾通宵凤辇备，鸡鸣问寝龙楼晓。'凡此皆微而婉，正而有

---

① 如宋魏庆之《诗人玉屑》卷一四，明杨慎《升庵诗话》卷一一等。

礼，孔子所谓'可以兴，可以观，可以群，可以怨，迩之事父，远之事君'者。如'刺规多谏诤，端拱自光辉。俭约前王礼，风流后代希'，'公若登台辅，临危莫爱身'，乃圣贤法言，非特诗人而已。"又说："然子美诗，读之使人凛然兴起，肃然生敬，《诗序》所谓'经夫妇，成孝敬，厚人伦，美教化，移风俗'者也。"稍晚于杨万里的敖陶孙则在《臞翁诗评》中说："独唐杜工部如周公制作，后世莫能拟议。"曾噩亦在《九家集注杜诗序》中说："独少陵巨编，至今数百年，乡校家塾，龆龀之童，琅琅成诵，殆与《孝经》、《论语》、《孟子》并行。"这些推崇杜甫或杜诗的话着眼点并不相同，但都含有视杜甫为诗国圣人之意。到了明末，终身研杜的王嗣奭遂正式称杜甫为"诗圣"，他在《梦杜少陵作》诗中说："青莲号诗仙，我翁号诗圣。"又在《浣花草堂二首》之二中说："诗圣神交盖有年。"（二诗均见《杜诗详注》附编）

上述三种称号，尤其是后两种，可说是古代诗歌史上至高无上的称誉。杜甫戴上这两顶神圣的桂冠，历时千年而不被认为僭越，可见他在古代诗歌史上占有无与伦比的地位。

那么，这位"集大成"的"诗圣"是怎样产生的呢？就像传说中的古代圣人都具有一番神奇的来历一样，相传杜甫也是来历不凡。五代人冯贽《云仙杂记》卷一《文星典吏》条云：

> 杜子美十余岁，梦人令采文于康水。觉而问人，此水在二十里外，乃往求之。见鹅冠童子告曰："汝本文星典吏，天使汝下谪，为唐世文章海。九云诰已降，可于豆垅下取。"甫依其言，果得一石，金字曰："诗王本在陈芳国，九夜扪之麟篆熟，声振扶桑享天福。"后因佩入葱市，归而飞火满室，有声曰："邂逅秽吾，令汝文而不贵。"

这个神话当然不能回答我们的问题。我们认为，即使像杜甫这样一位无与伦比的伟大诗人，他的产生也是可以用事实来说明的。当然，产生"诗圣"的条件绝不是单一的、平常的。从多方面探索产生"诗圣"杜甫的条件，将是本章的主要内容。

二 / 家庭传统之一："奉儒守官"

唐睿宗太极元年(712),杜甫出生在河南巩县城东二里的瑶湾村(今河南巩县南)①。这是一个怎样的家庭呢?我们先看看杜氏的世系,为了说明家庭对杜甫的影响,这个世系表可以从杜甫的十五世祖杜畿开始(此表不列旁系):

十五世祖　杜畿　京兆杜陵人,东汉建安时任河东太守。

十四世祖　杜恕　魏太和中散骑黄门侍郎,后任幽州刺史。

十三世祖　杜预　晋镇南大将军,都督荆州诸军事,封当阳县侯。

十二世祖　杜耽　晋凉州刺史。

十一世祖　杜顾　晋西海太守。

十世祖　　杜逊　东晋初南迁襄阳,为襄阳杜氏始祖。任魏兴太守。

九世祖　　杜灵启

八世祖　　杜乾光　齐司徒右长史。

七世祖　　杜渐　梁边城太守。

六世祖　　杜叔毗　北周硖州刺史。

五世祖　　杜鱼石　隋获嘉县令。

曾祖　　　杜依艺　唐监察御史,巩县令。杜氏自此迁居巩县。

祖父　　　杜审言　武后圣历中任膳部员外郎,中宗神龙间任修文馆直学士。

父　　　　杜闲　玄宗开元末任兖州司马,约于天宝五载调任奉天令。

尊敬祖先是儒家的一条伦理准则,《论语·学而》云:"慎终追远,民德归厚矣。"所以在封建社会中,"述祖德"是士大夫的一个传统。杜甫也不例外,他对于自己的家世也是经常引以自豪的。在杜甫的祖先中,他最喜欢夸耀的是杜预和杜审言两人,他们代表着杜甫家庭中的两个传统。我们先谈第一个传统。

---

① 此地今为"杜甫故里纪念馆",1962年建。在相传是杜甫诞生地的窑洞正面有碑楼一座,上书"唐工部杜甫故里",清乾隆三十一年(1766)立。

开元二十九年(741)，杜甫从山东回到洛阳，在首阳山下的尸乡亭附近建了几间窑洞，即所谓的"尸乡土室"，他的远祖杜预和祖父杜审言的坟墓都在这个地方。他写了一篇《祭远祖当阳君文》，颂扬杜预说：

> 圣人之后，世食旧德。降及武库，应乎虬精。恭闻渊深，罕得窥测。勇功是立，智名克彰。缮甲江陵，禳清东吴。邦于南土，建侯于荆。河水活活，造舟为梁。洪涛奔汜，未始腾毒。《春秋》主解，稿隶躬亲。

接着又表明自己的心情：

> 小子筑室首阳之下，不敢忘本，不敢违仁。

天宝元年(742)，杜甫的姑母万年县君卒于洛阳，杜甫为之作《唐故万年县君京兆杜氏墓志》，其中提到自己的家庭说：

> 远自周室，迄于圣代，传之以仁义礼智信，列之以公侯伯子男。

天宝九载(750)，杜甫在长安献《雕赋》，在《进雕赋表》中说：

> 臣之近代陵夷，公侯之贵磨灭，鼎铭之勋不复焜耀于明时。自先君恕、预以降，奉儒守官，未坠素业矣。

杜甫念念不忘的远祖杜预是西晋的名臣、名儒，他曾任镇南大将军，都督荆州诸军事，在灭吴战争中战功赫赫，为西晋的统一全国做出了卓越的贡献。灭吴之后，他在江南兴修水利，发展生产，公私俱受其益。杜预博学多术，在政治、经济、军事、律令、历法、算术、工程诸方面均有研究，人称"杜武库"。平生于群经特好《左传》，著有《春秋左氏经传集解》三十卷，为现存最早、最具权威性的《左传》注本,被后人收入《十三经注疏》。在杜甫心目中,杜预可以说是儒家的理想人物了,所以杜甫对他推崇备至。在今天看来,杜甫念念不忘"列之以公侯伯子男"与"守官",似乎有歆羡功名富贵之嫌。冯至先生在《杜甫传》中说:"杜甫是出生于一个有悠久传统的官僚家庭。这样的家庭有田产不必纳租税,丁男也不必服兵役,在社会里享有许多封建特权。它和名门士族通婚姻,遵守儒家的礼教,专门辅助统治者,剥削人民。……由此我们可以理解杜甫庸俗的一面,他中年时期在长安那样积极地营谋官职,不惜向任何一个当权者求援引,这和他家庭的传统是分不开的。"又说:"历代祖先的'奉儒守官'不过促使杜甫热衷仕进;杜预只给他一些不能实现的事业幻想。"但是我们认为,在古代,"守官"与"奉儒"本是相依相存、不可分割的。在儒家看来,要想行大道于天下,舍做官为政外别无他途。所以孔子说:"沽之哉,沽之哉,我待贾者也。"(《论语·子罕》)孔门的子路也说:"不仕无义。……君子之仕也,行其义也。"(《论语·微子》)只要不是碰到暴虐无道的君主,儒家总是主张积极入仕的。就杜甫一生的行事来看,"奉儒守官"的家庭传统对他产生的主要影响绝不是"积极地营谋官职",而是坚信儒家的政治理想与人生理想,这对诗人杜甫的成长起了积极的作用。

唐代是一个思想比较解放的时代。在唐代,儒、道、释三种思想流派都受到统治者的重视、支持,思想界呈现出百花齐放的繁纷局面。盛唐时代的诗人思想既复杂又活跃,王维信佛,李白好道,都是很著名的例子。杜甫则与众不同,他虽曾在青年时代往王屋山谒道士华盖君,晚年也写过"愿闻第一义,回向心地初"(《谒文公上方》),"身许双峰寺,门求七祖禅"(《秋日夔府咏怀寄郑监李宾客一百韵》)之类诗句,但那仅是一时的冲动之举和兴到之言,就其思想的主要倾向而言,我们完全同意清人刘熙载的论断:"少陵一生却只在儒家界内。"(《艺概》卷二)杜甫继承了"奉儒守官"的家庭传统,造次必于是,颠沛必于是,始终以儒家思想为安身立命的根本。在今存杜诗中,共有四十四处提到"儒"字,①其中有二十处直接与他

---

① "侏儒应共饱"(《秦州见勅目薛三璩授司仪郎毕四曜除监察与二子有故远喜迁官兼述索居凡三十韵》)句中的"儒"字非儒家之义,故不计。

自己相关。杜甫再三地自称：

> "儒"——"有儒愁饿死，早晚报平津！"（《奉赠鲜于京兆二十韵》）
>
> "儒生"——"儒生老无成，臣子忧四蕃。"（《客居》）
>
> "老儒"——"社稷缠妖气，干戈送老儒。"（《舟中出江陵南浦奉寄郑少尹审》）
>
> "腐儒"——"江汉思归客，乾坤一腐儒。"（《江汉》）

这些话有时似乎是自谦自抑之词，但实质上却含有深深的自豪感，体现了诗人对自己儒者身份的珍视。当然，杜甫也曾有过"纨绔不饿死，儒冠多误身"（《奉赠韦左丞丈二十二韵》）的慨叹，有过"山中儒生旧相识，但话宿昔伤怀抱"（《乾元中寓居同谷县作歌七首》之七）的懊恼，甚至还有过"儒术于我何有哉？孔丘盗跖俱尘埃"（《醉时歌》）的牢骚。有的论者认为杜甫的这些牢骚表明他对整个儒家思想产生了怀疑，[1]这是被杜甫愤激的反语瞒过了。诗人们在表达极端愤激的感情时，往往出之以奇诡的反语，自阮籍《咏怀诗》之后，不乏其例。即如杜甫的《醉时歌》，王嗣奭在《杜臆》卷一中对之有很准确的理解："此篇总是不平之鸣、无可奈何之词。非真谓垂名无用，非真薄儒术，非真齐孔、跖，亦非真以酒为乐也。杜诗'沉醉聊自遣，放歌破愁绝'，即此诗之解，而他诗可以旁通。"其实，从这种愤激之词中，正可以体会到杜甫对儒术的眷恋之情。[2]

那么，杜甫所拳拳服膺的儒术，到底包含哪些具体内容呢？或者说，杜甫对于庞大、复杂的儒家思想体系，是兼收并蓄，还是择善而从呢？

孔子死后，儒分为八："有子张之儒，有子思之儒，有颜氏之儒，有孟氏之儒，有漆雕氏之儒，有仲良氏之儒，有孙氏之儒，有乐正氏之儒。"（《韩非子·显学》）在这

---

① 见西北大学中文系杜诗研究小组《论杜甫的世界观》，载于《杜甫研究论文集》第二辑。

② 参看鲁迅对阮籍、嵇康与礼教关系的分析，见《魏晋风度及文章与药及酒之关系》（载《而已集》）。

八派之中,影响后代甚钜的是孟轲(即"孟氏")和荀况(即"孙氏")两派。孟子的学说虽亦自成体系,但它在本质上与孔学比较接近,所以后人把孔学与孟学合称为"孔孟之道",这实际上也就是早期儒家的代名词。荀子则不同,尽管他有时也被人看作大儒,但他主张性恶,强调礼治,实已具有鲜明的法家倾向,韩非、李斯出于其门,决不是偶然的。到了汉代,董仲舒由于首先提出"罢黜百家,独尊儒术"而在汉人心目中得到"为儒者宗"(见《汉书·五行志》)的地位,但事实上正是董仲舒把阴阳五行等思想搀入儒学,从而对儒家思想体系进行了大改造,使之变得面目全非。值得注意的是,在先唐发生的这两次对儒学的改造在杜甫身上几乎没有产生什么影响,杜甫所服膺的仅是早期的儒家思想,亦即孔孟之道,而且主要是孔孟之道中的积极因素。择其要者,有以下四端:

(一)以"仁"为核心的政治思想

"仁"是早期儒家思想的核心,是孔孟之道中的精华,杜甫对之终身服膺,须臾不离。儒家主张行"仁政":"尧舜之道,不以仁政,不能治天下。"(《孟子·离娄下》)杜甫则希望:"致君尧舜上,再使风俗淳。"(《奉赠韦左丞丈二十二韵》)儒家主张让人民"仰足以事父母,俯足以畜妻子,乐岁终身饱,凶年免于死亡"(《孟子·梁惠王上》)。杜甫则希望:"牛尽耕,蚕亦成,不劳烈士泪滂沱,男谷女丝行复歌。"(《蚕谷行》)儒家反对不义战争:"争地以战,杀人盈野。争城以战,杀人盈城。此所谓率土地而食人肉,罪不容于死。"(《孟子·离娄上》)杜甫则讽刺唐玄宗的穷兵黩武:"边庭流血成海水,武皇开边意未已!"(《兵车行》)儒家谴责贫富悬殊的社会现象:"庖有肥肉,厩有肥马,民有饥色,野有饿莩,此率兽而食人也。"(《孟子·梁惠王上》)杜甫则控诉那个时代说:"朱门酒肉臭,路有冻死骨!"(《自京赴奉先县咏怀五百字》)应该指出,孟子那种"民贵君轻"的可贵思想,[①]在杜诗中有相当深刻的体现。由于杜甫生活在封建秩序早已确立的唐代,他不可能公然谴责皇帝,但我们综合全部杜诗,不难看出,在诗人心目中,人民的地位是占有很大比重的。他

①《孟子·尽心下》:"民为贵,社稷次之,君为轻。"正是这些思想使后代的专制暴君(如明太祖朱元璋)对孟子极为反感,这从反面证明了孟子思想的进步性。

有时在诗中对君主寄予厚望,正是希望通过 "明君" 来改善人民的生活;而当那些君主置人民的死活于不顾时,诗人就毫不迟疑地把批判的笔锋刺向封建统治的最高层。可以说,在封建时代的诗人中间,杜甫最深刻地用艺术形式体现了儒家 "仁" 的思想。众所周知,儒家所谓 "仁",关键在 "爱人",在有 "恻隐之心",这正是杜甫热爱亲友、热爱人民乃至热爱天地间一切生命的思想基础。杜诗有云:"白鱼困密网,黄鸟喧嘉音。物微限通塞,恻隐仁者心。"(《过津口》)他已经把 "仁" 心推而广之,近于宋儒所谓 "民胞物与" 的精神了。[①]杜诗之所以感人肺腑,就在于它所蕴含的感情特别深厚,这不能不归功于儒家精神的熏陶。

(二) 以夷夏之辨为基础的爱国思想

儒家重视尊王,孔子在《春秋》中处处维护周天子的尊严,《公羊传》认为这是 "大一统也"。儒家又重视夷夏之别,孔子说:"夷狄之有君,不如诸夏之亡也。"(《论语·八佾》)又赞扬在维护 "诸夏"、抵拒 "夷狄" 的斗争中作出贡献的管仲说:"管仲相桓公,霸诸侯,一匡天下,民到于今受其赐。微管仲,吾其被发左衽矣。"(《论语·宪问》)孟子也说:"吾闻用夏变夷者,未闻变于夷者也。"(《孟子·滕文公上》)这种思想中有维护君臣名分以及民族歧视等落后因素,但其主要目的是要求国家统一,反对外族入侵,这在当时无疑是具有积极意义的。杜甫亲身经历的安史之乱,既是一场反对中央政府的地方叛乱,又是一场威胁汉族政权的民族斗争,所以诗人采取了坚决拥护唐王朝,反对安史叛军的态度。当安史叛军占领洛阳、长安后,许多身居要职的大官纷纷投降,接受伪职,即使是杜甫的诗友王维、储光羲等也都为了保全自己而接受了伪职,但是仅仅做着右卫率府兵曹参军(从八品下)的微官的杜甫却与叛军不共戴天。至德元载(756)八月,杜甫在羌村听说肃宗即位于灵武,即只身赴延州,欲投奔灵武。中途为叛军所执,送至长安后,又于次年四月冒着 "死去凭谁报"(《喜达行在所》之三)的危险逃至肃宗朝廷所在的凤翔。杜甫对安史叛军始终用 "胡" 字称之,如 "群胡归来血洗箭"(《悲陈陶》),"胡行速如

---

① 张载《西铭》(《张子全书》卷一):"民吾同胞,物吾与也。" 这种观点与孔、孟的 "仁" 说在精神上是一脉相承的。

鬼"(《塞芦子》);或蔑称为"胡羯":"胡羯仍构患"(《彭衙行》),"胡羯漫猖狂"(《寄彭州高三十五使君适虢州岑二十七长史参三十韵》);或"胡虏":"胡虏潜京县"(《喜闻官军已临贼寇二十韵》),"胡虏何曾盛"(《复愁十二首》之十二);或"逆胡":"逆胡冥寞随烟烬"(《惜别行送向卿进奉端午御衣之上都》);称叛军首领安禄山为"胡雏":"胡雏逼神器"(《咏怀二首》之一),"胡雏负恩泽"(《中夜》);特别是《北征》中的下面四句:

祸转亡胡岁,势成擒胡月。胡命其能久? 皇纲未宜绝!

四句中用了三个"胡"字,真是骂不绝口,表示了诗人对叛军的无比仇恨。显然,杜诗中到处闪耀的爱国主义光辉,与儒家思想的影响是分不开的。

（三）"弘毅"的人格精神

儒家极其重视"修身",这是实现其政治理想的必要条件。孔、孟二人都抱着"知其不可而为之"(《论语·宪问》)的奋斗精神,栖栖惶惶,死而后已。曾参说:"士不可不弘毅,任重而道远。仁以为己任,不亦重乎？ 死而后已,不亦远乎？"(《论语·泰伯》)孟子则说:"富贵不能淫,贫贱不能移,威武不能屈,此之谓大丈夫。"(《孟子·滕文公下》)杜甫具有典型的"士"的品格,他青年时即怀有"致君尧舜上,再使风俗淳"(《奉赠韦左丞丈二十二韵》)的远大理想,经过十年长安的穷愁潦倒后仍坚定地表示:"杜陵有布衣,老大意转拙。许身一何愚,窃比稷与契。居然成濩落,白首甘契阔。盖棺事则已,此志常觊豁。"(《自京赴奉先县咏怀五百字》)即使到他晚年贫病交加,漂泊湖湘时,仍把平生的理想寄托在他人身上:"致君尧舜付公等,早据要路思捐躯!"(《暮秋枉裴道州手札率尔遣兴寄递呈苏涣侍御》)论者对杜甫在长安时急于求仕颇有微辞,但杜甫求仕决不是仅仅为了追求富贵,否则的话,他在肃宗朝中任左拾遗时,为什么不像衮衮诸公一样唯唯诺诺,攀龙附凤,而偏偏要为房琯事上疏直谏,以批逆鳞呢？ 从杜甫在安史之乱前后的行事来看,他确实具有孟子所说的"大丈夫"气概。而从杜甫一生历尽艰难,而忧国忧民之初衷不为稍改的经历来看,他确实具有"弘毅"的人格精神。我们的"诗圣"

的崇高人格，是在儒家思想的哺育下完成的。

（四）"兴、观、群、怨"的文学思想

儒家一向重视诗歌，尤其重视诗歌的社会功用。孔子用《诗》三百篇作为教育弟子的教材，把《诗》教当作修养道德、陶冶性情乃至齐家治国的重要手段。孔子说："小子何莫学夫《诗》？《诗》可以兴，可以观，可以群，可以怨，迩之事父，远之事君，多识于鸟兽草木之名。"（《论语·阳货》）儒家在强调诗歌的讽刺作用时也很注意对感情的抑制，孔子赞扬《关雎》乐而不淫，哀而不伤"（《论语·八佾》），《礼记·经解》则云："其为人也，温柔敦厚，诗教也。"杜甫对儒家诗论的这两个方面都心领神会，他在《偶题》一诗中说"法自儒家有"，表明他的诗法是来自儒家的。①大历二年，杜甫在夔州读到了元结的《舂陵行》、《贼退示官吏》二诗，十分感动，作《同元使君〈舂陵行〉》，序云：

> 览道州元使君结《舂陵行》兼《贼退后示官吏作》二诗，志之曰：当天子分忧之地，效汉朝良吏之目。今盗贼未息，知民疾苦，得结辈十数公，落落然参错天下为邦伯，万物吐气，天下小安可待矣。不意复见比兴体制，微婉顿挫之词，感而有诗，增诸卷轴，简知我者，不必寄元。

人们多注意"比兴体制"四字，因为这显然是指的儒家"兴、观、群、怨"之说，但人们往往忽略了"微婉"二字，其实那即是指儒家"温柔敦厚"的诗教说。杜甫用"比兴

---

① 对"法自儒家有"一句，《杜臆》卷八注曰："旧例、清规皆法也，儒家谁不有之？"即解此句作"法自儒家已有"之意，今人注本多从之（如山东大学中文系古典文学教研室选注《杜甫诗选》）。清人何焯疑"儒"字乃"传"字之误，谓指杜审言（见《义门读书记》卷五五）。今人郭沫若则认为："'法自儒家有'等于说'诗是吾家事'而已。所谓'儒家'也不过是'书香之家'或者'读书人家'而已。"（《李白与杜甫》第147页）似均未得正解。清人翁方纲《石洲诗话》卷一云："杜公之学，所见直是峻绝。其自命稷、契，欲因文扶树道教，全见于《偶题》一篇，所谓'法自儒家有'也。"即解此句作"予之诗法乃取自儒家"之意。我们同意翁说，因为此句与下一句"心从弱岁疲"句法相似，都应是指诗人自身而言。而且此诗前面八句都是说诗歌史的情况，不会在此句突然转到"吾家"来。

体制，微婉顿挫之词"来评价元结的《春陵行》、《贼退示官吏》二诗，说明他所理解的儒家诗学思想有两点精神：第一，重视诗歌的思想内容，注重诗歌对现实，尤其是对民生疾苦等社会现实的反映和批判，亦即注重诗歌的社会功能。这种精神与我们今天所说的现实主义精神颇有一致之处。第二，重视诗歌的艺术形式，注重诗歌表达方式的含蓄以及语言、音节的和美，亦即注重诗歌的审美功能。杜诗既能深刻地反映社会现实，又没有叫嚣浅露之弊，无疑是得益于儒家诗论的。

综上所述，"奉儒守官"的家庭传统对杜甫的影响基本是积极的，我们应该理直气壮地予以肯定。在盛唐诗坛上，李白好以大鹏自比，因为大鹏本是道家思想的一种象征。①杜甫却好以凤凰自比，他"七龄思即壮，开口咏凤凰"（《壮游》），直到去世前一年还作《朱凤行》以见志。凤凰是儒家传说中的瑞鸟，《尚书·益稷》载："箫韶九成，凤凰来仪。"楚狂接舆对孔子唱道："凤兮凤兮，何德之衰？"（《论语·微子》）孔子忧道不行时叹息说："凤鸟不至，河不出图，吾已矣乎！"（《论语·子罕》）杜甫自比凤凰，表明了他与儒家之间的密切关系。而杜甫这个诗国中的凤凰，也确实是在儒家思想的哺育下成长起来的。

三 / 家庭传统之二："诗是吾家事"

杜甫的祖父杜审言，字必简，高宗咸亨元年（670）进士，曾任隰城尉，累转洛阳丞。武后圣历元年（698）坐事贬吉州司户参军，为人构陷，系狱。审言子杜并年仅十六，刺杀仇人，并亦被杀。武后闻之叹异，召见审言，授著作佐郎，俄迁膳部员外郎。中宗神龙元年（705），因谄附张易之兄弟，流放峰州。不久召还，授国子监主簿，加修文馆直学士。景龙二年（708）卒。杜审言平生在政治上没有什么作为，人品亦不甚高，但他的文才在当时享有盛名，少时即与李峤、崔融、苏味道齐名，称"文章四友"。晚年与沈佺期、宋之问唱和，对今体诗形式之确立颇有贡献。

①李白青年时即作《大鹏遇希有鸟赋》，后来更屡屡在诗中以大鹏自比，如《上李邕》："大鹏一日同风起，扶摇直上九万里。假令风歇时下来，犹能簸却沧溟水。""大鹏"的形象最早见于《庄子·逍遥游》。

杜甫对祖父甚为推崇，他在《进雕赋表》中说："亡祖故尚书膳部员外郎先臣审言，修文于中宗之朝，高视于藏书之府，故天下学士到于今而师之。"他并且把杜审言的诗学成就看成是家庭传统，说："吾祖诗冠古。"（《赠蜀僧闾丘师兄》）又对其子说："诗是吾家事。"（《宗武生日》）前一句话当然是夸张的溢美之词，但后一句话是合乎事实的：诗歌确实是杜甫家庭的传统，杜甫的诗艺是与杜审言一脉相承的。

杜审言的诗今仅存一卷，但就是从这些残存的作品中，仍然可以看出杜甫向他的祖父学习、摹仿的痕迹。比如在句法方面，杜甫诗中就显然有摹仿杜审言之处：

绾雾青丝弱，牵风紫蔓长。

——杜审言《和韦承庆过义阳公主山池五首》之二

林花着雨燕支湿，水荇牵风紫蔓长。

——杜甫《曲江对酒》

寄语洛城风日道，明年春色倍还人。

——杜审言《春日京中有怀》

传语风光共流转，暂时相赏莫相违。

——杜甫《曲江二首》之二

而章法方面的影响，从下列两首诗的对比也可以清楚地看出来：

登襄阳楼　　杜审言

旅客三秋至，层城四望开。楚山横地出，汉水接天回。冠盖非新里，章华即旧台。习池风景异，归路满尘埃。

登兖州城楼　　　　杜甫

东郡趋庭日，南楼纵目初。浮云连海岱，平野入青徐。故障秦碑在，荒城鲁殿余。从来多古意，临眺独踌躇。

它们在章法上是极其相似的：首联点明登临的时间、地点，颔联写登临所见的阔大景象，颈联借历史遗迹抒兴亡之感，尾联写自己的惆怅之意。在意境的构思和意象的塑造上，杜审言也对杜甫有所影响。例如：

和康五庭芝望月有怀　　　　杜审言

明月高秋迥，愁人独夜看。暂将弓并曲，翻与扇俱团。雾濯清辉苦，风飘月影寒。罗衣此一鉴，顿使别离难。

月　夜　　　　杜甫

今夜鄜州月，闺中只独看。遥怜小儿女，未解忆长安。香雾云鬟湿，清辉玉臂寒。何时倚虚幌，双照泪痕干。

两诗都是写月夜怀人的情景，清寒寂寥的意境，薄雾清辉的意象均很相似。甚至首联与颈联的韵脚都是相同的，多半不是出于巧合。当然，杜甫诗从所怀之人想起，构思更巧妙，乃是他翻新出奇之处。

　　上述情形，前人多有论及，[①]然而杜审言对杜甫的最大影响还不在这些方面，而在于五言律诗的形式。杜审言作诗注重近体，尤重五言律诗，今存的杜审言诗共四十三首，其中古体只有两首，而五律却有二十八首，五言排律也有七首。杜审言的五律不但声律和谐，对仗工稳，而且注重诗的整体结构和炼字设声，已达到很

---

① 参见宋王得臣《麈史》卷中、宋杨万里《杜必简诗集序》（《诚斋集》卷八二）、明胡应麟《诗薮》内编卷四、近人易孺《杜审言集跋》（《唐宋三大诗宗集》）等。

高的艺术水平。他的《和晋陵陆丞早春游望》一诗，被明人胡应麟誉为"初唐五言律第一"（《诗薮》内编卷四）。① 他对七律的形成也有首创之功。这种情形无疑与杜甫律诗的高度成就是有关系的。胡应麟指出："初唐无七言律，五言亦未超然。二体之妙，杜审言实为首创。五言则'行止皆无地'、'独有宦游人'。排律则'六位乾坤动'、'北地寒应苦'。七言则'季冬除夜'、'毗陵震泽'，皆极高华雄整。少陵继起，百代楷模，有自来矣。"（《诗薮》内编卷四）如果说这种影响体现于祖孙两人的整体创作倾向，所以只能从整体上去感受的话，那么，在下面两种情形中，这种影响却是十分清晰，可以予以条分缕析的。

首先是联章的五言律诗。初唐四杰和沈宋的笔下，已经出现过形式基本成熟的五言律诗，但是他们都未写过联章的五言律诗。在这一点上，杜审言有筚路蓝缕之功，试看下面这一组诗：

和韦承庆过义阳公主山池五首

其 一

野兴城中发，朝英物外求。情悬朱绂望，契动赤泉游。海燕巢书阁，山鸡舞画楼。雨余清晚夏，共坐此岩幽。

其 二

径转危峰逼，桥回缺岸妨。玉泉移酒味，石髓换粳香。绾雾青丝弱，牵风紫蔓长。犹言宴乐少，别向后池塘。

其 三

携琴绕碧沙，摇笔弄青霞。杜若幽庭草，芙蓉曲沼花。宴游成野客，形胜得山家。往往留仙步，登攀日易斜。

---

① 此诗又作韦应物诗（宋吴曾《能改斋漫录》卷十一以为韦应物逸诗），《全唐诗》则于两人名下皆收之。然宋本《杜审言集》中已收此诗，可从。

其　四

攒石当轩倚,悬泉度牖飞。鹿麛冲妓席,鹤子曳童衣。园果尝难遍,
池莲摘未稀。卷帘唯待月,应在醉中归。

其　五

赏玩期他日,高深爱此时。池分八水背,峰作九山疑。地静鱼偏逸,
人闲鸟欲欺。青溪留别兴,更与白云期。

第一首写游兴之发生,且交代时节是为晚夏,天气则为雨后。第二、三首分别写山
间与池畔景物之幽美与宴饮之乐,时间则有从晨至暮的变化。第四首写园内草木
禽兽之盛,此时人已微醉,月将东上矣。第五首从整体上赞美山池之深幽,且写游
兴之未尽,更为后期之约。第一首的起句,"野兴城中发,朝英物外求"与第五首的
尾句"青溪留别兴,更与白云期",首尾呼应。五首之间无论是空间的转换还是时
间的推移,都层次分明,脉络清晰,组成了一个完整的有机体。在字句上也处处
留意前后衔接,如第一首结句是"共坐此岩幽",第二首就从"径转危峰逼"写起。
第二首尾句点明"别向后池塘",第三首首句即以"携琴绕碧沙"相接。虽说每一
首都能独立成章,但显然诗人写作时不是想到一首写一首,然后冠以一个总的
标题,而是从整体上进行构思布局,然后一气呵成的。联章律诗这种新形式的
尝试,克服了律诗篇幅短小、容量有限的缺点,在当时是今体诗写作中的一个突
破。杜甫对此心领神会,他早期的一些联章律诗可以说是亦步亦趋地摹仿乃
祖,例如:

陪郑广文游何将军山林十首
其　一

不识南塘路,今知第五桥。名园依绿水,野竹上青霄。谷口旧相得,
濠梁同见招。平生为幽兴,未惜马蹄遥。

其 二

百顷风潭上，千章夏木清。卑枝低结子，接叶暗巢莺。鲜鲫银丝脍，香芹碧涧羹。翻疑柁楼底，晚饭越中行。

其 三

万里戎王子，何年别月支？异花开绝域，滋蔓匝清池。汉使徒空到，神农竟不知。露翻兼雨打，开拆渐离披。

其 四

旁舍连高竹，疏篱带晚花。碾涡深没马，藤蔓曲藏蛇。词赋工无益，山林迹未赊。尽捻书籍卖，来问尔东家。

其 五

剩水沧江破，残山碣石开。绿垂风折笋，红绽雨肥梅。银甲弹筝用，金鱼换酒来。兴移无洒扫，随意坐莓苔。

其 六

风磴吹阴雪，云门吼瀑泉。酒醒思卧簟，衣冷欲装绵。野老来看客，河鱼不取钱。只疑淳朴处，自有一山川。

其 七

棘树寒云色，茵陈春藕香。脆添生菜美，阴益食单凉。野鹤清晨出，山精白日藏。石林蟠水府，百里独苍苍。

其 八

忆过杨柳渚，走马定昆池。醉把青荷叶，狂遗白接䍦。刺船思郢客，解水乞吴儿。坐对秦山晚，江湖兴颇随。

其　九

床上书连屋,阶前树拂云。将军不好武,稚子总能文。醒酒微风入,
听诗静夜分。绨衣挂萝薜,凉月白纷纷。

其　十

幽意忽不惬,归期无奈何。出门流水住,回首白云多。自笑灯前舞,
谁怜醉后歌。祗应与朋好,风雨亦来过。

对这一组诗,历代注家赞不绝口。元人赵汸说:"凡一题而赋数首者,须首尾布置,
有起有结,每章各有主意,无繁复不伦之失,乃是家数。观此十章,及后五章,可
见。"(《类选杜工部五百律诗》,《杜诗详注》卷二引)明人王嗣奭说:"此十诗明是一
篇游记,有首有尾。中间或赋景,或写情,经纬错综,曲折变幻,用正出奇,不可方
物。"(《杜臆》卷一)清人杨伦说:"连章律诗,亦他人集中少见,惟杜章法整严中亦
极变化,熟此可以类推。"(《杜诗镜铨》卷二)然而他们都没有注意到,这组诗其实
是摹仿杜审言《和韦承庆过义阳公主山池五首》的:第一首写游兴之生:"平生为幽
兴,未惜马蹄遥。"最后一首写游兴不尽:"出门流水住,回首白云多",以及后期之
约:"祗应与朋好,风雨亦来过",首尾呼应。中间八首分咏山林景物,层次分明。
所不同的是,杜甫诗出五首扩为十首,增加了组诗的容量,而且杜甫诗在严整的结
构中有所变化,这是他青出于蓝而胜于蓝的地方。杜甫后来在联章律诗的写作中
取得了极大的成功,形式由五律扩展到七律及五七言绝句,并写出了《秋兴八首》
等传诵千古的名篇,究其渊源,实出自杜审言。

其次是五言排律。排律的名称兴起甚晚,但这种诗体则较早就出现了。早在
南北朝时,有些篇幅较长的新体诗,如谢灵运的《于南山往北山经湖中瞻眺》、庾信
的《陪驾幸终南山和宇文内史》等,[①]除了平仄尚未完全调谐之外,已经通体像是

---

① 两诗分别见《先秦汉魏晋南北朝诗》的《宋诗》卷三和《北周诗》卷二。前者共二
十二句,内十八句对仗。后者共二十句,通首对仗。

排律了。到了初唐，这种诗体颇受诗人们欢迎，李峤、崔融、沈佺期、宋之问诸人皆写过五排，沈、宋且有一些五排佳作。然而在五排写作中取得较大成绩、对五排形式之建立作出较大贡献的诗人则首推杜审言。第一，沈、宋的五排虽已合律，但往往有单韵的，如沈诗《登瀛州南城楼寄远》(《全唐诗》卷九七)、宋诗《酬李丹徒见赠之作》(《全唐诗》卷五三)皆为七韵(即十四句，以下类推)；沈诗《扈从出长安应制》(《全唐诗》卷九七)、宋诗《宿云门寺》(《全唐诗》卷五一)皆为十一韵，等等。杜审言集中存五排七首，其中《春日江津游望》、《泛舟送郑卿入京》为六韵，《赠苏味道》为八韵，《扈从出长安应制》、《度石门山》为十韵，《赠崔融二十韵》为二十韵，《和李大夫嗣真奉使存抚河东》为四十韵，皆为双韵。检盛唐以后的唐人诗集，凡五排皆为双韵，可见双韵为排律之正体，[①]也就是说杜审言的五排在格式上比同时人更为整齐、规范。第二，沈、宋等人的五排篇幅均不甚长，当时只有沈佺期的一首长达四十八韵的五排，但诗则欠佳。[②]而杜审言的五排既长且工，如《和李大夫嗣真奉使存抚河东》一首，长达四十韵，是当时少见的五排长篇，而且典丽精工，气势宏伟，堪称佳构。清施闰章《蠖斋诗话》"五言排律"条云："杜审言排律皆双韵。《和李大夫嗣真》四十韵，沈雄老健，开阖排荡，壁垒与诸家不同。子美承之，遂尔旌旗整肃，开疆拓土，故是家法。"这段话指出了杜审言五排的成就，而且说明了杜甫与此的继承关系，确有见地。杜甫自己就曾提到过《和李大夫嗣真奉使存抚河东》一诗："例及吾家诗，旷怀归氛翳。慷慨嗣真作，咨嗟玉山桂。钟律俨高悬，鲲鲸喷迢递。"(《八哀诗·赠秘书监江夏李公邕》)这是指他青年时代与李邕论诗的事，"慷慨嗣真作"以下四句虽为追忆李邕对此诗的赞美之词，但杜甫肯定是完全同意这个评价的。杜甫自己也十分重视五言排律的写作，而且成就卓著。元稹在《唐故工部员外郎杜君墓系铭并序》中说："至若铺陈终始，排比声韵，大或千言，次犹数

[①] 参见清施闰章《蠖斋诗话》中"五言排律"和"单韵排律"二条。

[②] 沈佺期《答魑魅代书寄家人》(《全唐诗》卷九七)，共四十八韵，但除首尾外，有五联未曾对仗(如"复此单栖鹤，衔雏愿远翔"，"由来休愤命，命也信苍苍"等)，词意也较拖沓，未为佳构。

百,辞气豪迈而风调清深,属对律切而脱弃凡近,则李尚不能历其藩翰,况堂奥乎!"元稹此论后来屡遭诘难,抛开那些关于李、杜优劣的争论不论,①如金代元好问讥之云:"排比铺张特一途,藩篱如此亦区区。少陵自有连城璧,争奈微之识碔砆!"(《论诗绝句三十首》之一〇,《遗山先生文集》卷一一)今人冯至先生也说:"杜甫伟大的意义绝不在于排律的成功,排律在杜诗里反而属于创造性贫乏的部分。"(《杜甫传·家世与出身》)我们认为元稹的话并不错,杜诗的成就当然绝非仅限于"铺陈终始,排比声韵"的排律,但排律(主要是五排)确实是杜甫特别擅长的诗体,其中多有连城之璧,而决非"碔砆"(石之似玉者)。陈贻焮先生对杜甫的五排颇有肯定,但他同时又认为:"结合当时的风气和进士科对诗赋的要求看,这也不仅出于一般的对文学创作的爱好,而主要是有着为考进士作准备的世俗打算。"(《杜甫评传》第一章《"未坠素业"的家世》)我们觉得这种看法不甚可信,原因有二:第一,在杜甫的时代进士科的考试科目中确实已包括诗赋,②但是唐代的试帖诗常式是五言六韵(间有八韵),不难推测,士子为了应试而在平时所做的写作练习也应以

① 我们认为在五排的写作上,确实是杜甫远胜于李白,这样说并不是在整体上扬杜抑李,正如我们认为杜甫的绝句成就不如李白并不意味着扬李抑杜一样。李、杜在总体成就上难分轩轾,但在某种诗体、某种题材的写作中是有高下之分的,正如严羽所云:"太白有一二妙处,子美不能道。子美有一二妙处,太白不能作。"(《沧浪诗话·诗评》)

② 唐代进士科试诗赋究竟始于何时?《唐会要》卷七六载:"调露二年四月,刘思立除考功员外郎。先时进士但试策而已,思立以其庸浅,奏请帖经及试杂文,自后因以为常式。"同书卷七五载:"永隆二年八月敕:……自今已后,明经每经帖十得六已上者,进士试杂文两首,识文律者,然后令试策。"后人多以为"杂文"即诗赋,如宋叶梦得《避暑录话》卷下云:"永隆后进士始先试杂文两篇,初无定名。《唐书》自不记诗赋所起,意其自永隆始也。"清赵翼《陔余丛考》卷二八"进士"条则云:"永隆二年,以刘思立言进士惟诵旧策,皆无实材,乃诏进士试杂文二篇,通文律者然后试策,此进士试诗赋之始。"而清徐松《登科记考》卷一则云:"按杂文两首,谓箴、铭、论、表之类。开元间始以赋居其一,或以诗居其一,亦有全用诗赋者,非定制也。杂文之专用诗赋,当在天宝之季。"我们认为进士科始试诗赋不会早至高宗永隆年间(680—681),也不会迟至玄宗开元间(719—741),比较合理的推测是始于武后朝,参看尚定《论武则天时代的"诗赋取士"》(《中国社会科学》1991年第6期)。

此格式为准。今存的唐诗中不乏为了应试而拟作的试帖诗,[①] 这些诗或径依旧题,或自拟新题,但格式则皆为五言六韵,因为不这样达不到练习的目的。可是杜甫的五排,即使是作于安史之乱之前的十七首中,也只有一首是八韵的,其余的均在十韵以上,有的甚至长达二十韵、三十韵。[②] 很难想象这种五排的写作与试帖诗有多少关系,换句话说,如果杜甫主要是为了提高试帖诗的水平而写五排,那他为什么不按格式只写六韵呢? 至于安史之乱之后,杜甫早已断绝了参加进士考试的希望,但他在漂泊西南之际却更加用力于五排的写作,那就更与进士科举风马牛不相及了。第二,唐代试帖诗的命题是有一定的范围的,主要有歌咏宫廷生活,描写时节景物等几类,士人们自拟的题目也不出其范围。而杜甫的五排却十之七八是投赠之作,虽多歌功颂德之词,也不乏叹穷嗟卑之语,在题材内容上与试帖诗差异甚大。这种五排的写作显然对写好试帖诗是起不了多少作用的。

那么,杜甫究竟为什么醉心于五排这种形式呢? 毋庸讳言,五排这种诗体既要求声韵、对偶的整齐合律,又要求词藻、典故的富丽精工,写作的难度要超过其他诗体,同时也就最适宜于表现作者的才学。而且五排形式严整,风格也随之较为庄严雄丽,[③] 最适宜于用来歌功颂德。所以当杜甫要想以投献诗篇的方式得到达官贵人的赏识、汲引时,长篇的五排显然是最合适的诗体。杜甫早期的五排如《赠特进汝阳王二十韵》、《奉赠鲜于京兆二十韵》、《奉赠太常张卿垍二十韵》、《上韦左相二十韵》等就是在这种动机下写成的,所以诗中多有谀词,我们不必为贤者讳。然而这并不是杜甫爱写五排的全部原因。让我们先考察一下杜甫写作五排

---

① 《文苑英华》收有"省试诗"十卷,"省试诗"即"试帖诗",其中有许多拟作,例如白行简于元和二年(807)登第,其年所作的试帖诗为《贡院楼北新栽小松诗》,但除此之外,《文苑英华》中还收有他的五首试帖诗:《春从何处来》(卷一八一)、《夫子鼓琴得其人》(卷一八四)、《归马华山》(卷一八五)、《金在镕》(卷一八六)、《李太尉重阳日得苏属国书》(卷一八九),而这些诗皆不见于《登科记考》所载之历年试题,当为白氏自拟之题。

② 《赠翰林张四学士垍》八韵,《赠特进汝阳王二十韵》、《奉赠鲜于京兆二十韵》等五首为二十韵,《桥陵诗三十韵因呈县内诸官》长达三十韵。

③ 五代刘昭禹与人论诗曰:"五言如四十个贤人,着一字如屠沽不得。"(《唐诗纪事》卷四六)此语虽系论五律,但也适用于五排。

的过程:在安史之乱之前,杜甫所作的五排多数为投赠之作,但同时也有非投赠之作,例如作于天宝八载(749)的《冬日洛城北谒玄元皇帝庙》。到安史之乱爆发后,杜甫的整个诗歌创作倾向发生了转变,他的五排也不再以投赠为主要内容。肃宗至德二载(757),杜甫被拘于沦陷的长安,作《遣兴》以抒与家人离散思念幼子之情,作《郑驸马池台喜遇郑广文同饮》以写乱离中邂逅旧友悲喜交集之情景,诗人逃归凤翔后又作《得家书》写初得家书后既欣慰又惆怅的心绪,这些五排的内容都与同时所作的其他诗体无甚区别。安史乱后杜甫一共作五排一百十首,其中投赠之作只有三十多首,约占总数的三分之一,而且其时的投赠之作也不再如早期作品那样以歌功颂德、祈求汲引为主要内容,例如《寄李十二白二十韵》写李白才高命蹇的悲剧及自己的思念之情,《寄岳州贾司马六丈巴州严八使君两阁老五十韵》写对远谪的朋友之关怀,中间还映带着国家的危难等社会现实。还有一些投赠之作其实就是咏怀之作,不过写成之后寄给别人看看而已,所以诗题不是简单的"奉赠某某"之类,例如《遣闷奉呈严公二十韵》、《秋日夔府咏怀奉寄郑监审李宾客之芳一百韵》等。这种情况告诉我们,除了安史之乱以前的一个阶段之外,杜甫写作五排的主要目的并不是以之为干谒权贵的工具。

我们认为,杜甫之所以喜爱五排这种诗体,其主要原因不应到文学之外去找。也就是说,杜甫喜爱的是五排这种诗体自身而不是它的非文学功用。排律这种诗体,除了首尾两联之外,其余均须对仗,平仄粘对之格律则一如律诗,就格律而言,排律即扩大了的律诗,五排即扩大了的五律。众所周知,律诗由于格律严整,对于诗人的表情述意有较多的束缚,有相当的写作难度,所以南宋专攻五律的赵师秀说:"一篇幸止有四十字,更增一字,吾未如之何矣。"(见刘克庄《后村先生大全集》卷九四《野谷集序》)然而把仅有八句四十字的五律与长达几十韵甚至百韵的五排相比,在难度上的差别真不可以道里计了。凡是才力不够雄劲,学识不够渊博的诗人,是无力驾驭长篇五排的。即使勉强成篇,也势必举鼎绝膑,成为堆砌呆滞、毫无生气的文字游戏。正是因为五排难写,所以杜审言能以独擅此体享誉一时,甚至当名满天下的李邕与杜甫论及杜审言的诗时,也特地对《和李大夫嗣真奉使存抚河东》一诗赞不绝口。杜审言其人,恃才傲物,目空今古,陈子昂说他"秉不羁之操，物莫同尘；含绝唱之音，人皆寡合"（《送吉州杜司户审言序》，《陈伯玉文集》卷七）。宋之问也说他"言必得俊，意常通理。……众辙同遵者摈落，群心不际者探拟"（《祭杜学士审言序》，《全唐文》卷二四一）。可见他好强争胜的性格是人所共知的。这种性格显然是他喜好五排，而且知难而进直至写出长达四十韵的长篇巨制的心理基础。杜甫在艺术上刻苦钻研、争新出奇的精神与杜审言颇为相似，他自称："为人性僻耽佳句，语不惊人死不休！"（《江上值水如海势聊短述》）他追求的艺术境界是："思飘云物动，律中鬼神惊。毫发无遗憾，波澜独老成。"（《敬赠郑谏议十韵》）其结果则是："晚节渐于诗律细。"（《遣闷戏呈路十九曹长》）毫无疑问，"律中鬼神惊"和"诗律细"的特点应该由律诗来体现，排律，尤其是长篇五排更是这种艺术境界最好的一种载体。杜甫在安史之乱之前（即四十四岁以前）作五排十七首，自安史乱起到大历元年（766）迁居夔州之前的十一年间作五排四十三首，而在他生命的最后五年间竟作了六十七首五排，而且一些著名的大篇如《夔府书怀四十韵》、《秋日夔府咏怀奉寄郑监审李宾客之芳一百韵》、《大历三年春白帝城放船出瞿塘峡久居夔府将适江陵漂泊有诗凡四十韵》、《秋日荆南述怀三十韵》等都作于这五年间。即使当诗人在一叶扁舟上奄奄一息之际，他还奋笔写成《风疾舟中伏枕书怀三十六韵奉呈湖南亲友》这首名篇，以生命的最后力量为自己的五排写作画上了光辉的句号。这说明五排的写作确实是杜甫一生的艺术追求的一个重要方面。

综上所述，"诗是吾家事"的家庭传统对杜甫的影响是巨大而且深远的，虽说杜甫的诗学成就绝非杜审言所能比拟，但这种传统毕竟是杜甫走上漫长艰苦的艺术探索之路的原动力之一，这正是他一生中屡屡回忆乃祖的原因。

四 / 时代背景之一：从开元盛世到安史之乱

唐帝国建立以后，有过两个被史家称为盛世的时期，前一个是唐太宗贞观时期（627—649），后一个是唐玄宗开元时期（713—741）。论政治清明，当然是贞观胜过开元，但如论经济发达，则开元堪称后来居上。因为自从贞观以来，虽然政治上也出现过比较混乱的阶段，但唐初制定的均田制和租庸调法等开明的措施一直在促进着生产的发展，经过一百年的积聚，唐帝国在开元年间达到了隆盛的顶点。

唐玄宗是通过诛韦后，杀太平公主等斗争而得以登基并巩固帝位的，即位之初尚能励精图治，头脑比较清醒。开元元年(713)擢姚崇为相，姚建议禁止宦官、贵戚干预朝政，禁绝营建佛寺道观、奖励群臣劝谏，玄宗皆纳之。开元四年(716)，以宋璟代姚为相，宋主张限制女宠，疏远谄臣，精简刑法，减轻苛政，严格控制边将轻动干戈，玄宗亦多听之。《资治通鉴》卷二一一云："姚、宋相继为相，崇善应变成务，璟善守法持正。二人志操不同，然协心辅佐，使赋役宽平，刑罚清省，百姓富庶。唐世贤相，前称房、杜，后称姚、宋，他人莫得比焉。"这是后代史家的评价。元稹《元昌宫词》(《元氏长庆集》卷二四)云："姚崇宋璟作相公，劝谏上皇言语切。燮理阴阳禾黍丰，调和中外无兵戎。"这是后代诗人的赞颂。待到开元末、天宝初，唐帝国出现了一片繁荣的景象："是时，海内富实，米斗之价钱十三，青、齐之间才三钱。绢一匹，钱二百。道路列肆，具酒食以待行人。店有驿驴，行千里不持尺兵。天下岁入之物，租钱二百余万缗，粟千九百八十余万斛，庸调绢七百四十万匹，绵百八十余万屯，布千三十五万余端。"(《新唐书·食货志》)到天宝十三载(754)，唐帝国的户口数达到了最高纪录："户九百六万九千一百五十四，口五千二百八十八万四百八十八"(《资治通鉴》卷二一七)。

然而就在这花团锦簇的繁荣外表下面，帝国内部所隐藏的各种矛盾在不断地孕育、滋生、激化。首先是统治阶级日益骄奢淫佚。唐玄宗经过一段时间的励精图治之后，面对着一派升平景象，骄侈淫佚之心逐渐萌发。玄宗本性喜爱奢华，开元二年(714)即"更置左右教坊以教俗乐"，"又选乐工数百人，自教法曲于梨园，谓'皇帝梨园弟子'"(《资治通鉴》卷二一二)。后来更沉迷于歌舞、击璇、斗鸡等游乐，乃至建鸡坊于宫中，选六军小儿五百人专司斗鸡。[①]等到天宝三载(744)纳寿王妃杨氏，并于次年立为贵妃后，玄宗的骄奢之心乃如水决堤，不可收拾。为节省

---

① 见陈鸿《东城老父传》。按：《东城老父传》虽系小说，但所记则有事实根据，李白《古风》其二十四云"路逢斗鸡者，冠盖何辉赫"，即为旁证。

篇幅，我们从《资治通鉴》卷二一五、二一六中节录数段，以见当时皇室贵族奢侈淫佚之一斑：

> 织绣之工专供贵妃院者七百人，中外争献器服珍玩。……妃欲得生荔枝，岁命岭南驰驿致之，比至长安，色味不变。

> 上以国用丰衍，故视金帛如粪壤，赏赐贵宠之家，无有限极。

> （杨氏兄妹）竞开第舍，极其壮丽，一堂之费，动逾千万。既成，见他人有胜己者，辄毁而改为。

> 时诸贵戚竞以进食相尚，……水陆珍羞数千盘，一盘费中人十家之产。

其次是朝政日趋黑暗。开元二十二年（734），"口蜜腹剑"的李林甫登上了相位，开始了以排斥贤臣，残害忠良为主要内容的政治生涯。李林甫于开元二十四年（736）排斥了贤相张九龄，又于天宝五载（746）排斥了左相李适之，开始独揽大权。从那以后，凡是正直的、有才能的人士无不受到排斥陷害。天宝六载（747），李林甫遣人杖杀海内名士李邕、裴敦复，又迫李适之自杀。同年，李林甫把参加制举的包括杜甫、元结的举子全部黜落，造成无一人及第的局面，他反而上表贺"野无遗贤"。其他奸邪小人也纷纷占据要津，显赫一时。天宝七载（748），加宦官高力士"骠骑大将军"，赐安禄山铁券，而杨国忠竟"以聚敛骤迁，岁中领五十余使"（《资治通鉴》卷二一六）。天宝十一载（752），李林甫死，杨国忠为相，朝政黑暗如故。

其三是轻启边衅，荼毒生灵。玄宗时期的边衅，始于天宝八载（749）的攻拔石堡城。石堡城本是唐的边镇（在今青海西宁西南），开元二十九年（741）陷于吐蕃。自后吐蕃以此为据点，每年麦熟时到附近的积石军（今青海贵德）抢麦，人称"吐蕃麦庄"。天宝六载（747），河西、陇右节度使王忠嗣部将哥舒翰在那里设伏兵击杀前来抢麦的吐蕃,从此吐蕃不敢再来。然而玄宗进而派王忠嗣攻取石堡城,王忠嗣认为攻之必死伤士卒数万人,得不偿失,不肯前往,玄宗大怒。天宝八载,复命哥舒翰率军攻之,果然死伤数万人才攻克之。如果说攻取石堡还带有收复失地的意义,那么其后的征讨南诏,则纯粹是侵略性质的开边战争了。南诏原来与唐帝国的关系很好,后因唐之边吏对之凌辱征求,故而失和。天宝十载(751),剑南节度使鲜于仲通带兵八万讨伐南诏,先胜后败,士卒死者六万,仲通仅以身免。杨国忠掩其败状,更募兵击南诏,人民不肯应募,又遣御史分道捕人,连枷送诣军所,父母妻子送之,所在哭声震野。同年,高仙芝将兵三万在西域与大食战,亦大败,死亡殆尽。安禄山将兵六万攻契丹,几乎全军覆没。至天宝十三载(754),剑南留后李宓将兵七万击南诏,全军覆没。杨国忠隐其败,益发兵讨之,前后死者达二十万。

其四是蕃将骄纵,阴谋叛乱。唐初,边将不久任,不兼统,功名著者往往入为宰相。到开元中,因玄宗好大喜功,志在开边,所以为边将者往往十余年不换。加上李林甫欲杜绝边帅入相之路,因胡人不知书不能入相,乃奏请专用胡人为边帅。安禄山就是在这种形势下羽翼渐丰,终萌野心的一员蕃将。安禄山本为幽州节度使张守珪的部将,开元二十四年(736)因战败被执送京师,张九龄欲斩之,玄宗不从,而且对之日益宠信,加官晋爵,最后使之兼平卢、范阳、河东三镇节度使,封东平郡王,且赐铁券。玄宗对安禄山的宠信甚至达到这样的程度:安禄山自请为杨贵妃养子,出入宫禁,丑声外闻,玄宗亦不疑。安禄山在范阳招兵买马准备叛乱,有人上告禄山将反,玄宗反将告发者缚送范阳由安禄山处置,所以人莫敢言。而杨国忠由于与安禄山不和,屡言禄山将反,玄宗不听,杨竟想方设法激成安之叛乱,以取信于玄宗。

天宝十四载(755)冬,正当玄宗携杨贵妃等在华清宫寻欢作乐时,蓄谋已久的渔阳鼙鼓终于动地而来了!

安禄山的叛军一路上如入无人之境,在两个月内就打到潼关。次年六月,潼关陷。玄宗仓皇奔蜀,逃至马嵬坡,军士杀杨国忠等,又迫使杨贵妃自缢。七月,太子李亨即位于灵武(今宁夏灵武),改元至德,是为肃宗。肃宗登基后,唐军开始反攻，至德二载（757）收复长安。可是战火仍旧在燃烧，直到唐代宗宝应二年（763）正月，史思明之子史朝义败死，安史之乱才算平定。然而唐帝国从此一蹶不振，吐蕃、回纥的入寇和藩镇割据一直波及唐末。大唐帝国的盛世一去不复返了。

安史之乱给国家和人民带来了巨大的灾难。代宗广德二年（764），天下仅有户二百九十余万，口一千六百九十余万（《资治通鉴》卷二二三）。从天宝十三载（754）到广德二年（764），短短的十年之间，唐帝国的人口竟减少了十分之七！杨国忠等人的死亡是咎由自取，而千百万人民的死亡则完全是无辜的，他们"或死于寇贼，或死于官兵，或死于赋役，或死于饥馁，或死于奔窜流离，或死于寒暑暴露"，这就是仇兆鳌对杜甫的沉痛诗句"丧乱死多门"的注释。①

安史之乱前后的几十年，不仅是唐帝国由盛转衰的一个转折点，而且是整个中国封建社会的一个转折点。那个时代最重要的变化是封建统治者用以抑制土地兼并的均田制被彻底破坏了。这个作为缓和阶级矛盾的主要手段的彻底放弃，必然使农民与地主两个阶级之间的矛盾深刻化和复杂化。土地兼并之无限制地进行和由此而引起的异族入侵和藩镇割据局面的形成，这些在安史之乱前后发生的社会政治现实，不仅动摇了唐帝国统治的基础，而且也在一定程度上画出了此后一千年左右中国社会发展的草图。

这是一个具有特殊历史意义的时代，杜甫就生活在这个时代里。

杜甫生于唐睿宗太极元年（712），②卒于唐代宗大历五年（770），他的一生经历了玄宗、肃宗、代宗三个皇帝的统治。也就是说，杜甫的一生正好与唐帝国由盛转衰的急剧变化的时代相始终。

人们谈到杜甫的时代背景时，往往单单强调唐帝国转向衰败的时代，尤其是

① 见《杜诗详注》卷二三《白马》。按此诗作于大历五年（770），是诗人目睹臧玠割据潭州作乱的情景而写的，但此句实为对那个时代的普遍写照。
② 杜甫生于公元712年，诸家皆无异说。但此年有三个年号：正月，睿宗改元太极，五月又改元延和。八月，玄宗登基，改元先天。人们多称杜甫生于玄宗先天元年（冯至《杜甫传》、朱东润《杜甫叙论》、陈贻焮《杜甫评传》），闻一多《少陵先生年谱会笺》、萧涤非《杜甫研究》则称"睿宗先天元年"，但据四川省文史研究馆编《杜甫年谱》，杜甫生于正月一日，其时应称睿宗太极元年。

安史之乱以后那个万方多难的大动乱时代。其实,对于诗人的成长来说,唐帝国衰落以前的时代也同样重要。杜甫的青少年时代是在开元年间度过的,亲身经历了开元盛世对诗人的成长有两方面的影响。

第一,开元年间经济、文化的繁荣以及社会的安定为诗人的读书、漫游提供了条件。杜甫并非出身于高门贵族,他的祖父杜审言做过膳部员外郎、修文馆直学士等,但在杜甫出生前几年已经去世。杜甫的父亲杜闲在开元末任兖州司马,天宝五载(746)前后调任奉天令,他在任兖州司马之前是否做过其他官,已不可考,但揆诸情理,肯定没有任过高官。然而,由于当时整个社会都比较富足,杜甫从小显然过着相当优裕的生活。诗人自幼就受到了很好的教育,"七龄思即壮,开口吟凤凰。九龄书大字,有作成一囊"(《壮游》);"往昔十四五,出游翰墨场"(《壮游》);"甫昔少年日,早充观国宾。读书破万卷,下笔如有神"(《奉赠韦左丞丈二十二韵》)。诗人的这些自述都说明了这一点。除了读书、写字之外,少年杜甫还有机会接受音乐、舞蹈、绘画等各种艺术的熏陶。开元五年(717),[①]年方六岁的杜甫在郾城(今河南郾城)观看了著名的舞蹈家公孙大娘的《剑器浑脱》舞。开元十三年(725),十四岁的杜甫在洛阳岐王李范及殿中监崔涤的宅内多次听到著名歌手李龟年的歌唱。从他后来对于绘画的精于鉴赏来看,他对于这种艺术的接触一定也是很早就开始的。进入青年时代后,诗人又开始漫游四方。开元十八年(730),杜甫游晋至郇瑕(今山西临猗)。次年,诗人南游吴越,他经过淮阴、扬州,渡过长江,先后游览了金陵、姑苏等地。接着又渡过浙江,饱览了秀丽的越中山水。在这次长达四年的漫游中,杜甫不但对祖国的锦绣河山加深了认识,而且对祖国的灿烂文化加深了理解。他每到一处,除了欣赏自然山水之外,还注意考察该地的人文历史。在金陵,瓦棺寺里晋人顾恺之的绘画给他留下了难忘的印象。在姑苏,吴太伯、朱买臣等历史人物的事迹使他激动不已。直到开元二十三年(735),诗人

---

① 《观公孙大娘弟子舞剑器行·序》云:"开元五载,余尚童稚,记于郾城观公孙氏舞《剑器浑脱》。""五载"一作"三载",按开元三年(715)时杜甫四岁,似乎太幼小了些,故以"五载"为是。又按:玄宗天宝三年(744)始改"年"为"载",此处称"开元五载",当为诗人误记。

才回到洛阳赴京兆贡举。应试落第，诗人也并不在意，又于开元二十四年（736）开始了齐赵之游，直到开元二十九年（741）方归洛阳。天宝三载（744）春，杜甫在洛阳遇见李白。是年秋，杜甫与李白、高适同游梁宋。次年再游齐鲁，至天宝五载（746）方西归长安。这长达十余年的漫游，使诗人丰富了阅历，扩大了眼界，提高了修养，对他日后的诗歌创作大有裨益。杜甫在五十五岁时作《壮游》诗回忆他青年时期的漫游，其中有句云："放荡齐赵间，裘马颇清狂"，"快意八九年，西归到咸阳"。这种生活没有一定的经济力量是不可能实现的。而出身于下层官吏家庭的杜甫，只有生于开元盛世那样的时代里才可如此充实而愉快地度过他的青少年，从而为攀登诗歌高峰打下坚实的基础。

第二，杜甫亲身经历了开元盛世，对当时的太平景象留下了深刻的印象：

忆昔开元全盛日，小邑犹藏万家室。稻米流脂粟米白，公私仓廪俱丰实。九州道路无豺虎，远行不劳吉日出。齐纨鲁缟车班班，男耕女桑不相失。宫中圣人奏云门，天下朋友皆胶漆。百余年间未灾变，叔孙礼乐萧何律。

——《忆昔二首》之二

所以杜甫在流离失所或目睹人民的痛苦生活时，总是情不自禁地追忆那已经消逝了的开元盛世。天宝十五载（756），杜甫为避乱携家至白水（今陕西白水）依舅氏崔顼，作诗云："三叹酒食旁，何由似平昔？"（《白水崔少府十九翁高斋三十韵》）代宗宝应元年（762），杜甫因避徐知道乱赴梓州（今四川三台），途中作诗云："安得更似开元中，道路即今多拥隔！"（《光禄坂行》）大历元年（766），杜甫困居夔州（今重庆奉节），叹息说："历历开元事，分明在眼前。"（《历历》）次年复叹息说："武德开元际，苍生岂重攀？"（《有叹》）对于杜甫来说，开元盛世就是他理想中的太平时代，或者是接近他的理想的时代。正由于他曾亲身经历过开元盛世，看到过人民安居乐业的景象，所以他对儒家的政治理想深信不疑，总是希望着那样的社会能够再度降临人间。也正是由于他亲身经历过开元盛世，所以他对破坏那个盛世的乱臣贼子怀有极其深刻的仇恨,痛恨他们破坏了人民的正常生活。生长于开元、天宝以后的诗人即使关心民生疾苦,他们的诗作也只是沉重的叹息,而很少再闪现理想的光辉,所以后人评大历以后之诗"气骨顿衰"(胡应麟《诗薮》内编卷三),"风格自降"(沈德潜《说诗晬语》卷上)。而杜甫即使在最艰难困苦的处境中也对国家和人民的前途怀有美好的愿望,并且用他的诗篇去鼓舞人们实现这种愿望,这与他在开元盛世时的经历是有内在联系的。

当然,安史之乱前后的黑暗、动乱时代对我们的"诗圣"起了更重要的"玉成"作用。

仿佛是命运的有意安排,天宝五载(746),也就是唐玄宗已经册立了杨贵妃而且日益昏聩荒淫,李林甫已经排斥了异己而独揽政事,朝政和整个社会日趋黑暗的时候,杜甫来到了唐帝国的京城长安。也仿佛是命运的有意安排,在那个以诗赋取士的时代,杜甫却偏偏科场蹭蹬。他在开元二十三年(735)应进士试不第,天宝六载(747)应制举又被李林甫黜落,天宝十载(751)献《三大礼赋》,也没有得到一官半职。此时杜闲已经去世,①杜甫的经济来源断绝了。这样,诗人就在长安过了近十年"卖药都市,寄食友朋"(《进三大礼赋表》)的贫困生活。对于要想"致君尧舜上,再使风俗淳"(《奉赠韦左丞丈二十二韵》)的杜甫来说,那是一段多么辛酸的岁月!可是对于日后要登上古典诗歌高峰的杜甫来说,又是一段多么幸运的经历!如果杜甫科场得意,或通过其他途径而挤进了统治集团,那么,即使他能够独善其身而不同流合污,但优越的政治地位和优裕的物质生活必然会使他离帝王权贵较近而离下层人民较远。那样,他就无法看清那隐藏在花团锦簇的繁荣外表下的人民苦难与社会危机了。幸而杜甫始终被排斥在统治集团之外,他过着"残杯与冷炙,到处潜悲辛"(《奉赠韦左丞丈二十二韵》)的生活,有时还穿着粗布短衣

① 天宝三载(744),杜甫的祖母卢氏卒,杜甫作《唐故范阳太君卢氏墓志》。钱谦益笺云:"此志代其父闲作也。"又云:"闲之卒,盖在天宝间,而其年不可考矣。"(《钱注杜诗》卷二〇)朱东润先生认为杜闲卒于天宝六载(747)后不久(见《杜甫叙论》第二章),我们同意朱说,因为天宝七载(748)杜甫诗中已言其生活贫苦,可见此时他在经济上已没有来源(以前杜甫似乎主要是依靠杜闲的俸禄生活的)。

与贫民挤在一起去买太仓的减价米，①这使他很快就从早年的浪漫幻想中清醒过来，开始冷静地观察社会。在哭声震天的咸阳桥头，诗人细细聆听着征夫的怨愤诉说。在仕女如云的曲江池畔，诗人远远地冷眼观看杨氏兄妹的奢华排场。于是，《兵车行》、《丽人行》等一系列深刻反映了唐帝国正在走下坡路这个社会现实的诗篇问世了。到安禄山叛乱的前夕，杜甫终于写出了"朱门酒肉臭，路有冻死骨"（《自京赴奉先县咏怀五百字》）这样惊心动魄的诗句，不仅对当时的黑暗现实发出了沉痛的控诉，而且对整个不合理的封建社会作了深刻的揭露。"诗穷而后工"，②十年长安的困顿生活，对杜甫的创作发展起了决定性的影响。

安史之乱的爆发，给国家和人民带来了巨大的灾难。那时候，李白正在江南的宣城（今安徽宣城），岑参则远在西域的北庭都护府（今新疆吉木萨尔），都远离了战乱地区。高适虽在天宝十五载（756）亲自参加了保卫潼关的战斗，但他于同年十二月即统兵渡淮击永王李璘，后来于乾元初一度在洛阳任职，随即赴蜀中为官，而且他官位较高，并未受流离饥寒之苦。王维在天宝十五载（756）长安陷落后被叛军所拘并迫受伪职，但长安收复后即免罪复官。在当时的大诗人中，只有杜甫始终与战乱、灾荒相纠结，凡是人民所遭受的痛苦，他几乎都亲身经历或耳闻目睹了。天宝十五载（756）四月，杜甫往奉先（今陕西蒲城）携家人至白水（今陕西白水）依舅氏崔顼。六月，潼关失守，白水告急，复携家逃难，经三川（今陕西洛川）而至鄜州（今陕西富县）的羌村。八月，诗人单身赴延州（今陕西延安）投奔灵武，中途为叛军所俘，虏至长安，次年四月冒险逃归凤翔。乾元二年（759）七月，因关中饥馑，诗人弃官携家逃往秦州（今甘肃天水），复经同谷（今甘肃成县）而往成都。数年之间，诗人流离失所，受尽了战乱和灾荒的折磨。即使在诗人远离兵连祸结的中原之后，他仍然亲身经历了上元二年（761）的段子璋之乱、宝应元年（762）的

---

① 《醉时歌》："杜陵野客人更嗤，被褐短窄鬓如丝。日籴太仓五升米，时赴郑老同襟期。"此诗作于天宝十三载（754）春。按：天宝十二载秋，"京城霖雨，米贵，令出太仓米十万石，减价粜与贫人"。（《旧唐书·玄宗本纪》）此次粜米，或延至次年春日。
② 欧阳修《梅圣俞诗集序》云："然则非诗之能穷人，殆穷者而后工也。"见《欧阳文忠公文集》卷四二。

徐知道之乱、永泰元年(765)的崔旰之乱、大历五年(770)的臧玠之乱等地方性战乱。"国家不幸诗家幸,赋到沧桑句便工"(赵翼《题遗山诗》,《瓯北集》卷三三),正由于杜甫在乾元二年春由洛阳返华州(今陕西渭南华州)途中,亲耳听到了石壕村里官吏如狼似虎的咆哮和新安道上百姓肝肠欲绝的痛哭,亲眼看到了新婚夫妇的生离和垂老翁媪的死别,才写出了"三吏"、"三别"这种不朽之作。安史之乱所造成的大动乱,使原来被遮盖着的社会黑暗面毫发无遗地暴露出来,从而使杜甫观察得更深刻,更仔细,并在写实的道路上越走越远。而杜诗作为那样一个大变动时代的"诗史",也就具有特别深广的意义。

优秀的诗人都是时代的晴雨表,而在社会急剧变动的关键时期出现的大诗人,更能敏锐地感觉到时代的脉搏。不管他们对行将消逝的旧事物是哀悼还是诅咒,也不管他们对行将出现的新事物是欢迎还是拒斥,他们的内心都会因时代的疾风骤雨而引起巨大的波澜,他们的作品中充满了激昂慷慨、哀伤愤怨,忧来无端,长歌当哭。在杜甫之前,有行吟泽畔的屈原,在杜甫之后,有悲歌"万马齐喑"的龚自珍,[1]他们都是时代所造就的伟大诗人。从这个意义上说,杜甫之所以能成为"诗圣",确实是受到了那万方多难的时代的玉成。

五 / 时代背景之二:从盛唐到中唐

从东汉以来,历代诗人们在不断地探索、创造,五七言诗经过了漫长的发展过程。及至盛唐,五七言诗在诗体形式、题材取向、艺术手段、风格倾向等各方面都取得了巨大的成就,积累了丰富的经验。诗歌自身的发展规律一方面呼唤着"集大成"者的出现,另一方面又呼唤着另辟新路的创新者的出现,杜甫就是在这个关键时期登上诗坛的。

从建安时代开始,诗人们对五七言诗的形式进行了多方面的探索,这种探索

[1]《己亥杂诗三百十五首》之一二五:"九州生气恃风雷,万马齐喑究可哀。"见《定庵续集》。

是沿着骈偶和声律两个方面进行的，其最终结果就是诗歌的格律化。例如在曹植的诗中，已经有许多对仗工整的诗句："明月澄清景，列宿正参差。秋兰被长坂，朱华冒绿池。潜鱼跃清波，好鸟鸣高枝。"（《公讌诗》，《先秦汉魏晋南北朝诗·魏诗》卷七）①一连三联对仗，显然是着意经营的结果。曹植还有一些诗句音节和谐："孤魂翔故域，灵柩寄京师"（《赠白马王彪》之五，《魏诗》卷七）；"游鱼潜绿水，翔鸟薄天飞"；"始出严霜结，今来白露晞"（《情诗》，同上），对于后两例，明人谢榛评云："此作平仄妥帖，声调铿锵。"（《四溟诗话》卷三）说"平仄妥帖"或为过分，但这确实是诗人对诗歌声韵之美进行暗中摸索的证明。②及至齐梁，终于出现了"永明体"，即"新体"，或"新变体"，永明体虽然也是轻绮婉丽的风格等艺术特色的载体，但它在诗歌发展史上最重要的意义显然在于，它是诗歌向格律化迈进的关键一步。诚如明人陆时雍《诗镜总论》所云，是"古之终而律之始也"。沈约、谢朓有些特别讲究声病的诗离律诗仅有一步之遥了。③永明以后的南北朝诗人继续在这方面努力，其间如何逊喜写新体诗，沈德潜说他"渐入近体"（《古诗源》卷一二），宋人洪迈编《万首唐人绝句》时竟误收了何逊的《闺怨》第十四首诗。再如庾信，刘熙载称其"《乌夜啼》开唐七律，其他体为唐五绝、五律、五排所本者，尤不可胜举"（《艺概》卷二）。到了唐代，今体诗的格律就水到渠成地建立起来了。

在题材内容方面，前代诗人各有不同的取向。以曹操和建安七子为主的建安诗人所用力描摹的是那个"世积乱离，风衰俗怨"（《文心雕龙·时序》）的大动荡时代，是"白骨露于野，千里无鸡鸣"（曹操《蒿里行》，《魏诗》卷一）、"出门无所见，白骨蔽平原"（王粲《七哀诗三首》之一，《魏诗》卷二）、"君独不见长城下，死人骸骨相撑柱"（陈琳《饮马长城窟行》，《魏诗》卷三）的伤心惨目的社会画面。曹植和阮籍

---

① 后文凡引《先秦汉魏晋南北朝诗》者皆简称作《魏诗》、《晋诗》等。

② 顾炎武说："四声之论，起于永明，而定于梁、陈之间也。"（《音学五书·音论·四声之始》）在曹植的时代，人们对四声还没有明确的认识，所以也谈不上平仄之分。

③ 例如谢朓《离夜》："玉绳隐高树，斜汉耿层台。离堂华烛尽，别幌清琴哀。翻潮尚知恨，客思渺难裁。山川不可尽，况乃故人杯。"除了第二、第四两联失粘外，已大体合于五言律诗的平仄格式。

等人则着意刻画自己深沉的内心律动,抒发"人生处一世,去若朝露晞"(曹植《赠白马王彪》之五)、"自非凌风树,憔悴乌有常"(阮籍《咏怀诗》其二十一,《魏诗》卷一〇)的生命感喟,和"慊慊仰无叹,愁心将何愬"(曹植《浮萍篇》,《魏诗》卷六)、"终身履薄冰,谁知我心焦"(阮籍《咏怀诗》其六十三)的忧生之嗟。这两种取向中,前者把观察的目光对准社会,对准诗人之外的那个大千世界,后者则收视反听,努力地披露诗人内心的同样是无比丰富、无比广阔的感情世界。从逻辑上说,这两种取向已经覆盖着整个诗国的疆域。如果依具体的题材来分析,则有曹操的乐府诗、阮籍的咏怀诗、左思的咏史诗、郭璞的游仙诗、陶渊明的田园诗、谢灵运的山水诗、沈约的咏物诗、江淹的拟古诗以及颇遭后人诟病的玄言诗、宫体诗等等,可以说,五七言诗的题材种类,在唐以前已经大致齐备了。

在诗歌艺术手段方面,唐代的诗人们也继承了丰富的遗产。除了已经凝聚在今体诗格律中的声律、对仗之外,以下两个方面是特别值得注意的。第一是比兴手法的运用。由于比兴手法的产生早于五七言诗,所以在最早的五七言诗作品中就能看到比兴手法的运用了。在《古诗十九首》中,"胡马越鸟,陵柏涧石,红芙泽兰,孤竹女萝,随手寄兴,辄增妩媚。至如'迢迢牵牛星'一章,纯借牛女作象征,没有一字实写自己的情感,而情感已活跃句下"(梁启超《中国之美文及其历史》)。继之而起的诗人也多谙此道,且不说曹植乐府诗和阮籍咏怀诗中那些通篇皆为比兴的名作,①单是左思的"郁郁涧底松,离离山上苗"(《咏史》其二,《晋诗》卷七)和陶渊明的"青松在东园,众草没其姿"(《饮酒》其八,《晋诗》卷一七)这两个比喻,就无数次地被后代的诗人所模仿、借鉴。第二是丽辞的熔炼。后人批评八代诗风,常常集矢于辞藻之华美,陈子昂说"齐梁间诗彩丽竞繁"(《与东方左史虬修竹篇序》,《陈伯玉文集》卷一),李白更进而说"自从建安来,绮丽不足珍"(《古风五十九首》其一,《李太白全集》卷一)。事实上,辞藻华美本身并不是诗歌的弊病,从汉魏到陈、隋,诗人们在丽辞的熔炼上耗费了大量心血,他们的成就正是唐人继承的文

---

① 例如曹植的《美女篇》、《浮萍篇》、《吁嗟篇》和阮籍的《咏怀诗》之五、二十一、二十六等。

学遗产之一部分。而且在八代诗人所创造的丽辞中，既有曹植、陆机、潘岳、谢灵运的繁富、秾丽，也有张协、谢朓、何逊、阴铿的清新、巧丽，后者对唐人具有很大的启发作用。[1] 当然，作为上述两种手段的补充，八代诗人在直陈其事的叙述、描写及平淡美的追求上也很有成就，前者如建安诗人，后者如陶渊明，其义自明，不用多说。

由于先唐的五七言诗已经达到了相当高的水平，产生了许多风格各异，自具面目的诗人，为节省篇幅，让我们看看后人对他们诗风的简要评述：曹操诗"如幽燕老将，气韵沈雄"（敖陶孙《臞翁诗评》）；曹植诗"如三河少年，风流自赏"（同上）；刘桢诗"真骨凌霜，高风跨俗"（钟嵘《诗品》卷上）；阮籍诗"遥深"（刘勰《文心雕龙·明诗》）；嵇康诗"清峻"（同上）；潘岳诗"烂若披锦，无处不善"（《世说新语·文学》引孙兴公语）；左思诗"错综震荡，逸气干云"（胡应麟《诗薮》外编卷二）；张协诗"文体华净"（钟嵘《诗品》卷上）；郭璞诗"文体相辉，彪炳可玩"（同上卷中）；陶渊明诗"如绛云在霄，舒卷自如"（敖陶孙《臞翁诗评》）；谢灵运诗"如东海扬帆，风日流丽"（同上）；颜延之诗"如错采镂金"（钟嵘《诗品》卷中引汤惠休语）；鲍照诗"如饥鹰独出，奇矫无前"（敖陶孙《臞翁诗评》）；谢朓诗"艳而韵，如洞庭美人"（陆时雍《诗镜总论》）；何逊、阴铿诗如"微芳幽馥，时欲袭人"（同上）；吴均诗"清拔有古气"（《南史·吴均传》）；庾信诗"清新"（杜甫《春日忆李白》），真是春兰秋菊，美不胜收！即使是一些不太著名的诗人，也因其风格特征而得到很形象的品评，如范云诗"清便宛转，如流风回雪"，丘迟诗"点缀映媚，似落花依草"（钟嵘《诗品》卷中），等等。正是因为诗苑中已经呈现百花争艳的盛况，梁代的钟嵘才有可能写成《诗品》，对一百二十二位诗人的风格予以品评论述，并指出他们之间的渊源关系。事实上，这种渊源关系是一直延伸到唐代诗坛上去的。

上述四个方面的情况告诉我们，当唐代诗人登上诗坛时，他们面临着的是十分丰厚的文学遗产，唐诗正是在八代诗的坚实基础上建造起来的一座大厦。

---

[1] 例如李白对于谢朓十分倾心，"一生低首谢宣城"（王士禛《戏效元遗山论诗绝句三十六首》之三，《渔阳诗集》卷一四），而杜甫对何逊、阴铿相当服膺，自称"颇学阴何苦用心"（《解闷十二首》之七），李、杜所着眼的主要是谢朓等人的清词丽句。

在初唐，诗人们对他们所继承的诗歌遗产采取了两种态度。以唐太宗为核心的宫廷诗人虽然说过一些反对绮靡文风的话，①但他们的创作实践却仍是陈、隋诗风的继续。由隋入唐的虞世南、陈叔达、李百药、欧阳询等人当然不可能突然改弦易辙，稍晚的长孙无忌、上官仪等也随波逐流。当时名闻天下的上官仪提出"六对"、"八对"之法，又与许敬宗等撰《瑶山玉彩》摘录丽句，说明他们所注意的重点正是南朝诗的藻翰骈俪，并力图在这方面更进一步。武后执政时，杜审言、沈佺期、宋之问等人则更加注重继承南朝诗人在回忌声病方面的成就，终于完成了五七言诗的律化。显然，这些诗人对前代诗歌的艺术手段作了较好的继承和借鉴，但在题材内容上则未能明辨良莠而得前人之精华。

另一种倾向则发轫于"初唐四杰"，四杰对诗歌律化也有贡献，但更大的贡献则在于将诗歌题材由宫廷、台阁扩大到江山朔漠之间，对前朝遗留下来的淫靡诗风有所抵制。及至陈子昂出，乃大张旗鼓地以恢复"汉魏风骨"相号召，要求从建安、正始时代的诗歌中汲取力量以开辟唐诗的疆土。由于陈子昂的革新主张为唐诗的健康发展指明了方向，所以得到后人极高的赞赏，但是我们在肯定陈子昂历史功绩的同时，也必须指出他对前代诗歌在艺术手段和艺术形式方面的成就显然注意不够，有时还抱有偏见。

到了盛唐，唐诗的鼎盛时代来临了。后人往往认为盛唐诗坛上有山水田园诗派和边塞诗派两个诗人群体，这样概括不太准确，但大致上说出了当时诗坛上的两种倾向：孟浩然、王维、常建、储光羲等人的作品极为成功地描绘了美丽幽静的自然风光，借以反映其宁谧的心境，他们主要是陶渊明和大小二谢的后继者，而意境的完整和措语的精深华妙则超过前贤。高适、岑参、李颀、王昌龄等人的边塞诗既歌颂了抵抗侵略的胜利及爱国将士的奋勇精神，也控诉了开边战争的不义及战争对人民和平生活的破坏，这些诗交织着英雄气概与儿女衷情，兼有悲凉慷慨和缠绵宛转之情。这些诗人主要是源于建安诗人和刘琨、鲍照，论内容之丰富与气

---

① 详见《贞观政要》一书。即使是最善写宫体诗的虞世南也曾谏阻太宗使朝臣赓和宫体诗(见《新唐书·虞世南传》)，可见这是当时的风气。

概之雄大则后来者居上。程千帆师用"隐士"和"侠少"的形象来说明这两种倾向，并认为"这实质上也就反映了他们由于生活道路千差万别的曲折而形成的得意与失意、出世与入世的两种互相矛盾的思想感情。不同的生活道路与不同的生活态度，使他们或者成为高蹈的退守者，或者成为热情的进取者，或者因时变化，两者兼之。前人所谓'盛唐气象'，在很大程度上，指的就是这种富于浪漫气息的精神面貌"。①这种浪漫主义诗歌的最高成就的体现者无疑是李白。李白热爱现实生活中一切美好事物和追求精神自由的天性，使他既能热情地讴歌壮丽的自然和社会乃至心灵中的光明面，又能对一切黑暗、丑陋的现象表示无比的轻蔑，从而使其作品内涵之丰富深邃超越了王、孟、高、岑等人。同时，李白那惊人的天才又使他能得心应手地运用各种艺术手段创造出飘逸、壮丽的艺术风格，从而成为"众星罗秋旻"(李白《古风五十九首》之一)的盛唐诗坛上最为耀眼的明星。

然而，诗歌史上"集大成"的使命仍然有待于杜甫来完成。

如上所述，五七言诗发展到盛唐已经臻于极盛，但是还没有人对之进行全面的总结。杜甫之外的盛唐诗人在某些题材取向、某种诗歌样式、某种风格倾向上各擅胜场，但往往长于此而短于彼，或者竟是能此而不能彼。即使是王维和李白也有这样的缺点。王维的艺术才能非常全面，对五七言古今体诗的各种样式都很擅长，②他在题材取向上也没有局限于山水、田园，可是他显然对当时社会的黑暗面缺乏了解，即使在安史之乱前后也没有写过什么属于揭露和批判意义的作品。内容的偏颇使他在艺术上主要继承了陶渊明、谢朓的长处，而与其他风格的前代诗人没有多少关系。李白的视野远比王维广阔，对于唐帝国的政治日趋黑暗的现象有极敏锐的感受和深刻的揭露，但李白对南朝诗歌艺术的看法显然受到陈子昂的影响，《本事诗·高逸第三》中记载李白说："兴寄深微，五言不如四言，七言又其靡也，况使束于声调俳优哉！"这也许是传闻失实，但他在《古风五十九首》之一中确实说过"自从建安来，绮丽不足珍"，这与陈子昂"汉魏风骨，晋宋莫传"之语是桴

---

① 见《唐诗的历程》，载《程千帆诗论选集》。按：本节中关于唐诗发展过程的一些观点多本于千帆师，谨此说明。
② 王维的五古和七律之成就稍逊于其他各体，兹不细论。

鼓相应的,这种观点肯定影响了李白对形式严整、手法工细的律诗艺术作仔细的推敲,当然他那挥洒自如的写作方式也是原因之一。

杜甫则不然。杜甫对前代的文学遗产有十分清醒的认识和十分虚心的态度,他有诗云:"未及前贤更勿疑,递相祖述复先谁? 别裁伪体亲风雅,转益多师是汝师。"(《戏为六绝句》之六)他对于从《诗经》、《楚辞》、汉魏乐府、汉代文人五言诗(即所谓"李陵"、"苏武")、建安诗人曹植、刘桢、正始诗人阮籍、嵇康、南朝诗人陶渊明、谢灵运、谢朓、鲍照、何逊、阴铿、庾信直到初唐诗人沈佺期、宋之问、四杰、陈子昂等的诗歌传统都有所论述,[1]既能知其长,也能知其短,[2]而且在创作实践中努力汲取、借鉴这些长处。元稹在《唐故工部员外郎杜君墓系铭并序》中说:"至于子美,盖所谓上薄风骚,下该沈、宋,古傍苏、李,气夺曹、刘。掩颜、谢之孤高,杂徐、庾之流丽,尽得古今之体势,而兼人人之所独专矣。"秦观《韩愈论》中则进一步指出:"杜子美之于诗,实积众家之长,适其时而已。昔苏武、李陵之诗,长于高妙;曹植、刘公干之诗,长于豪逸;陶潜、阮籍之诗,长于冲淡;谢灵运、鲍照之诗,长于藻丽。于是杜子美者,穷高妙之格,极豪逸之气,包冲淡之趣,兼峻洁之姿,备藻丽之态,而诸家之作所不及焉。然不集诸家之长,杜氏亦不能独至于斯也。"上述说法,指出了杜诗与前代诗歌在艺术风格上的渊源。此外,杜甫对前人写过的题材内容也兼收并蓄,而且使它们互相渗透、融合,从而组成了一个有机的整体。在杜诗中,从朝政国事到百姓生计,从山川云雨到草木虫鱼,整个外部世界都与诗人的内心世界融合无间,并被纳入儒家的政治理想、伦理准则、审美规范的体系之中。对于前人的艺术手段,杜甫也同样地兼收并蓄,并熔铸成一种和谐的全新艺术风貌:格律严整而气势磅礴,字句凝练而意境浑然,成语典故与口语俗字并得妙用,泼墨濡染与工笔细描同臻极致。杜甫之所以能取得如此辉煌的成就,一方面固然

---

① 参看程千帆师《少陵先生文心论》(载《古诗考索》)和萧涤非、廖仲安《别裁伪体,转益多师》(载《杜甫研究论文集》第三辑),本书第五章中也将有进一步的论述。
② 例如被陈子昂完全否定的齐梁诗,杜甫一方面批判其委靡之气——"恐与齐梁作后尘"(《戏为六绝句》之五),另一方面又对谢朓、何逊、阴铿等人的艺术成就予以充分肯定。

是由于他个人的艰苦努力等主观因素，另一方面也离不开时代为他准备了丰富的诗歌遗产这个客观因素，用秦观的话来说，就是："岂非适当其时故耶？"（《韩愈论》）[1]

杜甫所处的时代又是古典诗歌史上发生重大转变的关键时代。后人在唐诗分期的问题上尽管众说纷纭，但无论是严羽《沧浪诗话·诗体》中提出的"五体"说，还是元人杨士弘《唐音》中提出的三分法，或者明人高棅《唐诗品汇》中提出的、对后代影响最大的"四唐"说，都把玄宗天宝末视为分界线，在那以前是"盛唐"，在那以后则为"大历体"或"中唐"。也就是说，天宝末是人们公认的唐诗转折点。而且这个转折点的意义还不仅仅局限于有唐一代之诗，对于整个古典诗歌发展史来说，天宝末同样是一个转折点。清人叶燮对所谓"中唐"的说法颇为不满："不知此中也者，乃古今百代之中，非有唐之所独得而称中者也。"[2] 闻一多更十分明确地把建安以后的诗歌史分成前期和后期，其分水岭就是天宝十四载（755）。[3] 我们基本上同意上述观点，并认为这个转折过程的时间跨度大约是以天宝十四载（755）为中点的二十来年。

那么，这个转折过程的具体内容是什么呢？或者说，那个时代对诗坛风会提出了何种转变要求呢？

首先，正像上面所说的，在天宝年间也即盛唐的后期，五七言诗歌的创作实绩

① 举一个最简单的例子：当杜甫登上诗坛时，五七言今体诗的各种样式在形式上都已定型。这种经前人几百年的艰苦摸索才建立起来的新诗体具有声律相间相重，文句或散或骈，既工整又有变化的形式美，从而为杜甫争奇斗妍、逞露才思提供了全新的艺术天地。不难设想，如果没有前代诗人为诗歌格律化付出的巨大努力，如果杜甫还需要自己去摸索诗歌格律，他是不可能写出那些精美绝伦的律诗来的。
② 见《百家唐诗序》，刊于清席启宇编《唐诗百名家全集》卷首。按：席氏此编专收中晚唐人诗集，原是因为盛唐以前之诗集多有善本行世（见该书自序），而叶燮则在序中借题发挥，以阐述他的文学进化的观点。我们大致同意叶说，但叶燮把"中唐"之始定于贞元年间，我们则认为"中唐"始于天宝末年前后。
③ 见郑临川述《闻一多先生说唐诗》，《社会科学辑刊》1979 年 4 期。按：闻一多此说的主要依据是前期的作者成分是门阀贵族，后期的作者身份是士人，我们对此有不同看法，详见本节。

已经有了惊人的积累，而杜甫则以集大成者的姿态对前人的诗歌遗产进行了全面的总结。从表现对象到创作手法，从诗歌体裁到修辞手段，前人在诗国中留下的丰富积累都在盛唐诗尤其是杜诗中汇总起来了。至此，古典诗歌已经发展到了一个顶峰，"若无新变，不能代雄"（萧子显《南齐书·文学传论》），五七言诗要想继续向前发展，就再也不能沿袭以前的轨道了。

其次，随着大唐帝国鼎盛时代的消逝，以浪漫气息为主要特征的"盛唐气象"也悄然逝去了。动乱的社会、黑暗的政治和颠沛流离的生活经历使诗人们再也唱不出高昂的充满理想光辉的歌声了。高适、王维在安史之乱以后很少作诗，岑参亦豪气销尽，再也写不出雄奇恣肆、酣畅淋漓的七言歌行了。甚至连李白也由"霓裳曳广带，飘拂升天行"转而"俯视洛阳川，茫茫走胡兵"（《古风五十九首》之十九，《李太白全集》卷一）。这一切都说明，时代已向诗人们提出了新的要求：理想必须让位给现实，诗神也必须从云蒸霞蔚的空中降临到疮痍满目的大地上来了！

上述两点在创作实践中的具体表现就是：诗歌主题要从描写理想境界转向反映社会现实，诗歌手法要从幻想、虚构和夸饰转向严格的写实，写作方式要从随意挥洒转向刻苦锻炼，艺术风格要从高华飘逸转向朴实深沉。一句话，诗歌必须从盛唐转向中唐，并进而转向晚唐与宋诗了。

在短短的二十来年中要使诗歌实现如此大幅度的转变，需要有一位既属于盛唐又属于中唐，既能对前一个时代的诗歌作集大成式的总结，又能为后一个时代的诗歌开辟道路的诗人。杜甫就是在这个关键时刻应运而生的历史性人物。从这个意义上说，杜甫之所以能成为"诗圣"，又是受到了那个诗歌史上的特殊时代的玉成。

六 / 先天的禀赋与后天的学力

在上面几节中我们分别从家庭传统和时代背景两个角度讨论了杜甫成为"诗圣"的外部条件，这些条件是重要的、必需的，但并不是充分的。也就是说，杜甫之成为"诗圣"，还必须具备先天禀赋和后天学力等内在条件。否则的话，就无法解释为什么当时有那么多诗人受到时代的"玉成"，那些人中肯定不乏具有诗礼传家的家庭背景者，然而只有杜甫一个人赢得了"诗圣"的桂冠。

伟大的人格是造就伟大诗人的必不可少的因素，我们所说的"伟大的人格"，不仅包含正直、善良的品性，而且必须包含阔大的胸襟和弘毅的精神。诗人薛雪说得好："有胸襟然后能载其性情智慧"，"具得胸襟，人品必高。人品既高，其一謦一咳、一挥一洒，必有过人处"。（《一瓢诗话》）对于身处乱离之世的诗人来说，这一点尤其重要，否则的话，即使是一个正直、善良的灵魂，也难免要为乱世的精神重负所压倒、摧毁，除了沉重的叹息之外，不能给诗坛留下任何东西。《箧中集》诗人就是一个例证。乾元三年（760），元结编《箧中集》，收录沈千运、孟云卿等七位诗人的作品，元结在《箧中集序》（《元次山集》卷七）中说："风雅不兴，几及千载，溺于时者，世无人哉！呜呼，有名位不显，年寿不将，独无知音，不见称显，死而已矣，谁云无之！……吴兴沈千运，独挺于流俗之中，强攘于已溺之后，穷老不惑，五十余年。凡所为文，皆与时异。故朋友后生，稍见师效，能似类者，有五六人。于戏！自沈公及二三子，皆以正直而无禄位，皆以忠信而久贫贱，皆以仁让而至丧亡。"沈千运等人也许确如元结所言，有"正直"、"忠信"、"仁让"的美德，但他们的诗作则大多表现个人坎坷失意及亲友生离死别等内容，情调十分低沉。即使是元结誉为"独挺于流俗之中，强攘于已溺之后"的沈千运，诗中所写的也无非是"栖隐无别事，所愿离风尘。……如何巢与由，天子不得臣？"（《山中作》，《箧中集》）"人生各有命，在余胡不淑？一生但区区，五十无寸禄"（《濮中言怀》，《箧中集》）之类的句子，既没有反映那个时代的民生疾苦等广阔的社会现实，又缺乏理想的光辉，事实上根本没有达到元结所说的上继"风雅"的高度。这显然是由于沈千运等人缺乏伟大弘毅的人格精神而造成的结果。杜甫则不然，正像我们在第二节中所说，杜甫具有以儒家精神为底蕴的伟大人格和丈夫气概，他对自己的理想抱有坚定的信念，任何挫折和打击都不能使他完全放弃自己的信念。杜甫的一生，可以说是穷愁潦倒之极，但他"忧在天下，而不为一己失得"（黄彻《䂬溪诗话》卷一〇），他主动地承担起人间的一切苦难和忧患。他遭遇到"入门闻号咷，幼子饿已卒"的惨痛不幸时的反应是"抚迹犹酸辛，平人固骚屑。默思失业徒，因念远戍卒"（《自京赴奉先县咏怀五百字》），他在"床头屋漏无干处，雨脚如麻未断绝"的困苦处境中希望着"安得广厦千万间，大庇天下寒士俱欢颜，风雨不动安如山"（《茅屋为秋风所破歌》），这是何等的胸襟！在杜甫笔下出现的"三顾频烦天下计，两朝开济老臣心"（《蜀相》）的贤臣，"丈夫誓许国，愤惋复何有"（《前出塞九首》之三）的战士，乃至"下愍百鸟在罗网"（《朱凤行》）的朱凤和"急难心炯然"（《义鹘行》）的"义鹘"，其实都是诗人的自我画像。这正是杜甫高出于同时代其他诗人的关键之处。

此外，杜甫性格的复杂性也值得注意。杜甫的性格中有狂傲的一面，《新唐书·杜甫传》载严武欲杀杜甫事：

> 武以世旧，待甫甚善，亲至其家。甫见之，或时不巾。而性褊躁傲诞，尝醉登武床，瞪视曰："严挺之乃有此儿！"武亦暴猛，外若不为忤，中衔之。一日欲杀甫及梓州刺史章彝，集吏于门。武将出，冠钩于帘三。左右白其母，奔救得止，独杀彝。

此事出于唐人范摅所作《云溪友议》卷上，而《云溪友议》作于唐僖宗时（874—888）或稍后，距杜甫之卒已有百余年，书中又多传闻失实之处，故后人多以为此事不可信。①我们认为诗人与严武之间的关系相当密切，他对严武始终怀有深深的感激之情，这在杜诗中有大量的证据，所以严武曾经"欲杀甫"的事肯定是小说家言。但是说杜甫说过"严挺之乃有此儿"的话，虽无实据，却并非完全不合情理。杜甫《奉酬严公寄题亭之作》云："谢安不倦登临赏，阮籍焉知礼法疏。"严武《巴岭答杜二见忆》（《全唐诗》卷二六一）则云："可但步兵偏爱酒，也知光禄最能诗。"杜甫以阮籍自比，严武亦以阮籍比杜，"礼法疏"的阮籍在醉后说一句失礼的话，并不是太

---

① 杜甫《八哀诗·赠左仆射郑国公严公武》誉严武云："开口取将相，小心事友生。"《杜诗详注》卷一六引《杜臆》云："观'小心事友生'句，知武无欲杀公事。"甚当。按：今本《杜臆》无此语。

奇怪的事。①事实上，杜甫在狂傲方面确实颇有乃祖遗风。杜审言曾称："吾文章当得屈、宋作衙官，吾笔当得王羲之北面！"（《唐才子传》卷一）杜甫在"放荡齐赵间，裘马颇清狂"的少时就在文学上自视甚高："气劘屈贾垒，目短曹刘墙。"（《壮游》）在"骑驴十三载，旅食京华春"的困顿生活中也仍然气冲斗牛："读书破万卷，下笔如有神。赋料扬雄敌，诗看子建亲。"（《奉赠韦左丞丈二十二韵》）正因为他狂傲，所以少时就树立了"会当凌绝顶，一览众山小"（《望岳》）的抱负，并且有勇气去攀登古典诗歌的高峰。

然而杜甫的性格中又有谨慎的一面。这不仅体现在他在政治生活中"拜辞诣阙下，怵惕久未出。虽乏谏诤姿，恐君有遗失"（《北征》）以及"避人焚谏草，骑马欲鸡栖"（《晚出左掖》）的小心翼翼，而且体现在他在诗歌创作中对前代乃至当代的诗人都采取虚心学习的态度（见本章第五节）。正因为他谨慎，所以他能踏踏实实地完成集诗歌之大成的历史使命。狂傲而又谨慎，这也许正是造物赋予杜甫的最佳性格。

人们在比较李、杜之异同时，总是强调李白的天才和杜甫的学力。其实，这两位诗人都是既才高八斗又学富五车的。

杜甫具有非凡的天赋。开元五年（717），年方六岁的杜甫观看了公孙大娘舞《剑器浑脱》。五十年以后，诗人作《观公孙大娘弟子舞剑器行》一诗，生动、细致地回忆了公孙大娘的舞姿："爌如羿射九日落，矫如群帝骖龙翔。来如雷霆收震怒，罢如江海凝清光。"一个六岁的儿童就能欣赏"浏漓顿挫"的舞蹈艺术且把鲜明的印象保留五十年，可见诗人是早慧且强记的。他在《壮游》一诗中说自己"往昔十四五，出游翰墨场。斯文崔魏徒，以我似班扬。七龄思即壮，开口咏凤凰。九龄书大字，有作成一囊"，更可证明他诗才的早熟。一部杜诗，无异是一座诗歌艺术的宝库，没有过人的天才的话，是不可能以一人之力建造这样一座宝库的。换句话说，杜诗本身的艺术造诣就是诗人天才的最好证明。

---

① "严挺之乃有此儿！"其实是一句赞叹之辞，其失礼之处在于犯了对方的父讳且以长辈自居。杜甫虽比严武年长十四岁，但他入蜀后屡得严武之照顾，且曾入其幕为僚佐，于礼是不该以长辈自居的。

当然，杜甫更为人们称道的是他的学力。杜甫读书广博精深："读书破万卷"（《奉赠韦左丞丈二十二韵》）是他的自负之言，"群书万卷常暗诵"（《可叹》）虽是他对友人的称扬，其实也可看作他的夫子自道。读破万卷使诗人对前代的文学和学术有深刻的理解，是他全面借鉴前代文学遗产的前提，而更直接的结果则体现于成语典故的熟练运用。宋人号称读书广博，但他们对杜诗的用典则叹为观止。孙觉说："杜子美诗无两字无来处。"（见林希逸《竹溪鬳斋十一稿》续集卷三〇）黄庭坚进而说："老杜作诗，退之作文，无一字无来处。"（《答洪驹父书》，《豫章黄先生文集》卷一九）王琪则叹息说："子美博闻稽古，其用事，非老儒博士罕知其自出。"（《杜工部集后记》，见《杜诗详注》附编）这些说法虽然稍嫌夸张，而且忽视了杜诗也善于运用俚语俗字的一面，但确实说出了人们读杜诗时的一种感受。中唐刘禹锡"尝讶杜员外'巨颡拆老拳'，疑'老拳'无据。及览《石勒传》：'卿能遭孤老拳，孤亦饱卿毒手。'岂虚言哉！"（见韦绚《刘宾客嘉话录》）就是一个有名的例子。然而杜甫用典绝不是仅仅以多取胜，他在用典的具体方法上有许多独到之处。首先，杜甫善于熔铸成语以为己辞。宋人郭思云："老杜诗学，世以为前无古人，后无来者。然观其诗，大率宗法《文选》，撷其华髓，旁罗曲采，咀嚼为我语。"（《瑶谿集》"熟精文选理"条）清人沈德潜更指出："杜少陵经史并用。"（《说诗晬语》卷上）例如《丹青引赠曹将军霸》中"丹青不知老将至，富贵于我如浮云"两句，借用《论语·述而》篇中"不知老之将至"与"不义而富且贵，于我如浮云"的成句，又如《画鹰》中"毛血洒平芜"句借用班固《两都赋》中"风毛雨血，洒野蔽天"之语，都做到了妥帖自然，语如己出。其次，杜甫用典确切。由于诗人腹贮极富，所以他总是能选择最确切的典故，毫无凑合之感。例如《别房太尉墓》："对棋陪谢傅，把剑觅徐君。"上句用谢安好弈比方房琯好琴，房因宠爱琴客董庭兰而颇遭物议，故杜甫用此典暗示宰臣嗜好艺术无可非议，诚如仇兆鳌注云："语出回护，而不失大体。"下句用春秋时吴季札挂剑徐君墓树之典，更切合别墓之题。最后，杜甫用典的手法灵活多变。所以尽管杜诗中用典很多，却没有呆板烦冗之弊。宋人林希逸指出，杜诗中"事则或专用，或借用，或直用，或翻用，或用其意，不在字语中。于专用之外，又有展用，有倒用，有抽摘渗合而用"（《竹溪鬳斋十一稿》续集卷三〇）。虽然分类稍嫌繁琐，但说出了杜甫用典手法多变的特点。这些手法中最为后人称道的是"或用其意，不在字语中"之法，宋人李颀《古今诗话》"用事如水中着盐"条云：

> 作者用事要如水中着盐，饮食乃知盐味，此说诗家秘密藏也。杜少陵诗如："五更鼓角声悲壮，三峡星河影动摇。"人徒见凌轹造化之工，不知乃用事也。《祢衡传》："渔阳掺声悲壮。"《汉武故事》："星辰影动摇，东方朔谓：'民劳之应。'"则善用故事者，如系风捕影，岂有迹耶？

其他如宋蔡绦《西清诗话》"老杜用事"条、清施补华《岘佣说诗》论"死典活用"条也分析了杜诗用典的这种手法。清人薛雪云："杜浣花炼字蕴藉，用事天然，若不经意，粗心读之，了不可得，所以独超千古。"（《一瓢诗话》）显然，深厚的学力是杜诗艺术造诣的重要成因之一。

如果说杜甫是诗国中的凤凰的话，那么非凡的天赋与惊人的学力就是凤凰的一对翅膀。

斯人生于斯世，就义不容辞地承担了诗歌史上的"集大成"的使命。在后面的两章里，我们将看到杜甫为完成这个使命所付出的艰苦卓绝的努力，看到他在攀登古典诗歌顶峰的途中留下的一串串脚印。

广阔的时代画卷与深沉的内心独白

一 / 放荡齐赵：裘马清狂的青年诗人

　　明人高棅在《唐诗品汇总叙》中说："开元天宝间，则有李翰林之飘逸，杜工部之沈郁，孟襄阳之清雅，王右丞之精致，储光羲之真率，王昌龄之声俊，高适、岑参之悲壮，李颀、常建之超凡，此盛唐之盛者也。"这些盛唐大诗人中，除了岑参之外，杜甫年龄最小。如果我们把杜甫在二十四岁时（开元二十四年，736）或稍后作《望岳》一诗视作他登上诗坛的标志，①那么其时孟浩然已四十八岁，

① 杜甫《壮游》诗自称："往昔十四五，出游翰墨场。斯文崔魏徒，以我似班扬。"那只是说他在洛阳开始与当地的文人交游，况且又没有诗作保存下来，所以尚不能算是已经登上诗坛了。及至他在开元二十三年（735）自吴越归洛阳应进士试时受到名满天下的李邕、王翰的赏识，稍后又写出了名篇《望岳》，才能被看作是登上了诗坛。按：《望岳》一诗无准确系年，浦起龙《读杜心解》以为作于开元二十四年后，且载之于卷首，此处从之。

李颀、王昌龄约四十七岁，①常建四十多岁，②高适、王维三十六岁，③李白三十五岁，储光羲约三十一岁，④都已经蜚声诗坛了。

杜甫诗才早熟，七岁即能作诗咏凤凰，虽说他没有像王维那样留下《洛阳女儿行》等作于十余岁时的名篇，但他青少年时代还是写了不少诗的。天宝九载（750），杜甫在《进雕赋表》中说自己"自七岁所缀诗笔，向四十载矣，约千有余篇"。然而在现存杜诗中，作于天宝九载（750）以前的不足五十首，可见他的早期作品大多亡佚了。

杜甫虽然以读书破万卷著称，但他绝不是一个躲在书斋里的文弱书生。他在晚年回忆说："忆年十五心尚孩，健如黄犊走复来。庭前八月梨枣熟，一日上树能千回。"（《百忧集行》）真是一个健壮活泼的少年！几年之后，这个少年就开始漫游四方。第一次漫游是在开元十八年（730），十九岁的诗人游晋至郇瑕（今山西临猗），未久即返洛阳。次年，诗人开始了历时四年的吴越之游，这是他终生难忘的"壮游"：

> 东下姑苏台，已具浮海航。到今有遗恨，不得穷扶桑。王谢风流远，阖闾丘墓荒。剑池石壁仄，长洲荷芰香。嵯峨阊门北，清庙映回塘。每趋吴太伯，抚事泪浪浪。蒸鱼闻匕首，除道哂要章。枕戈忆勾践，渡浙想秦皇。越女天下白，鉴湖五月凉。剡溪蕴秀异，欲罢不能忘。归帆拂天姥，中岁贡旧乡。
>
> ——《壮游》

开元二十四年（736），杜甫又开始了历时五年的齐赵之游，生活更加充满浪漫情调：

① 李颀生年无定说，此依闻一多《唐诗大系》。王昌龄生年不可确考，此依傅璇琮《唐代诗人丛考》。
② 常建生年不可考，因他与王昌龄同于开元十五年（727）登进士第，姑假定其生卒与王昌龄相近。
③ 高适生年依周勋初《高适年谱》，王维生年依张清华《王维年谱》。
④ 储光羲生年依陈铁民说（见《唐才子传校笺》卷一）。

　　放荡齐赵间,裘马颇清狂。春歌丛台上,冬猎青丘旁。呼鹰皂枥林,

逐兽云雪冈。射飞曾纵鞚,引臂落鹙鸧。苏侯据鞍喜,忽如携葛强。快

意八九年,西归到咸阳。

——《壮游》

　　请看,我们的诗人生活得多么无忧无虑!他的举动是多么的豪放浪漫!尽管他在开元二十三年(735)曾遭受应试落第的挫折,但这一点也没有影响他的情绪,因为他正生活在一个充满理想主义色彩的朝气蓬勃的时代里,时代的氛围使他乐观,使他对人生充满幻想。

　　天宝三载(744)四月,杜甫在洛阳与李白相识,两人一见如故,杜甫作《赠李白》:

　　二年客东都,所历厌机巧。野人对腥膻,蔬食常不饱。岂无青精饭,

使我颜色好?苦乏大药资,山林迹如扫。李侯金闺彦,脱身事幽讨。亦

有梁宋游,方期拾瑶草。

注家曰:"太白好学仙,故赠诗亦作出世语。"(杨伦《杜诗镜铨》卷一)其实此诗并不全是为了附和李白才作"出世语"的,其时的杜甫尚沉浸在浪漫主义的幻想中,他当然会对仙丹灵芝以及由此通往的长生仙界感到兴趣。所以是年秋天,他就果真与李白一起北渡黄河,至王屋山寻访道士华盖君,欲学长生之道。可惜华盖君已死,二人乃失望而归,杜甫晚年作《忆昔行》、《昔游》二诗以追忆此段往事,前一首云:

　　忆昔北寻小有洞,洪河怒涛过轻舸。辛勤不见华盖君,艮岑青辉惨

么麽。千岩无人万壑静,三步回头五步坐。秋山眼冷魂未归,仙赏心违

泪交堕。弟子谁依白茅屋,卢老独启青铜锁。巾拂香余捣药尘,阶除灰

死烧丹火。玄圃沧州莽空阔,金节羽衣飘婀娜。落日初霞闪余映,倏忽
东西无不可。松风涧水声合时,青兕黄熊啼向我。

这说明当时杜甫对寻仙访道的确是诚心为之的。

　　天宝三载秋,杜甫与李白、高适同游梁宋。① 杜甫对宋州(今河南商丘)的繁华
生活和游侠风气有深刻的印象:"昔我游宋中,惟梁孝王都。名今陈留亚,剧则贝
魏俱。邑中九万家,高栋照通衢。舟车半天下,主客多欢娱。白刃仇不义,黄金倾
有无。杀人红尘里,报答在斯须。"(《遣怀》)杜甫与高、李一起在街头酒垆里痛饮,
又一起登上宋州城外的吹台眺远怀古,② 他在晚年回忆说:"忆与高李辈,论交入
酒垆。两公壮藻思,得我色敷腴。气酣登吹台,怀古视平芜。芒砀云一去,雁鹜空
相呼。"(《遣怀》)稍后,三人又同登单父琴台(在今山东单县境),眺望原野和大泽:
"昔者与高李,晚登单父台。寒芜际碣石,万里风云来。桑柘叶如雨,飞藿去徘徊。
清霜大泽冻,禽兽有余哀。"(《昔游》)对于上引《遣怀》诗的前一段,浦起龙评曰:
"雄姿侠气,足以助发豪情。"(《读杜心解》卷一三五)对于后一段,王嗣奭评曰:"具
见旷怀。"(《杜臆》卷七)虽然《遣怀》乃杜甫晚年所作,但这仍足以说明当年他与
高、李同游梁宋是洋溢着豪情逸气的浪漫之举。

　　天宝四载(745)秋,杜甫在鲁郡(今山东兖州)与李白重逢,作《赠李白》:

　　　　秋来相顾尚飘蓬,未就丹砂愧葛洪。痛饮狂歌空度日,飞扬跋扈为
谁雄!

① 杜甫与高适早在开元二十七八年(739、740)间就于汶上结交。见闻一多《少陵先
生年谱会笺》。
②《新唐书·杜甫传》:"尝从白及高适过汴州,酒酣登吹台,慷慨怀古,人莫测也。"
陈贻焮《杜甫评传》第四章以为杜甫等所登的吹台当在宋中(今河南商丘)而不在汴
州(今河南开封),可信。因为杜甫《遣怀》诗云:"气酣登吹台,怀古视平芜。芒砀云
一去,雁鹜空相呼。"宋中离芒砀山百余里,在高台上能望见之,而汴州离芒砀山三
百余里,即使登上高台也不可能望见。

王嗣奭评此诗:"前二句两人共之,三自谓,四谓李。……此友朋交儆之词也。"(《杜臆》卷一)清人蒋金式评曰:"是白一生小像。公赠白诗最多,此首最简,而足以尽之。"(《杜诗镜铨》卷一引)其实此诗不是"交儆之词",而是慨叹之词,也不是"白一生小像",而是李、杜二人的共同写照。因为诗中所写的"飘蓬"和"未就丹砂"正是李、杜此时的共同经历,"痛饮狂歌"是二人的共同举止,"飞扬跋扈"也是二人的共同神态。总之,这首诗虽是赠李白的,但其中含有浓重的自抒怀抱的感情成分,所以也不妨看作是杜甫的自我画像。这是一个放荡不羁的狂士的自嘲、自赞之词,这说明杜甫当时的精神状态与整个盛唐诗坛的浪漫气氛是氤氲相融的。

杜甫在天宝五载(746)之前的诗作现在只流传下来二十多首,但这些诗已足以让我们认识诗人在当时的创作倾向:杜甫的诗与其他盛唐诗人的诗一样,具有理想主义和浪漫主义的色彩。例如下面二诗:

房兵曹胡马

胡马大宛名,锋棱瘦骨成。竹批双耳峻,风入四蹄轻。所向无空阔,真堪托死生。骁腾有如此,万里可横行。

画 鹰

素练风霜起,苍鹰画作殊。㧐身思狡兔,侧目似愁胡。绦镟光堪摘,轩楹势可呼。何当击凡鸟,毛血洒平芜。

虽然前者系咏真马,后者系咏画鹰,但它们有相似的特点:明人赵汸评前者曰:"此诗矫健豪纵,飞行万里之势如在目前。"(《杜诗镜铨》卷一引)仇兆鳌评后者曰:"老笔苍劲中时见灵气飞舞。"(《杜诗详注》卷一)骏马雄鹰的形象中寄托着诗人雄壮、积极的人生理想,都是典型的盛唐之音。

当然,此时杜诗中最值得注意的是《望岳》:

岱宗夫如何？齐鲁青未了。造化钟神秀，阴阳割昏晓。荡胸生层云，决眦入归鸟。会当凌绝顶，一览众山小！

这首诗赢得了后人的交口称赞，浦起龙云："杜子心胸气魄，于斯可观。"(《读杜心解》卷一)宋人刘辰翁则评尾句云："只五字，雄盖一世。"(《杜诗镜铨》卷一引)这首诗不但体现了意气风发的盛唐精神，而且表现了青年杜甫敢于攀登绝顶、俯视群山的气概和雄心。这是一个可喜的征兆：杜甫这个盛唐诗坛的后起之秀，终将要突过前人而攀上诗国中的顶峰！

二 / 旅食京华：对浪漫主义诗坛的游离

天宝五载(746)，三十五岁的杜甫西入长安。次年，唐玄宗诏天下凡通一艺以上者皆赴京师就选，杜甫参加了这次考试。可是，李林甫恐怕草野之士对策时斥言其奸恶，向玄宗进言："举人多卑贱愚聩，恐有俚言污浊圣听。"并在考试中阴谋设置障碍，使得应试的人无一人及第，李林甫反而上表称贺"野无遗贤"。(详见《资治通鉴》卷二一五)杜甫通过科举进入仕途的希望就被政治阴谋断送了。[1] 在那以后，杜甫试图通过其他的途径进入仕途，一是向达官贵人投赠诗篇，希望得到他们的赏识援引，二是向朝廷献赋，希望直接引起皇帝的注意。可是这些努力的结果仍是不断的失望，直到天宝十四载(755)秋，他仍旧是一介布衣。

从现存的杜诗来看，杜甫向权贵献诗之举在他初入长安时就开始了，而且一直没有停止。举其要者，如：《赠特进汝阳王二十二韵》一诗作于天宝五、六载间，[2] 投赠对象是汝阳王李琎。《奉寄河南韦尹丈人》作于天宝七载(748)至九载

[1] 傅璇琮先生对这次阴谋的过程有详尽的考证和论述，见《从杜甫于天宝六载应试谈唐代的制举》(《草堂》1984 年第 1 期)。
[2] 此诗注家编年不同，此从钱谦益说(见《钱注杜诗》卷九)。

(750),《赠韦左丞丈济》、《奉赠韦左丞丈二十二韵》两首作于天宝九载(750),[①]投赠对象是由河南尹调任尚书省左丞的韦济。《赠翰林张四学士垍》作于天宝九载(750),投赠对象是尚宁亲公主的翰林学士张垍。《敬赠郑谏议十韵》作于天宝十载(751),投赠对象是谏议大夫郑审。《奉赠鲜于京兆二十韵》作于天宝十一载(752),投赠对象是京兆尹鲜于仲通。《投赠哥舒开府翰二十韵》作于天宝十三载(754),投赠对象是河西节度使、西平郡王哥舒翰。《上韦左相二十韵》作于天宝十四载(755),投赠对象是武部尚书、同中书门下平章事韦见素。在这些投赠对象中间,有的尚属正人才士,如李琎以"好学尚贞烈,义形必沾巾"(《八哀诗·赠太子太师汝阳郡王琎》)而受到杜甫的尊敬,郑审则以诗才见重于杜甫且与他保持了持久的友谊(见《秋日夔府咏怀奉寄郑监审李宾客之芳一百韵》)。但是毋庸讳言,其间也有人品颇为低劣者,如张垍曾谗毁李白,安史之乱后即投降叛军。哥舒翰为一纠纠蕃将,潼关失守后亦降于安禄山。如果说杜甫赠诗时这些人劣迹尚未显露,所以不能责怪诗人投赠非人,[②]那么在赠鲜于仲通的诗中托他向杨国忠求助,就确实是病急乱投医了。据周勋初先生考证,鲜于其人尚不是奸邪小人,[③]但杨国忠无疑是专权乱政的巨奸,而且他们两人正是征伐南诏以致全军覆没的祸首。后人对杜甫的投赠非人颇有讥讽甚或大加挞伐者,[④]但我们觉得还是闻一多先生《少陵先生年谱会笺》中说得好:

> 公有《赠鲜于京兆》诗曰"早晚报平津",望其荐于国忠也。又曰"破

[①] 旧注皆系此三诗于天宝七载,乃据《旧唐书·韦济传》中"天宝七载,又为河南尹,迁尚书丞"之记载。据新发现的韦济墓志,其自河南尹迁尚书左丞事在天宝九载(750)。详见陈铁民《由新发现的韦济墓志看杜甫天宝中的行止》,载《文学遗产》1992年第4期。

[②] 张垍谗逐李白事见魏颢《李翰林集序》,今人多信之。但此事发生在杜甫入长安前,杜甫未必了解。

[③] 见《杜甫身后的求全之毁和不虞之誉》,载《文史探微》。

[④] 前者如冯至《杜甫传》中"长安十年"一节,后者如郭沫若《李白与杜甫》中《杜甫的功名欲望》一节。

胆遭前政,阴谋独秉钧",谓李林甫也。夫林甫之阴谋,不待言。若国忠之奸,不殊林甫,公岂不知?且二人素不协,秉政以来,私相倾轧者久矣。今于林甫死后,将有求于国忠,则以见忌于林甫为言,公之求进,毋乃过疾乎?虽然,《白丝行》曰"已悲素质随时染",又曰"君不见才士汲引难,恐惧弃捐忍羁旅",审其寄意所在,殆有悔心之萌乎!故知公于出处大节,非果无定见,与时辈之苟且偷合、执迷不悟者,不可同日语也。钱谦益曰:"少陵之投诗京兆,邻于饿死,昌黎之上书宰相,迫于饥寒。当时不得已而姑为权宜之计,后世宜谅其苦心,不可以宋儒出处,深责唐人也。"此言虽出之蒙叟,然不失为平情之论。

的确,杜甫是投赠非人且有谀词,但这是被迫写出的言不由衷之词,我们应该多给诗人一些同情而少一些责备。

杜甫向朝廷献赋也有多次。天宝九载(750),杜甫以《雕赋》投于"延恩匦",结果如石沉大海。次年正月,唐玄宗举行了朝献太清宫,朝享太庙和合祭天地于南郊等大典,杜甫抓住机会写成《朝献太清宫赋》、《朝享太庙赋》和《有事于南郊赋》(即所谓《三大礼赋》)献于朝廷。这一次总算引起了玄宗的注意,命杜甫待制集贤院,让宰相考试他的文章。这是杜甫一生中最为得意的一件事,他直至晚年还自豪地回忆说:"忆献三赋蓬莱宫,自怪一日声烜赫。集贤学士如堵墙,观我落笔中书堂。"(《莫相疑行》)可是既然当时的宰相仍然是李林甫,[1] 即四年前用阴谋使应制举者无一人及第的权奸,杜甫的希望又是注定要落空的。果然,他得到了一个"送隶有司,参列选序"(《进封西岳赋表》)的虚假资格,以后就不见下文了。到了天宝十三载(754)冬,杜甫又作《封西岳赋》,投"延恩匦",也没有什么结果。

由于仕路不通,经济上又没有来源,杜甫在长安的生活日益窘迫,他的精神状态也日益苦闷、愤激,我们可以三首诗为例来说明他境遇的每况愈下:

① 当时李林甫为右相,陈希烈为左相,陈本为李所引进,"凡政事一决于林甫,希烈但给唯诺"(《资治通鉴》卷二一五)。

今夕行

今夕何夕岁云徂,更长烛明不可孤。咸阳客舍一事无,相与搏塞为
欢娱。冯陵大叫呼五白,袒跣不肯成枭卢。英雄有时亦如此,邂逅岂即
非良图? 君莫笑刘毅从来布衣愿,家无儋石输百万!

此诗约作于天宝五载(746),时杜甫初入长安。王嗣奭云:"此诗真有英雄气。"又
云:"穷人妄想,往往如此。"(《杜臆》卷一)的确,杜甫此时虽生活逐渐贫困,但少时
豪气尚存,人生的艰难还没有在他心头压上重负。

奉赠韦左丞丈二十二韵

纨绔不饿死,儒冠多误身! 丈人试静听,贱子请具陈。甫昔少年日,
早充观国宾。读书破万卷,下笔如有神。赋料扬雄敌,诗看子建亲。李
邕求识面,王翰愿卜邻。自谓颇挺出,立登要路津。致君尧舜上,再使风
俗淳。此意竟萧条,行歌非隐沦。骑驴十三载,旅食京华春。朝扣富儿
门,暮随肥马尘。残杯与冷炙,到处潜悲辛! 主上顷见征,欻然欲求伸。
青冥却垂翅,蹭蹬无纵鳞。甚愧丈人厚,甚知丈人真。每于百僚上,猥诵
佳句新。窃效贡公喜,难甘原宪贫。焉能心怏怏,祗是走踆踆。今欲东
入海,即将西去秦。尚怜终南山,回首清渭滨。常拟报一饭,况怀辞大
臣! 白鸥没浩荡,万里谁能驯?

此诗作于天宝九载(750),如果说杜甫在长安所作的投赠诗因多乞怜、颂德之语而
价值不高的话,那么至少这一首是个例外。后人对此诗有很多赞词,如黄庭坚称
其立意布置之妙(见范温《潜溪诗眼》),而王嗣奭则赞其"纵横转折,感愤悲壮,缠
绵踌躇,曲尽其妙"(《杜臆》卷一),然而最重要的是此诗活画出了诗人在长安的窘
迫情状,倾吐了他心中的愤懑和辛酸。当然,正像浦起龙所云,此诗"一结高绝"
(《读杜心解》卷一),结尾几句仍然具有豪情英气,仍然闪现着理想主义的光辉。

醉时歌

诸公衮衮登台省，广文先生官独冷。甲第纷纷厌粱肉，广文先生饭不足。先生有道出羲皇，先生有才过屈宋。德尊一代常坎坷，名垂万古知何用？杜陵野客人更嗤，被褐短窄鬓如丝。日籴太仓五升米，时赴郑老同襟期。得钱即相觅，沽酒不复疑。忘形到尔汝，痛饮真吾师。清夜沉沉动春酌，灯前细雨檐花落。但觉高歌有鬼神，焉知饿死填沟壑？相如逸才亲涤器，子云识字终投阁。先生早赋归去来，石田茅屋荒苍苔。儒术于我何有哉？孔丘盗跖俱尘埃！不须闻此意惨怆，生前相遇且衔杯！

此诗作于天宝十三载(754)，此时杜甫已在长安住了八个年头，他已经沦落到与贫民为伍去购买减价官米的地步，而饿死的威胁也真的降临到他头上来了！他甚至愤激地说出了"儒术于我何有哉"的诡激之语，非但不再幻想进入仕途施展抱负，而且连白鸥清波的浪漫想法也不再出现于心头，而只想着借酒浇愁和归隐耕田了。

从裘马清狂到籴米官仓，诗人的生活产生了一个巨大的落差。从乐观热烈到苦闷愤懑，诗人的情绪也产生了一个巨大的落差。于是，杜甫的诗歌也就自然而然地产生了巨大的变化。这个变化就是，杜甫逐渐从以理想主义和浪漫主义为主要特征的盛唐诗坛上游离出来了。让我们看看这个游离过程的轨迹。

饮中八仙歌

知章骑马似乘船，眼花落井水底眠。汝阳三斗始朝天，道逢曲车口流涎，恨不移封向酒泉。左相日兴费万钱，饮如长鲸吸百川，衔杯乐圣称避贤。宗之潇洒美少年，举觞白眼望青天，皎如玉树临风前。苏晋长斋绣佛前，醉中往往爱逃禅。李白一斗诗百篇，长安市上酒家眠。天子呼来不上船，自称臣是酒中仙。张旭三杯草圣传，脱帽露顶王公前，挥毫落纸如云烟。焦遂五斗方卓然，高谈雄辩惊四筵。

此诗作于天宝五载(746)以后的数年间,①也即杜甫进入长安的头几年间。所谓"饮中八仙",也称"酒中八仙",是天宝初在长安的李白等八人的共称,到底是哪八个人已难以确指。②当杜甫来到长安时,"八仙"中有的人已经去世,③有的人已经离开长安,④所以他作《饮中八仙歌》仅仅是本于传闻而非实录。此诗中所描写的贺知章、李琎、李适之、崔宗之、苏晋、李白、张旭、焦遂等八人的身份和社会地位各异,但他们痛饮沉醉的狂态却甚为相似。后人评论此诗大多着眼于此,如王嗣奭云:"描写八公都带仙气,而或两句、三句、四句,如云在晴空,卷舒自如,亦诗中之仙也。"(《杜臆》卷一)当代学者亦多认为此诗"抓住了个'仙'字,仗着这股'仙气',……表现了那种不受世情俗务拘束,憧憬个性解放的浪漫精神"(陈贻焮《杜甫评传》第五章)。⑤但是事实上这八个人的醉态可掬并不完全是欢快心情的体现,而且杜甫对此是有所了解的。例如李适之因受李林甫排挤而罢相,"其子卫尉少卿霅尝盛馔召客,客畏李林甫,竟日无一人敢往者"(《资治通鉴》卷二一五)。他因此而作诗云:"避贤初罢相,乐圣且衔杯。为问门前客,今朝几个来?"语意愤怨而非旷达,杜甫既然隐括其句意入诗,难道会对其似旷实怨的心情毫无体会? 又如李白在长安受到谗谤而被玄宗疏远,"乃浪迹纵酒,以自昏秽。咏歌之际,屡称东山。又与贺知章、崔宗之等自为八仙之游,谓公'谪仙人',朝列赋谪仙之歌凡数百首,多言公之不得意"(李阳冰《草堂集序》,载《李太白全集》卷三一)。连当时的

---

① 天宝五载(746)四月,李适之罢相,赋诗云:"避贤初罢相,乐圣且衔杯。为问门前客,今朝几个来?"(见《旧唐书·李适之传》)杜诗中"衔杯乐圣称避贤"句显然是用李适之诗意,故此诗作年的上限是五载四月,但作年的下限则未可确定。

② 李阳冰《草堂集序》(载《李太白全集》卷三一)云:"(李白)又与贺知章、崔宗之等自为八仙之游。"范传正《唐左拾遗翰林学士李公新墓碑》(载《李太白全集》卷三一)云:"时人又以公及贺监、汝阳王、崔宗之、裴周南等八人为酒中八仙。"可证当时确有"八仙"之称,但名录与杜诗所列者有异。参见浦江清《八仙考》(载《浦江清文录》)。

③ 贺知章卒于天宝三载(744),而苏晋则早在开元二十二年(734)已经去世,根本不可能于天宝初预八仙之游。

④ 李白于天宝三载(744)春离开长安,杜甫就是那时与李白相识于洛阳的。

⑤ 参看刘大杰《中国文学发展史》第十四章、萧涤非《杜甫研究》中《杜甫的时代》一节等。

"朝列"都对李白的真实心情有所理解，作诗"言公之不得意"，难道在数年以前曾与离京后的李白交游甚久且相知甚深的杜甫反倒会对李白"浪迹纵酒，以自昏秽"的动机毫无觉察？程千帆师曾对"饮中八仙"的生活经历和精神状态进行了全面的考察，他得出的结论是："'饮中八仙'并非真正生活在无忧无虑、心情欢畅之中。这篇诗乃是作者已经从沉湎中开始清醒过来，而以自己独特的艺术手段对在这一特定的时代中产生的饮者作出了客观的历史记录。杜甫与'八仙'之间的关系可以归结为：一个醒的和八个醉的。……《饮中八仙歌》是杜甫在以一双醒眼看八个醉人的情况之下写的，表现了他以错愕和怅惋的心情面对着这一群不失为优秀人物的非正常精神状态。"（《一个醒的和八个醉的》，载《被开拓的诗世界》）我完全同意这个结论，而且认为：虽然"饮中八仙"并非都以诗歌著称，但他们的精神状态正是盛唐诗坛风气的形象体现。在盛唐后期，也就是开元末、天宝初时期，朝政日趋腐败，社会日趋黑暗，可是这一切都掩盖在花团锦簇的繁华外表下面，所以诗人们（包括李白、贺知章）尽管对此若有所感，却仍然受到巨大的惯性力量的支配，以充满着浪漫情调的举止（例如痛饮）来消解心底的惆怅失意，他们没有能够，也并不情愿睁大眼睛清醒地正视现实，所以整个诗坛仍然弥漫着浪漫主义的风气。只有杜甫是一个例外，他开始以一个清醒的旁观者的身份审视"饮中八仙"的醉态，这意味着他已有从浪漫主义诗坛上游离出来的倾向。

有比较才能有鉴别，为了更好地说明杜甫与整个诗坛的游离，应该把他与同时的其他诗人作一些比较。

天宝十一载（752）的一个秋日，杜甫、高适、薛据、岑参、储光羲等五人一起登上了长安城东南的慈恩寺塔。[①] 高适、薛据首先赋诗，[②] 杜甫等三人随即继作，这是文学史上很值得纪念的一件盛事。时过九百年之后，王士禛还不胜景慕地说："每思高、岑、杜辈同登慈恩塔，李、杜辈同登吹台，一时大敌旗鼓相当。恨不厕身

① 此事只可能发生在天宝十一载，闻一多《岑嘉州系年考证》论之甚详，诸家年谱也无异说。
② 杜甫《同诸公登慈恩寺塔》题下注云："时高适、薛据先有此作。"

其间,为执鞭弭之役!"(《池北偶谈》卷一八《慈恩塔诗》条)的确,这五位诗人都是一时之俊杰,杜甫、高适、岑参三人名垂千古,毋庸赘述。储光羲和薛据在当时的诗名也很大,在殷璠所选《河岳英灵集》中,储光羲诗入选十二首,薛据诗入选十首,可证其诗颇为时人所重。所以,这一次同题共作确实是诗人们吐露胸臆、驰骋才思的良机。而对我们来说,这足以显示杜甫与当时诗坛之关系。他们留下来的四首诗如下(薛据诗已佚):

同诸公登慈恩寺塔　　　　　杜甫

　　高标跨苍穹,烈风无时休。自非旷士怀,登兹翻百忧。方知象教力,足可追冥搜。仰穿龙蛇窟,始出枝撑幽。七星在北户,河汉声西流。羲和鞭白日,少昊行清秋。秦山忽破碎,泾渭不可求。俯视但一气,焉能辨皇州?回首叫虞舜,苍梧云正愁。惜哉瑶池饮,日晏昆仑丘。黄鹄去不息,哀鸣何所投?君看随阳雁,各有稻粱谋。

同诸公登慈恩寺塔　　　　　高适

　　香界泯群有,浮图岂诸相?登临骇孤高,披拂欣大壮。言是羽翼生,迥出虚空上。顿疑身世别,乃觉形神王。宫阙皆户前,山河尽檐向。秋风昨夜至,秦塞多清旷。千里何苍苍,五陵郁相望。盛时惭阮步,末宦知周防。输效独无因,斯焉可游放。

与高适薛据登慈恩寺浮图　　　　　岑参

　　塔势如涌出,孤高耸天宫。登临出世界,磴道盘虚空。突兀压神州,峥嵘如鬼工。四角碍白日,七层摩苍穹。下窥指高鸟,俯听闻惊风。连山若波涛,奔凑似朝东。青槐夹驰道,宫馆何玲珑。秋色从西来,苍然满关中。五陵北原上,万古青濛濛。净理了可悟,胜因夙所宗。誓将挂冠去,觉道资无穷。

同诸公登慈恩寺塔　　　　　储光羲

金祠起真宇,直上青云垂。地静我亦闲,登之清秋时。苍芜宜春苑,
片碧昆明池。谁道天汉高,逍遥方在兹。虚形宾大极,携手行翠微。雷
雨傍杳冥,鬼神中躞蹀。灵变在倏忽,莫能穷天涯。冠上阊阖开,履下鸿
雁飞。宫室低逦迤,群山小参差。俯仰宇宙空,庶几了义归。崱为非大
厦,久居亦以危。

关于这四首诗的优劣,后人曾有不少评论。多数论者都认为杜诗独擅胜场,但也
有持异议的。如明人胡震亨云:"诗家拈教乘中题,当即用教乘中语义。旁撷外典
补凑,便非当行。……唐诸家教乘中诗,合作者多,独老杜殊出入,不可为法。"自
注:"如《慈恩塔》一诗,高、岑终篇皆彼教语,杜则杂以'望陵寝'、'叹稻粱'等事,与
法门事全不涉,他寺刹及赠僧诗皆然。"(《唐音癸签》卷四)胡氏所云,纯是从慈恩
寺乃佛家建筑这一点着眼,所以强调必须限于佛教语义,才算当行。今天看来,这
种议论当然是没有意义的。诗人并非僧徒,他们到慈恩寺去的目的是登览而非礼
佛,他们所写的诗当然应是述我所见、抒我所感,何须全用"教乘中语义"? 像杜诗
中用"方知象教力,足可追冥搜"二句点明所登是佛寺浮图,就足够了。如果通篇
皆用"教乘中语义",就可能成为佛教的"玄言诗"了。这四首诗中储光羲的一首用
"彼教语"最多,而成就也最低,就说明了胡震亨这番议论的不足取。况且当诗人
们登上慈恩寺塔的那个时候,唐帝国的统治已经危机四伏了,当时展现在诗人们
眼前的世界(不仅指自然景物)已经不再是一幅赏心悦目的画面。针对那样一个
特定的时代背景,胡震亨的话就更是大谬不然了。其他论者对这四首诗的评论大
多着眼于艺术水平之高下,兹不赘述,因为我们在这里只想从思想倾向的角度来
考察它们的高下异同。

　　如前所述,天宝十一载时杜甫正越来越深刻地体验着人生的艰辛,陆游为其
时的杜甫画了一幅生动准确的速写:"长安落叶纷可扫,九陌北风吹马倒。杜公四
十不成名,袖里空余三赋草。车声马声喧客梦,三百青铜市楼饮。杯残炙冷正悲
辛,伥内斗鸡催赐锦。"(《题少陵画像》,《剑南诗稿》卷一六)

这一年,高适已经五十三岁。他虽从二十岁起就谋求入仕,但终因无人援引而沉沦潦倒,长期过着渔樵和漫游生活。直到天宝八载(749)登有道科之后,才得到封丘县尉的微职,然而那种"拜迎官长心欲碎,鞭挞黎庶令人悲"(《封丘县》,《高适诗集编年笺注》第一部分)的生活使诗人内心十分痛苦,他不久就弃官了。天宝十一载秋,高适尚未被荐入哥舒翰幕而在长安闲居,他此时的心情是很抑郁的。

岑参其时三十六岁,[①]他虽然在天宝三载(744)就已进士及第,但仅得到一个兵曹参军的微职。天宝八载(749),赴安西入高仙芝幕。虽说塞外雄浑奇丽的自然风光和紧张豪壮的军中生活对他的诗歌创作大有裨益,但诗人在仕途上并不得意。天宝十载(751)秋高仙芝兵败回朝,岑参也随之回到长安闲居,此时他心中也有抑郁的情绪。

储光羲那年四十六岁,正任监察御史之职,但也有不得志之感。[②]

总之,四位诗人在当时都可算是落拓文人,只是杜甫的处境更为窘迫一些。但是我们读了四首登塔诗后,明显地感觉到它们的思想倾向大相径庭。这说明了什么呢?

岑参和储光羲的诗有一个共同的特点,它们的重点在于写一个佛寺中的浮图,把登塔时所看到的景物与佛家教义紧密地联系在一起。这也就是胡震亨所说的,"用教乘中语义"。岑诗结尾云:"净理了可悟,胜因夙所宗。誓将挂冠去,觉道资无穷。"虽也隐约地表示了对现实的不满,但毕竟是要逃到佛家净域中去。储诗结尾云:"俯仰宇宙空,庶几了义归。崛为非大厦,久居亦以危。"更是认为世间万物皆为虚无,只有佛家的"了义"才是最后的归宿。所以说,岑、储二人用很大的力量、很多的篇幅来描写浮图之高耸与景物之广远,都是为了象征或衬托佛家教义之高与法力之大。换句话说,他们缺乏直接面对那个危机四伏、险象环生的现实社会的勇气(至少在此诗中表现为如此),却希望皈依佛门,逃避现实。

高适的诗则与之不同。高适是很有用世之志的,高诗中虽然也有"香界泯群

---

① 据陈铁民、侯忠义《岑参年谱》。闻一多《岑嘉州系年考证》作三十八岁。
② 储光羲于天宝九载(750)始任监察御史。(据陈铁民说,见《唐才子传校笺》卷一。)监察御史的官品为正八品上。储光羲天宝十一载作《哥舒大夫颂德》中有"顾我抢榆者,莫能翔青冥。游燕非骐骥,踯躅思长鸣"之句,可见他仍有不得志之感。

有,浮图岂诸相"之类句子,但毕竟不是"终篇皆彼教语",特别是结尾四句:"盛时惭阮步,末宦知周防。输效独无因,斯焉可游放。"说明诗人在登临佛寺浮图时并没有忘记要为国家效劳。这无疑要比岑、储两人的态度积极得多。但是,高适着眼的只是他个人的前途,当时的社会现实并没有在其诗中留下痕迹。

杜甫的诗就完全不同了。它一开头就说:"高标跨苍穹,烈风无时休。自非旷士怀,登兹翻百忧。"仇兆鳌注:"'百忧',悯世乱也。"(《杜诗详注》卷二)穷愁潦倒、衣食艰难的诗人并没有把目光局限于他个人的生活。他一登高望远,就立即将眼前景物与整个社会现实联系起来,正如浦起龙所说:"乱源已兆,忧患填胸,触境即动。只一凭眺间,觉河山无恙,尘昏满目。"(《读杜心解》卷一)在胸怀百忧的诗人看来,一切景物都蒙上了一层惨淡的颜色。"烈风无时休"固然是高处的应有之景,但又何尝不是时局飘摇、天下将乱的征兆? 宋人胡舜陟解此诗曰:"《登慈恩寺塔诗》,讥天宝时事也。山者,人君之象,'秦山忽破碎',则人君失道矣。贤不肖混淆而清浊不分,故曰'泾渭不可求'。天下无纲纪文章,而上都亦然,故曰'俯视但一气,焉能辨皇州'。"(《三山老人语录》,见《苕溪渔隐丛话》前集卷一二)胡氏认为全诗都隐含讥刺,当然穿凿过甚,所以清人施鸿保批评他说:"通首皆作喻言,屑琐牵合。"且指出:"前十六句,皆但写景。"(《读杜诗说》卷一)那么,"秦山忽破碎"这几句究竟是单纯的写景还是有所寓意呢? 我们认为其中还是有所寓意的,但是不能像胡氏那样逐句比附,处处落实。就是说,这些句子确是写景,但这是写的一个胸怀百忧的诗人眼中的景,所以诗人胸中的忧愁之情与眼中的苍茫之景已在下意识中融为一体,我们不必也不能再把它们分开来。至于"回首叫虞舜"以下八句,注家都认为是由写景转为寓意,我们也这样理解,试作诠释如下:"回首叫虞舜,苍梧云正浮",明末潘柽章云:"高祖号神尧皇帝,太宗受内禅,故以虞舜、苍梧言之。"(《杜诗博议》,《杜诗详注》卷二引)① 因为慈恩寺既是佛教的一个重要场所,又是

---

① 仇氏引《杜诗博议》皆标作"明王道俊",误。因仇氏实未见其书,《杜诗详注》中凡引《杜诗博议》处皆转引自朱鹤龄《杜工部集辑注》,而朱氏所引则为潘柽章所著,详见蔡锦芳《〈杜诗博议〉质疑》(《杜甫研究学刊》1989 年第 2 期)。后文凡自仇注转引《杜诗博议》,皆径标作潘氏之言,不再注明。

唐帝国鼎盛时期的一个象征,①当杜甫这位忧国忧民的诗人登上寺塔时,就自然而然地眺望太宗的昭陵而缅怀大唐帝国的全盛时代。可是盛世已经消逝,尽管诗人满怀希望地呼唤它,也不会复返了,剩下的只是愁云惨雾而已。"惜哉瑶池饮,日晏昆仑丘"二句是以周穆王和西王母游宴于瑶池之传说以刺玄宗、杨妃,注家于此均无异说。虽说诗中的"瑶池"不一定是比喻骊山温汤,②诗人登塔时玄宗、杨妃也并不在华清池,③但诗人远眺骊山,即景生情,不由得对玄宗沉湎于酒色淫乐感到惋惜、愤慨。"黄鹄去不息,哀鸣何所投"二句,写贤士失职而无所归宿之悲愤,"君看随阳雁,各有稻粱谋"二句,斥奸邪趋炎附势而谋取富贵之无耻,其义甚明。

当四位诗人登上慈恩寺塔举目远眺时,对于观察自然景物来说,他们都站在同样高度的七级浮图之上。可是对于观察社会现象来说,杜甫却独自站在一个迥然挺出的高度上。这样,岑参、储光羲所看到的是佛寺浮图的崇丽,所感到的是佛教义理的精微。高适所看到的与岑、储同,所感到的是个人命运的蹭蹬。而杜甫除了高塔远景之外还看到了"尘昏满目",除了个人命运蹭蹬之外还感到了国家命运的危机。这就是杜甫的独特之处。

上述分析告诉我们。到天宝后期,尽管大唐帝国已在暗暗地走向衰亡,产生"盛唐气象"的社会基础已在悄悄地逝去,但诗坛上只有杜甫最为敏锐地感受到了时代的变迁,并把这种感受形诸诗歌。也就是说,杜甫最早从这个诗坛彻底地游

① 据《两京新记》、《长安志》等书记载,慈恩寺建于太宗贞观二十一年(647),本是太子李治(即后来的高宗)为他母亲文德皇后祈福而建立的。塔前东阶立有太宗亲撰的《三藏圣教序》碑和高宗亲撰的《述圣记》碑。

②《杜诗详注》卷二引程嘉燧云:"明皇游宴骊山皆贵妃从幸,故以'日晏昆仑'讽之。"《钱注杜诗》卷一则云:"唐人多以王母喻贵妃,'瑶池日晏',言天下将乱,而宴乐不可以为常也。"二说略同,然程说坐实瑶池以比骊山温泉,似不如钱说之圆通。又杜诗他篇如《奉同郭给事汤东灵湫作》云:"倒悬瑶池影,屈注沧江流。……至尊顾之笑,王母不肯收。"亦可与之互证。

③ 温汤疗疾,故玄宗之幸骊山必在冬季或初春寒冷季节(见陈寅恪《元白诗笺证稿》第一章)。据《资治通鉴》卷二一六所纪,天宝十一载冬十月戊寅(初五日)至十二月丁亥(十六日)玄宗幸华清宫。

离出来了。

杜甫一旦从浪漫主义诗坛游离出来，他的创作就开始以写实为主要倾向，他开始冷静地观察社会，努力探索社会的病根。他的目光既对准了日益陷于苦难的下层人民，也对准了日益荒淫无耻的上层贵族，于是他写出了《兵车行》和《丽人行》。

兵车行

车辚辚，马萧萧，行人弓箭各在腰。耶娘妻子走相送，尘埃不见咸阳桥。牵衣顿足拦道哭，哭声直上干云霄。道旁过者问行人，行人但云点行频。或从十五北防河，便至四十西营田。去时里正与裹头，归来头白还戍边。边庭流血成海水，武皇开边意未已。君不闻汉家山东二百州，千村万落生荆杞。纵有健妇把锄犁，禾生陇亩无东西。况复秦兵耐苦战，被驱不异犬与鸡。长者虽有问，役夫敢申恨？且如今年冬，未休关西卒。县官急索租，租税从何出？信知生男恶，反是生女好。生女犹得嫁比邻，生男埋没随百草！君不见青海头，古来白骨无人收。新鬼烦冤旧鬼哭，天阴雨湿声啾啾！

此诗大约作于天宝十载（751），它的背景到底是什么？宋人赵彦材认为因玄宗用兵吐蕃而作（见《九家集注杜诗》），宋人黄鹤认为指天宝十载征南诏之役（见《黄氏补千家集注杜工部诗史》），钱谦益则云："举青海之故，以明征南之必不返也。不言南诏，而言山东，言关西，言陇右，其词哀怨而不迫如此。……是时国忠方贵盛，未敢斥言之，杂举河陇之事，错互其词，若不为南诏而发者，此作者之深意也。"（《钱注杜诗》卷一）我们认为杜甫两年之后作《丽人行》即直斥杨国忠"炙手可热势绝伦"，此时未必不敢斥言之。此诗中"君不见青海头，古来白骨无人收"显然与"天宝八载六月，哥舒翰以兵六万三千，攻吐蕃石堡城，拔之，唐军卒死者数万"（《资治通鉴》卷二一六）之事有关，而"牵衣顿足拦道哭"之描写也显然与天宝十载鲜于仲通征南诏全军覆没后"杨国忠遣御史分道捕人，连枷送诣军所。……于是行者愁怨,父母妻子送之,所在哭声振野"(同上)之史实有关,所以此诗并不是专指哪一次边衅战争,而是泛指天宝年间唐王朝的穷兵黩武政策,及其给人民带来的巨大灾难。诗人对这种穷兵黩武的政策进行了严厉的抨击,对被驱往死地的善良人民和他们的父母妻儿以及抛骨绝域的冤魂表示深切的同情。

丽人行

三月三日天气新,长安水边多丽人。态浓意远淑且真,肌理细腻骨肉匀。绣罗衣裳照暮春,蹙金孔雀银麒麟。头上何所有?翠微㔩叶垂鬓唇。背后何所见?珠压腰衱稳称身。就中云幕椒房亲,赐名大国虢与秦。紫驼之峰出翠釜,水精之盘行素鳞。犀箸厌饫久未下,鸾刀缕切空纷纶。黄门飞鞚不动尘,御厨络绎送八珍。箫管哀吟感鬼神,宾从杂遝实要津。后来鞍马何逡巡,当轩下马入锦茵。杨花雪落覆白蘋,青鸟飞去衔红巾。炙手可热势绝伦,慎莫近前丞相嗔!

此诗作于天宝十二载(753),它是讥刺杨氏兄妹的。杨贵妃的三位从姊于天宝七载(748)封为韩国夫人、虢国夫人和秦国夫人,其从兄杨国忠则于天宝十一载(752)十一月李林甫死后继任右相,杨氏兄妹权势熏天,荒淫无度,杨国忠甚至与虢国夫人私通,公然并辔走马,路人为之掩目(详见《旧唐书·杨贵妃传》,《资治通鉴》卷二一六等)。此诗故意用工笔重彩对杨氏姐妹容态之娴美、服饰之华丽、肴馔之名贵一一作正面描写,诚如浦起龙所云:"无一刺讥语,描摹处语语刺讥;无一慨叹声,点逗处声声慨叹。"(《读杜心解》卷二)然而结尾六句则显为"刺讥语",不但用"杨花"、"青鸟"的典故暗刺杨国忠与虢国夫人的淫乱,而且对杨国忠盛气凌人、恬不知耻的丑态作了深刻的讥刺。正因为有这样一个结尾,从而使前面貌似庄重的描写统统转化为讽刺,就像蒋金式所云:"美人相、富贵相、妖淫相,后乃现出罗刹相"(《杜诗镜铨》卷二引),全诗表述了诗人对那些恃宠弄权、骄奢淫佚的外戚贵族的极度憎恶和轻蔑。

《兵车行》和《丽人行》的出现,是杜甫创作道路上的一个里程碑,也是唐诗发展过程中值得大书特书的一个关键。在盛唐后期,诗人们对于唐帝国的由盛转衰并不是毫无觉察,毫无反映的,例如高适于开元二十六年(738)作《燕歌行》咏边塞战争中军士之艰危辛苦,李白于天宝初作《古风》其二十四("大车扬飞尘")讽刺奸邪小人之嚣张气焰,又于天宝十载(751)作《古风》其三十四("羽檄如流星")揭露杨国忠等征南诏之惨败,等等,但那些诗或借古讽今,或缺乏具体描写,在揭露的深度和批判的力度上都比不上杜诗。而且杜诗采取了"即事名篇,无复倚傍"(元稹《乐府古题序》,《元氏长庆集》卷二三)的做法,即不再像其他诗人那样利用乐府古题来写时事,而是自拟新题。① 可以说,这正是对汉乐府精神的最好继承,因为当乐府诗最初从民间产生时,本来就是"即事名篇"的,② 后来文人拟作,才沿袭旧题。现在杜甫恢复"即事名篇",就不再受古题的束缚,反映现实时就十分自如、灵活。

在长安十年的后期,杜甫创作中另一个值得注意的变化是:他开始把自己个人的不幸遭遇与广大人民的痛苦生活及国家的危机灾难在诗歌中有机地结合起来。从整体上说,杜诗不再是个人的啼饥号寒、叹老嗟卑之呻吟,也不再是一个旁观者对民生疾苦的客观描述甚或居高临下的怜悯。

天宝十三载(754)秋,长安一带霖雨六十余日,农田都被淹没,长安房舍倒塌无数,关中大饥。但杨国忠竟然"取禾之善者献之,曰'雨虽多,不害稼也'",而玄宗也竟然"以为然"。更有甚者,"扶风太守房琯言所部水灾,国忠使御史推之。是岁,天下无敢言灾者"。(见《资治通鉴》卷二一七)在这种情形下,广大人民的生活之悲惨是不难想见的。杜甫也同样陷于极度的困苦之中,他"卧病长安旅次,多雨生鱼,青苔及榻"(《秋述》)。但他在诗歌中除了倾吐自己的苦闷之外,还为广大人民的痛苦而焦虑,例如《九日寄岑参》除了写自己因雨不能出行访友的窘状,还说:

① 黄庭坚称李白诗"度越六代,与汉魏乐府争衡"(《答黎晦叔》,《山谷老人刀笔》卷八),的确,李白的乐府诗成就很高,但是他径取乐府古题为诗题,这对于反映现实总是一重束缚。
② 例如《战城南》、《有所思》、《平陵东》等径取首句作题,《陌上桑》即写采桑女陌上之遭遇,《孤儿行》即咏孤儿之苦辛,等等,详见郭茂倩《乐府诗集》。

"吁嗟乎苍生，稼穑不可救。安得诔云师，畴能补天漏？"又如《秋雨叹三首》，其一、三两首主要写自己的愁闷，但第二首则云："禾头生耳黍穗黑，农夫田父无消息。城中斗米换衾裯，相许宁论两相值？"对辛勤耕作却颗粒无收的农民和抱被换米、顾不得严冬将临的城市贫民表示无限的同情。共同的不幸遭遇使诗人与人民之间的距离越来越小了。

这年冬天，杜甫因京师乏食，把家小送往奉先（今陕西蒲城），寄寓在县署公舍里，①只身返回长安。第二年初夏，他往白水（今陕西白水）省视舅氏崔顼，九月与崔同往奉先探视家小。十月，杜甫回到长安，被任为河西县尉。②杜甫在长安求仕近十年，才得到了这个官职，但是他没有接受。不久又改任右卫率府兵曹参军，③杜甫接受了。"右卫率府兵曹参军"是一个掌管府内卫士以上名帐差科及公私马驴的小官，官位为从八品下，比县尉（从九品下）略高。为什么杜甫接受前者而拒绝后者呢？后人对此有种种揣测，④但我们宁可相信杜甫自己的解释："不作河西尉，凄凉为折腰。老夫怕趋走，率府且逍遥。"（《官定后戏赠》）原来做县尉就难免要折腰向乡里小儿，而"兵曹参军"是一个闲职，无须折腰奔走。杜甫得了这个微

---

① 闻一多推测当时任奉先县令的杨某与杜甫夫人杨氏是本家（见《少陵先生年谱会笺》），颇合情理。

② 河西县在何处，旧注多未论及。闻一多《少陵先生年谱会笺》以为在"今云南河西县境"，误，因其地于天宝九载（750）已没于南诏。郭沫若认为"在宜宾附近"（《李白与杜甫》第160页），尤误，因为唐代在剑南道仅设过一个河西县，从属于宗州，治所在今云南弥渡、姚安之间，即闻一多所指者（见《旧唐书》卷四一《地理志四》）。其实河西县就在关内道同州境内，治所在今陕西合阳境内黄河西岸，此县置于高祖武德三年（620），至肃宗乾元三年（760）方改为夏阳县（见《旧唐书》卷三八《地理志一》与《新唐书》卷三七《地理志一》）。参看李治寰《河西县在哪里》（《草堂》1982年第1期）。

③《官定后戏赠》云："率府且逍遥"，又题下原注："时免河西尉为右卫率府兵曹。"按：《旧唐书》本传作"京兆府兵曹参军"，《新唐书》本传作"左卫率府胄曹参军"，均误。

④ 萧涤非先生认为杜甫不愿做河西尉是"不肯做这种鞭打人民的官"（《杜甫研究》第24页），似嫌证据不足；而郭沫若先生认为杜甫是"想做大官而不愿意做小官，留恋都门生活而不愿意去穷乡僻境与民众接近"（《李白与杜甫》第161页），未免厚诬古人。

职后不久，复往奉先探视家小。他路经骊山，想到玄宗正与杨贵妃等在山上的华清宫中尽情享乐，可是百姓却正饥寒交迫地挣扎在死亡线上，心中百感交集。等到他回到家中，发现幼子已经饿死，更是心如刀割。于是诗人奋笔疾书，写了下面这首名篇：

自京赴奉先县咏怀五百字

杜陵有布衣，老大意转拙。许身一何愚，窃比稷与契。居然成蓬落，白首甘契阔。盖棺事则已，此志常觊豁。穷年忧黎元，叹息肠内热。取笑同学翁，浩歌弥激烈。非无江海志，潇洒送日月。生逢尧舜君，不忍便永诀。当今廊庙具，构厦岂云缺？葵藿倾太阳，物性固莫夺。顾惟蝼蚁辈，但自求其穴。胡为慕大鲸，辄拟偃溟渤？以兹误生理，独耻事干谒。兀兀遂至今，忍为尘埃没！终愧巢与由，未能易其节。沉饮聊自遣，放歌破愁绝。岁暮百草零，疾风高冈裂。天衢阴峥嵘，客子中夜发。霜严衣带断，指直不得结。凌晨过骊山，御榻在嵽嵲。蚩尤塞寒空，蹴踏崖谷滑。瑶池气郁律，羽林相摩戛。君臣留欢娱，乐动殷胶葛。赐浴皆长缨，与宴非短褐。彤庭所分帛，本自寒女出；鞭挞其夫家，聚敛贡城阙。圣人筐篚恩，实欲邦国活。臣如忽至理，君岂弃此物？多士盈朝廷，仁者宜战栗。况闻内金盘，尽在卫霍室。中堂舞神仙，烟雾蒙玉质。煖客貂鼠裘，悲管逐清瑟。劝客驼蹄羹，霜橙压香橘。朱门酒肉臭，路有冻死骨！荣枯咫尺异，惆怅难再述。北辕就泾渭，官渡又改辙。群水从西下，极目高崒兀。疑是崆峒来，恐触天柱折。河梁幸未坼，枝撑声窸窣。行旅相攀援，川广不可越。老妻寄异县，十口隔风雪。谁能久不顾？庶往共饥渴。入门闻号咷，幼子饿已卒。吾宁舍一哀，里巷亦呜咽！所愧为人父，无食致夭折。岂知秋禾登，贫窭有仓卒。生常免租税，名不隶征伐。抚迹犹酸辛，平人固骚屑。默思失业徒，因念远戍卒。忧端齐终南，颎洞不可掇！

杨伦评曰:"五古前人多以质厚清远胜,少陵出而沉郁顿挫,每多大篇,遂为诗道中另辟一门径。无一语蹈袭汉魏,正深得其神理。此及《北征》,尤为集内大文章,见老杜平生大本领,所谓'巨刃摩天','乾坤雷硠'者,唯此种足以当之。"(《杜诗镜铨》卷三)的确,无论是篇幅之宏伟还是内容之广阔,此诗都堪称杜甫集内的"大文章",也堪称唐代五言古诗中的"大文章"。明高棅《唐诗品汇》五古部分特设"长篇"一卷,仅入选五首诗,其中就有此诗及《北征》。而且在我们看来,该卷中所收的李白诗二篇——《送魏万还王屋》和《经乱离后天恩流夜郎忆旧书怀赠江夏韦太守良宰》,在形式上尚有脱胎于六朝长篇的痕迹,① 只有杜甫的二首堪称唐代五古长篇的扛鼎之作。

此诗虽题曰"咏怀",实乃融咏怀与纪事于一篇。所以宋人黄彻云:"观《赴奉先咏怀》五百言,乃声律中老杜心迹论一篇也。"(《䂬溪诗话》卷一○)而王嗣奭则云:"故'彤庭分帛','卫霍金盘','朱门酒食'等语,皆道其实,故称诗史。"(《杜臆》卷一)两者分别说出了此诗内容的一个方面。下面我们依浦起龙《读杜心解》的分段法,把此诗分成三大段略加解说。

第一大段从开头至"放歌破愁绝",共三十二句。这一段纯为"咏怀",用坦率的语句把自己的心事一一道出,忧郁的感情中蕴含着坚毅,自嘲的口气中透露出自豪。诗人自比稷、契,似乎自许过高,但正如王嗣奭云:"人多疑自许稷契之语,不知稷契元无他奇,只是己溺己饥之念而已。"(《杜臆》卷一)孟子云:"禹思天下有溺者,由己溺之也;稷思天下有饥者,由己饥之也。"(《孟子·离娄下》)这其实就是对人民抱有深厚的感情,对人民的命运怀有深刻的责任感,说穿了并没有什么高不可攀的神秘之处,所以诗人诚笃地坚持着自己的理想。当然,诗人的抱负非但无法实现,而且受到人们的嘲笑,所以他也有苦恼,牢骚,但最终还是不忍离去。杨伦评这一段说:"首从咏怀叙起,每四句一转,层层跌出。自许稷契本怀,写仕既不成,隐又不遂,百折千回,仍复一气流转,极反复排荡之致。"(《杜诗镜铨》卷三)

---

① 这些痕迹是:一,对句较多;二,转韵多次,前首转韵二十二次,后者转韵十三次;三,转韵处用"顶针格"较多,如前一首中"城西孤苔峣"下接"苔峣四荒外",后一首中"荣枯异炎凉"下接"炎凉几度改",等等。

此评甚当,但杨氏主要从文气着眼,我们的注意点则在于,这一段虽为咏怀,但咏怀中暗含叙事,不但清楚地交代了诗人的遭遇、处境以及在仕隐之间徘徊的过程,而且对那些蝇营狗苟之徒进行了讽刺。

第二大段自"岁暮百草零"至"惆怅难再述",共三十八句。这一段貌似"纪行",实际上则是记叙、描写、议论并用。开始六句写严寒之状,实亦诗人低沉心绪之衬托。后三十二句为此段重点,描写了唐玄宗君臣在骊山华清宫的荒淫骄奢,并以之与人民的饥寒交迫相对照,从而对贫富悬殊的不合理社会现实提出了沉痛的控拆。这三十二句结构颇具匠心,诗人先用十句为玄宗君臣欢宴赐浴画了一幅粗线条的速写,然后义正辞严地指出他们所享用的物质财富正是从穷苦百姓处掠夺来的,"彤庭所分帛,本自寒女出。鞭挞其夫家,聚敛贡城阙"四句语气极为愤烈,正如蒋金式所云:"叙事中夹议论,不觉发上指冠,大声如吼。"(《杜诗镜铨》卷三引)"多士盈朝廷,仁者宜战栗"二句则冷隽尖刻。文势至此已臻极顶,故下文又宕开去,重新转入描写,"况闻内金盘"以下十句,描写对象转为内宠外戚,手法则转为工笔细描。然后,仿佛石破天惊,作者写出了惊心动魄的千古名句:"朱门酒肉臭,路有冻死骨!"

第三大段共三十句,写诗人经过长途跋涉,历尽艰险,终于到家,可是到家并没有得到希望中的欢聚,却听到了幼子饿死引起的一片哭声,在极度悲痛之中,诗人又推己及人,想到广大人民更为深重的苦难,感到忧积如山,全诗遂戛然而止。这一段主要内容是"纪事",但是最后十二句则转为抒情和议论。

综上所述,此诗有这么两个特点:首先,全诗虽以"咏怀"为主线,但中间穿插着大段的叙事、议论。明人胡夏客云:"诗凡五百字,而篇中叙发京师,过骊山,就泾渭,抵奉先,不过数十字耳。余皆议论感慨成文,此最得变雅之法而成章者也。"(《杜诗详注》卷四引)其实诗中关于骊山宴乐等描写也都是叙事,不下二百多字,不过这些叙事与抒情、议论结合得十分紧密,有时甚至密不可分,例如"多士盈朝廷,仁者宜战栗"二句,又似叙事,又似议论。又如"所愧为人父,无食致夭折"二句,又似叙事,又似抒情。这真是情景交融,浑然一体。其次,此诗题作"咏怀",咏怀者,当然是咏一人之怀,正如黄彻所云,是诗人的"心迹论",即使兼及叙事,也应该叙一人之经历。然而此诗却处处推己及人,处处把个人的不幸与国家、人民的不幸联系起来,从而以其对国家形势的深刻反映而被王嗣奭评为"诗史"。既是"心迹论",又是"诗史",这种对外部世界和内心世界两种题材取向的有机结合,是古典诗歌发展过程中的一个新气象。浦起龙云:"少陵之诗,一人之性情,而三朝之事会寄焉者也。"(《读杜心解》卷首)就是说的这个意思。显然,《自京赴奉先县咏怀五百字》是杜甫诗歌这种倾向最早的成功尝试。

当杜甫冒着严寒路经骊山,玄宗君臣在华清宫尽情享乐时,安禄山已在渔阳起兵了,①只是渔阳鼙鼓声尚没有传到关中来。《自京赴奉先县咏怀五百字》这首诗对于危机四伏、大乱将临的形势表示了深刻的忧虑,堪称那个山雨欲来风满楼的时代的真实写照。

对于杜甫的求仕来说,十年长安的结局是悲惨的:他只得到了一个从八品下的微职。对于杜甫的诗歌创作来说,十年长安的结果是辉煌的:他写出了《自京赴奉先县咏怀五百字》这样的不朽诗篇。从那以后,诗人就朝着以诗歌反映现实的方向坚定地迈进了。

三 / 潼关诗兴:动乱时代的历史图卷

天宝十五载(756)二月,杜甫告别了留在奉先的家人,独自返回长安,就右卫率府兵曹参军职。五月,叛军逼近潼关,杜甫赶往奉先,携家小北迁至白水,投靠他的舅氏县尉崔顼。六月,潼关失守,白水告急,杜甫带着一家人随着大批难民向北逃难。一路上历尽艰险,九死一生,幸亏得到他的表侄王砅的救援,我们的诗人才没有丧生于兵马之间。杜甫一家一直走到鄜州附近的同家洼,得到友人孙宰的热情招待,才惊魂稍定。杜甫后来在《送重表侄王砅评事使南海》和《彭衙行》两首诗中生动地回忆了那段经历,后者如下:

---

① 据《资治通鉴》卷二一七所记,玄宗于天宝十四载十月庚寅(初四日)至十一月丙子(二十一日)幸华清宫,安禄山于十一月甲子(初九日)发动叛乱,十一月庚午(十五日)玄宗方得到消息。杜甫路经骊山当在消息传开之前。

彭衙行

　　忆昔避贼初,北走经险艰。夜深彭衙道,月照白水山。尽室久徒步,逢人多厚颜。参差谷鸟鸣,不见游子还。痴女饥咬我,啼畏虎狼闻。怀中掩其口,反侧声愈嗔。小儿强解事,故索苦李餐。一旬半雷雨,泥泞相牵攀。既无御雨备,径滑衣又寒。有时经契阔,竟日数里间。野果充餱粮,卑枝成屋椽。早行石上水,暮宿天边烟。小留同家洼,欲出芦子关。故人有孙宰,高义薄曾云。延客已曛黑,张灯启重门。暖汤濯我足,剪纸招我魂。从此出妻孥,相视涕阑干。众雏烂熳睡,唤起沾盘飧。誓将与夫子,永结为弟昆。遂空所坐堂,安居奉我欢。谁肯艰难际,豁达露心肝! 别来岁月周,胡羯仍构患。何当有翅翎,飞去堕尔前?

　　此诗作于至德二载(757),即诗人携家北逃的次年,写的虽是诗人一家的经历,但不啻是一幅流民图,因为诗人已与广大的人民共同承担了那个时代的深重苦难,他的遭遇已与普通百姓没有什么区别了!

　　杜甫到了鄜州,把家安置在城北的羌村。八月,听说肃宗已在灵武即位,杜甫便只身北上延州(今陕西延安),想从芦子关(今陕西横山附近)投奔灵武。可是此时叛军势力已蔓延到鄜州以北,杜甫在途中不幸被捕,被押往沦陷了的长安。幸亏他官阶很低,叛军对之不甚注意,所以并没有把他与其他的被俘官员一起送往安禄山伪朝廷所在的洛阳,也没有对他施以严格的看管。

　　此时诗人四十五岁,但已满头白发,像是一个老翁了。饱受蹂躏的长安已是满目疮痍,人民在叛军的铁蹄下呻吟,诗人把这一切都写进他的诗篇里。

哀王孙

　　长安城头头白乌,夜飞延秋门上呼。又向人家啄大屋,屋底达官走避胡。金鞭折断九马死,骨肉不得同驰驱。腰下宝玦青珊瑚,可怜王孙泣路隅。问之不肯道姓名,但道困苦乞为奴。已经百日窜荆棘,身上无有完肌肤。高帝子孙尽隆准，龙种自与常人殊。豺狼在邑龙在野，王孙善保千金躯。不敢长语临交衢，且为王孙立斯须。昨夜东风吹血腥，东来橐驼满旧都。朔方健儿好身手，昔何勇锐今何愚。窃闻天子已传位，圣德北服南单于。花门剺面请雪耻，慎勿出口他人狙。哀哉王孙慎勿疏，五陵佳气无时无！

此诗作于九月间，即诗人被解之长安后不久。三个月前，玄宗仓皇西奔，"妃、主、皇孙之在外者，皆委之而去。"叛军占领长安后，大肆杀戮，"王侯将相扈从车驾，家留长安者，诛及婴孩"。七月，"杀霍国长公主及王妃、驸马等于崇仁坊，刳其心"，"凡杨国忠、高力士之党及禄山素所恶者皆杀之，凡八十三人，或以铁棓揭其脑盖，流血满街"，"又杀皇孙及郡、县主二十余人"（《资治通鉴》卷二一八）。长安城中充满了恐怖的气氛，那些宗室王孙更是到处躲藏。杜甫在街头遇见一位虎口余生的王孙（当然也可能是出于虚构），作此诗以慰之。宋人刘辰翁评曰："忠臣之盛心，仓卒之隐语，备尽情态。"（《评点千家诗》卷三）清人张溍亦评曰："忠爱之意，溢于言表。"（《杜诗镜铨》卷三引）今人之选本大多不选此诗，或即因为诗中有"龙种自与常人殊"等语，颇涉忠君思想之嫌。其实此诗的意义绝非仅止于忠君思想。诗中虽然只写了一位王孙的遭遇，但以小见大，成功地渲染了长安的血腥气氛，而且诗中对玄宗仓皇奔逃，连骨肉都弃之不顾的举动颇有讥讽。至于末尾对肃宗的称颂，实际上正体现了当时广大人民的希望，因为肃宗是平定叛乱的总指挥。

哀江头

少陵野老吞声哭，春日潜行曲江曲。江头宫殿锁千门，细柳新蒲为谁绿？忆昔霓旌下南苑，苑中万物生颜色。昭阳殿里第一人，同辇随君侍君侧。辇前才人带弓箭，白马嚼啮黄金勒。翻身向天仰射云，一笑正坠双飞翼。明眸皓齿今何在？血污游魂归不得。清渭东流剑阁深，去住彼此无消息。人生有情泪沾臆，江水江花岂终极？黄昏胡骑尘满城，欲往城南望城北。

此诗作于至德二载(757)春日,诗人偷偷地来到曲江池畔,看到宫殿萧条而春色依旧,触景伤情,抚今思昔,作此抒怀。后人对此诗多有盛赞,如宋人张戒曰:"杨太真事,唐人吟咏至多,然类皆无礼,太真配至尊,岂可以儿女语黩之耶?惟杜子美则不然。《哀江头》云:'昭阳殿里第一人,同辇随君侍君侧。'不待云'娇侍夜'、'醉和春',而太真之专宠可知。不待云'玉容'、'梨花',而太真之绝色可想也。至于言一时行乐事,不斥言太真,而但言辇前才人,此意尤不可及。如云:'翻身向天仰射云,一笑正坠双飞翼。'不待云'缓歌慢舞凝丝竹,尽日君王看不足'。而一时行乐可喜事,笔端画出,宛在目前。'江水江花岂终极',不待云'比翼鸟'、'连理枝'、'此恨绵绵无尽期',而无穷之恨,黍离、麦秀之悲,寄于言外。题云《哀江头》,乃子美在贼中时,潜行曲江,睹江水江花,哀思而作。其词婉而雅,其意微而有礼,真可谓得诗人之旨者。"(《岁寒堂诗话》卷上)张戒肯定此诗的委婉蕴藉是对的,但他将其原因完全归为杜甫顾虑君臣之礼则欠妥。其实正如清人黄生所云:"此诗半露半含,若悲若讽,天宝之乱,实杨氏为祸阶。杜公身事明皇,即不可直陈,又不敢曲讳,如此用笔,浅深极为合宜。"(《杜诗说》卷三)我们认为若把此诗与《丽人行》对照着读,尤可看清它的讥刺之意,不过《丽人行》仅写到杨国忠与虢国夫人等,而此诗则直指玄宗、杨妃了。当然此诗中也有悲悯之意,因为当日的"丽人",而今已成"游魂",他们的悲惨下场虽是咎由自取,但这毕竟象征着大唐盛世的消逝,诗人对之感到怅惋哀伤。正因为诗人对曲江池苑的今昔对比怀有十分复杂的情感,所以此诗写得曲折、含蓄。而这种复杂情感的核心内容就是对盛世的眷恋与对国家命运的忧虑。

上面两首诗写的是杜甫在沦陷的长安的所见、所闻、所感,但是诗人身在长安而心系朝廷,他极其密切地关注着平叛战场的风云。至德元载(756)十月,宰相房琯率军与叛军战于长安西北的陈陶斜,唐军大败,死伤四万余人。两天之后,由于肃宗派中人邢延恩催促,房琯率余部再与叛军战于青坂,又遭大败。消息传到长安,杜甫沉痛地写下两首诗:

悲陈陶

孟冬十郡良家子，血作陈陶泽中水。野旷天清无战声，四万义军同
日死。群胡归来血洗箭，仍唱胡歌饮都市。都人回面向北啼，日夜更望
官军至。

悲青坂

我军青坂在东门，天寒饮马太白窟。黄头奚儿日向西，数骑弯弓敢
驰突。山雪河冰晚萧瑟，青是烽烟白是骨。焉得附书与我军，忍待明年
莫仓卒！

由于诗人没有亲眼看到两次战役之实况，所以诗中对战争的具体过程未作描写，仅仅写了唐军失败后血流成川、尸横遍野的惨状，诗的重点在于写"悲"，诗人对官军的失败感到非常悲痛，对叛军的嚣张气氛感到十分愤怒。诗中对唐军称作"义军"、"官军"、"我军"，对叛军则称作"群胡"、"奚儿"，爱憎分明，大义凛然。虽然诗人与长安人民一样，日夜盼望唐军反攻回来，但为了大局，他又希望唐军不要急于反攻，而要蓄积力量，待机而动。这两首诗可说是真实地反映了当时沦陷区人民的复杂心情。

杜甫在忧国忧民的同时，也十分挂念自己的家人。诗人在秋夜望着一轮明月，想到远在鄜州的妻子今夜正独自在闺房中望月，而年幼的儿女们还不懂得想念长安。他在春日听着呖呖莺歌，特别挂念聪明可爱的幼子，挂念着羌村的老树柴门。忧愁、焦虑使诗人的白发变得更加稀疏，连簪子都难挂住，而鸟语花香的阳春烟景竟使他触目惊心，泪流如雨。到至德二载(757)四月，杜甫终于从金光门逃出长安，沿着崎岖的山路穿过两军对峙的前线，逃到了肃宗朝廷所在的凤翔(今陕西凤翔)。他穿着麻鞋和露出两肘的破烂衣服去拜见肃宗，不禁涕泪交流。五月，诗人被任命为左拾遗。这一段经历被写进了下面三首诗：

喜达行在所三首

其　一

西忆岐阳信,无人遂却回。眼穿当落日,心死著寒灰。雾树行相引,
连山望忽开。所亲惊老瘦,辛苦贼中来!

其　二

愁思胡笳夕,凄凉汉苑春。生还今日事,间道暂时人。司隶章初睹,
南阳气已新。喜心翻倒极,呜咽泪沾巾。

其　三

死去凭谁报?归来始自怜。犹瞻太白雪,喜遇武功天。影静千官
里,心苏七校前。今朝汉社稷,新数中兴年。

这三首诗虽以"喜"字为题,诗中也有两个"喜"字,实际上写的却是悲喜交集,而且
更侧重于悲。浦起龙评曰:"文章有对面敲击之法,如此三诗写'喜'字,反详言危
苦情状是也。"(《读杜心解》卷三)其实老杜当时不见得有心情去讲究什么手法,他
不过是如实倾吐心头的复杂感情而已。诗人冒着千难万险逃归凤翔,当他在山间
仓皇奔走时,时时刻刻都有死去的危险,能够生还只是一件侥幸之事。当时如果
抛尸荒野,又有谁会知道?等到归来后,回忆途中情景,痛定思痛,才自怜自惜起
来。"生还今日事,间道暂时人"和"死去凭谁报?归来始自怜"几句正是写的这种
极其沉痛的感情,所以读来凄恻动人。而且诗中关于奔逃途中情状的描写也极为
生动,如"雾树行相引,连山望忽开"两句,刘辰翁评曰:"荒村歧路之间,望树而往,
并山曲折,非身历颠沛不知其言之工也。"(《杜诗镜铨》卷三引)所以这三首诗虽是
抒情诗,却从诗人个人的角度深刻地反映了那个乱离的时代。

述　怀

去年潼关破,妻子隔绝久。今夏草木长,脱身得西走。麻鞋见天子,
衣袖露两肘。朝廷愍生还,亲故伤老丑。涕泪受拾遗,流离主恩厚。柴
门虽得去,未忍即开口。寄书问三川,不知家在否?比闻同罹祸,杀戮到

鸡狗。山中漏茅屋，谁复依户牖？摧颓苍松根，地冷骨未朽。几人全性命，尽室岂相偶？嵚岑猛虎场，郁结回我首。自寄一封书，今已十月后。反畏消息来，寸心亦何有！汉运初中兴，生平老耽酒。沉思欢会处，恐作穷独叟。

诗人自从去年八月告别妻儿，至此已有十个月了。由于兵荒马乱，书信不通，家人是存是亡都无法知道。而且此时诗人新任左拾遗之职，官位虽低（从八品上），却负有很重要的责任，一时不能请假往鄜州去探家。于是诗人作此诗以抒发对家人的思念之情。"反畏消息来，寸心亦何有"二句，把复杂、微妙的心理状态委婉道出，写得既细腻真切又明白如话，历来受人称赞。然而更值得注意的是此诗所用的"赋"的手法，刘辰翁评曰："极一时忧伤之怀，赖自能赋，而毫发不失。"（《唐诗品汇》卷八引）清人申涵光曰："此等诗，无一语空闲，只平平说去，有声有泪，真三百篇嫡派，人疑杜古铺叙太实，不知其淋漓慷慨耳。"（《杜诗详注》卷五引）李因笃亦曰："如子长叙事，遇难转佳，无微不透。"（《杜诗镜铨》卷三引）所谓"三百篇嫡派"，实即指《诗经》中以"赋"为主的写实手法。[①]所谓"子长叙事"，就是司马迁《史记》的叙事成就。所以上面所引的三段话实际上是一个意思，即《述怀》一诗是以"赋"的手法见长的。诗中对自己身逢乱离的遭遇和家人可能遭受的灾难的描述细致入微，对自己既急于得到家人的消息又恐怕传来噩耗的心理活动也叙述得委曲周详，从而生动地记录了动乱时代在人们心灵上投下的巨大阴影。

　　杜甫任左拾遗没有几天，就为谏房琯事得罪了肃宗。房琯其人于天宝十五载（756）追随玄宗入蜀，拜文部尚书、同中书门下平章事。肃宗即位后，房琯又奉玄宗命往灵武册立肃宗，肃宗对之颇为倚重。房琯虽有以天下为己任之心，却缺乏实际的政治、军事才干。至德元载（756）十月，他率军与叛军战于陈陶斜，仿效古法用车战，结果几乎全军覆没。房琯又受到贺兰进明等人的谗毁，他门下的琴客

---

① 我们依朱熹《诗集传》的分析对《诗经》中各章节所用手法进行统计，"赋"体有七百二十七章，远远超过"比"、"兴"二体的总和（参看拙文《朱熹〈诗集传〉与〈毛诗〉的初步比较》，《中国古典文学论丛》第二辑）。虽说朱熹的分析不尽准确，但"赋"为《诗经》中最主要的艺术手法这个结论是可以成立的。

董庭兰则倚其势而纳贿,这使得肃宗对他越来越不满。至德二载(757)五月,房琯罢相,贬太子少师。杜甫由于敬重房琯的为人,又认为不应为细过罢黜大臣,于是上疏救房琯,措词激烈,肃宗大怒,诏三司推问杜甫。幸亏得到宰相张镐的营救,才免其罪。但肃宗从此以后就疏远了杜甫,到八月间遂让他离开凤翔,往鄜州探家。

闰八月初一日,穿着青袍的杜甫离开了凤翔,开始北征。此时在凤翔的百官生活都很困难,马匹都被征收到军中,官职低小的杜甫当然没有自己的马匹,他好不容易借到了一匹马,就带着一个仆人上路了。[①]跋山涉水走了七百多里,诗人终于回到了羌村家中,并在家中休养了三个多月,写了下列名篇。

羌村三首

其 一

峥嵘赤云西,日脚下平地。柴门鸟雀噪,归客千里至。妻孥怪我在,惊定还拭泪。世乱遭飘荡,生还偶然遂。邻人满墙头,感叹亦歔欷。夜阑更秉烛,相对如梦寐。

其 二

晚岁迫偷生,还家少欢趣。娇儿不离膝,畏我复却去。忆昔好追凉,故绕池边树。萧萧北风劲,抚事煎百虑。赖知禾黍收,已觉糟床注。如今足斟酌,且用慰迟暮。

其 三

群鸡正乱叫,客至鸡斗争。驱鸡上树木,始闻扣柴荆。父老四五人,问我久远行。手中各有携,倾榼浊复清。苦辞酒味薄,黍地无人耕。兵革既未息,儿童尽东征。请为父老歌,艰难愧深情。歌罢仰天叹,四座泪纵横。

如果说《述怀》已经开始运用"赋"的手法,那么这三首则已把这种手法运用得出神入化了。第一首写刚到家时的情景,第二首写还家后的苦闷情状,第三首写邻居

---

① 前人多据《徒步归行》原注,谓杜甫徒步行至邠州才向李嗣业借马,此从陈贻焮说,详见陈著《杜甫评传》第九章第三节。

来访的经过，明人王慎中云："一字一句，镂出肺肠，才人莫知措手，而婉转周至，跃然目前，又若寻常人所欲道者。真国风之义，黄初之旨。"（《杜诗详注》卷五引）清人李因笃亦解曰："叙事之工不必言，尤妙在笔力高古，愈质愈雅，司马子长之后身也。"（《杜诗镜铨》卷四引）也就是说，这三首诗与《述怀》一样，运用了"赋"的手法，而且纯用白描，语言质朴而叙事极为生动。例如第一首，先写夕阳西沉，晚霞满天，噪鸣的鸟雀纷纷归巢，荒村晚景，摹写如画，而且很好地衬托了远客初归的心情。"妻孥怪我在"句写动乱时代人们的心理细入毫芒：诗人离家已经一年，而且一去之后杳无音讯，所以妻儿早以为诗人已不在人世，如今他却突然回来了，怎么不让他们感到惊讶呢？"邻人满墙头"二句简直是一幅关中农村的风俗画：围墙低矮，所以邻人能凭墙观望。民风淳朴，所以邻人为诗人一家的离合而感叹、流泪。而"夜阑更秉烛"二句由于对久别重逢、翻疑是梦这种人生经验作了极为生动传神的描摹而成为后代诗人再三模仿的范例。[①]这样的诗，不但洗净了六朝诗的绮丽色泽，而且不复有盛唐诗的飘逸神采，它们有的是严格的写实精神，质朴的语言风格。可以说，只有这样的诗才能成为"诗史"。

《羌村三首》是杜甫到家后随即写下的速写式作品，经过一段时间的休养、思考之后，他在九月中、下旬写下了杜集中第二首光辉的"大篇"[②]：

[①] 例如中唐戴叔伦《江乡故人偶集客舍》"还作江南会，翻疑梦里逢"，宋晏几道《鹧鸪天》"今朝剩把银釭照，犹恐相逢是梦中"，等等。但都不如杜诗之自然生动，参看沈祖棻《宋词赏析》第 62 页。传说北宋盛度"梦朝上帝，见殿上执扇，有题诗云：'夜阑更秉烛，相对如梦寐'"。《苕溪渔隐丛话》前集卷六引《幕府燕闲录》虽为传闻，亦可资谈助。

[②] 黄鹤以为"此诗述在路及到家之事，当在羌村后，至德二载九月作。故云'菊垂今秋花'"。（《杜诗详注》卷五引）朱鹤龄从之。陈贻焮先生认为引"菊垂"句为证不妥，因此句系叙归途所见，其时尚在八月初（见《杜甫评传》第 411 页），甚当。我们认为此诗当作于是年九月中、下旬，因为诗中写到了回纥"送兵五千人"且准备助唐军反攻长安之事，据《资治通鉴》卷二二〇所记，九月初回纥怀仁可汗遣其子叶护等率精兵四千余人至凤翔，九月丁亥（十二日）随唐军出发，癸卯（二十八日）攻拔长安。杜甫作《北征》时已经闻知回纥军来而尚未知长安收复，而这些消息传到鄜州尚需数日，故当作于九月中、下旬。又案：《钱注杜诗》卷二称回纥发兵助唐军事在至德元载，误。

北 征

皇帝二载秋,闰八月初吉。杜子将北征,苍茫问家室。维时遭艰虞,朝野少暇日。顾惭恩私被,诏许归蓬荜。拜辞诣阙下,怵惕久未出。虽乏谏诤姿,恐君有遗失。君诚中兴主,经纬固密勿。东胡反未已,臣甫愤所切。挥涕恋行在,道途犹恍惚。乾坤含疮痍,忧虞何时毕?靡靡逾阡陌,人烟眇萧瑟。所遇多被伤,呻吟更流血。回首凤翔县,旌旗晚明灭。前登寒山重,屡得饮马窟。邠郊入地底,泾水中荡潏。猛虎立我前,苍崖吼时裂。菊垂今秋花,石戴古车辙。青云动高兴,幽事亦可悦。山果多琐细,罗生杂橡栗。或红如丹砂,或黑如点漆。雨露之所濡,甘苦齐结实。缅思桃源内,益叹身世拙。坡陀望鄜畤,岩谷互出没。我行已水滨,我仆犹木末。鸱鸟鸣黄桑,野鼠拱乱穴。夜深经战场,寒月照白骨。潼关百万师,往者散何卒?遂令半秦民,残害为异物。况我堕胡尘,及归尽华发。经年至茅屋,妻子衣百结。恸哭松声回,悲泉共幽咽。平生所娇儿,颜色白胜雪。见耶背面啼,垢腻脚不袜。床前两小女,补绽才过膝。海图坼波涛,旧绣移曲折。天吴及紫凤,颠倒在裋褐。老夫情怀恶,呕泄卧数日。那无囊中帛,救汝寒凛慄。粉黛亦解包,衾裯稍罗列。瘦妻面复光,痴女头自栉。学母无不为,晓妆随手抹。移时施朱铅,狼藉画眉阔。生还对童稚,似欲忘饥渴。问事竞挽须,谁能即嗔喝。翻思在贼愁,甘受杂乱聒。新归且慰意,生理焉得说!至尊尚蒙尘,几日休练卒?仰观天色改,坐觉妖氛豁。阴风西北来,惨澹随回纥。其王愿助顺,其俗善驰突。送兵五千人,驱马一万匹。此辈少为贵,四方服勇决。所用皆鹰腾,破敌过箭疾。圣心颇虚伫,时议气欲夺。伊洛指掌收,西京不足拔。官军请深入,蓄锐可俱发。此举开青徐,旋瞻略恒碣。昊天积霜露,正气有肃杀。祸转亡胡岁,势成擒胡月。胡命其能久?皇纲未宜绝!忆昨狼狈初,事与古先别。奸臣竟葅醢,同恶随荡析。不闻夏殷衰,中自诛褒妲。周汉获再兴,宣光果明哲。桓桓陈将军,仗钺奋忠烈。微尔人尽非,于今国犹活。凄凉大同殿,寂寞白兽闼。都人望翠华,佳气向金阙。园陵固有神,扫洒数不缺。煌煌太宗业,树立甚宏达!

李因笃评此诗曰:"上关庙谟,下具家乘。其材则海涵地负,其力则排山倒岳。有极尊严处,有极琐细处。繁处有千门万户之象,简处有急弦触柱之悲。元河南谓其具一代兴亡,与风雅颂相表里,可谓知言。"(《杜诗镜铨》卷四引)的确,这首诗的内容上至国势朝政,下至家庭琐事,真是巨细兼容,波澜壮阔。下面依浦起龙《读杜心解》把全诗分为五大段,看看它到底写了哪些具体内容。

第一段自开头至"忧虞何时毕",共二十句。此段从自己辞阙北征的日期写起,着重写当时的国家形势和自己忧国恋主的心情。"苍茫问家室"中的"苍茫"二字极妙,不但意指家人存亡未知,前途茫茫,而且也意味着自己蒿目时艰而心情迷惘。此时叛军气焰尚炽,山河破碎,百姓涂炭,"乾坤含疮痍"五个字包含着极为深广的内容,语调亦极为沉痛。正因为是在这种时刻离朝探家,所以诗人怀着忧惧不安的心情恋恋不舍地离开凤翔,踏上征途。

第二段自"靡靡逾阡陌"至"残害为异物",共三十六句。此段写途中的所见所感,正如明人周甸所云:"途中所历,有可伤者,有可喜者,有可畏者,有可痛者,一一写出。"(《杜诗镜铨》卷四引)诗人首先看到的是人烟稀少,途中所遇之人多为受伤流血的士卒或难民,这是"可伤者"。诗人又看到了山高谷深、虎吼崖裂的艰险景象,这是"可畏者"。然而途中景物也有"可喜者",那就是"菊垂今秋花"以下十二句所描写的山间秋景。张溍云:"凡作极要紧极忙文字,偏向极不要紧极闲处传神,乃夕阳反照之法,惟老杜能之。如篇中'青云幽事'一段,他人于正事实事尚铺写不了,何暇及此,此仙凡之别也。"(《杜诗镜铨》卷四引)说什么"夕阳反照法",似乎妄立名目,但指出这段文字之传神是对的。其实这正是写实手法的自然结果,况且这些景物本身虽然可喜,但它们仍使诗人"缅思桃源内,益叹身世拙",与全诗的"苍茫"之感并不矛盾。"可痛者"当然是指战场白骨,它们在寒冷的月光下更显得阴惨可怖,从而引起诗人的痛苦和愤怒。对于这一段,《杜诗言志》卷三中分析得极好:"此第二节,则述途中之所见。参差历落,总从'恍惚'二字中来。……不整写,却杂写;不顺写,却乱写。真得在路人一片苍茫恍惚神理。以见此行之原出于意外,突然而至前者,种种各为变态也。"

第三段自"况我堕胡尘"至"生理焉得说",共三十六句。此段写诗人到家后所见的穷苦窘迫之状与合家团聚后的悲喜心情,细节的描写非常生动,如"海图坼波涛"以下四句,王嗣奭评曰:"写故家穷状如画。"(《杜臆》卷二)只有陷入穷困的官宦人家,才会有这种奇特的现象:绣着各种图案的丝织品颠颠倒倒地补在孩子们的破布衣服上面!同样地,"见耶背面啼"和"问事竞挽须"二句写小儿女们对父亲由生疏、畏惧变为熟悉、亲热,"学母无不为"以下四句写幼女娇痴之状,都达到了出神入化的程度。正是通过这些成功的细节描写,杜甫把乱离时代给他的家庭带来的不幸形象地呈现在读者面前。

第四段自"至尊尚蒙尘"至"皇纲未宜绝",共二十八句。此段写自己对国家局势的忧虑和对平叛事业的希望,但这些思想活动也主要是通过叙事而表现出来的。皇帝尚在蒙尘,士卒尚在训练,而此时最使诗人关心的军国大事则是借兵回纥。早在至德元载(756)九月,肃宗已派人往回纥请求援兵。十一月,回纥派来骑兵二千,助郭子仪军击败叛军。二载(757)九月,回纥怀仁可汗遣其子叶护等将精兵四千余人来至凤翔,肃宗接见叶护,宴劳赐赏,惟其所欲。肃宗之子广平王李俶与叶护约为兄弟。九月丁亥(十二日),元帅李俶率唐军及回纥、西域兵共十五万自凤翔出发,准备收复长安。杜甫闻知这些消息,虽然对回纥之强悍有些担忧,[①]但对回纥兵能帮助唐军破贼是感到欣慰的,并对唐军克敌制胜,收复京城充满了信心。"祸转亡胡岁"以下四句,义正辞严,语气斩钉截铁。诚如胡小石先生所云,此段"结合时事,入以议论,开合纵横,直成有韵之散文。独辟一途,前所未有"(《杜甫北征小笺》,《杜甫研究论文集》三辑)。

第五段自"忆昨狼狈初"至末尾,共二十句。此段回顾安史之乱爆发后唐王朝的经历,赞美忠臣除奸之义举,且希望唐室由此走向中兴。对于这一段议论,后人争论甚烈,主要集中于下面几点:首先是"奸臣竟菹醢,同恶随荡析。不闻夏殷衰,

---

① 仇兆鳌于"圣心颇虚伫,时议气欲夺"二句后注曰:"此忧借兵回纥之害。"(《杜诗详注》卷五)浦起龙驳云:"此时所急,尤在克复,不与《留花门诗》同旨。"(《读杜心解》卷一)我们认为杜甫对借兵回纥是有所隐忧的,见本节下文。

中自诛褒妲"几句,古人认为夏桀、殷纣和周幽王都是因女宠而亡国的(夏桀宠爱妹喜,殷纣宠爱妲己,周幽宠爱褒姒),①杜甫觉得马嵬事变时赐杨妃自尽说明唐玄宗与他们不同,所以能够中兴。仇兆鳌云:"此借鉴杨妃,隐忧张良娣也。"(《杜诗详注》卷五)这种观点似乎求之过深,因为张良娣其人虽然后来恃宠窃权,与李辅国狼狈为奸,但此时恶迹未彰,况且她刚至灵武时还颇有美德,"产子三日起,缝战士衣。上止之,对曰:'此非妾自养之时。'"(《资治通鉴》卷二一八)所以杜甫不会于此时把她与杨妃相比,在此诗字句中也看不出有这一层意思。宋人魏泰曰:"唐人咏马嵬之事者多矣。世所称者,刘禹锡曰:'官军诛佞倖,天子舍妖姬。群吏伏门屏,贵人牵帝衣。低回转美目,清日自无辉。'白居易:'六军不发争奈何,宛转蛾眉马前死。'此乃歌咏禄山能使官军皆叛,逼迫明皇,明皇不得已而诛杨妃也。噫!岂特不晓文章体裁,而造语意拙,已失臣下事君之礼也。老杜则不然:其《北征》诗曰:'忆昨狼狈初,事与古先别。不闻夏殷衰,中自诛褒妲。'乃见明皇鉴夏商之败,畏天悔过,赐妃子死,官军何预焉!"(《临汉隐居诗话》)这种说法强调杜甫的"事君之礼",但是诗中明明有"桓桓陈将军,仗钺奋忠烈"之句,如何能说"官军何预焉"? 我们认为杜甫确有为玄宗曲词回护之用意,但前提是不违背基本的历史事实,而且"中自"二字极其微妙,回护之中仍含隐讥。杜甫之所以要为玄宗回护,是因为他怀有唐室中兴的强烈愿望。杜甫是经历了开元盛世的人,他对玄宗怀有很深的感情,况且在叛军凶焰尚炽的形势下,对皇帝作太多的批判也是不妥当的。刘禹锡和白居易生活于五十年之后,他们对玄宗不会怀有如杜甫一样的感情,所以不宜把他们咏马嵬事变的诗与杜诗作简单类比。其次是"桓桓陈将军,仗钺奋忠烈。微尔人尽非,于今国犹活"四句,浦起龙对之大为不满,说:"玄礼为亲军主帅,纵凶锋于上前,无人臣礼。老杜既以'诛褒妲'归权人主,复赘'桓桓'四语,反觉拖带,不如并隐其文为快。"(《读杜心解》卷一)这一段话纯从封建君臣名分的角

---

① 宋人胡仔云:"疑夏字为误,当云商、周可也。"(《苕溪渔隐丛话》前集卷一二)仇兆鳌《杜诗详注》卷五则改"褒妲"为"妹妲",浦起龙亦云:"本应作妹、妲……痛快疾书,涉笔成误。"(《读杜心解》卷一)其实正如李因笃所云:"不言周,不言妹喜,此古人互文之妙,正不必作误笔。"(《杜诗镜铨》卷四引)

度出发,毫无道理。试想当日如无陈玄礼,安能诛杨妃? 既然陈玄礼在马嵬事变中起了那么重要的作用,作为"诗史"的杜诗岂能避而不写? 浦氏之言恰恰从反面证明杜甫的见识在封建社会中是高人一筹的。第三是"凄凉大同殿,寂寞白兽闼"二句,历来诗家对之均未注意,惟胡小石先生《杜甫〈北征〉小笺》中认为其中含有玄、肃内禅之隐微,理由是大同殿、白兽门皆与肃宗无关而与玄宗有关:大同殿不但为玄宗朝见大臣之所,而且高力士曾在其中劝告玄宗不可以大权付予李林甫;而白兽门则为玄宗兴兵诛韦后所攻之门。我们认为这种分析也求之过深,玄宗与高力士当年在大同殿的谈话,身为布衣的杜甫多半是不得而知的。至于说大同殿、白兽门与玄宗有关而与肃宗无关,其实也并无深义,这二句诗不过是说长安陷落后宫殿宫门皆寂寞凄凉而已,由于安史之乱前玄宗是皇帝,此处当然只能提与玄宗有关之宫殿宫门。如果要提与肃宗有关者,那就只能写太子东宫,但东宫又怎么能代表朝廷呢? 肃宗与玄宗的关系后来虽然极度恶化,但在长安克复、玄宗还都前尚无显迹,杜甫即使有所察觉,在主题为希望唐室中兴的《北征》中也不会予以讥刺的。

　　基于上面的分析,我们认为对于《北征》的总体评价以胡小石《杜甫〈北征〉小笺》为最确切:

　　　　《北征》为杜诗中大篇之一。盛唐诗人力破齐梁以来宫体之桎梏,扩大诗之领域,或写山水,或状田园,或咏边塞,较前此之幽闭宫闱低回思怨者,有如出永巷而骋康庄。至杜甫兹篇,则结合时事,加入议论,撤去旧来藩篱,通诗与散文而一之,波澜壮阔,前所未见,亦当时诸家所不及,为后来古文运动家以"笔"代"文"者开其先声。

　　至德二载(757)九月,元帅广平王李俶统率唐军及回纥、西域之众共十五万人进至长安城西,准备与叛军决战。杜甫闻讯,作《喜闻官军已临贼境二十韵》。九月癸卯(二十八日),唐军克复长安。十月壬戌(十八日),又克洛阳。十月丁卯(二十三日),肃宗还长安。杜甫闻讯,作《收京三首》。十一月,杜甫携家离开鄜州,返回长安。十二月，凡陷贼官以六等定罪，杜甫的故友郑虔虽曾在陷于洛阳时以密章达灵武，但还是被远谪为台州（今浙江临海）司户参军，仓促上路，连杜甫都未及赶来送行。这使杜甫十分伤心，作《送郑十八虔贬台州司户伤其临老陷贼之故阙为面别情见于诗》，中有"便与先生应永诀，九重泉路尽交期"的沉痛句子。

乾元元年（758）春，杜甫在长安过着比较闲暇的生活。此时杜甫仍任左拾遗，贾至任中书舍人，王维任太子中允，岑参任右补阙，他们常常作诗唱和。但其实杜甫的心情并不愉快，微薄的俸禄使他的生计仍很窘迫，总是觉得街头的酒价太贵，偶尔得到了几百个钱，便邀请好友毕曜同买一醉。当然为了解闷消愁，他还是常到曲江去饮酒，甚至典当春衣以偿酒债。花飞蝶舞的风光使他感韶光易逝，人生短促，心头便产生莫名的惆怅。然而，当时唐帝国的形势却颇为可喜。唐军收复长安、洛阳后，安庆绪率残军退守邺城（今河南安阳）。到至德二载（757）十二月，史思明奉表归降，"虽相州（即邺城）未下，河北率为唐有矣"（《资治通鉴》卷二二○）。前方的捷报冲散了杜甫心头的愁闷，他喜不自禁地写下了《洗兵马》[①]：

> 中兴诸将收山东，捷书夜报清昼同。河广传闻一苇过，胡危命在破竹中。祗残邺城不日得，独任朔方无限功。京师皆骑汗血马，回纥餧肉葡萄宫。已喜皇威清海岱，常思仙仗过崆峒。三年笛里关山月，万国兵前草木风。成王功大心转小，郭相谋深古来少。司徒清鉴悬明镜，尚书气与秋天杳。二三豪俊为时出，整顿乾坤济时了。东走无复忆鲈鱼，南飞觉有安巢鸟。青春复随冠冕入，紫禁正耐烟花绕。鹤驾通宵凤辇备，鸡鸣问寝龙楼晓。攀龙附凤势莫当，天下尽化为侯王。汝等岂知蒙帝力？时来不得夸身强。关中既留萧丞相，幕下复用张子房。张公一生江海客，身长九尺须眉苍。征起适遇风云会，扶颠始知筹策良。青袍白马更何有，后汉今周喜再昌。寸地尺天皆入贡，奇祥异瑞争来送。不知何

---

① 《洗兵马》一诗，自黄鹤以来多系于乾元二年（759），而宋人赵次公及钱谦益系于乾元元年（758），后说确。详见詹锳《谈杜甫的〈洗兵马〉》，《杜甫研究论文集》三辑。

国致白环，复道诸山得银瓮。隐士休歌紫芝曲，词人解撰河清颂。田家
望望惜雨干，布谷处处催春种。淇上健儿归莫懒，城南思妇愁多梦。安得
壮士挽天河，净洗甲兵长不用！

这首诗"喜跃之象浮动笔墨间"（《杜臆》卷三），诸家多认为其主旨是歌颂唐帝国中
兴的局面，独钱谦益认为不然："《洗兵马》，刺肃宗也。刺其不能尽子道，且不能信
任父之贤臣，以致太平也。……故曰'安得壮士挽天河，净洗甲兵长不用'，盖至是
而太平之望益邈矣。呜呼伤哉！"（《钱注杜诗》卷二）钱氏此论在清代受到诸家痛
斥，如潘耒云："《洗兵马》一诗，乃初闻恢复之报，不胜欣喜而作，宁有暗含讥刺之
理。上皇初归，肃宗未失子道，岂得预探后事以实之？"（《杜诗详注》卷六引）浦起
龙亦严辞驳斥，潘、浦二人还对钱氏人品进行了攻击。平心而论，钱氏看出此诗中
隐含讽刺肃宗之意是颇具眼光的，但他把全诗主旨理解为讥刺肃宗则大谬不然。
浦起龙将此诗理解成"忻喜愿望之词"（《读杜心解》卷二）大体上是正确的，但他无
视诗中的讽刺则显然是为尊亲讳而且以己之意揣测老杜之心。我们认为，此诗中
"鹤驾通宵凤辇备，鸡鸣问寝龙楼晓"等句确如杨伦所云，"语亦以颂寓规，盖移仗
事虽在后，而是时张、李用事当已有先见其端者"（《杜诗镜铨》卷五）。诗人对玄、
肃父子间的矛盾是有所了解的，但事涉君主，不宜公然讽刺而已。同样，"寸地尺
天皆入贡，奇祥异瑞争来送"几句亦是"以颂寓规"。"攀龙附凤势莫当，天下尽化
为侯王"几句则是对当时趋炎附势、无功受禄的奸佞小人的严厉斥责，"京师皆骑
汗血马，回纥饫肉葡萄宫"二句是对朝廷借兵异族的短视措施的微辞讽谏，其义甚
明，不用多说。然而，尽管有上述的讽刺之意，此诗的主旨仍是歌颂而不是讽刺，
它的基调是欢欣而不是忧伤。诗人对于唐军势如破竹地推进的大好军事形势、贤
臣良将齐心合力以振国势的大好政治形势感到欢欣鼓舞，觉得唐室中兴的时刻已
经来到了。"安得壮士挽天河，净洗甲兵长不用"二句绝非如钱笺所云是"太平之
望益邈矣"，而是诗人最殷切的愿望，这个愿望显然是与"淇上健儿"和"城南思妇"
密切相关的，事实上它也正是饱经战乱之苦的广大人民的共同愿望。正因为此诗
包含着对于当时政治的批评、讥刺，又表达了人民的感情、愿望，所以它绝非一般
意义的歌功颂德之词，而是一首具有深刻的社会内容的中兴颂歌。可惜诗人对国

家和人民的命运的美好祝愿并未变成现实。

乾元元年(758)六月,房琯被贬为豳州刺史,与房琯关系密切的严武等人也被贬外任,杜甫也被贬为华州(今陕西华县)司功参军。日益衰老的诗人从金光门走出长安,想到去年四月自己就是经过此门逃归凤翔的,不禁感慨万千。他勒住马久久地回望着皇城的千门万户,也许意识到自己的政治生涯从此就结束了。而事实也是杜甫再也没有回到朝廷中去。

杜甫来到华州,正逢七月酷暑,蝇蝎扰人,文书堆案,使人难以忍受。但他的诗兴没有因此而减退,在任华州司功参军的一年时间里作诗颇多,而且又恢复了注视社会、反映现实的创作倾向。

留花门

花门天骄子,饱肉气勇决。高秋马肥健,挟矢射汉月。自古以为患,诗人厌薄伐。修德使其来,羁縻固不绝。胡为倾国至?出入暗金阙。中原有驱除,隐忍用此物。公主歌黄鹄,君王指白日。连云屯左辅,百里见积雪。长戟鸟休飞,哀笳曙幽咽。田家最恐惧,麦倒桑枝折。沙苑临清渭,泉香草丰洁。渡河不用船,千骑常撇烈。胡尘逾太行,杂种抵京室。花门既须留,原野转萧瑟。

此诗作于乾元元年(758)秋,[①]即杜甫到华州后不久。安史之乱爆发后,肃宗不顾后患,借兵于回纥,造成了异族大军屯于关辅地区的严重局势。为了迅速收复长

---

① 此从浦起龙说(见《读杜心解》卷一)。案:今人多从仇兆鳌说,系此诗于乾元二年(759)秋,时杜甫已至秦州(如冯至《杜甫传》、陈贻焮《杜甫评传》)。仇氏认为诗中"胡尘逾太行,杂种抵京室"二句指乾元二年九月史思明复取大梁、陷洛阳事,故此诗当作于二年九月之后。浦起龙则认为"杂种"乃指回纥,且二年秋杜甫已入秦州,"辽远叫阍,甚无当也"。我们同意浦说,并补充理由如下:此诗中所写到的回纥事迹皆在元年秋之前,且据《资治通鉴》卷二二一所记,乾元二年三月九节度之师溃于相州,回纥军亦同时溃败。四月,回纥毗伽阙可汗卒,长子叶护被杀,国人立其少子,且欲以宁国公主为殉。八月,宁国公主归唐。如果杜诗作于二年秋,不可能对上述事实毫无反映,也不会再说"花门既须留"了。

安,肃宗竟与回纥约定:"克城之日,土地士庶归唐,金帛子女皆归回纥。"(《资治通鉴》卷二二〇)公然同意回纥兵大肆抢掠。对于这种形势,杜甫深为忧虑,早在《北征》诗中已隐约言之,而《留花门》一诗更是专门为此而作。王嗣奭云:"不得已而用之,如何可留?题曰《留花门》,病在留字。"(《杜臆》卷二)此解甚确。杜甫对于朝廷的权宜之计深以为非,对于回纥兵骚扰人民的罪行深感愤怒,对于回纥日后将侵扰唐王朝的后患深感不安。王夫之曰:"肃宗用朔方之众以讨贼收京,乃唯恐不胜,使仆固怀恩请援回纥,因胁西域城郭诸国,征兵入助,而原野为之蹂践。读杜甫'拟绝天骄'、'花门萧瑟'之诗,其乱大防而虐生民,祸亦棘矣。"(《读通鉴论》卷二三)后代史家的称引,说明杜甫的《留花门》诗确实具有"诗史"的性质。

乾元元年冬,杜甫前往洛阳,探望阔别多年的亲旧及陆浑庄故居。二年(759)正月,史思明自称大圣燕王于魏州(今河北大名)。二月,史思明引兵南下以救邺城之围。其时,郭子仪等九节度使率二十万大军围邺城已有数月,因诸军无统帅,城久不下。三月壬申(初六日),唐军与史思明叛军决战于安阳河之北,唐军大溃,郭子仪军退保洛阳。洛阳士庶惊骇,逃奔山谷。杜甫也于此时匆匆离开洛阳返回华州,途中看到惊魂稍定的人民又一次受到战乱的威胁,连未成年的男孩和白发苍苍的老妇也被强迫入伍,于是他写出了名垂千古的"三吏"、"三别"。先看"三吏"[①]:

新安吏

客行新安道,喧呼闻点兵。"借问新安吏:县小更无丁?府帖昨夜下,次选中男行。""中男绝短小,何以守王城?"肥男有母送,瘦男独伶俜。白水暮东流,青山犹哭声。"莫自使眼枯,收汝泪纵横。眼枯即见骨,天地终无情。我军取相州,日夕望其平。岂意贼难料,归军星散营。就粮近故垒,练卒依旧京;掘壕不到水,牧马役亦轻。况乃王师顺,抚养甚分

[①] 旧本杜诗"三吏"的次序多为《新安吏》、《潼关吏》、《石壕吏》,而杜甫自洛阳返华州的路线应是先至新安(今河南新安),继至石壕村(在今河南陕县),后至潼关,故改以《潼关吏》置于最后。

明;送行勿泣血,仆射如父兄。"

石壕吏

　　暮投石壕村,有吏夜捉人。老翁逾墙走,老妇出看门。吏呼一何怒,妇啼一何苦! 听妇前致词:"三男邺城戍。一男附书至,二男新战死。存者且偷生,死者长已矣。室中更无人,惟有乳下孙。有孙母未去,出入无完裙。老妪力虽衰,请从吏夜归。急应河阳役,犹得备晨炊。"夜久语声绝,如闻泣幽咽。天明登前途,独与老翁别。

潼关吏

　　士卒何草草,筑城潼关道。大城铁不如,小城万丈余。借问潼关吏,"修关还备胡"。要我下马行,为我指山隅:"连云列战格,飞鸟不能逾。胡来但自守,岂复忧西都? 丈人视要处,窄狭容单车。艰难奋长戟,千古用一夫。""哀哉桃林战,百万化为鱼。请嘱防关将,慎勿学哥舒!"

　　《新安吏》写的是诗人在新安县道上看到官吏把未成年的"中男"强征入伍的情景,从诗人与官吏的问答中,可以得知成年的"丁男"早已被抓尽了,所以身材矮小的男孩也得去当兵。"肥男有母送"以下四句,叙事极简而寄情极深,正如王嗣奭所分析的:"此时瘦男哭,肥男亦哭,肥男之母哭,同行同送者哭。哭者众,宛若声从山水出,而山哭水亦哭矣! 至暮,则哭别者已分手去矣,白水亦东流,独青山在而犹带哭声,盖气青色惨,若有余哀也。"(《杜臆》卷三)真是满目凄惨! 后面十六句是诗人对"中男"的安慰之词,尽管人民遭受到如此的痛苦,但平叛战争是一定要进行下去的,所以诗人勉强压抑住心中的愤怒,说了一番宽慰和勉励的话。不难想象,诗人说出这番话时,他的心情是何等的矛盾、痛苦。

　　《石壕吏》写的是诗人投宿石壕村时见到的一幕人间惨剧。仇兆鳌评曰:"古者有兄弟,始遣一人从军。今驱尽壮丁,及于老弱。诗云'三男戍,二男死,孙方乳,媳无裙,翁逾墙,妇夜往',一家之中,父子、兄弟、祖孙、姑媳,惨酷至此,民不聊生极矣。"(《杜诗详注》卷七)面对着这样的现实,诗人心中充满了愤怒,他严辞痛斥:"有吏夜捉人!"官吏不再是在白天公然前来,而是在夜幕的掩护下偷偷潜至;也不再是按帖选丁,而是不分男女老幼地捉人。"夜捉人"三字就是对这种鬼蜮伎俩的揭露。由于石壕村这户人家的遭遇太惨酷了,诗人再也无法对跳墙逃走后又归来的老翁说出什么宽慰的话,诗至"独与老翁别"遂戛然而止,但是"语声绝"而"如闻泣幽咽",千百年来它一直震撼着读者的心灵。

《新安吏》与《石壕吏》都是写官府征丁之事,《潼关吏》则从被征来的士卒艰苦地筑城写起。潼关是长安的屏障,三年前安禄山攻陷潼关,玄宗就仓皇西奔了。也许是接受了三年前的教训,也许是邺城溃败后形势紧张,如今的潼关城修筑得十分坚固。但是当潼关吏向杜甫夸耀城防之坚时,杜甫还是语重心长地劝告他们一定要慎之又慎,千万不要让三年前的悲剧重演。

对于"三吏"这组诗,明人张綖评曰:"凡公此等诗,不专是刺。盖兵者凶器,圣人不得已而用之。故可已而不已者,则刺之。不得已而用者,则慰之哀之。若《兵车行》,前、后《出塞》之类,皆刺也,此可已而不已者也。若夫《新安吏》之类,则慰也;《石壕吏》之类,则哀也,此不得已而用之者也。然天子有道,守在四夷,则所以慰哀之者,是亦刺也。"(《杜诗详注》卷七引)杜甫在当时的心情是非常矛盾的。对于唐王朝平定叛乱、维护国家统一的战争,他是坚决拥护的。但是对于百姓为支持这场战争而作出的惨重牺牲,他又是极为同情的。对于发动叛乱的安史之流,他当然是切齿痛恨;而对于酿成灾祸却不管人民死活的统治者,他也感到无比的愤慨。这就是杜甫写"三吏"时的复杂心态。

我们再看"三别":

新婚别

兔丝附蓬麻,引蔓故不长。嫁女与征夫,不如弃路旁。结发为君妻,席不暖君床。暮婚晨告别,无乃太匆忙!君行虽不远,守边赴河阳。妾身未分明,何以拜姑嫜?父母养我时,日夜令我藏。生女有所归,鸡狗亦得将。君今往死地,沉痛迫中肠。誓欲随君去,形势反苍黄。勿为新婚念,努力事戎行。妇人在军中,兵气恐不扬。自嗟贫家女,久致罗襦裳。罗襦不复施,对君洗红妆。仰视百鸟飞,大小必双翔。人事多错迕,与君永相望。

垂老别

四郊未宁静,垂老不得安。子孙阵亡尽,焉用身独完!投杖出门去,同行为辛酸。幸有牙齿存,所悲骨髓干。男儿既介胄,长揖别上官。老妻卧路啼,岁暮衣裳单。孰知是死别,且复伤其寒。此去必不归,还闻劝加餐。土门壁甚坚,杏园度亦难。势异邺城下,纵死时犹宽。人生有离合,岂择衰盛端?忆昔少壮日,迟回竟长叹。万国尽征戍,烽火被冈峦。积尸草木腥,流血川原丹。何乡为乐土,安敢尚盘桓?弃绝蓬室居,塌然摧肺肝。

无家别

寂寞天宝后,园庐但蒿藜。我里百余家,世乱各东西。存者无消息,死者为尘泥。贱子因阵败,归来寻旧蹊。久行见空巷,日瘦气惨悽。但对狐与狸,竖毛怒我啼。四邻何所有?一二老寡妻。宿鸟恋本枝,安辞且穷栖。方春独荷锄,日暮还灌畦。县吏知我至,召令习鼓鼙。虽从本州役,内顾无所携。近行止一身,远去终转迷。家乡既荡尽,远近理亦齐。永痛长病母,五年委沟溪。生我不得力,终身两酸嘶。人生无家别,何以为蒸黎?

《新婚别》"一篇都是妇人语,而公揣摩以发之"(《杜臆》卷三)。仇兆鳌解曰:"此诗'君'字凡七见。'君妻'、'君床',聚之暂也。'君行'、'君往',别之速也。'随君',情之切也。'对君',意之伤也。'与君永望',志之贞且坚也。频频呼君,几一字一泪。"(《杜诗详注》卷七)在古代,刚过门的新嫁娘多半与丈夫过去没见过面,要开口说话总是很羞涩的,此诗中所写的"我"亦是如此。可是他们"暮婚晨告别",丈夫被迫前往"死地",她也就顾不得许多了。她絮絮叨叨地向丈夫倾吐衷肠,诉说自己的伤心和失望,谁料到新婚之后就是生离死别!可是这又是一位深明大义的妇女,她深知平叛战争的必要性,所以又鼓励丈夫努力作战,勿以新婚为念。《诗·卫风·伯兮》云:"自伯之东,首如飞蓬。岂无膏沐?谁适为容。"形容妇女在丈夫出征后无心梳妆。而这位新娘的行动更为果断决截,她为了向丈夫表白忠贞不渝的爱情,当着丈夫的面就洗去脸上的脂粉,而且发誓不再穿那套丝绸的嫁衣,而对于她这样的贫家女来说,置办一套嫁衣是多么不容易啊!此诗以比喻起,以比喻结,酷肖一位农村妇女的口吻,而语气则从吞吞吐吐变为斩钉截铁,虽然全诗皆为新娘自述,但诗人对人民的同情、敬佩也充溢于字里行间。

《垂老别》通篇皆作老翁之语。这位老翁已经为国家献出了亲人,他的儿孙都已阵亡,现在他以垂暮之年被征入伍,与其老妻依依惜别。他本来已经很衰弱了,走路需要扶杖,现在竟然投杖从军,连同行的征夫都为之辛酸。他与老妻的分别无疑是死别,但两人还是互相怜惜,他可怜老妻天寒衣单,老妻劝他努力加餐。他强自振作,宽慰老妻说自己不会马上遇到危险,又指出当前正是遍地烽火,自己安能置身于外?诚如浦起龙所析,这段话"忽而永诀,忽而相慰,忽而自奋,千曲百折。末段又推开解譬,作死心塌地语,犹云无一寸干净地,愈益悲痛"(《读杜心解》卷一)。此诗写情缠绵悱恻,心事曲折、细微,酷肖老人口吻。与《新婚别》中的新娘一样,这位老翁的形象中也倾注着诗人的同情和敬佩。

上面二诗中的主人公虽然遭遇不幸,但总算还可以对亲人倾诉一番,而《无家别》中的主人公则更加悲惨,他连个告别的对象都没有,只好在第二次被征入伍时喃喃自语。他早就当兵上了前线,因战败后回到家乡,发现家乡已面目全非,惨不忍睹。虽然如此,他还是开始辛勤地耕作,没想到县吏一旦知道他回来了,又把他召去当兵。由于他已无家可别,所以说"近行止一身,远去终转迷。家乡既荡尽,远近理亦齐",去远去近,对他来说已没有不同了!语似旷达而情更悲痛。他又想到长年生病的母亲委骨沟豁已经五年,生不得养,死不得葬,彼此抱恨终身。于是他悲愤地诘问:"人生无家别,何以为蒸黎?"浦起龙云:"'何以为蒸黎',可作六篇总结。反其言以相质,直可云:'何以为民上?'"(《读杜心解》卷二)的确,"何以为蒸黎"的诘责对象不是别人,正是应该对这场战乱负最大责任的封建统治者!"何以为蒸黎"是千百万苦难的人民通过杜甫之笔发出的责问,是杜甫代表人民对封建统治者提出的强烈控诉!

杨伦曰:"'三吏'兼问答叙事,'三别'则纯托为送行者之词,并是古乐府化境。"又曰:"自六朝以来,乐府题率多摹拟剽窃,陈陈相因,最为可厌。子美出而独就当时所感触,上悯国难,下痛民穷,随意立题,尽脱去前人窠臼。《苕华》、《草黄》之哀,不过是也。乐天《古乐府》、《秦中吟》等篇,亦自此出,而语稍平易,不及杜之沈警独绝矣。"(《杜诗镜铨》卷五)"三吏"、"三别"虽然写法各异,但它们都是继承、发扬了汉魏乐府优秀传统的杰出诗篇。"三吏"、"三别"极其深刻、极其生动、极其典型地刻画了当时的社会现实和人民的精神面貌,在思想意义和艺术造诣两方面均达到了古代乐府诗前所未有的高度。在杜甫本人的创作过程中,"三吏"、"三别"也是最值得注意的一个里程碑。从《兵车行》、《丽人行》到"三吏"、"三别",诗人迈出了坚实的一大步,从而攀上了唐代现实主义诗歌的顶峰。

王嗣奭评"三吏"、"三别"曰:"非亲见不能作,他人虽亲见亦不能作。公以事至东都,目击成诗,若有神使之,遂下千载之泪。"(《杜臆》卷三)①只有杜甫这样忧国忧民的诗人,又亲眼看到了那样的乱离现象,才能写出这组催人泪下的诗来。诗人晚年漂泊夔巫时回忆说:"曾为掾吏趋三辅,忆在潼关诗兴多。"(《峡中览物》)可见杜甫自己对这些诗十分珍视。而对于文学史来说,杜甫在安史之乱起后三年间的"诗兴"和诗作都是永远值得珍视的。

四 / 蜀道悲歌:崎岖的道路与伟丽的山川

乾元二年(759)七月,杜甫抛弃了华州司功参军的微职,携家前往秦州(今甘肃天水)。诗人弃官西去的原因是什么?《旧唐书》本传说是"关畿乱离,谷食踊

---

① 王嗣奭此论不包括《潼关吏》,可能是由于他认为《潼关吏》非作于此时。在《杜臆》中,《新安吏》等五首皆列于卷三,独《潼关吏》一首列于卷二。

贵",这当然是事实。但是也还有另外的原因,那就是杜甫对于朝廷政治越来越失望了。诗人就是怀着"唐尧真自圣,野老复何知"(《秦州杂诗二十首》之二十)的满腹牢骚,永远离开了疮痍满目的关辅地区,也永远离开了漩涡险恶的政治中心。

杜甫带着一家人翻越了高峻的陇山,在秋风萧瑟时来到秦州。他本以为在秦州可以得到一处避难之所,因为那一年秦州秋收较好,而且他的侄儿杜佐和他在陷贼长安时结识的和尚赞上人都在秦州居住,有希望得到他们的接济。可是他到达秦州后,发现那里也并不太平,日益强大的吐蕃正威胁着这座边城,黄昏时满城是鼓角之声,还常常有报警的烽火自远方传来。而且杜佐和赞上人都没能给他很多帮助,他想在城外建一个草堂的计划也随之落空。他被迫重操卖药的旧业,以维持衣食。在露白月明之夜,杜甫惦记着死生未卜的弟弟。凉风阵阵,他分外思念远在天边的李白,以至于一连几夜梦见这位才高命蹇的好友。他也想念贬谪在海畔孤城的郑虔,想象着这位老人在蛮荒之地悲辛度日的情景。对高适、岑参、薛据、毕曜、贾至、严武等故人,杜甫都曾寄诗以表思念。显然,诗人在此时频频作诗怀远,说明他在秦州的心境甚为寂寞。然而他的诗兴未尝稍减,短短的三个多月中,他作诗八十多首,其中《秦州杂诗二十首》、《天河》、《初月》等一组咏物诗以及题曰《遣兴》的十多首咏怀诗都堪称佳作。杜甫对诗歌创作的献身精神真可谓之"贫贱不能移"!

正当杜甫在秦州走投无路时,同谷县(今甘肃成县)的县宰来信欢迎他到同谷去。同谷在秦州南二百六十多里,气候较温暖,物产也丰富,这对于缺衣少食的杜甫自然有很大的吸引力。所以在十月的一天,杜甫带着家人离开秦州向南出发了。他们历尽千难万险,终于到达了同谷。可是,杜甫没有得到希冀中的帮助,全家几濒绝境。此时已是十一月了,白发蓬乱的诗人只好在山间捡一些橡栗来充饥。他又手执木柄长镵到山间去挖掘黄独的块茎,可是黄独的苗早已枯萎,又覆盖着厚厚的一层雪,哪里还能挖到多少呢?他空着双手回来,一家男女饿得倚壁呻吟。在同谷停留了一月左右,诗人被迫带着家人再次踏上征程,又历尽千难万险,终于在年底到达成都。年近半百的诗人带着弱妻幼子在深山穷谷中跋涉了两个多月,那真是一段伤心惨目的艰难历程。可是那段经历使诗人留下了"发秦州"、"发同谷"两组纪行诗,以狮子搏兔之全力描绘陇蜀山川,而且融入身世之感、生事之艰,成为古代纪行诗中的空前绝后之作。

严格地说,纪行诗与山水诗是两种不同的题材。但是诗人们在纪行时往往会涉及所经历的山水,在描摹山水时也往往会写到行役之情,所以早在谢灵运和谢朓的笔下这两种题材已有融合的趋势。而到了杜甫,则更是合纪行诗与山水诗为一个有机的整体,最显著的例子就是"发秦州"、"发同谷"这两组诗。正因为它们是以组诗的形式来记叙行役和描绘山水的,所以它们有一个显著的特点:在时间和空间上具有很强的连续性。

山水诗的第一位大师谢灵运,由于在政治上不得意,"遂肆意游遨,遍历诸县,动逾旬朔","所至辄为诗咏"(《宋书·谢灵运传》)。他所游历和描写的山水都在浙东一带,时间也比较集中,所以那些诗具有一定的连续性。例如宋武帝永初三年(422),谢灵运出为永嘉太守,一路上有诗纪行,从《初往新安至桐庐口》、《富春渚》、《七里濑》、《夜发石关亭》等诗可以大致上看出他此行的路线。但是这样的诗在谢灵运集中为数不多。他在永嘉期间虽然写了不少山水诗,所咏及的绿嶂山、岭门山、石鼓山、白石山和瓯江孤屿都在永嘉境内,地理上相当集中。但是诗人究竟是一次还是数次出游,所游的地点孰先孰后,都已不可考知。也就是说,谢灵运山水诗中体现出来的连续性是不够清晰的。大谢之后,用组诗的形式对一个地区内的山水风景分别予以描写的诗人虽然不少,但是一路写去,次序井然的山水组诗则罕有所闻。可以说,谢灵运诗中偶一现之的这个特点在杜甫之前并未得到发展。

杜甫的"发秦州"、"发同谷"是两组结构严整的山水、纪行诗。第一组作于秦州至同谷途中,共十二首:《发秦州》、《赤谷》、《铁堂峡》、《盐井》、《寒峡》、《法镜寺》、《青阳峡》、《龙门镇》、《石龛》、《积草岭》、《泥功山》、《凤凰台》。首章《发秦州》开宗明义,说明南行的原因:"我衰更懒拙,生事不自谋。无食问乐土,无衣思南州。"接下来的十一首皆以所历地名为诗题。第二组作于同谷至成都途中,也是十二首:《发同谷县》、《木皮岭》、《白沙渡》、《水会渡》、《飞仙阁》、《五盘》、《龙门阁》、

《石柜阁》、《桔柏渡》、《剑门》、《鹿头山》、《成都府》。首章《发同谷县》说明"奈何迫物累，一岁四行役"之原因，接下来的十一首亦皆以所历地名为诗题。最后以《成都府》作结，表明此次行役之结束。①时间是从十月到岁末，地点是从秦州到成都，井然有序，历历可考。宋人说"杜陵诗卷是图经"，②诚非虚语。

然而，这两组诗的长处并非仅仅在于它们所叙述的行役过程在客观上具有时间的连续性，也不仅仅在于它们清晰地勾勒了一条没有间断的行役路线，而在于它们采取了化整为零又合零为整的艺术手法，形象地展现了空间跨度极大的陇蜀山水和历时三月的行役过程。正如苏轼所云："老杜自秦州越成都，所历辄作一诗，数千里山川在人目中，古今诗人殆无可拟者。"（朱弁《风月堂诗话》卷上引）

蜀道山川，自古闻名遐迩。从张载的《剑阁铭》到李白的《蜀道难》，无数骚人墨客咏叹过它的险峻雄壮。但是那些作品往往未能展示它的全貌，因为它确实不是一篇诗文的篇幅所能包含的。只有当杜甫找到了组诗这种方式，极大地扩展了诗的容量之后，才有可能对蜀道山川的全貌进行描绘。我们读这两组诗时，无异展开了一幅山水长卷，赤谷、铁堂峡、盐井……——接踵而至，进入眼帘。我们仿佛跟随着诗人登绝顶、穿峡谷、经栈道、渡急流，最后来到沃野千里的天府之国。很难想象，除了这种组诗的方式之外，还有什么别的诗歌形式能够描摹出千里蜀道的全部雄姿。这是杜甫在谢灵运的基础上对山水诗表现形式之发展作出的一大贡献。

如果我们打开一轴山水长卷而发现所画的峰峦溪壑都呈现着大同小异，甚至彼此雷同的面貌，那么，不管画家勾勒点染的技法有多么高明，也难免使人产生厌怠之感。同时，如果杜甫的这二十多首诗以同样的角度或用同样的手法来摹写陇

---

① 《万丈潭》一诗作于杜甫逗留于同谷时，注家或以为非纪行诗，如宋人崔鹏曰："诗题两纪行：《发秦州》至《凤凰台》，《发同谷县》至《成都》。二十四首皆以纪行为先后，无复差舛。"（《杜诗详注》卷八引）我们也认为它不属于"发秦州"、"发同谷"两组组诗，但它所描写的对象也是蜀道山川，故本节中仍论及之。

② 刘克庄《后村先生大全集》卷一八二《诗话新集》中引网山《送蕲帅》诗句。按：宋人林亦之号网山先生。

蜀山川,那么也是无法引人入胜的。可是杜甫毕竟是"巨笔屠龙手"(苏轼《次韵张安道读杜诗》,《东坡集》卷二),他没有用同一的模式来写这些诗。从而使这些诗与其所反映的对象一样地气象万千。

首先,这两组诗在题材的安排上是颇见匠心的。虽然山川之险壮与道路之艰难是贯穿整个组诗的主要内容,但是具体到每一首诗上,却各有侧重,而且还融入了许多其他内容,诸如国步之艰危、民生之凋敝等,这就使这些诗不仅在内容上无一雷同,而且十分充实。

泥功山

朝行青泥上,暮在青泥中。泥泞非一时,版筑劳人功。不畏道途远,乃将汩没同。白马为铁骊,小儿成老翁。哀猿透却坠,死鹿力所穷。寄语北来人,后来莫匆匆。

龙门阁

清江下龙门,绝壁无尺土。长风驾高浪,浩浩自太古。危途中萦盘,仰望垂线缕。滑石敧谁凿,浮梁袅相拄。目眩陨杂花,头风吹过雨。百年不敢料,一坠那得取?饱闻经瞿塘,足见度大庾。终身历艰险,恐惧从此数。

这两首诗都是描摹山川道路之艰险的,但显然前者侧重于艰,而后者侧重于险。先看前者:泥功山在同谷西北,浦起龙以为即青泥岭(见《读杜心解》卷一),方位不合,恐非。但此山的地貌颇同青泥岭,山既高峻,路又泥泞。杜甫一家人清晨上山,黄昏仍未下山,虽然不怕道路遥远,但惟恐陷入泥淖之中。"白马为铁骊"几句极其生动地写出了泥泞深积、路滑难行的情景:白马身上沾满了泥污,变成了黑马。小孩本喜蹦跳,现在陷于泥泞中,垂头丧气,无精打采,活像是老翁。甚至连善攀缘奔跑的猿与鹿也在泥淖上挣扎、死亡。多么艰难的山路啊!后者则不同:龙门阁即利州绵谷县(今四川广元)龙门山上的栈道。石壁陡立,下临嘉陵江的急流，栈道就架在石壁上凿出的石窍里，是蜀道栈道中最险的一处。龙门阁险就险在峭壁下临急流，此诗先从急流写起，风大浪高，自太古以来就是如此。"危途中萦盘"四句，写登上栈道前仰望之所见。栈道依石壁而曲折盘绕，远远望去像是一条下垂的线。光滑的石壁上凿洞架桥，下面并无支柱，所以晃晃悠悠，像是浮在空中的桥梁。正如浦起龙所说："'危途'四句，栈道图未必能尔。"（《读杜心解》卷一）"目眩陨杂花，头风吹过雨"二句，朱鹤龄注曰："花阴而目为之眩，视不及审也。雨吹而头为之风，迫不能避也。正形容阁道险绝。"（《杜诗详注》卷九引）浦起龙驳云："临迅驶之流，故'目眩'如'花阴'；腾澎湃之响，故'头风'若'雨吹'。朱注欲实指花雨，则途中或有花飞，篇内全无雨景。"（《读杜心解》卷一）我们认为上句当依浦注，杜甫在高险之处提心吊胆地行走，偶尔朝下面的急流一望，一阵眩晕，似见杂花飞落。如解作实有花飞，则颇减此句之妙。下句则朱、浦均未得正解，此句中的"雨"当指水气，因为湍急的江水拍击石崖，必会溅起无数水滴，又正刮着大风，所以空气潮湿，似雨似雾。这两句妙就妙在纯从诗人的感觉来刻画栈道之险，使人读之恍如亲历其境。最后六句乃叹息其地之险：当诗人走在栈道上时，谁敢预料此行是死是生？尽管诗人一生中经历过无数的艰险，但真正的恐惧将从这里开始！总之，《泥功山》通首围绕着一个"艰"字，《龙门阁》通首围绕着一个"险"字，可谓各臻其妙。

凤凰台

　　亭亭凤凰台，北对西康州。西伯今寂寞，凤声亦悠悠。山峻路绝踪，石林气高浮。安得万丈梯，为君上上头。恐有无母雏，饥寒日啾啾。我能剖心血，饮啄慰孤愁。心以当竹实，炯然无外求。血以当醴泉，岂徒比清流。所重王者瑞，敢辞微命休。坐看彩翮长，举意八极周。自天衔瑞图，飞下十二楼。图以奉至尊，凤以垂鸿猷。再光中兴业，一洗苍生忧。深衷正为此，群盗何淹留？

剑　门

惟天有设险，剑门天下壮。连山抱西南，石角皆北向。两崖崇墉倚，刻画城郭状。一夫怒临关，百万未可傍。珠玉走中原，①岷峨气悽怆。三皇五帝前，鸡犬各相放。后王尚柔远，职贡道已丧。至今英雄人，高视见霸王。并吞与割据，极力不相让。吾将罪真宰，意欲铲叠嶂。恐此复偶然，临风默惆怅。

这两首诗对所见之景仅略作点染，重点都在关于当地山川的议论，然而议论的内容与方式又迥然相异。《凤凰台》一诗实为咏怀诗，同谷县境内的凤凰台与传说中为周王朝发迹之地的"凤凰堆"（即岐山，在今陕西岐山，参见《太平寰宇记》卷三〇《凤翔府》）本无关系，但杜甫却故意借题发挥，引出一大段议论来。此诗原注："山峻，人不至高顶。""安得万丈梯"句也说明诗人并未登上此山，"恐有无母雏"云云纯出想象。那么"无母雏"究竟指什么呢？清人卢元昌注："肃宗听张良娣之谮，既去建宁王倓，又欲动摇广平王俶。俶母吴氏，生子而亡，故云'无母雏'。披心沥血，欲献忠肝以保护之耳。"（《杜诗详注》卷八引）浦起龙驳云："彼卢氏不尝读至下文耶？下云：'坐看綵翮长，举意八极周。'是何等说话，不几欲辅广平以行篡逆耶？"（《读杜心解》卷一）浦氏强调君臣名分，实不可取，但卢说坐实"无母雏"指太子李俶，确为穿凿附会。杜诗中明明说"所重王者瑞"，他把凤凰视作太平盛世之祥瑞，所以欲以自己的心血来哺育它。他的"深衷"是"再光中兴业，一洗苍生忧"，也就是希望国家、人民有美好的命运。浦起龙对此诗大旨解之甚确："是诗想入非非，要只是凤台本地风光，亦只是杜老平生血性。不惜此身颠沛，但期国运中兴。

① 仇兆鳌注："往见旧人手卷，此句之上有'川岳储精英，天府兴宝藏'二句，方接以'珠玉'云云。"（《杜诗详注》卷九）浦起龙遂据之将此二句添入正文，且称："杜诗多四句转意，此段独阙两句。且得此一提，文气愈畅。仇氏非伪撰也，脱简无疑。"（《读杜心解》卷一）杨伦则云："仇本'珠玉'上有二句，庸滥决非公笔。"（《杜诗镜铨》卷七）另外清初李因笃又以为"'珠玉'二句与上下不属，欲竟去之"（见郭曾炘《读杜劄记》第146页）。我们认为没有版本根据擅自对杜诗作增删的做法是不可取的，浦氏所谓"杜诗多四句转意"的说法也不符合事实，故不从。

刿心沥血,兴会淋漓。"(《读杜心解》卷一)《剑门》则如浦起龙所云,"是一篇筹边议"(《读杜心解》卷一),也即用诗歌写成的一篇政论。胡夏客曰:"《剑门》诗因《剑阁铭》而成,但铭词出以庄严,此诗尤加雄肆。用古而能胜于古人,方称作家。"(《杜诗详注》卷九引)的确,张载的《剑阁铭》(《文选》卷五六)先描写剑门之险峻:"岩岩梁山,积石峨峨。……穷地之险,极路之峻。"后面主要的篇幅都是议论,由"形胜之地,匪亲勿居"论到"凭阻作昏,鲜不败绩"。杜诗《剑门》的结构与之颇为相似,开始八句刻划剑门之地势,后面十四句都是议论,不过杜诗的描写更加生动,如"连山抱西南,石角皆北向"二句简直把剑门的险峻之状写活了。杜诗的议论也更加精警,由于当时安史之乱尚未平息所以诗人对自古成为割据者之屏障的剑门大发感叹,甚至欲"罪真宰"而"铲叠嶂",表达了他希望国家统一、天下太平的强烈愿望。杨伦曰:"以议论为韵言,至少陵而极。少陵至此诗而极,笔力雄肆,直欲驾《剑阁铭》而上之。"(《杜诗镜铨》卷七)诚非虚誉。

由此可见,杜甫的这两组山水纪行诗的内容极为丰富,结构也变化多端。这与谢灵运山水诗"首多叙事,继言景物,而结之以情理"(黄节《读诗三札记》)的固定模式是不可同日而语的。

其次,杜甫在描写山川景物时也没有采取单一手法,我们至少应该注意到以下两点:

第一,概括与具体之分。同是写山峰之险峻,《积草岭》是"连峰积长阴,白日递隐见。飔飔林响交,惨惨石状变";而《铁堂峡》则是"硖形藏堂隍,壁色立精铁。径摩穹苍蟠,石与厚地裂。修纤无垠竹,嵌空太始雪"。同是写水势之浩渺,《寒峡》是"寒峡不可渡","泝沿增波澜";而《水会渡》则是"大江动我前,汹若溟渤宽","回眺积水外,始知众星干"。显然,前一种写法比较概括,是粗加勾勒的远景;而后一种写法相当具体,是工笔细描的近景。

第二,有比较与无比较之分。这两组诗中有许多首是用比较的方法来写的,如《青阳峡》:"忆昨逾陇坂,高秋视吴岳。东笑莲花卑,北知崆峒薄。"这是用诗人已经经历的其他高山来烘托此山之高。又如《龙门阁》:"饱闻经瞿塘,足见度大庾。终身历艰险,恐惧从此数。"这是用诗人未曾经历过的著名险地来形容此地之险。但与此同时,也有仅仅对所咏对象着力刻画而不用它物作比较的,如《铁堂峡》、《飞仙阁》等。

写法的灵活多变,是这些纪行诗使人百读不厌的原因之一。

当然,杜甫这两组纪行诗最值得称道的还是它们在描写山水方面取得的高度成就。

黄庭坚说:"诗意无穷,而人之才有限。"(惠洪《冷斋夜话》卷一引)梅尧臣则认为:"诗家虽率意,而造语亦难。若意新语工,得前人所未道者,斯为善也。必能状难写之景,如在目前;含不尽之意,见于言外,然后为至矣。"(欧阳修《六一诗话》引)如果把这些诗学原理运用到山水诗上,则不妨说:自然界的山川景物变化无穷,而诗人用来描写它们的艺术手段却有限。一定要能"意新语工",且"状难写之景,如在目前",才能算是山水诗中的大手笔。用这个标准来衡量历来的山水诗,可以发现杜甫这两组诗的造诣是前无古人的。

从谢灵运以来,山水诗蔚为大国,名章佳句屡见不穷。但是如果把这些山水诗与它们所反映的对象即真实的山川比较一下,显然前者远不如后者那样千姿百态、变幻无穷。换句话说,大多数山水诗人有一个共同的缺点,他们的观察角度比较单一,描写手法不免雷同,往往只写出了山川景物的某些共性,而对它们各自的个性揭示得不够。这个缺点在谢灵运的山水诗中已见端倪。谢诗中有些篇章如《入彭蠡湖口》、《登江中孤屿》等,刻画山川景物颇能见其特点。王夫之称谢诗"取景则于击目经心、丝分缕合之际,貌固有而言之不欺"(《古诗评选》卷五),如果仅指这些诗而言,确非过誉。但是谢集中还有许多作品,甚至包括一些为人传诵的名篇在内,在写景上仍然失之于笼统概括。比如"林壑敛暝色,云霞收夕霏"(《石壁精舍还湖中作》,《宋诗》卷二),"密林含余清,远峰隐半规"(《游南亭诗》,《宋诗》卷二)等,历来称为佳句,但是它们显然没能写出所咏山川的独特之处,因为这是许多地方都能见到的景色。谢朓诗亦然,"余霞散成绮,澄江静如练"(《晚登三山还望京邑》,《齐诗》卷三)并非大江上特有之景,"威纡距遥甸,巉岩带远天"(《宣城郡内登望》,《齐诗》卷三)也不妨从宣城移置他处。二谢之外的南朝诗人更是如此,他们的山水诗通常都是极力摹写山之高峻或水之深广:"层峰亘天维,旷渚绵地络"(刘骏《游复舟山诗》,《宋诗》卷五),"洞洞窥地脉,耸树隐天经"(鲍照《登庐山》,《宋诗》卷八),"金峰各亏日,铜石共临天。阳岫照鸾采,阴谿喷龙泉"(江淹《游黄檗山》,《梁诗》卷三),等等。这些描写都是置之任何名山大川而皆可的。到了唐代,虽然产生了以王、孟为首的山水田园诗派,但这些诗人所着力摹写的往往并非客观世界的明山秀水,而是他们主观世界中的静谧意境。所以,尽管王、孟诗中的写景名句历来为人传诵:"天边树若荠,江畔舟如月"(孟浩然《秋登万山寄张五》,《全唐诗》卷一五九),"明月松间照,清泉石上流"(王维《山居秋暝》,《全唐诗》卷一二六),但是那往往不是对某处山水的具体而确定的描写。这种情形或许与王维首创的写意画有某种相通之处,即"当以神会,难可以形器求也"(沈括《梦溪笔谈》卷一七)。

杜甫则与众不同。当然也应指出,就在杜甫的这两组纪行诗中,不是完全没有类似上述情形的例子,比如写山之高峻的"连峰积长阴,白日递隐见"(《积草岭》),"山峻路绝踪,石林气高浮"(《凤凰台》)等句。但就其总体而言,杜诗呈现着与前人的山水诗完全不同的风貌:杜诗对于山川景物的描写是具体的、明确的、体现了鲜明个性的。试看两个例子:

青阳峡

　　塞外苦厌山,南行道弥恶。冈峦相经亘,云水气参错。林迥峡角来,天窄壁面削。礓西五里石,奋怒向我落。仰看日车侧,俯恐坤轴弱。魑魅啸有风,霜霰浩漠漠。忆昨逾陇坂,高秋视吴岳。东笑莲华卑,北知崆峒薄。超然侔壮观,已谓殷寥廓。突兀犹趁人,及兹叹冥漠。

杜甫自从翻越陇坂来到重山莽莽的秦州,又离开秦州向同谷出发以来,已经翻越了无数高山峻岭了。作为亲受跋涉之苦的诗人,当然会"苦厌山",当然希望地势能变得平缓些。而作为读者的我们,在读过了《赤谷》、《铁堂峡》等诗之后,也满以为诗人笔下不会写出更为险峻的山岭了,可是造物仿佛是有意识地显示其伟力,而诗人也仿佛欲以其雄强的笔力与造物比个高低,出现在我们眼前的句子偏偏是

"南行道弥恶"！这就给读者已经绷得紧紧的心弦又加上了很大的张力。那么,此处的山岭到底是怎么个恶法? 下面就展开了具体的描写:重岩叠嶂,云水迷茫。乱石嶙峋,铺天塞地。如果说这些描写已经不同寻常,那么下面两句就简直是惊心动魄:"磴西五里石,奋怒向我落!"五里开外的巨石会给人以"奋怒向我落"的感觉,可见此山是何等的高峻,山上的乱石是何等的嶙峋!"仰看日车侧,俯恐坤轴弱"二句极言此山之高大,所以日神所御之车也被挡住了去路,而大地也难以承担其重压。"魑魅啸有风,霜霰浩漠漠"二句又对大山深处的阴惨气氛进行渲染。至此,青阳峡的景象已如在目前了。韩愈的《南山》诗写终南山之高峻,虽竭尽全力铺陈排比,后人仍以为"世间名山甚多,诗中所咏,何处不可移用,而必于南山耶!"(赵翼《瓯北诗话》卷三)而杜甫此诗则绝无他山可当,因为他写出了青阳峡独有的奇险之景。正因为有了如此深刻的具体刻画,所以最后八句称陇坂、吴岳、莲华峰、崆峒山等一系列大山都屈居青阳峡之下,才令人信服而不失之于浮夸。

万丈潭

　　青溪含冥窦,神物有显晦。龙依积水蟠,窟压万丈内。蹢步凌垠堮,侧身下烟霭。前临洪涛宽,却立苍石大。山危一径尽,岸绝两壁对。削成根虚无,倒影垂澹瀩。黑知湾澴底,清见光炯碎。孤云到来深,飞鸟不在外。高萝成帷幄,寒木垒旌旆。远川曲通流,嵌窦潜泄濑。造幽无人境,发兴自我辈。告归遗恨多,将老斯游最。闭藏修鳞蛰,出入巨石碍。何当炎天过,快意风雨会!

此诗写潭,着力于环境之刻画和气氛之渲染。王嗣奭评曰:"起来二句有大力量,盖清谿神龙,合之以成其灵也。"(《杜臆》卷三)其实下面两句更是如此,"窟压万丈内"的"压"字何等笔力! 是什么把龙压在万丈深潭之中呢? 诗人没有说,而从下面的描写来看,应是指整个的氛围。万丈潭不但既大且深,而且四周绝壁如削,草木繁密。诗人小心翼翼地翻过山巅,又战战兢兢地从烟霭中走下来。潭面洪涛汹涌,退后几步又背倚青苍色的巨石。石壁好像是鬼斧神工所削出来的,临近潭面连石根都看不见(当是被烟霭所遮),唯有倒影垂在潭中。潭深不见底,只见黑黝黝的一片,水面上则有波光闪烁。藤萝树木密密层层,像是重重帷幕和旗帜,罗列在潭的四周。这一切组成了一个与外界完全隔绝的封闭环境,连云朵和飞鸟都被锁在这个环境之内,更不用说深藏潭底的龙了。清人蒋金式评此诗:"字句章法,一一神奇,发秦州后诗,此首尤见搏虎全力。"(《杜诗镜铨》卷七引)此诗是杜甫惨淡经营之作,它成功地展现了兼有雄奇、险怪、幽僻、阴森等特点的氛围,这是万丈潭的独特之处。换句话说,此诗写出了万丈潭的个性。

对于杜甫在蜀道中写出的这些山水纪行诗,后人大为赞赏。明人杨德周曰:"山水间诗,最忌庸腐答应,试看杜公《青阳峡》、《万丈潭》、《飞仙阁》、《龙门阁》诸篇,幽灵危险,直令气浮者沉,心浅者深。刻划之中,元气浑沦;窈冥之内,光怪逆发。"(《杜诗详注》卷八引)杨伦则评曰:"大处极大,细处极细,远处极远,近处极近,奥处极奥,易处极易,兼之化之,而不足以知之。"(《杜诗镜铨》卷七)就描写的深刻、具体和手法的多样性而言,这些诗在历代山水诗中是无与伦比的。那么,为什么杜甫的这些山水诗能够突过前人呢?明人江盈科曰:"少陵秦州以后诗,突兀宏肆,迥异昔作。非有意换格,蜀中山水,自是挺特奇崛,独能象景传神,使人读之,山川历落,居然在眼。所谓春蚕结茧,随物肖形,乃为真诗人,真手笔也。"①清人李长祥曰:"少陵诗,得蜀山水吐气;蜀山水,得少陵诗吐气。"(《杜诗详注》卷九引)蒋金式亦曰:"少陵入蜀诗,与柳州柳子厚诸记,剔险搜奇,幽深峭刻,自是千古天生位置配合,成此奇地奇文,令读者应接不暇。"(《杜诗镜铨》卷七引)他们都指出这与蜀道山川自身雄伟奇险的特色有关,我们认为这种看法有一定的道理。杜甫的山水诗中以咏秦陇、夔巫山川的为最多最好,因为杜甫的人品胸襟和审美倾向都使他对于雄伟壮丽的事物有着特殊的爱好。而就山水而言,只有秦陇、夔巫那样雄奇伟丽的高山巨川才能真正拨动杜甫的心弦,从而发出最和谐的共鸣。然

---

① 见《雪涛诗评》。按:"秦州"原作"夔州",误,因下文明言"蜀中山水",此据《杜诗详注》卷八所引校改。

而,亲眼见过秦陇、夔巫山川的诗人绝非仅有杜甫一人,作诗歌咏蜀道奇景的诗人亦非罕见,为什么独有杜甫达到如此独特的造诣呢?浦起龙评《龙门阁》的几句话对我们颇有启发:"'危途'四句,栈道图未必能尔。太白《蜀道难》,亦未免虚摹多,实际少。"(《读杜心解》卷一)杜甫的成功秘诀在于他的写实手法。虽然杜甫在具体描写山水时也不排斥夸张和想象,但这些手法都是一些辅助性质的艺术手段,杜甫山水诗在总体上是用写实手法来描摹人间的真山实水。而李白的山水诗中虽然也有纯属写实之作,但他那些神思飞扬、词采壮丽的长诗大多出于虚构。李白梦游天姥,即吟成长歌;神驰蜀道,亦写出巨篇。毫无疑义,《梦游天姥吟留别》和《蜀道难》都是千古传诵的杰作。李白用惊人的想象力在读者面前展示了一幅幅烟云明灭、变幻莫测的奇山异水,具有极高的审美价值。但是,"翻空易奇"而"征实难巧",①相比之下,杜甫这种写实的方法难度更大。王嗣奭云:"盖李善用虚,而杜善用实。用虚者犹画鬼魅,而用实者工画犬马,此难易之辨也。"(《杜诗笺选旧序》,《杜臆》卷首)如果把此语仅仅用来评论李、杜的山水诗,那么是很确切的。因为虚写可以忽略许多细节,可以仅勾勒其大体而不必显示其个性,而写实就必须刻画出某地真山实水的特点。显然,后者需要更细致的观察和更雄强的笔力,从而更能体现各地山川的千姿百态而避免笼统、雷同。我们把杜甫的入蜀纪行诗与李白的《蜀道难》比较一下,就不难看出这个差别。李白诗中虽然对蜀道之奇险三致意焉,那些充满着想象、夸张的惊人之语也确实令人叫绝,但是蜀道山川到底是怎样的壮伟,其道路又是怎样的艰难,诗中并没有具体而细致的描绘。而杜甫的入蜀纪行诗则使读者觉得"分明如画"(《朱子语类》卷一四〇),而且,"如陪公杖屦而游"(鲁訔《编次杜工部诗序》,见《草堂诗笺·传序碑铭》),这正是杜甫的独到之处。

综上所述,我们认为杜甫的"发秦州"、"发同谷"这两组山水纪行诗在古代的山水诗中是空前绝后的。诚如李因笃所云,这两组诗"万里之行役,山川之夷险,岁月之暄凉,交游之违合,靡不由尽,真诗史也"(《杜诗镜铨》卷七引),这些山水纪

---

① 此处借用《文心雕龙·神思》中语,但与刘勰原意无关。

行诗具有鲜明的时代气息,这正是杜甫在安史之乱爆发前后形成的写实创作倾向的继续。

五 / 成都草堂:平凡事物的美学升华

乾元二年(759)年底,杜甫一家终于到达成都。成都在当时是天下闻名的繁华都市,但是对于杜甫来说,他所希望的仅仅是觅得一个能免于饥寒的安身之所。杜甫先在成都西郊的草堂寺寓居了三个月,草堂寺始建于南朝宋孝武帝时,在当时是一座规模宏大的古寺,所以能有空房让杜甫一家栖身(详见曾亚兰《成都草堂寺与杜甫草堂》,《杜甫研究学刊》1988 年第 1 期)。然而借居寺庙总非长久之计,所以次年春天,杜甫便在亲友的帮助下自己筑室了。他在距离草堂寺三里远的浣花溪边觅得一块荒地,芟除茅草,开辟了一亩大的地基,修筑了一座茅屋,称之为草堂。杜甫又从亲友处乞得许多桃树、桤木、绵竹等栽种在草堂周围。到暮春时分,草堂落成了。诗人非常高兴,作诗纪之:

卜 居

浣花溪水水西头,主人为卜林塘幽。已知出郭少尘事,更有澄江销客愁。无数蜻蜓齐上下,一双鸂鶒对沉浮。东行万里堪乘兴,须向山阴入小舟。

堂 成

背郭堂成荫白茅,缘江路熟俯青郊。桤林碍日吟风叶,笼竹和烟滴露梢。暂止飞乌将数子,频来语燕定新巢。旁人错比扬雄宅,懒惰无心作《解嘲》。

被兵火和饥荒逼得“三年饥走荒山道”(《乾元中寓居同谷县作歌七首》之七)的诗人终于有了一处安身之所了!

　　"五载客蜀郡,一年居梓州"(《去蜀》),这是杜甫离蜀时对五年蜀中生涯的总结。自上元元年(760)春至代宗永泰元年(765)初夏的五年里,杜甫除了代宗宝应元年(762)秋避乱至梓州(今四川三台)、阆州(今四川阆中),居留至广德二年(764)三月之外,其余时间都是在草堂度过的。诗人在这五年中写出了四百三十首诗(其中作于梓州、阆州的有一百七十首),几占杜集总数的三分之一,这是杜甫创作过程中的又一个丰收时期。

　　这五年天下并未太平。史思明虽于上元二年(761)三月为其子史朝义杀死,但叛乱直到广德元年(763)初才基本平息,而且藩镇割据的严重形势依然如故。在朝廷中,宦官李辅国、程元振、鱼朝恩相继专权乱政。外族的侵扰则比以前更为严重,自上元元年始,党项、吐蕃等不断骚扰边鄙。广德元年(763)十月,吐蕃攻入长安,代宗出奔。次年十月,仆固怀恩引吐蕃、回纥寇奉天,长安为之戒严。唐帝国仍处于风雨飘摇之中。杜甫所在的成都也并非世外桃源,首先,蜀中地近边陲,吐蕃的威胁始终很严重。其次,地方上大小军阀的叛乱此起彼伏,杜甫亲身经历的就有上元二年四月梓州刺史段子璋之乱和宝应元年(762)七月剑南兵马使徐知道之乱。像以往一样,动荡的时代在杜诗中留下了忠实的记录:

光禄坂行

　　山行落日下绝壁,西望千山万山赤。树枝有鸟乱鸣时,暝色无人独归客。马惊不忧深谷坠,草动只怕长弓射。安得更似开元中,道路即今多拥隔。

去秋行

　　去秋涪江木落时,臂枪走马谁家儿?到今不知白骨处,部曲有去皆无归。遂州城中汉节在,遂州城外巴人稀。战场冤魂每夜哭,空令野营猛士悲。

宝应元年(762)七月,杜甫送严武还朝,至绵州奉济驿(在今四川绵阳)方还,适逢徐知道反,道路阻塞,杜甫乃往梓州避乱。这两首诗都作于避乱梓州时期,前一首写诗人独自行经梓州、阆州之间的光禄坂(在今四川盐亭)之情形(详见刘泰焰《光禄坂在盐亭县》,《草堂》1987 年第 2 期),后一首写诗人对那些在战乱中无辜丧生的兵士之哀悯,都蒙上了惊恐、哀伤的惨淡色彩,是那个乱离时代的蜀地"诗史"。

然而,与前几年相比,杜甫在蜀中的生活是安定得多了。他在成都曾得到过不少亲友的资助,其中最主要的一位是严武。严武在这五年中两次镇蜀,前一次自上元二年(761)十二月至宝应元年(762)七月,后一次自广德二年(764)二月至永泰元年(765)四月病卒,时间虽然不足两年,但他对杜甫的帮助是很大的。严武在政治上与房琯的关系比较密切,乾元元年(758)曾与杜甫一起受房琯牵连而贬谪,也许正是由于这一层关系,他对杜甫始终很关心。他不但在经济上资助杜甫,而且常常到杜甫的草堂去访问他,作诗唱和。广德二年六月,严武表荐杜甫为节度参谋,检校工部员外郎,赐绯鱼袋。这是杜甫一生中得到的最高官阶(从六品上),杜甫对之是甚为满意的。虽说杜甫入严武幕仅半年便辞归草堂,但两人的交情并未受到影响,杜甫对严武始终怀有深深的感激之意。而且,严武对杜甫的态度还影响到其他人,例如梓州刺史兼东川留后章彝,在杜甫避乱至梓州时曾给予不少照顾。章彝其人并不像严武那样文采风流,为什么对杜甫这位穷诗人颇为敬重呢?恐怕主要是由于他原是严武的僚属,对严武所重之人也不宜轻慢。所以杜甫在蜀五年,尽管也时有避乱奔走、衣食不周之苦,但多数时候尚能温饱,在浣花溪畔那美丽的自然风光和淳朴的风俗人情之抚慰下,诗人的心情颇为平静,他饶有兴趣地把自己的日常生活以及草堂周围的一草一木写进诗歌,给我们留下了许多生趣盎然的佳作。

杜甫虽然怀有强烈的用世之志,但他的本性是极端厌恶机巧而喜爱自然的,所以草堂里的疏放、真率的生活使他感到由衷的喜悦。

　　　　江　村

　　清江一曲抱村流,长夏江村事事幽。自去自来堂上燕,相亲相近水中鸥。老妻画纸为棋局,稚子敲针作钓钩。多病所须惟药物,微躯此外更何求?

狂　夫

　　万里桥西一草堂，百花潭水即沧浪。风含翠篠娟娟净，雨裛红蕖冉冉香。厚禄故人书断绝，恒饥稚子色凄凉。欲填沟壑惟疏放，自笑狂夫老更狂。

客　至

　　舍南舍北皆春水，但见群鸥日日来。花径不曾缘客扫，蓬门今始为君开。盘飧市远无兼味，樽酒家贫只旧醅。肯与邻翁相对饮，隔篱呼取尽余杯。

　　清人黄生评《江村》曰："杜律不难于老健，而难于轻松。此诗见潇洒流逸之致。"（《杜诗详注》卷九引）此诗清丽浅易，在杜诗中是一种新面目，这种风格的转变主要是生活境况的变化所造成的，正如仇兆鳌所云："盖多年匍匐，至此始得少休也。"（《杜诗详注》卷九）清人朱瀚评《狂夫》曰："以故人享厚禄而书并断绝，致幼子受恒饥而色带凄凉，每句三层，语最沉痛。然身濒沟壑，而唯自笑疏狂，终不怨恨故人，可见公之旷怀矣。"（《杜诗详注》卷九引）其实此处的"狂"不仅意味着旷达，而且也意味着一种兀傲倔强之气，是对于艰难困苦的蔑视和战胜。唯其如此，诗人才能在"欲填沟壑"的境遇中有心情去细细观赏"风含翠篠"、"雨裛红蕖"的美景。至于《客至》一诗，黄生评曰："空谷足音之喜，村家真率之情，一时宾主忘机，斯可见矣。"（《读杜心解》卷四引）清人邵长蘅则曰："超脱有真趣。"（《杜诗镜铨》卷八引）此诗确实体现了一种恬淡安逸、忘怀世事的情调：群鸥日来而不见猜，既形容了草堂环境之幽静，又刻画了主人胸怀之安详。主既高尚，客亦不俗，所以不但能待之以草草杯盘，而且隔篱唤来邻翁一起饮酒也不嫌怠慢，尽管这位客人还是一个县令呢！①

　　草堂周围的邻居也使诗人感到非常可亲：

　　① 《客至》题下原注："喜崔明府见过。""明府"是唐人对县令的称呼。

南　邻

　　锦里先生乌角巾,园收芋栗未全贫。惯看宾客儿童喜,得食阶除鸟雀驯。秋水才深四五尺,野航恰受两三人。白沙翠竹江村暮,相送柴门月色新。

遭田父泥饮美严中丞

　　步屧随春风,村村自花柳。田翁逼社日,邀我尝春酒。酒酣夸新尹,畜眼未见有。回头指大男,渠是弓弩手。名在飞骑籍,长番岁时久。前日放营农,辛苦救衰朽。差科死则已,誓不举家走。今年大作社,拾遗能住否？叫妇开大瓶,盆中为吾取。感此气扬扬,须知风化首。语多虽杂乱,说尹终在口。朝来偶然出,自卯将及酉。久客惜人情,如何拒邻叟？高声索果栗,欲起时被肘。指挥过无礼,未觉村野丑。月出遮我留,仍嗔问升斗。

　　"锦里先生"显然是位隐士,诗云"未全贫",可见并不富裕,然而"惯看宾客儿童喜",可见乃一安贫乐道之人,对简朴的田园生活很是喜爱,这正是他与杜甫的默契之处。王嗣奭解此诗曰:"其人留饭,至夕而送至柴门,此公之德邻也。"(《杜臆》卷四)从主人热情待客,杜甫竟日淹留,至暮方告辞,可见主客之相得。全诗所体现的和谐气氛与清丽景色也都使人感到亲切可喜。后一首的内容与写法都和前一首不同:主人不是隐士而是老农,诗人不是主动去访问而是偶然经过被邀,诗的形式也由整饬的七律变成宜于摹写农夫口吻的五古,然而二诗中所体现的生活情趣却是相通的。浦起龙评曰:"笔笔泥饮,却字字美严,此以田家乐为德政歌也。"(《读杜心解》卷一)其实老农虽然"说尹终在口",但说来说去不过是指严武放兵营农一件事而已。严武镇蜀颇以暴猛称,但他很有政治、军事才干,所以会有这种较为利民的措施。此诗对严武的赞扬也仅止于此。所以此诗的妙处并不在于"字字美严",而在于"写出村人口角,朴野气象如画"(《杜臆》卷四)。明人郝敬曰:"此诗情景意象,妙解入神。口所不能传者,宛转笔端,如虚谷答响,字字停匀。野老留客,与田家朴直之致,无不生活。昔人称其为诗史,正使班马记事,未必如此亲切。千百世下,读者无不绝倒。"(《杜诗详注》卷一一引)而更值得我们注意的是,此诗写出了杜甫与老农之间的亲密关系。《旧唐书》本传说杜甫在草堂时"与田夫野老相狎,荡无拘检",此诗就是一个确凿的证据。请看:杜甫本是偶然经过老农家,老农邀请他尝尝春酒,这一"尝"竟然"自卯将及酉",也即自晨至暮,而且老农语多杂乱,指挥无礼,但诗人并不以之为村野之丑,反而极其珍视这种"人情",一直饮到皎月东升仍未离去。

草堂一带的景色更是幽美宜人:

田 舍

田舍清江曲,柴门古道旁。草深迷市井,地僻懒衣裳。榉柳枝枝弱,枇杷树树香。鸬鹚西日照,晒翅满渔梁。

水槛遣心二首其一

去郭轩楹敞,无村眺望赊。澄江平少岸,幽树晚多花。细雨鱼儿出,微风燕子斜。城中十万户,此地两三家。

后人对第二首颇多赞誉,如宋人叶梦得云:"诗语固忌用巧太过,然缘情体物,自有天然工妙,虽巧而不见刻削之痕。老杜'细雨鱼儿出,微风燕子斜',此十字殆无一字虚设。雨细著水面为沤,鱼常上浮而淰。若大雨,则伏而不出矣。燕体轻弱,风猛则不能胜,唯微风乃受以为势。"(《石林诗话》卷下)实际上此诗通首皆好:首、尾两联互相呼应,以城市之繁华反衬草堂所在地之幽静,"轩楹敞"、"眺望赊"不但写出了居处、视野之宽敞、开阔,而且也衬托了心境之舒畅。中间两联俱为写景,然一写远景、大景,一写近景、细景,前者境界开阔,后者生机盎然,都与诗人的心情相合。清人金圣叹评此诗曰:"前半幅,写胸中极旷。后半幅,写胸中自得也。"(《杜诗解》卷一)甚当。第一首一向不太受人注意,实际上也是一首绝妙的田园诗。首联写环境之幽僻,颔联写居人之悠闲,颈联写树木之茂繁,尾联写禽鸟之自在,组成了一幅江村晚景,一切是那么的宁静、和谐! 尾联是唐代田园诗中少见的佳句:鸬鹚是一种水鸟,蜀人常饲之使捕鱼。现在它们站在渔梁上面展开双翅,在夕阳光中晒它们的羽毛,可见这时村民一天的劳动已经结束,而且村头一定是人迹罕至,所以水鸟能如此的悠然自得。只有写诗注重写实并且亲身体验了江村日常生活的杜甫才能写出这种真实而生动的景象,而王、孟等人虽以田园诗人著称,但他们是以隐士的眼光去远观甚至是想象农村之景,所以他们咏及渔人的诗句是"竹喧归浣女,莲动下渔舟"(王维《山居秋暝》,《全唐诗》卷一二六),"白首垂钓翁,新妆浣纱女"(孟浩然《耶溪泛舟》,《全唐诗》卷一五九)之类,从未写出"鸬鹚西日照,晒翅满渔梁"这种充满泥土气息的诗句。

把平凡的日常生活情景写入诗歌,在杜甫之前只有陶渊明做过尝试。但陶诗数量不多,所咏的生活内容也比较单调,所以朝着这个主题走向进行开拓的使命仍有待于杜甫来完成。杜甫在蜀地五年的创作与入蜀前有很多不同,其中最主要的一点就是主题走向的变化,日常生活情景成为诗人吟咏的主要对象,许多为其他诗人所忽视的生活细节在杜甫笔下都成了绝妙的诗料:与老妻乘小艇出游,稚子叫怒索饭,野人送来朱樱,秋风刮走屋上的茅草,等等。让我们看两组七言绝句:

绝句漫兴九首

其 一

眼见客愁愁不醒,无赖春色到江亭。即遣花开深造次,便教莺语太丁宁。

其 二

手种桃李非无主,野老墙低还是家。恰似春风相欺得,夜来吹折数枝花。

其 三

熟知茅斋绝低小,江上燕子故来频。衔泥点污琴书内,更接飞虫打著人。

其　四

二月已破三月来,渐老逢春能几回?莫思身外无穷事,且尽生前有限杯。

其　五

肠断春江欲尽头,杖藜徐步立芳洲。颠狂柳絮随风舞,轻薄桃花逐水流。

其　六

懒慢无堪不出村,呼儿自在掩柴门。苍苔浊酒林中静,碧水春风野外昏。

其　七

糁径杨花铺白毡,点溪荷叶叠青钱。笋根雉子无人见,沙上凫雏傍母眠。

其　八

舍西柔桑叶可拈,江畔细麦复纤纤。人生几何春已夏,不放香醪如蜜甜。

其　九

隔户杨柳弱嫋嫋,恰似十五女儿腰。谁谓朝来不作意?狂风挽断最长条。

江畔独步寻花七绝句

其　一

江上被花恼不彻,无处告诉只颠狂。走觅南邻爱酒伴,经旬出饮独空床。

其　二

稠花乱蕊裹江滨,行步欹危实怕春。诗酒尚堪驱使在,未须料理白头人。

其　　三

江深竹静两三家，多事红花映白花。报答春光知有处，应须美酒送
生涯。

其　　四

东望少城花满烟，百花高楼更可怜。谁能载酒开金盏，唤取佳人舞
绣筵？

其　　五

黄师塔前江水东，春光懒困倚微风。桃花一簇开无主，可爱深红爱
浅红？

其　　六

黄四娘家花满蹊，千朵万朵压枝低。留连戏蝶时时舞，自在娇莺恰
恰啼。

其　　七

不是爱花即欲死，只恐花尽老相催。繁枝容易纷纷落，嫩蕊商量细
细开。

王嗣奭评前一组诗曰："兴之所到，率然而成，故云漫兴，亦竹枝、乐府之变体也。
'客愁'二字，乃九首之纲领。愁不可耐，故借目前景物以发之。"又评后一组诗曰：
"此亦竹枝变调。而'颠狂'二字，乃七首之纲。觅酒伴而不值，所以独步寻花也。"
（《杜臆》卷四）说这些诗受到"竹枝词"等民歌的影响，这是一个很普遍的看法，在
王嗣奭之前，明人李东阳早说过："杜子美《漫兴》诸绝句，有古《竹枝》意，跌宕奇
古，超出诗人蹊径。"（《怀麓堂诗话》）"竹枝词"本为巴渝一带民歌，在玄宗时已被
采入教坊，杜甫入蜀后肯定听到过《竹枝》或类似的民歌，受其影响，就写出了这些
形似七绝而不甚拘泥于平仄的诗歌。指出"客愁"、"颠狂"分别是两组诗的纲领，
则颇有卓见，这两组诗确实写出了一位心怀愁绪的诗人在明媚春光中的"颠狂"举
止及心态。前一组诗在字面上颇有怨恨春光之意，《杜诗镜铨》卷八对其一、其二、
其三、其五的眉批分别是："骂春色"、"骂春风"、"骂燕子"、"又骂桃柳"。浦起龙又

评其六云:"着一'昏'字,亦恼花恨鸟之意。"(《读杜心解》卷六)王嗣奭还具体分析说:"远客孤居,一时遭遇,多有不可人意者,故其二、其三,托之春风、燕子,而'吹折花枝'、'点污琴书'、'接虫打人',皆非无为而发。其五之'颠狂柳絮'、'轻薄桃花'亦然。"我们觉得这些注家都过于认真了,其实杜甫并不是真的在埋怨环境乃至责骂春光。那么此时的诗人心中有没有愁闷情绪呢? 有的,那就是其一的"眼见客愁愁不醒",其四的"渐老逢春能几回"和其八的"人生几何春已夏"三句所透露的那种惆怅之感。这组诗注家多系于上元二年(761),其时杜甫已经五十岁,他在草堂安身也已有一年了。杜甫入蜀本是迫于饥寒的不得已之举,对于朝廷所在的长安和故居所在的洛阳,他是始终十分怀念的,"此身那老蜀? 不死会归秦"(《奉送严公入朝十韵》)这样的念头是时时出现在他心中的。所以此诗中的"客愁"比一般意义上的离乡之愁具有更为深广的内涵。杜甫胸怀大志,而今年过半百栖身草堂一无作为,眼看着春来春去,时节变换,心中的愁闷自非寻常的伤春、叹老可比。然而,烂漫的春光自身毕竟是美好、可爱的,对于饱受流离之苦的诗人来说,这毕竟是一种抚慰。所以杜甫对春光是又嗔又喜,又怨又爱,这组诗所流露的正是无聊、惆怅与自在、喜悦交织而成的复杂感情。诗中所写的景物都极为常见,极为平凡,然而又很有情趣。如其二写春风吹折花枝,若平铺直叙地写,势必平淡无味。可是杜甫不但说春风欺人,有意吹折他的花枝,而且再三声明桃李乃自己手植,并非无主野花;围墙虽低,仍是野老之家,一个劲地与春风论理,从而使此诗极为风趣。①又如其七,通首写景:杨花满地,似铺白毡。荷叶尚小,状如青钱。雉性好伏,幼雉的毛色又颇似竹箨,所以伏在笋根不为人注意。凫雏依着母凫在沙滩上睡眠。好一幅初夏村景! 浦起龙说后二句"微寓萧寂怜儿之感"(《读杜心解》卷六),似乎求之过深。我们觉得此诗纯为写景,但所写为初夏之景,与前面几首对照,则寓有春来春去,韶光难留之意,实即下面一首中"人生几何春已夏"的感叹,不过未曾明言,故更加耐人寻味。后一组诗写法比较集中,七首都是写诗

---

① 仇兆鳌注:"桃李有主,且近家园,而春风忽然吹折,似乎造物亦欺人者。"(《杜诗详注》卷九)浦起龙从之,且曰:"'相欺'不看作欺花,得解。"(《读杜心解》卷六)

人在江头寻花,信步走去,自成首尾,诗中洋溢着诗人爱花惜花的一片深情。如其五、其六分别写"黄师塔"旁边与"黄四娘"家里的花,前者在荒野墓地("师塔"即僧人葬所),后者在农户人家;① 前者只有无主的一簇桃花,后者有女主人,且繁花似锦,莺啼蝶舞。显然前者的景象颇为萧索冷清,后者则风光旖旎。诗人在前一首中说"可爱深红爱浅红",即对那簇无主桃花感到极其可爱,在深红、浅红两种花朵中竟难分甲乙,在后一首中则仅仅作描写而对自己的心情不置一辞,然而在字里行间却洋溢着一片喜悦之情。两首诗写法、内容都绝不相同,但都很好地体现了诗人的爱花之心。那么诗人为何如此爱花呢? 其七中作了回答:"不是爱花即欲死,只恐花尽老相催!"原来爱花即是惜春,即是恐怕年华流逝! 由此可见,杜甫的这些诗表面上似乎漫不经心,率然而成,其实绝无粗率、浮浅之病,而且极有风韵,所以王士禛赞赏后一组诗说:"读七绝,此老是何等风致!"(《杜诗镜铨》卷八引)

日常生活中的细节是平凡的,许多人都曾经历过的。在日常生活中所产生的感触也是平凡的,许多人心中都曾出现过的。所以杜甫的这些成功地描写了日常生活细节并成功地抒写了在日常生活中所产生的感触的诗,引起了历代读者的共鸣。例如:

屏迹二首②

其 一

用拙存吾道,幽居近物情。桑麻深雨露,燕雀半生成。村鼓时时急,渔舟个个轻。杖藜从白首,心迹喜双清。

其 二

晚起家何事? 无营地转幽。竹光团野色,山影漾江流。失学从儿

① 黄四娘当是杜甫草堂附近农户人家的女主人。浦起龙说:"黄四娘自是妓人。"(《读杜心解》卷六)可是在荒郊野外岂能有妓人居住? 浦注可谓杀风景。
② 杜集中另有同题仄韵五律一首。在郭知达《九家集注杜诗》、黄鹤《集千家杜诗补注》等宋本中别置于他卷,而在蔡梦弼《杜工部草堂诗笺》等宋本中则与此二首置于同一诗题之下,清代钱、仇、杨诸本皆从蔡本,苏轼仅书此二首,所依之本当与郭本同源。

懒,长贫任妇愁。百年浑得醉,一月不梳头。

这两首诗作于宝应元年(762),其时杜甫幽居于草堂,诗中所写皆江村常景及诗人的日常生活。宋代苏轼曾书写这两首诗,跋云:"子瞻云:'此东坡居士之诗也。'或者曰:'此杜子美《屏迹》诗也,居士安得窃之?'居士曰:'夫禾麻谷麦,起于神农后稷,今家有仓廪,不予而取辄为盗,被盗者为失主。若必从其初,则农稷之物也。今考其诗,字字皆居士实录,是则居士诗也,子美安得禁吾有哉?'"(《书子美〈屏迹〉诗》,《东坡题跋》卷二)苏轼之言当然是戏言,但这生动地说明了杜诗在描写日常生活细节上取得了极大的成功,所以能成为生活在三百多年后的苏轼的"实录"。

除了描写日常生活的诗之外,杜甫在蜀期间还有两类诗也很有成绩,一类是咏物诗,另一类是题画诗。题画诗留待第三章第二节中再论,此处先看咏物诗。

杜甫一向爱写咏物诗,早在放荡齐赵时就作有《房兵曹胡马》等名篇,在秦州时还作有《天河》、《初月》等一组咏物诗,但他入蜀以后似乎更加留意于咏物,例如上元二年(761)作《病柏》、《病橘》、《枯棕》、《枯楠》一组诗,宝应元年(762)又作《江头五咏》即《丁香》、《栀子》、《丽春》、《鸂鶒》、《花鸭》一组诗,都是有计划地写咏物诗。

那么,杜甫在蜀时所作的咏物诗有什么特点呢?

杜甫早年咏物,喜咏壮伟之物。他"七龄思即壮,开口咏凤凰"(《壮游》),成年后尤喜咏骏马、雄鹰等物,宋人黄彻云:"杜集及马与鹰甚多,亦屡用属对……盖其致远壮心,未甘伏枥;嫉恶刚肠,尤思排击。《语》曰:'骥不称其力,称其德也。'《左氏》曰:'见无礼于其君者,如鹰鹯之逐鸟雀也。'少陵有焉。"(《䂬溪诗话》卷二)黄彻引《论语》、《左传》之言未免拘滞,但说杜甫咏马咏鹰体现了"致远壮心"与"嫉恶刚肠"是很有道理的,杜甫的那些咏物诗中确实体现了远大的抱负、豪迈的气概和坚强的意志,具有阳刚之美的美学倾向。但是杜甫在成都时所作的咏物诗发生了很大的变化:他很少咏马、鹰等壮伟不凡之物,而多咏平凡,普通之物,咏物诗中的寓意也更加深广。

杜鹃行

君不见昔日蜀天子，化为杜鹃似老乌。寄巢生子不自啄，群鸟至今与哺雏。虽同君臣有旧礼，骨肉满眼身羁孤。业工窜伏深树里，四月五月偏号呼。其声哀痛口流血，所诉何事常区区？尔岂摧残始发愤，羞带羽翮伤形愚。苍天变化谁料得，万事反复何所无？万事反复何所无，岂忆当殿群臣趋？

此诗自宋人黄鹤以来，注家多以为乃有感于玄宗返长安后的遭遇而作，可信。上元元年（760）七月，李辅国迁太上皇（玄宗）于西内，高力士流巫州，如仙媛置于归州，玉真公主出居玉真观。上皇不怿，成疾。杜甫对玄、肃父子失和之事感到非常痛心，遂借蜀地流传的古代望帝杜宇死后化为杜鹃的传说而起兴作此诗。王嗣奭也认为，"此诗真为玄宗而作"，但又指出"然通篇实赋杜鹃"（《杜臆》卷四）。浦起龙则分析说："起四，提清眼目，正其名分。中八，假物发难，推其隐微。结四，凌空寄慨，致其哀痛。但只在蜀言蜀，就鹃言鹃，故曰'蜀天子'，疑似之称也。曰'四月五月'，为七月讳也。曰'羞带羽翮'，明为鸟言，非他有所为也。直至'万事反复'，亦复含而不露。文人晓此，可以免于诗祸矣。"（《读杜心解》卷二）我们认为杜甫采用"通篇实赋杜鹃"的写法主要不是为了"免于诗祸"，而是因为这样写出的咏物诗含蓄深沉，能更好地传达欲尽不尽之意。这正是杜甫咏物诗的高明之处。宋人黄庭坚对此诗予以高度的评价，把它与元结的《大唐中兴颂》并称："臣结春陵二三策，臣甫杜鹃再拜诗。安知忠臣痛至骨？世上但赏琼琚词！"（《书摩崖碑后》，《山谷内集》卷二〇）"痛至骨"的深沉感触隐藏在"琼琚词"的字里行间，从而能激起读者的细致体味和无穷联想，这就是此诗感人至深的原因。

桃竹杖引赠章留后

江心蟠石生桃竹，苍波喷浸尺度足。斩根削皮如紫玉，江妃水仙惜不得。梓潼使君开一束，满堂宾客皆叹息。怜我老病赠两茎，出入爪甲铿有声。老夫复欲东南征，乘涛鼓枻白帝城。路幽必为鬼神夺，拔剑或

与蛟龙争。重为告曰:杖兮杖兮,尔之生也甚正直,慎勿见水踊跃学变化
为龙。使我不得尔之扶持,灭迹于君山湖上之青峰。噫!风尘澒洞兮豺
虎咬人,忽失双杖兮吾将曷从?

此诗作于广德元年(763),时杜甫在梓州,"章留后"即梓州刺史兼东川留后章彝,
清人朱鹤龄曰:"此诗盖借竹杖规讽章留后也。既以'踊跃为龙'戒之,又以'忽失
双杖'危之,其微旨可见。"(《杜诗详注》卷一二引)章彝其人颇为跋扈,又不能像严
武那样尽心于保卫疆土之责,杜甫在同年所作的《冬狩行》中对之颇有讥讽,可证
朱注可从。但是,此诗中的讥刺之意是"微旨",即与上一首一样的隐于字里行间
的言外之意,深堪讽咏。而此诗在艺术上也极见匠心,明人钟惺评曰:"此诗调奇,
法奇,语奇,而无撒泼之病,气奥故也。"(《杜诗详注》卷一二引)王嗣奭评曰:"变幻
恍惚,不可端倪。"(《杜臆》卷五)杨伦亦评曰:"长短句,公集中仅见,字字腾掷跳
跃,亦是有意出奇。"(《杜诗镜铨》卷一○)的确,桃竹杖是蜀地的一种土产,本是一
平凡物件,而此诗偏以奇幻之笔写之:先形容桃竹生长环境之不凡,又形容其难
得,复形容其坚劲。"乘涛鼓枻白帝城"以下更是"凌空设想,笔力横绝"(沈德潜
语,《杜诗镜铨》卷一○引)。奇特的想象、壮伟的意象、多变的韵脚与长短参差、跳
跃偃蹇的句法使桃竹杖这种平凡物件具有奇丽的色彩,从而能够负载、蕴含十分
深刻的旨意。

如果说《杜鹃行》、《桃竹杖引赠章留后》二诗的深刻性附丽于其政治内蕴,那
我们还可以看几首没有明确的政治含义的咏物诗:

江头五咏·丁香

丁香体柔弱,乱结枝犹垫。细叶带浮毛,疏花披素艳。深栽小斋后,
庶使幽人占。晚堕兰麝中,休怀粉身念。

丽　春

百草竞春华,丽春应最胜。少须颜色好,多漫枝条媵。纷纷桃李姿,

处处总能移。如何此贵重,却怕有人知。

栀 子

栀子比众木,人间诚未多。于身色有用,与道气相和。红取风霜实,
青看雨露柯。无情移得汝,贵在映江波。

鸂 鶒

故使笼宽织,须知动损毛。看云犹怅望,失水任呼号。六翮曾经剪,
孤飞卒未高。且无鹰隼虑,留滞莫辞劳。

花 鸭

花鸭无泥滓,阶前每缓行。羽毛知独立,黑白太分明。不觉群心妒,
休牵众眼惊。稻粱沾汝在,作意莫先鸣。

这五首诗约作于宝应元年(762)。五首诗分咏在江边所见的五种动植物,描绘颇
为生动传神,而且注家普遍认为有所寄托。王嗣奭云:"公之咏物,俱有为而发,非
就物赋物者,盖诗之比也。"并认为五首诗的寓意分别是:"此守死善道者";"此闇
然不求人知者";"用其长不责其短,无求备于一人也";"故人于失意之时,未必非
得意之路,在人善用之耳";"故君子以含光混世为贵"。(《杜臆》卷四)即认为五诗
中所寄托的是一些具有普遍意义的人生道理。清人顾宸则认为:"《丁香》,立晚节
也。《丽春》,守坚操也。《栀子》,适幽性也。《鸂鶒》,遣留滞也。《花鸭》,戒多言
也。此虽咏物,实自咏耳。"(《杜诗详注》卷一〇引)浦起龙更明确地说:"江头之五
物,即是草堂之一老。时而自防,时而自惜,时而自悔,时而自宽,时而自警。"(《读
杜心解》卷三)到底哪一种看法更准确呢?我们认为两种看法都有道理,未易轩
轻。之所以会出现这种情形,是因为杜诗中的寓义是通过所咏之物的意象自然流
露出来的,从而具有不确定性,同时也就具有丰富性和深刻性。读者可以沿着大
致确定的方向去体味、想象、发挥,甚至再创造,这正是这些咏平凡之物的杜诗使

人百读不厌的原因。

即使是那些形象并不美好、甚至呈枯萎憔悴之状的病树,杜甫也曾作诗咏之,这就是《病柏》、《病橘》、《枯棕》、《枯楠》一组诗。且看其中的二首:

病　橘

群橘少生意,虽多亦奚为? 惜哉结实小,酸涩如棠梨。剖之尽蠹虫,采掇爽所宜。纷然不适口,岂止存其皮? 萧萧半死叶,未忍别故枝。玄冬霜雪积,况乃回风吹。尝闻蓬莱殿,罗列潇湘姿。此物岁不稔,玉食失光辉。寇盗尚凭陵,当君减膳时。汝病是天意,吾愁罪有司。忆昔南海使,奔腾献荔枝。百马死山谷,到今耆旧悲。

枯　棕

蜀门多棕榈,高者十八九。其皮割剥甚,虽众亦易朽。徒布如云叶,青青岁寒后。交横集斧斤,凋丧先蒲柳。伤时苦军乏,一物官尽取。嗟尔江汉人,生成复何有! 有同枯棕木,使我沉叹久。死者即已休,生者何自守? 啾啾黄雀啄,侧见寒蓬走。念尔形影干,摧残没藜莠。

对于《病橘》,杨伦曰:"此首伤贡献之劳民也。时或尚食颇贵远物,以口腹之故病民,故因病橘而讽朝廷罢贡也"。(《杜诗镜铨》卷八)我们认为此诗的批判矛头是直接对准了最高封建统治者的,因橘病而失贡,竟至于"罪有司","有司"即指"尚食"(即管理皇帝膳食的官员),那么"罪有司"的主语是谁,不是已昭然若揭了吗? 况且末四句沉痛地回忆了天宝年间为了让杨贵妃吃到产于岭南的鲜荔枝而劳人害马的往事,那不正是唐玄宗的罪恶吗? 此诗先云"当君减膳时",复云"吾愁罪有司",讥刺之意见于言外。王嗣奭评"萧萧半死叶,未忍别故枝"二句是"偏于无知之物写出一段情性来"(《杜臆》卷四),其实"群橘少生意"等句也是如此,因为诗人是带着同情、悲悯的感情来描写病橘的悲惨处境的,这其实也是当时人民的悲惨处境的写照。对于《枯棕》,杨伦曰:"此首伤民困于重敛也。前八句叙棕枯之故,次八句写军兴赋重,剥民同于剥椶,乃嗟叹本旨。末四句收写本题,仍带兴意,言民穷财尽,直将坐以待毙而已。"(《杜诗镜铨》卷八)椶榈本是树干高大、枝叶繁茂之木,且具有岁寒后凋的品质,然而在斧斤交横的过度割剥之下,它却比望秋先零的蒲柳更早地凋枯了。对椶榈的过度割剥与对人民的过度诛求一样,都是残酷的摧残和戕害,都使诗人感到痛心和愤怒。"死者即已休,生者何自守"二句既是咏树,也是咏人,语极沉痛。

上面所举的例子具有共同的特点:在对平凡事物的吟咏中寓有深沉的寄托。即便是一些非咏物诗中的诗句也有类似特点。例如"新松恨不高千尺,恶竹应须斩万竿"(《将赴成都草堂途中有作先寄严郑公五首》之四)两句,宋人罗大经解曰:"言君子之孤,难扶植;小人之多,难驱除也。"(《鹤林玉露》卷一四)寓意深刻是杜甫咏物诗超越凡笔的重要原因,正如宋人叶梦得评《病柏》一组诗时所云:"自汉魏以来,诗人用意深远,不失古风,惟此公为然,不但语言之工也。"(《石林诗话》卷上)但是,如果说杜甫所有的咏物诗都有确凿的寓意,那也是失之偏颇的。黄庭坚批评说:"彼喜穿凿者,弃其大旨,取其发兴于所遇林泉、人物、草木、虫鱼,以为物物皆有所托,如世间商度隐语者,则子美之诗委地矣。"(《大雅堂记》,《豫章黄先生文集》卷一七)我们认为对杜甫咏物诗的穿凿附会有两种情况:第一种是杜诗本有寄托,但那是对于普遍的道理之认识或对于普遍的现象之感慨,而论者却喜欢附会史事,句句落实,貌似深刻,其实反而降低了杜诗的意义。例如《病柏》一诗,师氏谓为郭英诛作,叶梦得谓为玄宗作,李西涯又以为伤房琯之作,清末郭曾炘驳之曰:"要皆臆断之论。"(《读杜劄记》第 192 页)其实正如王嗣奭所云,此诗"喻正人摧折,则善类悲之,小人快之"(《杜臆》卷四),不必落实为专指某人某事。第二种是杜诗本无深义,但论者曲为解释,例如:

舟前小鹅儿

鹅儿黄似酒,对酒爱新鹅。引颈嗔船逼,无行乱眼多。翅开遭宿雨,力小困沧波。客散层城暮,狐狸奈若何!

此诗作于广德元年(763)。题下原注:"汉州城西北角官池作。"汉州(今四川广汉)曾是房琯的任所,此官池即房琯所凿,故又称房公湖。仇兆鳌云:"卢注谓讽董廷兰辈,非也。公于房相,从无讥刺语。"(《杜诗详注》卷一二)事实上此诗完全是即景之作,诗中充满了对小鹅的怜爱关切之情,绝无讥讽之意,卢注固为穿凿,仇氏之辩驳亦有隔靴搔痒之嫌。如果一定要说诗中有什么寓意,那就是体现了诗人对于弱小生命的爱护,体现了诗人对"物微限通塞,恻隐仁者心"(《过津口》)的体认,而且这种寓意是自然流露出来的弦外之音,是不宜深文曲解以附会于具体的人物或事件的。

总的说来,杜甫在成都时期(包括避乱梓州时)所作的诗歌有如下特点:描写日常生活、吟咏平凡事物的诗较多,反映军国大事、民生疾苦的诗较少;短小的篇什(主要是今体诗)较多,宏篇巨制(兼指古体诗与排律)较少。这一个时期的杜诗中没有出现《自京赴奉先县咏怀五百字》、《北征》那样的大篇,但这并不意味着杜甫创作水平的降低,而只是体现了主题取向和风格倾向的变化。如上所述,日常生活的细节、平凡的草木虫鱼都成了杜甫笔下的绝妙诗料,它们的审美价值在诗人的亲切观照中实现了升华。我们知道,在六朝时代,诗歌几乎成了高门贵族的专利品,诗歌题材大体上被局限于以宫廷为中心的狭小范围之内。诗人即使把目光投向大自然,写出优美的山水诗,诗中体现的仍是高远玄妙的意趣和孤芳自赏的感情,即所谓"雅人深致"。至于普通人的日常生活,则是诗人们不屑一顾的。经常写到鸡犬桑麻的陶诗在当时完全被诗坛所遗忘,主要是由于这个原因。到了唐代,虽然诗国的疆域大大的扩展了,但整个诗坛仍未充分注意到生活中那些平凡的题材。王维虽时时咏及樵夫牧童,孟浩然也写过"开轩面场圃,把酒话桑麻"(《过故人庄》,《全唐诗》卷一六○)的句子,但那只是作为诗人静谧心境的点缀和衬托,自身并不具有独立的审美价值。只有当杜甫开始以审美的目光观照草堂内外的平凡生活和平凡草木之后,这些事物才成为独立的审美对象,从而堂堂皇皇地进入了诗国。毫无疑问,这不但为诗歌开拓了无比广阔的新天地,而且使诗歌与普通人的日常生活发生了密切的关系:写他们的所见所闻,抒他们的所思所感,从而使诗歌进一步摆脱贵族的独占而走向人民。显然,这种创作倾向与杜甫在前一个时期的努力是朝着同一个方向的。

对于杜甫在成都草堂的生活和创作,宋人葛立方曾慨乎言之:"其起居寝兴之适,不足以偿其经营往来之劳,可谓一世之羁人也。然自唐至宋,已数百载,而草堂之名,与其山川草木,皆因公诗以为不朽之传。盖公之不幸,而其山川草木之幸也。"(《韵语阳秋》卷六)成都草堂从此成为中国文学史上的一块圣地,成为后人瞻仰、凭吊诗圣遗迹的场所,草木有知,当感欣慰。但是杜甫在草堂的经历也不可谓之不幸,因为他毕竟在这里过了一段稍为安定的生活,得以仔细地体味日常生活中的情趣并仔细地观照平凡的草木虫鱼,从而写出了那么多优美的诗篇。

六 / 夔府孤城:对人生与历史的深沉思考

杜甫在成都虽然过了几年较为安定的生活,对他辛苦经营起来的草堂也怀有深厚的感情,但他内心深处是不愿终老于斯的。早在上元二年(761),他就说过:"巴蜀来多病,荆蛮去几年?应同王粲宅,留井岘山前。"(《一室》)仇兆鳌注:"公在蜀而怀楚也,……襄阳本公祖居,故欲留迹其地。"(《杜诗详注》卷一○)广德元年(763)春,杜甫在梓州,更明确地表示:"厌蜀交游冷,思吴胜事繁。应须理舟楫,长啸下荆门。"(《春日梓州登楼二首》之二)仇兆鳌注:"盖恐北归未能,转作东游之想也。"(《杜诗详注》卷一一)同年杜甫又说:"波涛不足畏,三峡徒雷吼。……终作适荆蛮,安排用庄叟。"(《将适吴楚留别章使君留后兼幕府诸公》)广德二年(764),他又在阆州说:"巴蜀愁谁语,吴门兴杳然。九江春草外,三峡暮帆前。"(《游子》)简直连东下的具体路线都已安排好了。只是由于其年三月严武复为东西川节度使,且来信相邀,杜甫才携家回到成都。永泰元年(765)四月,严武卒,杜甫对成都无所依恋了,就决计携家东下。[①]他作诗总结自己在蜀地的经历:

① 友人陈尚君先生认为杜甫离蜀与其为检校工部员外郎有关而与严武之死无关(《杜甫为郎离蜀考》,《复旦学报》1984年第1期),其说甚新,但尚乏坚证,此处仍沿旧说。

去　蜀

　　五载客蜀郡,一年居梓州。如何关塞阻,转作潇湘游? 世事已黄发,

残生随白鸥。安危大臣在,何必泪长流。

仇兆鳌注:"关塞阻,难返长安;潇湘游,将往荆楚也。"(《杜诗详注》卷一四)从全诗来看,杜甫去蜀东下是一种无可奈何之举,"残生随白鸥"一句,意即漂泊江湖,以度余年。稍后,当诗人舟下渝州(今重庆)、忠州(今重庆忠县)时,又作诗自叹:"飘飘何所似? 天地一沙鸥。"(《旅夜书怀》)此时诗人心目中的白鸥已不再如早年的诗句"白鸥没浩荡,万里谁能驯"那样具有豪情英气和飘逸色彩,而变成孤独、飘零的象征了。

　　杜甫一家约于五月初离开成都,乘舟沿岷江南下,经嘉州(今四川乐山)时稍作盘桓,复沿江东下,经戎州(今四川宜宾)、渝州、忠州,于九月初到达云安(今重庆云阳)。因旅途辛苦,杜甫肺病与风痹发作,致使双脚麻痹,只好在云安留滞养病。直到第二年即永泰二年(766)春末才继续东下,迁居夔州(今重庆奉节)。

　　夔州在唐代属山南东道,州治在今奉节县城东十余里处,靠近瞿塘峡,实际上就是以汉代公孙述所建的白帝城为基础扩建而成的,故唐人往往径呼夔州城为白帝城。[①]杜甫刚来夔州,借居在城内的西阁。大约一年之后,又移居赤甲、瀼西草堂,后又移居东屯,直到大历三年(768)正月才出峡东下。杜甫在夔州居住了将近两年,此时他的生活还算安定。当时任夔州都督兼御史中丞的柏茂琳待杜甫甚厚,杜甫得以在瀼西买果园四十亩,又主管东屯公田一百顷,还有一些奴仆,如獠奴阿段、隶人伯夷、辛秀、信行、女奴阿稽等。然而诗人的心情是压抑的,心境是悲凉的。四百年之后,陆游来到此地,凭吊杜甫遗迹,不胜感慨地说:

　　　少陵,天下士也。……然去国寝久,诸公故人,熟睨其穷,无肯出力。

① 详见山东大学《杜甫全集》校注组《访古学诗万里行》中《夔州白帝辨遗踪》一节。此书是实地考察的结果,对杜甫在夔州时住过的一些小地名都有详细说明。

比至夔，客于柏中丞、严明府之间，如九尺丈夫俛首小屋下，思一吐气而
不可得。予读其诗，至"小臣议论绝，老病客殊方"之句，未尝不流涕也。
嗟夫，辞之悲乃至是乎！荆卿之歌，阮嗣宗之哭，不加于此矣。①

的确，杜甫在夔州过的是寄人篱下、仰人鼻息的生活，而所依附的对象又是柏茂琳
之流的小军阀，对于这位年过半百、自许甚高的诗人来说，那是极其委屈、辛酸的
经历。而且，此时郁积在杜甫心头的悲辛绝非仅有依附他人一事。

首先，唐王朝的形势不但没有如杜甫所希望的那样好转，反而继续恶化。宦
官鱼朝恩权势日炽，大历元年八月，仅能执笔辨章句的鱼朝恩竟然至国子监升座
讲经。宰相元载专权，竟然奏请百官论事须先白宰相。第五琦行什一税法，民苦
其重，多流亡。大历元年(766)十月，代宗生日，诸道节度使广献奇珍，中书舍人常
衮上言谏之，不听。大历二年(767)七月，代宗始重佛，常于禁中饭僧百余人，寇至
即令颂经祷之，寇去则大加赏赐。胡僧官至卿监，势移权贵，官吏皆废人事而奉佛。
军事上河北诸镇割据如故，大历元年有周智光作乱，扰乱关中。永泰元年(765)，吐
蕃、回纥兵至奉天，京城震恐。大历二年吐蕃围灵州，京师戒严。蜀中亦因汉州刺
史崔旰攻杀西川节度使郭英诛，军阀互相征讨，一时大乱，几年前唐军收复长安、洛阳
后一度出现的曾令杜甫兴奋不已的"中兴"局面就像海市蜃楼一样转瞬即逝了。

其次，杜甫的交旧此时已大半凋零：李白卒于宝应元年(762)，储光羲、房琯卒
于宝应二年(763)，郑虔、苏源明卒于广德二年(764)，高适、严武卒于永泰元年
(765)。当郑虔卒于台州贬所、苏源明饿死于长安的消息传来后，杜甫写下了"飘
零迷哭处，天地日榛芜"(《哭台州郑司户苏少监》)的沉痛诗句。永泰元年秋，严武
的灵柩归葬故里，船经忠州，杜甫登舟致悼，作《哭严仆射归榇》一诗，有"一哀三峡
暮，遗后见君情"之句。同年，杜甫在云安听说房琯灵柩归葬洛阳，作《承闻故房相
公灵榇自阆州启殡归葬东都有作二首》，有"尽哀知有处，为客恐长休"之句。故旧
凋零使杜甫感到寂寞、孤独，也使他痛切地感到自己已到风烛残年了。

①《东屯高斋记》，《渭南文集》卷一七。按：陆游此文作于宋孝宗乾道七年(1171)。

其三,杜甫的健康状况此时日益恶化。诗人原来就患有肺疾、风痹、疟疾、消渴(糖尿病)等多种疾病,移居夔州后,对那里的水土、气候很不适应,疾病时时发作,身体越来越衰弱,眼暗耳聋,牙齿半落,行路需要倚杖甚至人扶,连浇愁的酒也不敢常喝了。

心头的烦闷常常会以外部环境为发泄的对象,于是我们在杜甫的夔州诗中看到了如下的现象:诗人一面赞赏夔巫山水的雄奇壮伟,一面又抱怨那里风土的恶劣,这种情况浓缩为一句诗:"形胜有余风土恶!"(《峡中览物》)诗人不但埋怨那儿的人情:"此乡之人器量窄,误竞南风疏北客"(《最能行》),而且埋怨那儿的习俗:"异俗吁可怪,斯人难并居。家家养乌鬼,顿顿食黄鱼。"(《戏作俳谐体遣闷二首》之一)有时甚至连山水自身也使诗人感到厌烦:"卷帘惟白水,隐几亦青山!"(《闷》)①

然而压抑和烦闷并没有扼杀杜甫的创作生机,相反,杜甫在夔州的两年之间共作诗四百三十多首,约占其全部诗篇的百分之三十,表现出前所未有的创作热情。杜甫的夔州诗的题材内容是十分丰富的,举凡以前在他笔下出现过的内容,从朝政国事、民生疾苦到生活经历、亲友之情,应有尽有,尤其是在成都时期开始的多写生活细节与咏物诗的倾向,此时又有所发展,例如《鹦鹉》、《孤雁》等一组八首咏物诗,被仇兆鳌评为"托物寓言,情与景会"(《杜诗详注》卷一七)的佳作。然而杜甫夔州诗最引人注目的题材走向是出现了大量的回忆往事和历史的作品,体现着一种浓厚的怀旧情愫。一件书画作品、一次歌舞表演,甚至时序节令和普通物件都会成为打开他记忆闸门的钥匙,例如:一件张旭的草书使他慨叹"斯人已云亡,草圣秘难得"(《殿中杨监见示张旭草书图》)。几幅画鹰使他"忆昔骊山宫,冬移含元仗。天寒大羽猎,此物神俱王"(《杨监又出画鹰十二扇》)。而李十二娘的舞姿不但使他忆起其师公孙大娘的高超舞蹈艺术,而且由此联想起"五十年间似反掌,风尘澒洞昏王室"的不幸历史(《观公孙大娘弟子舞剑器行》)。社日与九日本是普通的节日,但前者使他想到历史人物东方朔和陈平(《社日两篇》),后者又

① 仇兆鳌注:"白水青山,本堪适兴,因处蛮瘴之地,故对此只足增闷耳。"(《杜诗详注》卷二〇)我们认为"只是增闷"的原因是诗人心中烦闷,仇注可谓失之毫厘。

使他追忆与亡友苏源明、郑虔采菊痛饮的经历(《九日》)。"寒空见鸳鹭"使他"回首忆朝班"(《自瀼西荆扉且移居东屯茅屋四首》之四),"侧生野岸及江浦"的荔枝又令他悲叹"劳人害马翠眉须"的历史悲剧(《解闷十二首》之十二)。甚至春菜、秋瓜也使他沉浸到回忆之中,写下了"春日春盘细生菜,忽忆两京梅发时"(《立春》)和"一辞故国十经秋,每见秋瓜忆故丘"(《解闷十二首》之三)的动人诗句。

那么,是什么原因使此时的杜甫如此喜欢回忆过去呢?

青年喜欢展望未来,老人喜欢回忆过去,这本是人之常情。而对于夔州时期的杜甫来说,促使他经常回忆过去的因素,不仅仅有人生道路快走到尽头时的心理状态,而且有对于国家和个人的前途的深深的失望情绪。当诗人在萧瑟秋风中登上夔府孤城,望着那一轮冉冉下沉的落日时,他对大唐帝国与他自己的命运凄其有所感。既然向前展望几乎看不到一点光明,于是诗人就回首反顾,让过去那些令人怀念和激动的日子来填充空虚、哀愁的心灵,通过对国家兴亡盛衰的反思来总结历史的经验教训,或者干脆以对于历史人物及历史事件的吟咏代替对于目前时局的评说和对于未来道路的朦胧希望。也就是说,上文所述的杜甫在夔州时积压在心头的失望、压抑、苦闷就是他大量写作怀旧与咏史诗的创作心态。①

总的说来,杜甫夔州诗中的回忆包含下列四个方面的内容。

第一是回顾自己走过的人生道路,这方面的主要作品有《壮游》、《昔游》("昔者与高李")、《遣怀》、《昔游》("昔谒华盖君")等。正是这些作品为我们提供了关于诗人生平事迹(尤其是早年事迹)的宝贵资料,也提供了关于诗人的心路历程的清晰轨迹。

壮　游

往昔十四五,出游翰墨场。斯文崔魏徒,以我似班扬。七龄思即壮,

---

① 学者或认为杜甫在夔州多作回忆往事之诗的原因是生活平静、安闲(如冯至《杜甫传·夔府孤城》、陈贻焮《杜甫评传》第十九章《夔艺雌黄》节等),似缺乏说服力,因为杜甫在成都时生活也较安闲,但并没有写出这样一些回忆之诗。参看程千帆、张宏生《晚年:回忆和反省》,载《被开拓的诗世界》。

开口咏凤凰。九龄书大字,有作成一囊。性豪业嗜酒,嫉恶怀刚肠。脱略小时辈,结交皆老苍。饮酣视八极,俗物多茫茫。东下姑苏台,已具浮海航。到今有遗恨,不得穷扶桑。王谢风流远,阖闾丘墓荒。剑池石壁仄,长洲芰荷香。嵯峨阊门北,清庙映回塘。每趋吴太伯,抚事泪浪浪。蒸鱼闻匕首,除道哂要章。枕戈忆勾践,渡浙想秦皇。越女天下白,鉴湖五月凉。剡溪蕴秀异,欲罢不能忘。归帆拂天姥,中岁贡旧乡。气劘屈贾垒,目短曹刘墙。忤下考功第,独辞京尹堂。放荡齐赵间,裘马颇清狂。春歌丛台上,冬猎青丘旁。呼鹰皂枥林,逐兽云雪冈。射飞曾纵鞚,引臂落鹙鸧。苏侯据鞍喜,忽如携葛强。快意八九年,西归到咸阳。许与必词伯,赏游实贤王。曳裾置醴地,奏赋入明光。天子废食召,群公会轩裳。脱身无所受,痛饮信行藏。黑貂宁免敝,斑鬓兀称觞。杜曲换耆旧,四郊多白杨。坐深乡党敬,日觉死生忙。朱门任倾夺,赤族迭罹殃。国马竭粟豆,官鸡输稻梁。举隅见烦费,引古惜兴亡。河朔风尘起,岷山行幸长。两宫各警跸,万里遥相望。崆峒杀气黑,少海旌旗黄。禹功亦命子,涿鹿亲戎行。翠华拥吴岳,螭虎啖豺狼。爪牙一不中,胡兵更陆梁。大军载草草,凋瘵满膏肓。备员窃补衮,忧愤心飞扬。上感九庙焚,下悯万民疮。斯时伏青蒲,廷诤守御床。君辱敢爱死,赫怒幸无伤。圣哲体仁恕,宇县复小康。哭庙灰烬中,鼻酸朝未央。小臣议论绝,老病客殊方。郁郁苦不展,羽翮困低昂。秋风动哀壑,碧蕙捐微芳。之推避赏从,渔父濯沧浪。荣华敌勋业,岁暮有严霜。吾观鸱夷子,才格出寻常。群凶逆未定,侧伫英俊翔。

此诗对自己的生平作了相当详尽的回顾,全诗可分六大段,分别叙述了"少年之游"、"吴越之游"、"齐赵之游"、"长安之游"以及"奔赴凤翔及扈从还京"、"贬官之后久客巴蜀"的经历,诚如浦起龙所云,"是自为列传也"(《读杜心解》卷一)。然而此诗更值得注意的是它那强烈的感情色彩。宋人刘克庄曰:"《壮游》诗押五十六韵,在五言古风中多悲壮语,……虽荆卿之歌,雍门之琴,高渐离之筑,音调节奏,不如是之跌荡豪放也。"(《后村先生大全集》卷一八二《诗话新集》)清人蒋金式补充说:"后文说到极凄凉处,未免衰飒,却正是'烈士暮年,壮心不已'之意,想见酒酣耳热,击碎唾壶时。"(《杜诗镜铨》卷一四引)可见"壮游"之壮并非但指壮年或豪壮,也含有悲壮之意。诗人将自己坎坷、动荡的生平与所处时代的风云变幻融为一体予以叙述,所以诗中有双重的感慨和惋惜,词气也就格外的抑塞历落。尤其是后面三段,在叙述自己旅食京华的经历时映带着朝政的黑暗和皇族的奢靡,在叙述自己在安史之乱起后的遭遇时更着重回忆了国家形势之危急,即使在叙述自己暮年漂泊西南的心情时仍念念不忘"群凶逆未定"的局面,并希望有英俊之才出来力挽危局。正由于诗人把自己的荣辱沉浮与国家的盛衰兴亡如此紧密地联系在一起,所以此诗的意义不仅仅是"自为列传",而且也从个人遭遇的角度映带着唐王朝由盛转衰的历史过程,从而使全诗体现出一种深沉的历史感。这样,当我们读到"秋风动哀壑,碧蕙捐微芳"这样的句子时,就不仅仅为一个才人志士被埋没的个人悲剧而感到惋惜、悲伤,也为那个由鼎盛走向衰败的悲剧时代而感到惋惜、悲伤。这是这一类杜诗的共同特点。

第二是追忆自己所敬爱的当代优秀人物。前面说过,杜甫到夔州时他的交旧已大半凋零,他在回忆往事时自然而然会想起他们。诗人在《昔游》、《遣怀》中回忆了早年与高适、李白一起漫游的浪漫举动,在《解闷十二首》中回忆了孟浩然、王维、薛据、孟云卿等诗人的文采风流,在《存殁口号》中回忆了席谦、毕曜、郑虔、曹霸及他们的艺术才能。这方面最重要的作品首推《八哀诗》。此诗中追忆了八位著名人物,依次为:王思礼、李光弼、严武、李琎、李邕、苏源明、郑虔、张九龄。诗人在序中说其写作动机是"叹旧怀贤",《杜诗言志》卷九分析说:"叹旧者,谓其存日原为莫逆,今追忆之而不能忘也。怀贤者,则不必其有旧,而但惓怀其功德之盛,足令人叹美而不置也。篇中如严公武、汝阳王琎、李公邕、苏公源明、郑公虔,皆与公有旧也。而王公思礼、李公光弼、张公九龄,则惟因其贤。然叹旧则必推本其贤,而怀贤则不必其有旧。以是知怀贤又重于感旧意矣。"诗人所以要选择这八位人物来予以哀悼,主要是因为他们都是诗人所敬爱的人物,他们在唐帝国由盛转衰的历史过程中各自具有某一方面的代表性。王思礼、李光弼、严武三人都是良将,在平定叛乱与抵御外侮的战争中战功赫赫。李琎是皇族中最称贤德之人,且以"谨洁"见称。李邕是誉满天下的名士,且具有刚直不阿的风范和嫉恶如仇的品格。苏源明、郑虔二人都是孤贫笃学之士,在陷贼时苏拒伪命,郑则托病不就伪职且以密章达灵武,都能保持操守。张九龄为开元贤相,以其才能和忠贞品德为开元盛世作出了贡献。然而这八位人物生前都有才能不得施展、抱负未能实现的悲哀;王思礼功名未就,年寿不永。李光弼忠而见谤,忧惧而没。严武曾遭贬谪,年亦不永。李琎佯狂避祸,无所作为。李邕名高招忌,惨遭杖杀,苏源明屈居下僚,饿死长安。郑虔远谪海隅,至死未还。张九龄被谗罢相,远离朝廷。《杜诗言志》卷九云:"哀八公,非独哀其亡逝,大半皆有惜其不能尽用于时之戚。此又与少陵生平自伤之怀抱相感发耳。"这话说得极好,杜甫确是在才能不为世用这一点上与八位人物之间产生了强烈的共鸣,而这种个人的悲剧事实上也正是唐帝国由盛转衰的一个重要原因,所以《八哀诗》还有两个未曾明言的哀悼对象:诗人自己和整个国家,这是何等深广的悲哀!①

第三是反思唐帝国由盛转衰的历史过程。由于那个转变过程的关键是安史之乱,所以诗人的思绪集中于安史之乱及其前因后果,如《往在》一诗,开头就说:"往在西京日,胡来满彤宫。中宵焚九庙,云汉为之红!"突兀而起,惊心动魄,正说明了那场动乱在诗人心头留下的烙印是多么的深刻!这方面的作品以下列两组诗为代表作:

诸将五首

其 一

汉朝陵墓对南山,胡虏千秋尚入关。昨日玉鱼蒙葬地,早时金碗出

---

① 对于《八哀诗》的艺术成就,后人或褒或贬。褒者如宋人韩驹谓其"笔力变化,当与太史公诸赞方驾"(刘克庄《后村先生大全集》卷一七六《诗话后集》引);贬者如叶梦得以为"本非集中高作","其病盖伤于多也,如《李邕》、《苏源明》中极多累句"(《石林诗话》卷上)。又明人杨慎以为《张九龄》纪事失轻重之体,乃补一篇,仇氏《杜诗详注》卷一六录之,而浦起龙则痛驳杨、仇之非(《读杜心解》卷一)。我们认为《八哀诗》确有一些芜句,不够精警,但它在对材料的剪裁上是别具心眼的,限于篇幅,兹不细论。

人间。见愁汗马西戎逼，曾闪朱旗北斗殷。多少材官守泾渭？将军且莫破愁颜。

其 二

韩公本意筑三城，拟绝天骄拔汉旌。岂谓尽烦回纥马，翻然远救朔方兵。胡来不觉潼关隘，龙起犹闻晋水清。独使至尊忧社稷，诸君何以答升平！

其 三

洛阳宫殿化为烽，休道秦关百二重。沧海未全归禹贡，蓟门何处尽尧封？朝廷衮职虽多预，天下军储不自供。稍喜临边王相国，肯销金甲事春农。

其 四

回首扶桑铜柱标，冥冥氛祲未全销。越裳翡翠无消息，南海明珠久寂寥。殊锡曾为大司马，总戎皆插侍中貂。炎风朔雪天王地，只在忠良翊圣朝。

其 五

锦江春色逐人来，巫峡清秋万壑哀。正忆往时严仆射，共迎中使望乡台。主恩前后三持节，军令分明数举杯。西蜀地形天下险，安危须仗出群才。

对于这五首诗所针对的史事，清人钱谦益笺之颇确，择要逐录如下：其一，"此诗指汉朝陵墓，以喻唐也。宫阙陵墓，并对南山，有充奉屯卫之盛，而不能禁胡虏之入。……禄山作逆，继以吐蕃，焚毁未已，骎骎有发掘之虞。……所以告戒长安之诸将者如此"。其二，"当景龙之时，张仁愿筑城虏腹中，制其南牧。……不及百年，而羯胡作逆，回鹘助顺，堂堂中夏，借力犬羊以资匡复。……是以悲潼关之失隘，思唐尧之一旅，劝勉河北诸将，不应无韩公之老谋，而以贼遗君父也"。其三，"此责朝廷之大臣出将者也。将相大臣，当安危重任，不思何以归职贡，复封疆，补衮职于朝廷，供军储于天下。如王缙者，不过募耕劝农，修承平有司之职业而已。

曰稍喜者,盖深致不满之意,非褒词也"。①其四,"此深戒朝廷不当使中官出将也。……炎风朔雪,皆天王之地。只当精求忠良以翊圣朝,安得偏信一二中人,据将帅之重任,自取溃偾乎?肃、代间国势衰弱,不复再振,其根本胥在于此。"其五,"此言蜀中将帅也。……(杜)鸿渐以宰相兼成都尹、剑南东西川副元帅,主恩尤隆于严武。而畏怯无远略,……姑息养乱,日与从事置酒高会,其有愧于前镇多矣。……如(严)武者真出群之才,可以当安危之寄。而今之非其人居,可知也"。(《钱注杜诗》卷一五)上述史事都发生在安史之乱以后,诗人忧伤地凝视着全国各地,所以五诗的写法是"皆从地名叙起"(《杜诗详注》卷一六引陈廷敬语),他的目光扫过了包括长安、泾渭、受降城、潼关、洛阳、海蓟、南海、西蜀的广大地域,目光所及,思绪也随之飞扬,因为任何一个方向都能勾起他痛心的回忆,真可谓蒿目时艰,满目疮痍!明人郝敬评之曰:"此以诗当纪传,议论时事,非吟风弄月、登眺游览,可任兴漫作也。必有子美忧时之真心,又有其识学笔力,乃能斟酌裁补,合度如律。其各首纵横开合,宛是一章奏议、一篇训诰,与三百篇并存可也。"(《杜诗详注》卷一六引)诚非虚誉。

洞　房

洞房环佩冷,玉殿起秋风。秦地应新月,龙池满旧宫。系舟今夜远,清漏往时同。万里黄山北,园陵白露中。

宿　昔

宿昔青门里,蓬莱仗数移。花娇迎杂树,龙喜出平池。落日留王母,微风倚少儿。宫中行乐秘,少有外人知。

---

① 钱笺曰"稍喜者,盖深致不满之意,非褒词也",误。仇注曰"'稍喜'有二义;诸镇不知屯种,而缙独举行之,是为稍喜。缙素党附元载,此事在所节取,亦足稍喜也。"(《杜诗详注》卷一六)我们认为唯仇注第一义为当,盖杜甫深以诸将不行屯田为忧,而以王缙行之为喜,忧多而喜少,故曰"稍喜"。至于王缙附元载之事,此时(大历元年)尚未发生,杜甫不能未卜先知。

能　画

能画毛延寿，投壶郭舍人。每蒙天一笑，复似物皆春。政化平如水，
皇明断若神。时时用抵戏，亦未杂风尘。

斗　鸡

斗鸡初赐锦，舞马解登床。帘下宫人出，楼前御曲长。仙游终一阕，
女乐久无香。寂寞骊山道，清秋草木黄。

历　历

历历开元事，分明在眼前。无端盗贼起，忽已岁时迁。巫峡西江外，
秦城北斗边。为郎从白首，卧病数秋天。

洛　阳

洛阳昔陷没，胡马犯潼关。天子初愁思，都人惨别颜。清笳去宫阙，
翠盖出关山。故老仍流涕，龙髯幸再攀。

骊　山

骊山绝望幸，花萼罢登临。地下无朝烛，人间有赐金。鼎湖龙去远，
银海雁飞深。万岁蓬莱日，长悬旧羽林。

提　封

提封汉天下，万国尚同心。借问悬车守，何如俭德临？时征俊乂入，
莫虑犬羊侵。愿戒兵犹火，恩加四海深。

这八首诗虽然不在一个总标题之下，但它们"皆追忆长安之往事，语兼讽刺，以警
当时君臣，图善后之策也"（《杜臆》卷八）。清人管世铭云："《洞房》以下八章，皆取

篇首二字为题,盖联章也。"(《读雪山房唐诗钞》卷一四《五律凡例》)我们也把它们视作一组组诗。与放眼四海的《诸将五首》不同,《洞房》等八首把目光集中在长安一带,而在时间上则涵盖了更长的跨度,从而使诗人的反省面更为开阔。八首诗的内容是蝉联而下的:《洞房》写秋夜感兴,思及宫掖之凄凉,陵寝之寂寞;《宿昔》写玄宗宠爱杨氏姐妹,恣意行乐之事;《能画》写玄宗喜好优宠技巧;《斗鸡》写淫乐不得长久,终于乐极悲来;《历历》写叛乱忽起,自叹流落天涯;《洛阳》写潼关陷落,玄宗仓卒西逃;《骊山》重申园陵寂寞之悲;《提封》直究当时致乱之由,欲垂以为永戒。八首诗虽各咏一事,但合起来则构成一个整体,结构上颇见匠心。诗人反思的焦点不是安史之乱的过程,而是那场大乱发生的原因。正由于杜甫要想探求、揭示唐帝国由盛转衰的真实原因,所以他是带着严肃的历史感来写这组诗的,从而在一定程度上摆脱了为君亲讳的封建观念的桎梏,将批判的矛头对准了最高统治者——唐玄宗。如"落日留王母,微风倚少儿"写贵妃专宠与秦、虢得幸,所谓"宫中行乐秘",可见必有不可闻于外人者。又如"能画毛延寿,投壶郭舍人","斗鸡初赐锦,舞马解登床",写淫游无度,恣意行乐,置朝政国事于不顾。这些正是玄宗本人的作为,"每蒙天一笑"就指明了这一点。还有一些诗句则隐含讥刺,正言反说,如"天子初愁思"一句,金圣叹云:"'初愁思',妙,言天子直至是日初有愁思,写得最好笑。一向'花娇'、'龙喜',何等快活,却变出愁来,然而潼关已不守矣!"(《杜诗解》卷三)又如"政化平如水,皇明断若神"二句,宋人洪迈曰:"意味颇与前语不相联贯,读者或以为疑。按杜之旨,本谓技艺倡优,不应蒙人主顾眄赏接。然使政化如水,皇恩若神,为治大要既无所损,则时时用此辈,亦亡害也。"(《容斋三笔》卷六《杜诗命意》条)浦起龙更以为"言当日久享清晏,政非阻化也,皇非不明也,而时时进用杂技,亦未值非意之警,乃升平游戏之常耳"(《读杜心解》卷三)。其实此二句正是讽刺玄宗君臣自以为政化皇明,可以高枕无忧地享乐,与前面"复似物皆春"句贯若连珠,讥刺之意不难看出。总之,"八首诗于未乱之前,隐隐写出将乱;正乱之时,写出致乱之由;已乱之后,写出弭乱之方"(程千帆、张宏生《晚年:回忆和反省》,载《被开拓的诗世界》),体现了杜甫对国家命运的深思熟虑和痛切反省。

第四是缅怀历史上的优秀人物。自从晋代诗人左思以来，借咏史以咏怀已成为诗歌史上的优秀传统。当杜甫的诗笔咏及历史人物时，他正是在某个方面与他们产生了强烈的共鸣而借以抒怀。

咏怀古迹五首

其　一

支离东北风尘际，漂泊西南天地间。三峡楼台淹日月，五溪衣服共云山。羯胡事主终无赖，词客哀时且未还。庾信平生最萧瑟，暮年诗赋动江关。

其　二

摇落深知宋玉悲，风流儒雅亦吾师。怅望千秋一洒泪，萧条异代不同时。江山故宅空文藻，云雨荒台岂梦思？最是楚宫俱泯灭，舟人指点到今疑。

其　三

群山万壑赴荆门，生长明妃尚有村。一去紫台连朔漠，独留青冢向黄昏。画图省识春风面，环佩空归夜月魂。千载琵琶作胡语，分明怨恨曲中论。

其　四

蜀主窥吴幸三峡，崩年亦在永安宫。翠华想象空山里，玉殿虚无野寺中。古庙杉松巢水鹤，岁时伏腊走村翁。武侯祠屋长邻近，一体君臣祭祀同。

其　五

诸葛大名垂宇宙，宗臣遗象肃清高。三分割据纡筹策，万古云霄一羽毛。伯仲之间见伊吕，指挥若定失萧曹。运移汉祚终难复，志决身歼军务劳。

杜甫于大历元年来到夔州后，感慨生平，又看到一些著名的历史人物在此地留下的古迹,心灵为之震颤,乃作此五诗。杨伦评曰:"五诗咏古即咏怀,一面当作两面看,其源出太冲《咏史》。"(《杜诗镜铨》卷一三)第一首便从咏怀入手,首四句写自己的漂泊生涯;因躲避战乱而自东北漂泊至西南,淹留于异乡殊俗之地。五六两句继续咏怀:安史作乱引起的动荡局面使自己不能还乡,只好作诗哀时。"羯胡"明指安史,暗指侯景,"词客"则兼指自己与庾信,从而转入咏史,绾合无迹。末二句叹庾信之坎坷遭遇,亦借以自叹平生。①第二首专咏宋玉,而诗中处处映带自己:首句言两心之相通,次句明师承之渊源。颔联写尚友古人,恨不同时之悲。后四句咏尚存之宋玉宅与泯灭之楚宫,句中亦注入深切之感慨。第三首专咏王昭君,首联写昭君乃山川钟灵毓秀而生,颔联伤昭君远嫁异域,后二联写昭君之不遇及其怨恨心情,诚如李因笃所云,"只叙明妃,始终无一语涉议论,而意无不包"(《杜诗镜铨》卷一三引)。第四首咏先主庙,兼及武侯祠。第五首赞叹诸葛亮之功业、才能及忠贞不渝之品德,对那一对风云际会的君臣,尤其是那位尽瘁王事的忠臣表示由衷的仰慕。如上所述,这五首诗都是"咏古即咏怀",然而正如李因笃所云,"五首托兴最远,有纵横万古,吞吐八极之概"(《杜诗镜铨》卷一三引),它们所咏的又不限于杜甫一己之情怀。庾信生逢乱世,漂泊异国,欲归故国而不能,只能寄悲苦于诗赋。宋玉遭荒淫之主,才能不为世用,徒能以文字讽谏,终于国事无补。王昭君以国色而见嫉,因直行而见弃,终于埋骨塞外,遗恨无穷。这三位人物的悲剧命运具有十分典型的历史意义,正如金圣叹评第三首云:"咏明妃,为千古负才不偶者十分痛惜",是"从来弃才之主一面照胆镜"(《杜诗解》卷三)。这种悲剧又具有十分强烈的当代意义,因为贤才遭斥正是唐帝国走向衰落的重要原因。这说明杜甫是带着深沉的历史意识和强烈的当代意识来观照古人的,唯其如此,

① 夔州没有与庾信有关的古迹,所以王嗣奭认为这首诗是咏荆州的庾信宅(《杜臆》卷八),仇兆鳌因之,且云:"宅在荆州,公未到荆,而将有江陵之行,流寓等于庾信,故咏怀而先及之。"(《杜诗详注》卷一七)浦起龙批评这种说法"枝梧特甚",且云:"此'咏怀'也,与'古迹'无涉,与下四首,亦无关会,"又云:"此题四字,本两题也。"(《读杜心解》卷四)其实杜甫只是因庾信的生平与自己相似而连类及之,与荆州之庾信宅并无关系,王、仇二家之说确有"枝梧"之病。而浦氏云云,完全误解了杜甫咏史诗的咏怀实质,其误更甚。

清人卢世㴶才能把《咏怀古迹五首》与《诸将五首》相提并论:"此乃七言律命脉根柢。子美既竭心思,以一身之全力,为庙算运筹,为古人写照,一腔血悃,万遍水磨,不唯不可轻议,抑且不可轻读,养气涤肠,方能领略。"(《杜诗详注》卷一七引)

如果说庾信、宋玉、王昭君三位历史人物所提供的借鉴主要是负面意义的,那么诸葛亮、刘备二位人物所提供的则主要是正面意义的借鉴。显然,对于热切地希望唐室中兴的杜甫来说,后者理应受到更多的关注。早在杜甫定居于成都草堂之初,就迫不及待地往谒武侯祠堂,为之一洒英雄之泪。如今他移居夔州,怀旧情多,又看到刘备、诸葛亮君臣二人留下的一系列古迹:先主庙、武侯庙、永安宫、八阵图,更是思如潮涌。杜集中咏及诸葛亮的诗十之八九作于夔州,绝非偶然。细读杜甫咏诸葛亮的诗,可以发现它们有两个特点:一是把对诸葛亮的评价提到前所未有的高度,二是常常把刘备与诸葛亮作为"一体君臣"予以咏叹。在《咏怀古迹五首》之五中,杜甫用极其崇敬的口吻对诸葛亮的功业、品德进行赞颂,"诸葛大名垂宇宙"、"万古云霄一羽毛",这样的赞颂简直是无与伦比的。下面说诸葛亮方驾伊尹、吕望,俯视萧何、曹参,也是极高的评价。从陈寿作《三国志》以来,历代史家、学者从未有人对诸葛亮作出如此高的评价,所以刘克庄评此诗曰:"此论皆自子美发之,考亭、南轩近世大儒,不能发也。"(《后村先生大全集》卷一八二《诗话新集》)① 黄生亦曰:"此诗先表其才之挺出,后惜其志之不成,武侯平生出处,直以五十六字论定。前后诸人,区区以成败持评者,皆可废矣。"(《杜诗详注》卷一七引)在《咏怀古迹五首》之四中,杜甫用"一体君臣"赞叹刘备与诸葛亮二人的明良相际,诚如王嗣奭所云,此首"咏先主祠,而所以怀之,重其君臣之相契也"(《杜臆》卷八)。我们再看两个例子。

谒先主庙

惨淡风云会,乘时各有人。力侔分社稷,志屈偃经纶。复汉留长策,

---

① 考亭,指朱熹(朱熹晚年卜筑于建阳之考亭,故当时人以"考亭"称之)。南轩,张栻号。朱、张均为南宋理学家,朱氏著有《资治通鉴纲目》,张氏著有《汉丞相诸葛忠武侯传》,二书对诸葛亮予以很高的评价。

中原仗老臣。杂耕心未已，欧血事酸辛。霸气西南歇，雄图历数屯。锦江元过楚，剑阁复通秦。旧俗存祠庙，空山泣鬼神。虚檐交鸟道，枯木半龙鳞。竹送清溪月，苔移玉座春。间阖儿女换，歌舞岁时新。绝域归舟远，荒城系马频。如何对摇落，况乃久风尘。执与关张并，功临耿邓亲。应天才不小，得士契无邻。迟暮堪帷幄，飘零且钓缗。向来忧国泪，寂寞洒衣巾。

古柏行

孔明庙前有老柏，柯如青铜根如石。霜皮溜雨四十围，黛色参天二千尺。君臣已与时际会，树木犹为人爱惜。云来气接巫峡长，月出寒通雪山白。忆昨路绕锦亭东，先主武侯同闷宫。崔嵬枝干郊原古，窈窕丹青户牖空。落落盘踞虽得地，冥冥孤高多烈风。扶持自是神明力，正直元因造化功。大厦如倾要梁栋，万牛回首丘山重。不露文章世已惊，未辞剪伐谁能送？苦心岂免容蝼蚁，香叶曾经宿鸾凤。志士幽人莫怨嗟，古来材大难为用！

前一首咏先主庙，而一云"中原仗老臣"，再云"得士契无邻"，时时映带着诸葛亮；后一首咏孔明庙前古柏，而一云"君臣已与时际会"，再云"先主武侯同闷宫"，处处关照着刘备。当然，杜甫也重视刘备本人的功业，但他更重视刘备对诸葛亮的信任、重用，从这个意义上说，赞颂刘备也就是赞颂诸葛亮。《谒先主庙》中"惨淡风云会"等句都是君臣兼指，而"杂耕心未已，欧血事酸辛"二句则生动地描述了诸葛亮鞠躬尽瘁的事迹，字里行间有无限的同情与敬仰。《古柏行》中更是睹物思人，情不能已。孔明庙前古柏为人爱惜，犹如召伯之甘棠，而且古柏自身也正是孔明的象征：古柏高大参天，孔明则英才盖世；古柏正直劲挺，孔明则忠贞鲠亮；古柏屹立于烈风之中，孔明则受命于危难之际，等等。在诗人眼中，树即人，人即树，他们已融合成一个诗歌意象了。所以《古柏行》题为咏物，实则怀古。当然，就像《咏怀古迹五首》一样，这两首诗也是咏怀诗。《谒先主庙》自"绝域归舟远"以下二十句，王嗣奭曰："乃公自谓。……此泛言有君必有臣,语从玄德、武侯来,而说到自身。"(《杜臆》卷七)仇兆鳌曰："能以吊古之情,写用世之志。"(《杜诗详注》卷一五)至于《古柏行》,王嗣奭曰："孔明材大而不尽其用,公尝自比稷、契,材似孔明而人莫用之,故篇终而结以'材大难为用',此作诗本意,而发兴于柏耳。不然,庙前之柏,岂梁栋之需哉!"(《杜臆》卷七)我们认为杜甫虽然惋惜诸葛亮"运移汉祚终难复"、"出师未捷身先死"(《蜀相》),但他对诸葛亮"君臣已与时际会"的际遇是十分歆慕的,所以"古来材大难为用"的慨叹主要是借题发挥,是为自己,也是为古来无数怀才不遇之士发出的不平之鸣!

杜甫歆慕刘备、诸葛亮的明良相际,赞颂诸葛亮尽忠王事,其实都是对国家命运的一种希冀。"向来忧国泪,寂寞洒衣巾",这是杜甫作夔州怀古诗的心理状态。陆游说杜甫"落魄巴蜀,感汉昭烈、诸葛丞相之事,屡见于诗,顿挫悲壮,反复动人,其规模志意岂小哉!"(《东屯高斋记》,《渭南文集》卷一七)这也是后代读者读这些杜诗的共同感受。

在上述叙述中可以看出,杜甫在夔州时所作的回忆往事之诗内容丰富,感情复杂。为了论述的方便,我们把这些诗分成了四类,但事实上这种分类是不严格的。第一类诗回忆的是诗人自己的生平,但同时也融入了时代的风云。第二类回忆的是当代的人物,但叙述那些人物的荣辱时也映带着国家的盛衰。第三类诗把国家由盛转衰的历史过程作为回忆对象。第四类诗回忆的是悠久的历史,但也体现了强烈的当代意识。也就是说,诗人回顾往事的目光虽然时近时远,却有一个共同的焦点;诗人的忆旧情怀虽然千条万绪,却有一个共同的情结,那就是对于当今国家命运的深切关心。最能体现杜诗忆旧怀古之丰富内涵与飞动思绪的作品则首推《秋兴八首》。

秋兴八首

其 一

玉露凋伤枫树林,巫山巫峡气萧森。江间波浪兼天涌,塞上风云接地阴。丛菊两开他日泪,孤舟一系故园心。寒衣处处催刀尺,白帝城高急暮砧。

其 二

夔府孤城落日斜,每依北斗望京华。听猿实下三声泪,奉使虚随八月槎。画省香炉违伏枕,山楼粉堞隐悲笳。请看石上藤萝月,已映洲前芦荻花。

其 三

千家山郭静朝晖,日日江楼坐翠微。信宿渔人还汎汎,清秋燕子故飞飞。匡衡抗疏功名薄,刘向传经心事违。同学少年多不贱,五陵衣马自轻肥。

其 四

闻道长安似弈棋,百年世事不胜悲。王侯第宅皆新主,文武衣冠异昔时。直北关山金鼓振,征西车马羽书驰。鱼龙寂寞秋江冷,故国平居有所思。

其 五

蓬莱宫阙对南山,承露金茎霄汉间。西望瑶池降王母,东来紫气满函关。云移雉尾开宫扇,日绕龙鳞识圣颜。一卧沧江惊岁晚,几回青琐点朝班?

其 六

瞿塘峡口曲江头,万里风烟接素秋。花萼夹城通御气,芙蓉小苑入边愁。珠帘绣柱围黄鹄,锦缆牙樯起白鸥。回首可怜歌舞地,秦中自古帝王州。

其 七

昆明池水汉时功,武帝旌旗在眼中。织女机丝虚夜月,石鲸鳞甲动秋风。波漂菰米沉云黑,露冷莲房坠粉红。关塞极天唯鸟道,江湖满地一渔翁。

其 八

昆吾御宿自逶迤,紫阁峰阴入渼陂。香稻啄余鹦鹉粒,碧梧栖老凤

凰枝。佳人拾翠春相问,仙侣同舟晚更移。彩笔昔曾干气象,白头吟望

苦低垂。

关于"秋兴"这一诗题,旧注多引潘岳《秋兴赋》及殷仲文诗"独有清秋日,能使高兴

尽"句(《南州桓公九井作》,《晋诗》卷一四),而杜诗《寄彭州高三十五使君适虢州

岑二十七长史参三十韵》中也有"故人何寂寞,今我独凄凉。老去才难尽,秋来兴

甚长"之句。可见"秋兴"即"因秋而感兴"之意。《秋兴八首》乃诗人于秋日登上夔

府孤城,目睹江城秋色,有感而作,全诗不纯是怀旧,但笼罩着浓重的怀旧气氛。

前三首皆描写夔州秋景,第一首从朝露初降写到暮砧声起,第二首从夕阳西下写

到月映芦花,第三首接写次日清晨,写出了江城秋景朝暮阴晴的百千姿态。然而

三首诗在描摹秋景时处处嵌入"兴"字,一曰"故园心",二曰"望京华",三曰"五陵

衣马",诗人的思绪已飞向了长安。于是从第四首开始,遂以回忆长安往事为主要

内容,诚如陈廷敬所云:"前三章,详夔州而略长安。后五章,详长安而略夔州。次

第秩然。"(《杜诗详注》卷一七引)仇兆鳌注后五首之题旨曰:"四章,回忆长安,叹

其济经丧乱也。""五章,思长安宫阙,叹朝宁之久违也。""六章,思长安曲江,叹当

时之游幸也。""七章,思长安昆明湖,而叹景物之远离也。""八章,思长安胜境,遡

旧游而叹衰老也。"每首都是且思且叹,即由怀旧而引起感伤,这与见秋景而引起

的感兴同样具有沉重、悲凉的特点,于是前三首与后五首就浸于同样的情感氛围

之中。与前面提到的其他杜诗相比,《秋兴八首》在回忆往事方面有两个特点:诗

人的思绪不是分散于四面八方而是集中于一个方向——长安;诗人心中涌现的不

是往事的若干片断而是一个完整的历史过程。这样,《秋兴八首》所展现的时空境

界就具有十分明确又无比壮阔的特点,换句话说,《秋兴八首》体现了杜甫对唐帝

国由盛转衰之历史的整体思考。让我们对此稍作分析:首先,王嗣奭谓"'故园心'

三字固是八首之纲"(《杜臆》卷八),钱谦益则称"每依北斗望京华"一句"为八首之

纲骨"(《钱注杜诗》卷一五),二说貌似龃龉,实则相同。杜甫之故园一在洛阳,一

在长安,两地相去甚近,而且从"故国平居有所思"看来,此"故国"主要指在长安

者。所以"故园"即"故国平居",也即"京华"、长安,诗人自己的追求和失败都发生

在那里,唐帝国的兴盛和衰败也集中体现在那里,所以长安是诗人魂梦所系之地,是《秋兴八首》中飞扬思绪的目的地。其次,《秋兴八首》前三首中所回忆的多为诗人平生之坎坷经历,但是正如钱笺所云:"肃宗收京以后,委任中人,中外多故。公不以移官僻远,愁置君国之忧,故有'闻道长安'之章,'每依南斗望京华',情见于此。白帝城高,目以故国;兼天波浪,叹彼鱼龙。曰'平居有所思',殆欲以沧江遗老,奋袖屈指,复定百年举棋之局。非徒悲伤晚晚,如昔人愿得入帝城而已。"可见杜甫对自己平生的回忆、感慨正着眼于未能奋其智能以挽救唐帝国之衰败。《秋兴八首》后四首所回忆的多为长安盛时景象,明人张綖云:"其有感于长安者,但极摹其盛,而所感自寓于中。徐而味之,则凡怀乡恋阙之情,慨往伤今之意,与夫外夷乱华,小人病国,风俗之非旧,盛衰之相寻,所谓不胜其悲者,固已不出乎意言之表矣。"(《杜诗详注》卷一七引)诗人所以要"极摹其盛",正是以昔日之富丽繁盛与今日之寂寞凄凉形成反衬,从而表现他对那像棋局一样变幻不定的"百年世事"之深哀巨痛。至于第四首的直接致慨于长安"洊经丧乱",语极悲愤,不用多说。综上所述,《秋兴八首》以飞动的思绪纵横于上下千年①、南北万里之间,无论是视野之广阔还是思考之深刻,它都堪称杜甫在夔州所作的回忆往事之诗的代表作。

就整体而言,杜甫的夔州诗体现了新的创作倾向:第一是对社会的直接反映和揭露减少了,诗人收视反听,把注意力从外部世界转向内心世界,上述诗歌中那些极为丰富的内容,都是发生在诗人内心深处的思维活动和情感波澜。第二是对当前时代的关注减少了,诗人不断地回忆着往事,上述诗歌中写到的大多数人和事都发生于过去的时代。有的学者认为杜甫的夔州诗"在内容和思想上比起过去的作品都略有逊色"(冯至《杜甫传·夔州孤城》),或即由于这个原因。然而正如上文所分析的,杜甫的夔州诗是诗人对人生与历史的回顾、总结,其重点是对唐帝国由盛转衰的历史过程的深沉思考。如果说"三吏"、"三别"等作品是诗人对黑暗现实的愤怒控诉,那么夔州诗就是体现了诗人对造成黑暗现实的根本原因的探

---

① 《秋兴八首》中回忆往事的时间幅度不止于"百年",诗中多次提到汉代的人和事,如匡衡、刘向、承露金茎、昆明池水等,思接千载,限于篇幅,兹不详论。

索。前者好像一个血气方刚的青年目睹人民苦难而发出的怒吼,后者犹如一位阅历丰富的老人对苦难的前因后果所作的分析。从表面上看,后者的批判锋芒较为收敛,但事实上更深刻、更全面地揭露了苦难制造者的罪恶,从而使批判具有历史性,也就更为鞭辟入里、入木三分。诗为心声,夔州诗正是杜甫晚年的内心独白,由于这种独白融入了深广的历史意识和社会内容,所以它深沉、博大、余响不绝,千载以下的读者仍能从这些诗中感受到诗人心灵的强烈震颤。

＊　　＊　　＊

大历三年(768)正月,杜甫离开夔州,出峡东下。三月,舟抵江陵(今湖北江陵)。诗人在江陵逗留了大约半年,生活上很不如意,写有"结舌防谗柄,探肠有祸胎。苍茫步兵哭,展转仲宣哀"(《秋日荆南述怀三十韵》)的诗句。秋末,杜甫移居公安县(今湖北公安),境遇亦不佳,又写有"羁旅知交态,淹留见俗情。衰颜聊自哂,小吏最相轻"(《久客》)之句。不久又沿江东下,于岁暮到达岳阳(今湖南岳阳)。诗人登上岳阳楼,凭眺着闻名已久的浩渺湖水,心绪翻腾,作名篇《登岳阳楼》:

> 昔闻洞庭水,今上岳阳楼。吴楚东南坼,乾坤日夜浮。亲朋无一字,
> 老病有孤舟。戎马关山北,凭轩涕泗流!

诚如查慎行所评,此诗"阔大沉雄,千古绝唱"(《瀛奎律髓汇评》卷一)。何焯称其"破题笔力千钧",冯班称其"次联力破万钧"(同上),年迈体弱的诗人仍能表现出如此雄强的笔力,可见其创作活力至老不衰。然而诗中所流露的感情则极为沉痛,自身的衰老、飘泊,亲友的杳无音讯,国家的动荡不安,这一切都沉重地压在诗人的心头,无怪他凭栏远眺,不禁老泪纵横! 大历四年(769)正月,杜甫过洞庭湖,沿湘江南下,三月抵潭州(今湖南长沙),又抵衡州(今湖南衡阳)。杜甫本想去投奔任衡州刺史的友人韦之晋,可是当他到达衡州时,韦已调任潭州刺史,杜甫在衡州举目无亲,只得折回潭州,没想到韦已病卒。[①]从夏至冬,杜甫一家一直住在停

---

① 《哭韦大夫之晋》云:"贡喜音容间,冯招疾病缠。南过骇仓卒,北思悄联绵。"细味其意,杜甫北返潭州未及见韦。

泊在潭州的一叶扁舟之中。杜甫在潭州结识了韦迢、苏涣等人,他们对这位老诗人相当敬重,但对诗人的生活没有很大的帮助,诗人一家常常要忍饥挨饿。大历五年(770)四月,湖南兵马使臧玠据潭州作乱,五十九岁的诗人又一次携眷逃难,复至衡州,写下了"丧乱死多门,呜呼泪如霰"(《白马》)的沉痛诗句。其时杜甫的舅氏崔玮摄郴州(今湖南郴州)刺史,诗人欲往投之,至耒阳(今湖南耒阳)遇江水大涨,泊舟于方田驿,五日不得食。耒阳县令聂某送来酒肉,方免饿死。因阻水不能南行,乃回棹北归。暮秋时节,诗人离开潭州,欲北归中原。入冬,诗人病倒在行往岳阳的舟中,作绝笔诗《风疾舟中伏枕书怀三十六韵奉呈湖南亲友》,对"战血流依旧,军声动至今"的疮痍乾坤表示了最后的哀痛。

我们的诗人终于走完了充满着苦难的人生历程,永远离开了他万分眷恋的祖国和人民。他的灵柩旅殡于岳阳,四十余年后才由其孙杜嗣业归葬偃师首阳山下。"千秋万岁名,寂寞身后事"(《梦李白二首》之二),这本是杜甫对李白命运的不平之鸣,竟然成了他自身命运的确切写照!

第三章

千锤百炼的艺术造诣与炉火纯青的老成境界

一 / 语言："语不惊人死不休"

杜甫是古典诗歌语言艺术的大师。自从宋人提出杜诗"无一字无来处"的说法以后,人们的注意力多集中于杜诗中的成语典故,也即杜诗对前代书面语言的继承、吸收(详见第一章第六节)。其实,杜诗的语言艺术还有另一个渊源,即民间口语。元稹诗云:"杜甫天材颇绝伦,每寻诗卷似情亲。怜渠直道当时语,不著心源傍古人。"(《酬孝甫见赠十首》之二,《元氏长庆集》卷一八)所谓"当时语",就是活的语言,人民口头的语言。

对于杜诗中运用口语俗字的情形,前人早已觉察,宋人黄彻曰:"数物以'个',谓食为'吃',甚近鄙俗,独杜屡用:'峡口惊猿闻一个'、'两个黄鹂鸣翠柳'、'却绕井栏添个个'。《送李校书》云:'临岐意颇切,对酒不能吃'、'楼头吃酒楼下卧'、'但使残年饱吃饭'、'梅熟许同朱老吃'。盖篇中大概奇特,可以映带者也。"(《碧溪诗话》卷七)宋人孙奕亦曰:"子美善以方言里谚点化入诗句中,词人墨客口不绝谈。"还举出了"客睡何曾着,秋天不肯明"、"见耶背面啼,垢腻脚不袜"等二十一个例子。(《履斋示儿编》卷一〇)他们所举的例子都是零星的字句,其实杜诗中颇有通篇用口语写成的,例如《遭田父泥饮美严中丞》,杨伦评曰:"情事最真,只如白话。"(《杜诗镜铨》卷九)又如《偪侧行赠毕曜》:

> 偪侧何偪侧,我居巷南子巷北。可恨邻里间,十日不一见颜色。自从官马送还官,行路难行涩如棘。我贫无乘非无足,昔者相过今不得。不是爱微躯,非关足无力。徒步翻愁官长怒,此心炯炯君应识。晓来急雨春风颠,睡美不闻钟鼓传。东家蹇驴许借我,泥滑不敢骑朝天。已令请急会通籍,男儿性命绝可怜。焉能终日心拳拳,忆君诵诗神凛然。辛夷始花亦已落,况我与子非壮年。街头酒价常苦贵,方外酒徒稀醉眠。径须相就饮一斗,恰有三百青铜钱。

王嗣奭评曰:"信笔写意,俗语皆诗","真情实话,不嫌其俗。"(《杜臆》卷二)如果说前一首是因为摹写田父口吻才"如白话"的,那么后一首是写文士生活情景的,居然也通篇俗语,可见杜诗之运用口语并非限于某一种题材。我们知道,在多数盛唐诗人笔下,古体诗中或许会偶尔出现一些较为俚俗的字句,但像上述两首杜诗那样通篇用口语写成的情况是绝无仅有的。至于在近体诗中运用口语俗字,那就简直是匪夷所思了。然而在杜甫晚年的诗中有着下面这样的作品:

漫成一首

> 江月去人只数尺,风灯照夜欲三更。沙头宿鹭联拳静,船尾跳鱼拨剌鸣。

见萤火

　　巫山秋夜萤火飞,疏帘巧入坐人衣。忽惊屋里琴书冷,复乱檐前星宿稀。却绕井栏添个个,偶经花蕊弄辉辉。沧江白发愁看汝,来岁如今归未归?

　　浦起龙赞扬第一首:"夜泊之景,画不能到。"(《读杜心解》卷六)此诗的成功之处在于纯用白描,而对于这种荒江静夜、鹭宿鱼跳之景,只有充满生活气息的口语才能传其神。此诗中的"联拳"和"拨剌",仇兆鳌分别注为"群聚貌"、"跳跃声"(《杜诗详注》卷一五)。都是俗语,全诗也都用口语写成,就说明了这一点。第二首的情况也是如此,清人顾宸评此诗:"萤尾耀光,迭开迭舍,不停一瞬,如弄光然,'弄'字工于肖物。"(《杜诗详注》卷一九引)我们认为"弄"字确实"工于肖物",但应该指出,"弄辉辉"与"添个个"一样,都是口语。而且此诗似乎是有意识地通篇皆用口语,如第三句中"屋里"二字,本来也可用"堂上"、"室内"等,但"屋里"更近口语。声谐语俪的七言律诗竟能纯用口语写成,这是杜甫的独擅之技。

　　上述杜诗中的口语显然是来自当时的民间口头语言,也即元稹所谓"当时语"。然而诗歌的语言与日常生活中的语言毕竟是有区别的,前者是对后者进行提炼的结果。所以当诗人们要想卓有成效地从人民口头语言中获取营养以丰富自己的诗歌语言时,最佳的途径就是学习民歌,因为民歌中的语言已经经过千百次的提炼,它既是生动活泼的民间口头语言,又是优美精练的诗歌语言。杜甫正是这样做的。杜甫非常注意学习民歌,这包括下面两种情况:

　　首先,杜甫注意学习古代的民歌。前人论述杜诗"无一字无来处",也包括杜诗对《诗经》、汉魏六朝乐府民歌中字句的运用,那些字句表面上虽为书面语言,实际上却是积淀在古书中的民间口头语言,因为《诗经》及汉魏乐府诗中的大部分作品本是古代的民歌。杜甫的乐府诗虽然"即事名篇",不复沿袭古题,但它们不但在精神上与古代民歌一脉相承,而且在语言上也有极深的渊源关系。例如《兵车行》中"耶娘妻子走相送"一句,注家多引北朝民歌《木兰诗》"不闻耶娘唤女声",而在宋刻《分门集注杜工部集》中,此句之下的诗人自注也是引的《木兰诗》。此外如

《后出塞五首》之一中"千金买马鞭,百金装刀头",注家引《木兰诗》"西市买鞍鞯,南市买辔头";《新安吏》中"喧呼闻点兵"、"府帖昨夜下"二句,注家引《木兰诗》"昨夜见军帖,可汗大点兵"。甚至在一些并非乐府诗的杜诗中,我们也能看到诗人借鉴《木兰诗》语言艺术的痕迹,如《忆昔二首》之一有句云:"老儒不用尚书郎",《草堂》诗中有句云:"旧犬喜我归,低徊入衣裾;邻舍喜我归,沽酒携葫芦;大官喜我来,遣骑问所须;城郭喜我来,宾客隘村墟",前者乃学《木兰诗》中"木兰不用尚书郎"句,后者乃效《木兰诗》中"耶娘闻女来,出郭相扶将;阿姊闻妹来,当户理红妆;小弟闻姊来,磨刀霍霍向猪羊"一节,所以宋人蔡梦弼云:"此诗全用《木兰诗》体。"(《草堂诗笺》卷二二)对于一首古代民歌竟至反复仿效,杜诗与古代民歌在语言艺术上的渊源关系于此可见一斑。

其次,杜甫注意学习当代的民歌。杜甫生长在中原地区,但他非常喜爱其他地区的民歌。他壮游吴越归来后曾有诗云:"诗罢闻吴咏,扁舟意不忘。"(《夜宴左氏庄》)当他入蜀以后,蜀地民歌那激越峭健的音调更吸引了他的注意,作诗说:"万里巴渝曲,三年实饱闻!"(《暮春题瀼西新赁草屋五首》之二)而饱闻巴渝之曲的直接结果便是杜甫的七言绝句出现了不同于其他盛唐七绝的新风貌。对杜甫七绝的评价,历来是一个聚讼纷纭的论题,而多数论者对杜甫七绝是持贬低态度的,如明人王世贞云:"太白之七言律、子美之七言绝,皆变体,间为之可耳,不足多法也。"(《艺苑卮言》卷四)胡应麟甚至说:"子美于绝句无所解。"(《诗薮》内编卷六)即使是为杜诗辩护的人,也往往只是举出几首风格类似王昌龄、李白的杜诗而已,例如近人高步瀛说:"杜子美以涵天负地之才,区区四句之作,未能尽其所长。……然观'锦城丝管'之篇,'岐王宅里'之咏,较之太白、龙标,殊无愧色。"(《唐宋诗举要》卷八)言下之意,除了《赠花卿》、《江南逢李龟年》等少数篇什外,杜甫的七绝还是比王、李"有愧色"的。其实《赠花卿》等二首虽为佳作,但不能代表杜甫七绝的主要风格,而杜甫七绝的代表作正是那些声调拗峭、多用俗语、质重直截,从而与王、李绝句大异其趣的《夔州歌十绝句》之类。[①]黄庭坚曾说:"刘梦得

① 参看马茂元《谈杜甫七言绝句的特色》(载《杜甫研究论文集》二辑),陈邦炎《试论杜甫绝句的得失》(《草堂》1982年2期)等文。

《竹枝》九章，词意高妙，元和间诚可以独步。道风俗而不俚，追古昔而不愧，比之杜子美《夔州歌》，所谓同工而异曲也。"（《跋刘梦得竹枝歌》，《豫章黄先生文集》卷二六）他看出了刘禹锡的《竹枝词》与杜甫的《夔州歌》之间的相似之处，但还没有悟到这是由于杜诗与刘诗都受到巴蜀民歌影响的缘故。刘禹锡在《竹枝词引》（《刘梦得文集》卷九）中说他在建平（今重庆巫山）听到民间《竹枝》歌声"卒章激讦如吴音，虽伧佇不可分，而含思宛转，有淇澳之艳音"，可证唐代的巴蜀民歌的声调中有拗峭的一面。至于语言之俚俗、表达方式之直率，都是民歌固有的特点，不用多说。杜甫早年所作七绝《赠李白》声调完全合律，晚年所作七绝《江南逢李龟年》风格蕴藉高华，而偏偏在流寓巴蜀时所作七绝具有当地民歌的一些特色，这绝非偶然的现象，而是他有意识地学习民歌的结果。

夔州歌十绝句

其一

中巴之东巴东山，江水开辟流其间。白帝高为三峡镇，瞿塘险过百牢关。

其 六

东屯稻畦一百顷，北有涧水通青苗。晴浴狎鸥分处处，雨随神女下朝朝。

其 七

蜀麻吴盐自古通，万斛之舟行若风。长年三老长歌里，白昼摊钱高浪中。

杨伦评《夔州歌十绝句》曰："十首亦竹枝词体"（《杜诗镜铨》卷一三），甚当。明人李东阳更认为："杜子美《漫兴》诸绝句，有古《竹枝》意，跌宕奇古，超出诗人径蹊。"（《怀麓堂诗话》）的确，杜甫的七绝所以能在王、李诸人之外另辟一径，无疑是得益于学习民歌。此外，杜甫晚年的七律中时有"吴体"，例如《愁》，题下自注云："强戏为吴体。"这显然也是仿效民歌声调的结果(详见本章第五节)。

然而,杜甫在诗歌语言艺术上的巨大努力绝非仅仅体现为"清词丽句必为邻"(《戏为六绝句》之五),即广泛地借鉴、汲取古往今来的书面语言和口头语言中的精华,而更体现为"语不惊人死不休"(《江上值水如海势聊短述》),即在诗歌创作中自铸伟辞。

杜甫在炼字方面倾注了大量心血,后人对杜诗的用字之妙赞叹不已,欧阳修《六一诗话》中记载说:

> 陈舍人从易当时文方盛之际,独以醇儒古学见称。……陈公时偶得杜集旧本,文多脱误,至《送蔡都尉》诗云"身轻一鸟",其下脱一字。陈公因与数客各用一字补之,或云"疾",或云"落",或云"起",或云"下",莫能定。后得一善本,乃是"身轻一鸟过"。陈公叹服,以为虽一字,诸君亦不能到也。

杜诗原题作《送蔡希鲁都尉还陇右因寄高三十五书记》,"身轻一鸟过"的下句是"枪急万人呼",是形容将军之矫捷勇武的,由于将军骑马飞奔闪过目前,是水平方向的运动而非上下运动,故"落"、"起"、"下"三字均欠妥,而"疾"字又失于抽象,唯有"过"字才维妙维肖地画出了发生于刹那之间的动态。使人惊奇的是,这句使陈从易等人叹服的诗句在杜甫集中本是不甚起眼的一句,换句话说,类似的诗句在杜诗中简直是车载斗量,举不胜举! 孙奕指出:

> 诗人嘲弄万象,每句必须练字,子美工巧尤多。如《春日江村》诗云:"过懒从衣结,频游任履穿。"又云:"经心石镜月,到面雪山风。"《陪王使君晦日泛江》云:"稍知花改岸,始验鸟随舟。"《漫兴》云:"糁径杨花铺白毡,点溪荷叶叠青钱。"皆练得句首字好。《北风》云:"爽携卑湿地,声拔洞庭湖。"《壮游》云:"气劘屈贾垒,目短曹刘墙。"《泛西湖》云:"豉化莼丝熟,刀鸣鲙缕飞。"《早春》云:"红入桃花嫩,青归柳叶新。"《秋日夔府咏

怀》云："峡束沧江起，岩排石树圆。"《建都十二韵》云："风断青蒲节，霜埋翠竹根。"《柴门》云："足了垂白年，敢居高士差。"皆练得第二字好也。《复愁》云："野鹃翻窥草，村船逆上溪。"《移居东村》云："子能渠细石，吾亦沼清泉。"《收稻》云："谁云滑易饱，老藉软俱匀。"《遣闷》云："暑雨留蒸湿，江风借夕凉。"《柴门》云："石乳上云气，杉清延月华。"《水宿遣兴》云："高枕翻新月，严城叠鼓鼙。"《过津口》云："和风引桂楫，春日涨云岑。"《春归》云："远鸥浮水静，轻燕受风斜。"《泛江作》云："风蝶勤依桨，春鸥懒避船。"《春日江村》云："扪萝涩先登，涉巘眩反顾。"皆练得句腰字好也。《写怀》云："无贵贱不悲，无富贫亦足。"《风疾舟中伏枕书怀》云："乌几重重缚，鹑衣寸寸铖。"《桥陵》诗云："王刘美竹润，裴李春兰馨。"《谒玄元皇帝庙》云："仙李盘根大，猗兰奕叶光。"《赠虞十五司马》云："爽气金天豁，清谈玉露繁。"《绝句》云："江碧鸟逾白，山青花欲然。"《寄张十二彪》云："数篇吟可老，一字买堪贫。"皆练得句尾字好也。至于"绿垂风折笋，红绽雨肥梅"，"雪岭界天白，锦城曛日黄"，"破柑霜落爪，尝稻雪翻匙"，"雾交才洒地，风逆旋随云"，"检书烧烛短，看剑引杯长"，"紫崖奔处黑，白鸟去边明"，皆练得五言全句好也。"无边落木萧萧下，不尽长江滚滚来"，"旁见北斗向江低，仰看明星当空大"，"返照入江翻石壁，归云拥树失山村"，"影遭碧水潜勾引，风妒红花却倒吹"，皆练得七言全句好也。
（《履斋示儿编》卷一〇）

孙氏举例不尽妥当，且多遗漏，[1]但这说明了炼字在杜诗中是何等的常见，而最后两种例子又说明了炼字与炼句之间的关系，在我们看来，杜诗中炼句的情况更值得注意，因为炼句既包含了炼字的成就，又须讲求句法之锤炼，诗意之精警，更能体现杜诗语言之精妙。

---

[1] 孙奕所举例句中所炼之字大多是实字，其实杜诗中炼虚字的好例也很多，如"江山有巴蜀，栋宇自齐梁"（《上兜率寺》）中的"有"、"自"二字，赵翼赞叹说："东西数千里，上下数百年，尽纳入两个虚字中，此何等神力！"（《瓯北诗话》卷二）

　　杜诗句法有许多特点,我们认为下面两点尤为独特:第一是一联中上下句各用一对不相连续的叠字,例如:"桃花细逐杨花落,黄鸟时兼白鸟飞"(《曲江对酒》);"松浮欲尽不尽云,江动将崩未崩石"(《阆山歌》);"朱樱此日垂朱实,郭外谁家负郭田"(《惠义寺送辛员外》);"即从巴峡穿巫峡,便下襄阳向洛阳"(《闻官军收河南河北》);"瀼东瀼西一万家,江南江北春冬花"(《夔州歌》);"戎马不如归马逸,千家今有百家存"(《白帝》);"一重一掩吾肺腑,山鸟山花吾友于"(《岳麓山道林二寺行》),如果说对仗本身具有对称回环之美,那么上述对句就更是锱铢相称,且由叠字的间断性重复出现而造成意义和音节的双重回环,读来倍觉隽永。第二是句子成分的倒置,最常见的是这样的诗句:"绿垂风折笋,红绽雨肥梅"(《陪郑广文游何将军山林十首》之五);"红取风霜实,青看雨露柯"(《栀子》);"青惜峰峦过,黄知橘柚来"(《放船》);"雨抛金锁甲,苔卧绿沉枪"(《重过何氏五首》之四);"风餐江柳下,雨卧驿楼边"(《舟中》);"细草微风岸,危樯独夜舟"(《旅夜书怀》);"香稻啄余鹦鹉粒,碧梧栖老凤凰枝"(《秋兴八首》之八),显然,诗人这样写的目的是把最重要的字眼置于句首,从而加深读者的印象。这种写法有时遭人讥议,但事实上是一种成功的尝试,如"青惜峰峦过"一联,不但醒目地突出了斑斓秋色,而且使人读之恍如身临其境:轻舟顺流而下,两岸的秋色使人目不暇接。如果不用倒装句法,恐怕难以收到如此的艺术效果。

　　杜甫的诗句往往是经过反复锤炼的,所以在寥寥数字之中包含了极为丰富的内容,读来精警动人。例如"万里悲秋常作客,百年多病独登台"(《登高》)一联,宋人罗大经分析说:"万里,地之远也。秋,时之凄惨也。作客,羁旅也。常作客,久旅也。百年,暮齿也。多病,衰疾也。台,高迥处也。独登台,无亲朋也。十四字之间含八意,而对偶又精确。"(《鹤林玉露》卷一一)杜甫另有许多诗句虽字面上较简单,但蕴含着悠远的言外之意,宋人司马光说:"古人为诗,贵于意在言外,使人思而得之。……近世诗人,惟杜子美最得诗人之体,如'国破山河在,城春草木深。感时花溅泪,恨别鸟惊心。''山河在',明无余物矣。'草木深',明无人矣。花鸟平时可娱之物,见之而泣,闻之而悲,则时可知矣。他皆类比,不可遍举。"(《司马温公诗话》)杜诗中有许多警句历来传诵人口,久而久之,就演变成了成语,例如:

历历开元事,分明在眼前(《历历》)——历历在目

文章憎命达(《天末怀李白》)——文章憎命

天上浮云似白衣,斯须改变如苍狗(《可叹》)——白云苍狗

冰雪净聪明(《送樊二十三侍御赴汉中判官》)——冰雪聪明

将军下笔开生面(《丹青引赠曹将军霸》)——别开生面

鸡虫得失无了时(《缚鸡行》)——鸡虫得失

明眸皓齿今何在(《哀江头》)——明眸皓齿

炙手可热势绝伦(《丽人行》)——炙手可热

渭北春天树,江东日暮云(《春日忆李白》)——春树暮云

指挥若定失萧曹(《咏怀古迹五首》之五)——指挥若定

诸公衮衮登台省(《醉时歌》)——衮衮诸公

意匠惨淡经营中(《丹青引赠曹将军霸》)——惨淡经营

剩水沧江破,残山碣石开(《陪郑广文游何将军山林十首》之五)——
剩水残山

翻手作云覆手雨(《贫交行》)——翻云覆雨

还有一些诗句一字不改就成了成语,例如"射人先射马,擒贼先擒王"(《前出塞九首》之六)、"人生七十古来稀"(《曲江二首》之二)等。

总之,杜甫在遣词造句时多方面地体现了"语不惊人死不休"的艺术追求,由于字句是诗歌的最小语言单位,所以这使得杜诗艺术具有精微细致、玲珑透剔的优点。

二 / 意象:"意匠惨淡经营中"

刘勰《文心雕龙·神思》云:"使玄解之宰,寻声律而定墨;独照之匠,窥意象而运斤,此盖驭文之首术,谋篇之大端。"杜甫作诗就是如此,他非常注意诗歌意象的营构。杜甫说过"意匠惨淡经营中"(《丹青引赠曹将军霸》),又说"更觉良工心独苦"(《题李尊师松树障子歌》),这些话虽是针对绘画艺术而说的,但其精神也通于诗歌艺术,杜甫在营构诗歌意象时确实做到了惨淡经营,用心独苦。赵翼在《瓯北诗话》卷二中论杜诗说:

> 盖其思力沉厚,他人不过说到七八分者,少陵必说到十分,甚至有十二三分者。其笔力之豪劲,又足以副其才思之所至,故深人无浅语。……一题必尽题中之义,沉著至十分者,如《房兵曹胡马》,既言"竹批双耳"、"风入四蹄"矣,下又云:"所向无空阔,真堪托死生。"《听许十一弹琴》诗,既云"应手锤钩,清心听镝"矣,下又云:"精微穿溟涬,飞动摧霹雳。"以至称李白诗"笔落惊风雨,诗成泣鬼神",称高、岑二公诗"意惬关飞动,篇终接混茫",称佀勤诗"词源倒流三峡水,笔阵独扫千人军"。《登慈恩寺塔》云:"俯视但一气,焉能辨皇州?"《赴奉先县》云:"朱门酒肉臭,路有冻死骨。"《北征》云:"夜深经战场,寒月照白骨。"《述怀》云:"摧颓苍松根,地冷骨未朽。"此皆题中应有之义,他人说不到,而少陵独到者也。有题中必有此义,而冥心刻骨,奇险至十二三分者,如《望岳》之"荡胸生层云,决眦入归鸟";《登慈恩寺塔》之"七星在北户,河汉声西流";《三川

观水涨》之"声吹鬼神下,势阅人代速";《送韦评事》之"鸟惊出死树,龙怒
拔老湫";《刘少府画山水障》之"反思前夜风雨急,乃是蒲城鬼神入。元
气淋漓障犹湿,真宰上诉天应泣";《韦偃画松》之"白摧朽骨龙虎死,黑入
太阴雷雨垂";《铁堂峡》之"径摩苍穹蟠,石与厚地裂";《木皮岭》之"仰干
塞大明,俯入裂厚坤";《桃竹杖》之"路幽必为鬼神夺,拔剑或与蛟龙争";
《登白帝城楼》之"扶桑西枝封断石,弱水东影随长流",扶桑在东而曰"西
枝",弱水在西而曰"东影",正极言其地之高,所眺之远。皆题中本无此
义,而竭意摹写,宁过无不及,遂成此意外奇险之句,所谓十二三分者也。

赵翼虽未拈出"意象"二字,其实所论的正是杜诗中的意象,因为他所举出的"意外
奇险之句"在措词、句法上并不怎么奇险,有的在字面上甚至颇为平常,它们的"奇
险"体现在"竭意摹写"上,也即用深刻的艺术构思创造出惊人的诗歌意象来。

赵翼所举的例子中两处提到《同诸公登慈恩寺塔》诗,我们在第二章中曾从思
想意义的角度把这首诗与高适、岑参、储光羲的同题共作进行过一番比较,现在再
从诗歌意象的角度来考察它们的高下。前人多认为这四首诗中以杜、岑二诗为
优,[1]为免枝蔓,我们只将杜、岑二诗作对比。这两首诗中的意象就是慈恩寺
塔,[2]杜、岑二诗对这个意象的营构可谓争胜于毫厘之间,但杜诗仍稍胜一筹。岑
诗开篇说"塔势如涌出,孤高耸天宫",可谓雄伟不凡,后面的"四角碍白日,七层摩
苍穹"等句极言塔势之高耸,形容极为生动。杜诗开端说:"高标跨苍穹,烈风无时

[1] 例如沈德潜推岑诗曰:"登慈恩塔诗,少陵下应推此作,高达夫、储太祝皆不及
也。"(《唐诗别裁》卷一)高步瀛《唐宋诗举要》卷一中仅选了杜、岑二诗,并于岑诗下
注曰:"气象阔大,几与少陵一篇并立千古。"
[2] 友人陈植锷先生著有《诗歌意象论》,对古代诗歌中的意象作了全面的论述,但
我们对"意象"的定义界说与陈书有所不同,陈书认为:"意象说着眼于修辞和炼句,
所谓意象,表现在诗歌中即是一个个语词,它是诗歌艺术的基本单位。"(第二章《意
象的界说》)我们则认为意象是指诗中所写的具体物象,它可以由一个语词构成,也
可以由许多语词,甚至许多句子构成,例如韩愈《南山诗》中用二百多句予以刻画的
"南山",就是一个意象,尽管此诗中并未出现"南山"这个词。

休。"清人施鸿保认为:"塔虽高,岂可云跨过天上乎? 盖亦倒字句,当云'苍穹跨高标',谓仰望塔之高,去天甚近,若天但跨其上也。惟正言之,则句不奇伟,与通首不类,故倒其字,使人读开首一句即意夺神骇,所谓'语不惊人死不休'也。"(《读杜诗说》卷一)施氏说杜诗"使人读开首一句即意夺神骇"是对的,但对此句的意思却理解错了。艺术是允许夸张的,有时还是非夸张不可的,此处正体现了杜甫"意匠惨淡经营中"的精神,即以极度的夸张创造惊人的诗歌意象。塔"跨"苍穹,正是极言其高,与后面"七星在北户,河汉声西流"两句互相呼应。正因为塔已经凌跨苍天,所以登临者才能从北门里面平视(而不是仰视)北斗七星,而银河的水声也从西边(而不是从上方)传来。也就是说,登临者已经与星辰河汉处于同一高度,至于他头顶上的塔尖,当然已经跨过这一高度了。赵翼将"七星"两句称作"冥心刻骨,奇险至十二三分者",确是有理由的。

以上说的是"仰观于天",以下再说"俯视于地"的情况。岑诗中"秋色从西来,苍然满关中。五陵北原上,万古青濛濛"四句气象阔大,笔力雄健,"青濛濛"的迷茫景象正是诗人站在想象中的"碍白日"、"摩苍穹"的高度上下瞰时所应该看到的。可是当岑参写到"青槐夹驰道,宫馆何玲珑"两句时,他却在不知不觉之中把自己所置身的高度大大地降低了,因为只有站在一个较低的高度上,才有可能看清楚驰道青槐和玲珑宫馆。所以说,在创造高塔这个意象时,"青槐"二句与全诗是不统一的。杜诗则不同,它写俯视的四句:"秦山忽破碎,泾渭不可求。俯视但一气,焉能辨皇州?"与前面的"七星在北户,河汉声西流"等描写完全合拍。朱鹤龄注"秦山"两句曰:"秦山谓终南诸山,登高望之,大小错杂,如破碎然。泾渭二水从西北来,远望则不可求其清浊之分也。"(《杜诗镜铨》卷一引)既然远望山川已觉模糊,那么近瞰城郭当然也只能看到一片烟雾了。这使我们不能不惊叹:杜诗展现在我们面前的是一个何等奇伟不凡的意象,组成这个意象的各个部分又是何等的和谐。

在现实世界中,杜、岑等人是站在同一个高度上观察景物的。但是他们各自展开想象的翅膀在艺术构思的天地里遨游时,他们把眼中所见的实际景象升华为虚构的艺术意象时,却又不在同一个高度上了。就实际情形而言,当然是岑诗写得较真实,慈恩寺塔虽高,也不过"崇三百尺"(《长安志》卷八)站在塔上是应该能看清地面上的玲珑宫馆的。然而就艺术而言,杜诗却是更高的真实,它不仅极力夸张了慈恩寺塔之高标耸立,而且有意忽略视力所及,将塔下景物缩小为不可辨识的"一气",从而构成了完整的诗歌意象。

上面所分析的是"慈恩寺塔"这个意象的"象",下面再看看杜、岑二人在这个意象上所注入的"意",也即诗人的感受、情愫及思绪。岑诗处处注意到慈恩寺塔是一个佛寺浮图,所注入的"意"主要是皈依佛门的志趣。诗中写此塔"突兀压神州",正是暗示佛国高于人间,而似乎纯为写景的"秋色从西来"四句,既展示了广阔的空间,又展示了悠久的时间,也正是以广漠无垠的时空来暗示佛法之广大。杜诗也写了诗人登塔的所见所感,但他所关心的不是佛国而是人间,所以他胸中的忧愁之情与眼中的苍茫之景已经融为一体。从总体上说,杜、岑二诗都做到了情景交融。但是岑诗结尾所表示的皈依佛门之希冀与登塔事关系不紧,而杜诗结尾的忧国忧时之语却仍然与登塔事密不可分,何焯评"回首叫虞舜"以下八句云:"此下意有所托,即所谓'登兹翻百忧'也。身世之感,无所不包,却只是说塔前所见,别无痕迹,所以为风人之旨。"(《杜诗镜铨》卷一引)[1]这段话说得很对,因为眺望昭陵、骊山都与登塔有关,而"黄鹄哀鸣"等也是在塔上可能见到之景。也就是说,杜诗中的"意"与"象"的结合已达到了浑然一体、密不可分的程度,构成了十分浑成的意象。

对于杜诗中那些惊人的意象,清人叶燮有更为深刻的分析。叶燮在《原诗》卷二中认为:"必有不可言之理,不可述之事,遇之于默会意象之表,而理与事无不灿然于前者也。"并举了杜诗"碧瓦初寒外"(《冬日洛城北谒玄元皇帝庙》)、"月傍九霄多"(《春宿左省》)、"晨钟云外湿"(《船下夔州郭宿雨湿不得上岸别王十二判官》)、"高城秋自落"(《晚秋陪严郑公摩诃池泛舟得溪字》)为例,且看他对"碧瓦初寒外"一句的分析:"言乎外,与内为界也,初寒何物,可以内外界乎?将碧瓦之外,无初寒乎?寒者,天地之气也,是气也,尽宇宙之内,无处不充塞,而碧瓦独居其

---

① 按:今本《义门读书记》中未见此语。

外,寒气独盘踞于碧瓦之内乎？寒而曰初,将严寒或不如是乎？初寒无象无形,碧瓦有物有质,合虚实而分内外,吾不知其写碧瓦乎？写初寒乎？写近乎？写远乎？使必以理而实诸事以解之,虽稷下谈天之辩,恐至此亦穷矣。然设身而处当时之境会,觉此五字之情景,恍如天造地设,呈于象,感于目,会于心。意中之言,而口不能言；口能言之,而意又不可解。划然示我以默会相象之表,竟若有内有外,有寒有初寒,特借碧瓦一实相发之。有中间,有边际,虚实相成,有无互立,取之当前而自得,其理昭然,其事的然也。昔人云:'王维诗中有画'。凡诗可入画者,为诗家能事,如风云雨雪景象之至虚者,画家无不可绘之于笔。若初寒内外之景色,即董、巨复生,恐亦束手搁笔矣。"叶氏认为杜诗中这些意象超越了绘画艺术所能达到的水平,其原因在于诗人在意象中融入了"不可言之理,不可述之事",在我们看来,诗中所体现的"理"和"事"都是客观世界的物象在诗人心中引起的感受,它们存在于诗人的主观意识之中,也即我们所说的"意"。杜诗的意象所以特别精警、奇特,就是由于杜甫在意象中注入了特别深刻的"意"。

当然,杜诗中的意象并不都具有"冥心刻骨"的特点,但那些貌不惊人的意象仍因凝聚着深情远韵而意味隽永。让我们看几个例子:

梦李白二首

其 一

死别已吞声,生别常恻恻。江南瘴疬地,逐客无消息。故人入我梦,明我长相忆。恐非平生魂,路远不可测。魂来枫林青,魂返关塞黑。君今在罗网,何以有羽翼？落月满屋梁,犹疑照颜色。水深波浪阔,无使蛟龙得!

其 二

浮云终日行,游子久不至。三夜频梦君,情亲见君意。告归常局促,苦道来不易:江湖多风波,舟楫恐失坠! 出门搔白首,若负平生志。冠盖满京华,斯人独憔悴。孰云网恢恢？将老身反累。千秋万岁名,寂寞身后事!

这两首诗"传出形离精感心事,笔笔神来"(《读杜心解》卷一)。如果说,"魂来枫林青,魂返关塞黑"的意象以奇警取胜,那么"落月满屋梁,犹疑照颜色"和"出门搔白首,若负平生志"这两个意象则是颇为平实的,然而其韵味却更为深永。"落月"二句写的是诗人梦后初醒时的感受:落月的一缕斜光照在屋梁上,朦胧的月色将梦境与实境连成一体,所以眼前恍惚有一个李白在,却又自疑犹在梦中,正如陆时雍所云:"是魂是人,是梦是睹,都觉恍惚无定。亲情苦意,无不备极矣。"(《唐诗镜》卷二一)这首诗描摹梦境极其逼真,郝敬赞云:"读此段,千载之下,恍若梦中,真传神之笔。"(《杜诗镜铨》卷五引)而这一段中的画龙点睛之笔正是"落月"二句所构成的意象。"出门"二句写梦中所见李白的神态,真可谓"曲尽仓皇悲愤情状"(《杜诗详注》卷七)。李白生平怀才不遇,壮志难酬,所以"白发三千丈,缘愁似个长"(《秋浦歌十七首》之十五,《李太白全集》卷八)。如今垂老远谪,当然更是悲愤填膺,虽能在梦中远涉江湖访问知己,然梦境短促,匆匆告别,故临门时伸手去搔那满头白发。满腹牢骚、万千心事都凝聚到"搔白首"这个动作之中,从而活画出一个暮年的李白来。而杜甫对李白的一腔同情、关切之意也都倾注在这个剪影之中,因为这正是杜甫眼中(实即心中)的李白。这是何等生动、何等隽永的意象!所以我们认为,这四句诗分别写了一个平常的感受和一个简单的动作,景象称不上奇特,语言也甚为朴实,然而它们构成的意象却新颖卓异,堪称是这两首名作中的中心意象。

杜诗中类似的意象随处可见,美不胜收,例如:"渭北春天树,江东日暮云"(《春日忆李白》)仅将两地之景平实叙出,然而"写景而离情自见"(沈德潜《唐诗别裁》卷一〇);"夜雨剪春韭,新炊间黄粱"(《赠卫八处士》)只写了一顿家常便饭,然体现出好友之间不拘形迹的淳朴友情;"天寒翠袖薄,日暮倚修竹"(《佳人》)仅简单描写了一位女子的服饰举止,然而"清洁贞正意隐然言外"(沈德潜《唐诗别裁》卷二);"露从今夜白,月是故乡明"(《月夜忆舍弟》)写寻常之景且明白如话,然而时序之感、思乡之情皆融于其中;"秋风动哀壑,碧蕙捐微芳"(《壮游》)只写了草木之凋丧,而才人志士埋没草野的深哀巨痛即隐于其间;"霜皮溜雨四十围,黛色参天二千尺"(《古柏行》)只写了古柏之高大苍老,而正直劲挺的古柏实即忠贞鲠亮的诸葛亮,二者已合成一个意象;"五更鼓角声悲壮,三峡星河影动摇"(《阁夜》)只写夜间的所见所闻,而战乱频仍、身世飘零的感受被注入了这个意象,等等。

综上所述,我们可以得知杜诗意象的最大特点就是氤氲一气地做到了情景交融。宋人范晞文说:

> 老杜诗:"天高云去尽,江迥月来迟。衰谢多扶病,招邀屡有期",上联景,下联情。"身无却少壮,迹有但羁栖。江水流城郭,春风入鼓鼙",上联情,下联景。"水流心不竞,云在意俱迟",景中之情也。"卷帘唯白水,隐几亦青山",情中之景也。"感时花溅泪,恨别鸟惊心",情景相融而莫分也。"白首多年疾,秋天昨夜凉","高风下木叶,永夜揽貂裘",一句情,一句景也。固知景无情不发,情无景不生。或者便谓首首当如此作,则失之甚矣。如"淅淅风生砌,团团月隐墙。遥空秋雁灭,半岭暮云长。病叶多先坠,寒花只暂香。巴陵添泪眼,今夕复清光",前六句皆景也。"清秋望不尽,迢递起层阴。远水兼天净,孤城隐雾深。叶稀风更落,山迥日初沉。独鹤归何晚,昏鸦已满林",后六句皆景也。何患乎情少?
>
> (《对床夜语》卷二)

范氏说杜诗,"景无情不发,情无景不生"是很对的,但他在具体分析杜诗时将"情"与"景"逐句分开的做法则不可取,因为在杜诗中,"情"与"景"早已交融、凝聚在意象之中,所以密不可分了。例如"天高云去尽,江迥月来迟"二句,分明含有开朗欢畅之意,而"江水流城郭,春风入鼓鼙"二句中更充满对节物时序与乱离社会的深刻感触,何尝是单纯的写景? 我们认为,情景交融是古代诗人营构意象时的共同做法,杜甫的过人之处在于,他写景特别生动准确,写情特别真挚深至,而情景交融的手法又特别浑然无痕,所以杜诗中的意象也就达到了最高的艺术境界。

然而杜诗意象还有另一个特点,那就是在细节性的景象中注入巨大深沉的意蕴。像《北征》那样的一代诗史,其中"或红如丹砂,或黑如点漆"的山果,"天吴及紫凤,颠倒在短褐"的旧衣,"见耶背面啼,垢腻脚不袜"的娇儿及"移时施朱铅,狼藉画眉阔"的小女,都是极其细微的意象,然而正是这些细小的浪花和水珠组成了全诗的壮阔波澜,而且这些意象中自身就凝聚着深沉的时代内蕴,所以意味深长。

那么,为什么杜诗能以细节性的意象表现巨大深沉的意蕴呢?答案就在下面两句杜诗之中:"尤工远势古莫比,咫尺应须论万里!"(《戏题王宰画山水图歌》)杜甫用这两句话赞扬画家能将万里江山纳入咫尺画幅之中的匠心,其实杜诗在营构诗歌意象时也具有这个特点。这当然要部分归功于杜诗语言之精练,但更主要的原因则在于杜甫善于创造极富典型意义的细节性意象并省略掉许多不太重要的景象或叙述,从而使诗歌含蓄蕴藉而意味深永。让我们看一些例子。

"夜久语声绝,如闻泣幽咽"(《石壕吏》)——当如狼似虎的官吏把石壕村的老妇抓走后,喧嚣平息了,寂静的夜中隐隐传来了呜咽声,这是这个意象的表层含义。然而,诗人侧耳倾听,辗转难眠,为这户人家的悲惨遭遇而痛苦、愤怒,可是自己又无法帮助他们,甚至无法安慰他们,这些曲折的心理活动也都由这个意象暗示出来了。

"映阶碧草自春色,隔叶黄鹂空好音"(《蜀相》)——这是诗人谒成都武侯祠所见到的景象:碧草萋萋,莺声呖呖,秾丽的春色正反衬出祠庙的荒凉,而且体现出诗人心境的凄凉、寂寞。古代的英雄伟业未成,留下了永远的遗恨。而今代的英雄又在何处?山河破碎,生民涂炭,安得有德才兼备之英才如诸葛亮者出来力挽狂澜?这些丰富的思绪、情感都被浓缩在碧草黄鹂的意象之中。

"漫卷诗书喜欲狂"(《闻官军收河南河北》)——浦起龙称此诗是杜甫的"生平第一首快诗也"(《读杜心解》卷四),而"漫卷诗书"的意象极其生动、准确地体现了诗人喜出望外的心情。诗人家贫,除了诗书之外没有什么家产,所以一旦有了还乡的希望,首先要整理携带的就是书籍。诗人性喜读书,又是客居无聊,唯以读书消磨时光,所以手不释卷,喜讯传来,就信手卷起书来。这个细节性的意象给予我们多么丰富的联想!

"瓢弃樽无绿,炉存火似红"(《对雪》)——如果说上面的三个意象都做到了"以小见大"的话,那么这个意象简直可说是"以无见有"了。至德元载(756)冬的一个雪夜,诗人在沦陷的长安独自愁坐,眼前仅有空瓢和寒炉。空瓢寒炉,这是多么索然寡味的景象！然而诗人却用幻想在瓢内斟上绿酒,在炉中燃起红火,从而使此景象升华成为意味深长的意象,这里面既包含了诗人对过去的美好时光的回忆,也包含着他对未来幸福的憧憬,因为在雪夜对炉饮酒意味着温暖、安宁,正是和平生活的象征。

我们再看一首短诗:

江南逢李龟年

岐王宅里寻常见,崔九堂前几度闻?正是江南好风景,落花时节又逢君。①

三、四两句构成一个意象:暮春时节,在江南逢见故人。这个意象仅对重逢的时、地作了交代,即戛然而止,举凡故人重逢时之场景、举止、感受一概从略,可谓至简。然而正如黄生所云,"此诗与《剑器行》同意,今昔盛衰之感,言外黯然欲绝。见风韵于行间,寓感慨于字里,即使龙标、供奉操笔,亦无以过。"(《杜诗详注》卷二三引)其实所感慨的对象不但有世事沧桑、人事变迁,而且有年华流逝、异乡漂泊等等之情,真是一言难尽。由于杜甫这位老诗人和李龟年这位老歌唱家都经历了四十年来的沧桑变化,都从京城流落到江南,两人的感慨有着相似的内容,他们在落花时节蓦然重逢,事情本身就足以黯然销魂了,又何须将万千感慨絮絮细说?"落花时节"四字当是即景书事,然而又好象别有寓意,一切尽在有意无意之间。正由于这个意象具有极为深远的言外之意,所以这首寥寥四句又平淡如话的小诗竟然使人百读不厌。

含蓄是中国古代艺术的总体特征之一,对于篇幅有限的古典诗歌来说,含蓄的作用尤其重要。杜甫对诗歌意象的惨淡经营颇能体现他对于含蓄美的追求,而他以细节性意象来表现巨大意蕴的努力说明他对于"以小见大"的艺术辩证法有

---

① 此诗前人或以为非杜甫作(如宋人胡仔、明人胡震亨等,说见《苕溪渔隐丛话》前集卷一四及《唐音癸签》卷三二),误,详见傅光《杜甫〈江南逢李龟年〉考辨》(《草堂》1987年第2期)。

着深刻的理解。咫尺万里,这就是杜诗意象特别精警动人的原因之一。

我们在第二章第五节中曾经提到,杜甫在蜀期间写了不少题画诗。在现存杜诗中,题画诗(包括题书法的诗)共有二十一首。诗画本有相通之处,而杜甫的题画诗更是沟通这两种艺术的一座桥梁。上文所述的杜甫诗歌意象的特征,都很鲜明地体现在他的题画诗中。例如:

奉先刘少府新画山水障歌

堂上不合生枫树,怪底江山起烟雾。闻君扫却赤县图,乘兴遣画沧洲趣。画师亦无数,好手不可遇。对此融心神,知君重毫素。岂但祁岳与郑虔,笔迹远过杨契丹。得非玄圃裂,无乃潇湘翻。悄然坐我天姥下,耳边已似闻清猿。反思前夜风雨急,乃是蒲城鬼神入;元气淋漓障犹湿,真宰上诉天应泣。野亭春还杂花远,渔翁暝踏孤舟立。沧浪水深青溟阔,欹岸侧岛秋毫末。不见湘妃鼓瑟时,至今斑竹临江活。刘侯天机精,爱画入骨髓。自有两儿郎,挥洒亦莫比。大儿聪明到,能添老树巅崖里。小儿心孔开,貌得山僧及童子。若耶溪,云门寺,吾独胡为在泥滓?青鞋布袜从此始。

杨伦评曰:"字字飞腾跳跃,篇中无数山水境地人物,纵横出没,几莫测其端倪。"(《杜诗镜铨》卷三)我们认为此诗中"飞腾跳跃"的实为一个个意象。"堂上"二句突兀而起,把一个惊人的意象呈现在读者眼前,江山之间烟云明灭,不但使意象具有动态美,而且以极简洁的物象组成了阔大的境界。最奇特的是,把"枫树"、"江山"与"堂"叠合在一起,又以"不合"、"怪底"的惊讶诘问把诗人的惊奇、赞叹之意注入此叠合意象之中,从而取得了惊人的艺术效果。同样,"反思"以下四句也创造了一个惊人的意象。王嗣奭云:"篇中最得画家三昧,尤在'元气淋漓障犹湿'一语。试一想象,此画至今在目,真是下笔有神。"(《杜臆》卷一)我们认为这一句中又以"湿"字为画龙点睛之笔,山水画的气韵生动离不开水,如果画中烟云明灭、草木鲜润,那么整幅画就气韵生动了。而一个"湿"字正好概括了这些内容,真可谓是"得画家三昧"了。①"风雨急"、"天应泣"都是"障犹湿"的衬托,它们以奇特的想象使这个意象变得奇警不凡。"天姥闻猿"和"青鞋布袜"两个意象的特点是诗人让自己走进画面,前者把画中峰峦说成是自己的旧游之地,后者把画中溪山看作自己将要前往的归隐之处。从表面上看,这是把画境想象成人间的真山真水。在实际上,这是把画境与实境统一在艺术的幻境之中。显然,这种写法既做到了情景交融,又实现了"咫尺万里",而这正是杜诗意象的特征。王嗣奭评此诗曰"杜以画法为诗法","总得画法经营位置之妙",这话说得很好;但我们也可以反过来说,杜甫以诗人的目光来观画咏画,从而把诗歌意象的营构法则移植到绘画艺术领域来了。杜甫的题画诗为我们研究其诗歌意象提供了一个独特的视角。

三 / 结构:"毫发无遗憾,波澜独老成"

中国古代的园林往往体现出一个完整的艺术境界,如果没有整体上的巧妙布置,即使里面充满了奇花珍木、亭台楼阁,也难免有杂乱、臃肿或平板呆滞之弊。与此相似,古代的诗歌极需讲求章法布局,否则难免有散漫芜杂、支离破碎、堆垛呆板等病,即使有奇妙的字句和惊人的想象,也只能形成"有句无篇"的现象。杜甫在诗歌的章法布局(即结构)上面倾注了大量心血,从而达到了严密周详又变化多姿的境地。杜诗中"毫发无遗憾,波澜独老成"(《敬赠郑谏议十韵》)二句虽是对他人诗艺的称赞,但实际上是对杜诗结构特点的夫子自道。

我们在第二章第二节中曾引过《奉赠韦左丞丈二十二韵》一诗,黄庭坚称赞此诗"布置最得正体,如官府甲第,厅堂房室,各有定处,不可乱也"(范温《潜溪诗眼》引)。的确,此诗层次分明,脉络清晰,结构严谨,充分体现了杜诗章法之严密,真可谓"毫发无遗憾"了。然而,此诗在严整之中又有变化转折,峰峦起伏,波澜迭起。"纨绔不饿死,儒冠多误身"二句突兀而来,奇峰突起。"白鸥没浩荡,万里谁

---

① 宋代郭熙、郭思父子论山水画云:"山以水为血脉,以草木为毛发,以烟云为神彩。故山得水而活,得草木而华,得烟云而秀媚。"(《林泉高致·山水训》,载俞剑华编《中国画论类编》)杜诗可谓先得此意。

能驯"二句辞气喷薄,奇峰又起。在首尾这两座奇峰之间,诗人的情感忽而低沉,忽而高扬,而语气也随之低昂起伏,"纵横转折,感愤悲壮,缠绵踌躇,曲尽其妙"(《杜臆》卷一),又可谓之"波澜独老成"。杜诗中如《自京赴奉先县咏怀五百字》、《北征》等在结构上都具有这样的特点。

胡应麟云:"凡诗体皆有绳墨,惟歌行出自离骚、乐府,故极散漫纵横。"(《诗薮》内编卷三)叶燮云:"盖七古直叙,则无生动波澜,如平芜一望。纵横则错乱无条贯,如一屋散钱。有意作起伏照应,仍失之板。无意信手出之,又苦无章法矣。"(《原诗》卷四)相对于五古来说,七古的章法是更难掌握的。而杜甫却因难见巧,在七古的写作中更淋漓尽致地体现了结构之妙。

丹青引赠曹将军霸

将军魏武之子孙,于今为庶为清门。英雄割据虽已矣,文采风流今尚存。学书初学卫夫人,但恨无过王右军。丹青不知老将至,富贵于我如浮云。开元之中常引见,承恩数上南薰殿。凌烟功臣少颜色,将军下笔开生面。良相头上进贤冠,猛将腰间大羽箭。褒公、鄂公毛发动,英姿飒爽来酣战。先帝御马玉花骢,画工如山貌不同。……诏谓将军拂绢素,意匠惨淡经营中。斯须九重真龙出,一洗万古凡马空。玉花却在御榻上,榻上庭前屹相向。至尊含笑催赐金,圉人太仆皆惆怅。弟子韩干早入室,亦能画马穷殊相。干唯画肉不画骨,忍使骅骝气凋丧。将军善画盖有神,必逢佳士亦写真。即今漂泊干戈际,屡貌寻常行路人。途穷反遭俗眼白,世上未有如公贫。但看古来盛名下,终日坎壈缠其身!

叶燮对此诗的章法有精辟的分析:"起手'将军魏武之子孙'四句,如天半奇峰,拔地陡起。他人于此下便欲接丹青等语,用转韵矣。忽接'学书'二句,又接'老至'、'浮云'二句,却不转韵,诵之殊觉缓而无谓,然一起奇峰高插,使又连一峰,将来如何撒手?故即跌下陂陀,沙砾石确,使人褰裳委步,无可盘桓,故作画蛇添足,拖沓迤逦,是遥望中峰地步。接'开元引见'二句,方转入曹将军正面。他人于此下,又便写御马玉花骢矣。接'凌烟'、'下笔'二句,盖将军丹青是主,先以学书作宾。转韵画马是主,又先以画功臣作宾,章法经营,极奇而整。此下似宜急转韵入画马,又不转韵,接'良相'、'猛士'四句,宾中之宾,益觉无谓。不知其层次养局,故纡折其途,以渐升极高极峻处,令人目前忽划然天开也。至此方入画马正面,一韵八句,连峰互映,万笏凌霄,是中峰绝顶处。转韵接'玉花、御榻'四句,峰势稍平,蜿蟺游衍出之,忽接'弟子韩干'四句。他人于此必转韵,更将韩干作排场,仍不转韵,以韩干作找足语,盖此处不当更以宾作排场,重复掩主,便失体段,然后永叹将军善画,包罗收拾,以感慨系之篇终焉。章法如此,极森严,极整暇。余论作诗者不必言法,而言此篇之法如是,何也?不知杜此等篇,得之于心,应之于手,有化工而无人力,如夫子从心不逾之矩,可得以教人否乎?"(《原诗》卷四)简而言之,此诗章法的最大特点是层层蓄势,直至"跻攀分寸不可上"时才"失势一落千丈强"。这样既突出强调了曹霸的画艺之精,又使结尾处关于曹霸穷途漂泊的感喟极跌宕宛转之致。清人施补华说此诗"收处悲飒,不可学"(《岘佣说诗》),实未悟其妙。

观公孙大娘弟子舞剑器行 并序

大历二年十月十九日,夔州别驾元持宅见临颍李十二娘舞剑器,壮其蔚跂。问其所师,曰:"余公孙大娘弟子也。"开元五载,余尚童稚,记于郾城观公孙氏舞剑器浑脱,浏漓顿挫,独出冠时。自高头宜春、梨园二伎坊内人,洎外供奉舞女,晓是舞者,圣文神武皇帝初,公孙一人而已。玉貌锦衣,况余白首!今兹弟子,亦匪盛颜。既辨其由来,知波澜莫二。抚事慷慨,聊为《剑器行》。昔者吴人张旭善草书书贴,数尝于邺县见公孙大娘舞西河剑器,自此草书长进,豪荡感激,即公孙可知矣。

昔有佳人公孙氏,一舞剑器动四方。观者如山色沮丧,天地为之久低昂。㸌如羿射九日落,矫如群帝骖龙翔。来如雷霆收震怒,罢如江海凝清光。绛唇珠袖两寂寞,晚有弟子传芬芳。临颍美人在白帝,妙舞此曲神扬扬。与余问答既有以,感时抚事增惋伤。先帝侍女八千人,公孙剑器初第一。五十年间似反掌,风尘澒洞昏王室。梨园弟子散如烟,女

乐余姿映寒日。金粟堆南木已拱,瞿塘石城草萧瑟。玳筵急管曲复终,

乐极哀来月东出。老夫不知其所往,足茧荒山转愁疾。

蒋金式曰:"序中'浏漓顿挫'、'豪荡感激',便是此诗妙境。"(《杜诗镜铨》卷一八引)方东树亦曰:"此诗亦'豪宕感激'、'浏亮顿挫',独出冠时。'"(《昭昧詹言》卷一二)两人异口同声,可见此诗确实具有与公孙大娘"浏漓顿挫"的舞蹈及张旭"豪荡感激"的书法相似的风格,形成这种风格的主要因素是大起大落的跌宕和变化急促的节律。杜甫本因观李十二娘之舞蹈而有感作诗,但此诗以回忆五十年前观看公孙大娘舞蹈的动人情景为开始,而且极力渲染其场面之壮观、气氛之热烈、舞技之精妙,从而使读者随着诗人的思绪回到了创造于太平盛世的那个艺术境界之中。然后,正像公孙的舞蹈戛然而止一样,诗的语气也一落千丈,佳人已逝,舞姿亦不复可睹,"绛唇珠袖两寂寞"一句,语似平淡,但其中包含着多么深沉的感伤!然而杜甫到底与众不同,他并没有就此陷于颓丧之境,而是立即以李十二娘"妙舞此曲神扬扬"之事把语气再度振起,至"先帝侍女八千人"二句,笔势又一转折,思绪又回到五十年前。就像一位善射的将军数度盘马弯弓之后箭才离弦而去,又像江河之水经过几道堤坝的拦阻把水位提得很高后才开闸倾泻而下,杜甫经过几度蓄势,才让自己感情的洪流随着诗歌的语气奔泻出来。"五十年间似反掌"明写时间流驰之快,"瞿塘石城草萧瑟"暗写空间转换之大,在这大幅度的时空变换之背景下,唐帝国由盛转衰的时代巨变及其在诗人感情上引起的汹涌波澜都被纳入玄宗墓木已拱、女乐飘散如烟的意象,这是何等笔力!由于"瞿塘"句已暗中结合了诗人自身的遭遇,所以末四句就自然地过渡到夔府观舞本事上来,不但缴足题面,而且在叙述中重申乐极哀来之意,使全诗呈现余波未息之状,读者的心情也因此久久不能平静。明人钟惺评此诗曰:"题是公孙大娘弟子,而序与诗,情事俱属公孙氏,便自穆然深思。"(《唐诗归》卷二〇)的确,此诗不题作《观李十二娘舞剑器行》而题作《观公孙大娘弟子舞剑器行》,在序与诗中又处处以公孙为主,以李为辅,这种腾挪错综的结构正是为其主题(即通过舞蹈艺术之盛衰以抒国家兴亡之感)服务的,因为只有这样的结构才能表现出诗人对时代和人生的巨大感慨。

从上面的分析可以看出,杜甫诗歌(尤其是七古)的结构具有奇崛顿挫的特点,①方东树说:"杜公诗境,尽于自序《公孙剑器》数语。学者于此求之,思过半矣。"(《昭昧詹言》卷八)我们认为如果这是指杜诗的章法结构的特征体现于此诗自序中"浏漓顿挫"、"豪荡感激"数语,那么这话是很准确的,因为这种情形在杜诗中的确很普遍,除了上面两个例子外,如《哀江头》,苏辙评曰:"其词气如百金战马,注坡蓦涧,如履平地。"(《诗病五事》,《栾城集》卷八)又如《渼陂行》,浦起龙评曰:"忧喜顿移,哀乐内触,无限曲折。……云飞海涌,满眼迷离。"(《读杜心解》卷二)即使是仅有十句的《短歌行赠王郎司直》,也被卢世潅评为:"突兀横绝,跌宕悲凉。"(《杜诗镜铨》卷一八引)叶燮则从整体上指出:"杜甫七言长篇,变化神妙,极惨淡经营之奇。"(《原诗》卷四)安排精严、法度森然与奇崛顿挫、变化莫测竟然统一在浑成完整的艺术结构之中,体现了杜甫对于艺术辩证法的深刻理解。②

从上面的分析还可看出,杜诗章法之开合是与思潮之起伏密切相关的,或者说杜诗语气的大幅度跌宕是与感情的巨大起伏同步、同幅的。前人早已注意到了这一点,例如王世贞说杜甫的歌行"使人慷慨激烈、歔欷欲绝"(《艺苑卮言》卷四),施补华说杜甫的七古是"绝大波澜,无穷感慨"(《岘佣说诗》),都是这个意思。诗为心声,诗歌中的章法结构之波澜是诗人内心情感思绪之波澜的艺术体现。杜甫所处的时代及个人的思想、经历使他内心充满了哀伤愤怨,其感情之浓烈、思绪之跳荡、感慨之深沉,都是其他诗人难以相比的。换句话说,杜甫内心波澜起伏的幅度是远远超过其他诗人的。所以我们认为,杜甫内心的悲壮情思与深沉感慨是杜诗奇崛错综、浏漓顿挫的结构之基础,是隐蔽在章法布局等表层结构之下的深层结构。

以上论述的是单篇杜诗中的结构,由于杜甫的作品中有许多组诗(联章诗),所以我们必须对杜甫组诗结构的情形予以探讨。我们在第一章第三节中曾分析

① 杜甫的律诗在结构上也具有错综变化的特点,由于律诗的结构是与诗律密不可分的,我们将在第四节中再予论述。
② 杜诗结构还有其他特点,如沈德潜《说诗晬语》卷上就指出杜诗有"倒插法"、"透过一层法"、"突接法",限于篇幅,本书仅论其荦荦大者。

过杜甫的连章律诗，现在再看两组连章古诗。

前出塞九首

其　一

戚戚去故里，悠悠赴交河。公家有程期，亡命婴祸罗。君已富土境，开边一何多！弃绝父母恩，吞声行负戈。

其　二

出门日已远，不受徒旅欺。骨肉恩岂断？男儿死无时。走马脱辔头，手中挑青丝。捷下万仞冈，俯身试搴旗。

其　三

磨刀呜咽水，水赤刃伤手；欲轻肠断声，心绪乱已久。丈夫誓许国，愤惋复何有？功名图麒麟，战骨当速朽。

其　四

送徒既有长，远戍亦有身。生死向前去，不劳吏怒嗔。路逢相识人，附书与六亲。哀哉两决绝，不复同苦辛！

其　五

迢迢万里余，领我赴三军。军中异苦乐，主将宁尽闻？隔河见胡骑，倏忽数百群。我始为奴仆，几时树功勋？

其　六

挽弓当挽强，用箭当用长。射人先射马，擒贼先擒王。杀人亦有限，立国自有疆。苟能制侵陵，岂在多杀伤！

其 七

驱马天雨雪,军行入高山。径危抱寒石,指落曾冰间。已去汉月远,
何时筑城还? 浮云暮南征,可望不可攀!

其 八

单于寇我垒,百里风尘昏。雄剑四五动,彼军为我奔。虏其名王归,
系颈授辕门。潜身备行列,一胜何足论!

其 九

从军十年余,能无分寸功? 众人贵苟得,欲语羞雷同。中原有斗争,
况在狄与戎? 丈夫四方志,安可辞固穷!

这组诗是杜甫乐府诗中的名篇,前人和今人已论之甚详,我们在这里只准备分析
它的结构。首先,九首诗虽然都能单独成篇,但合起来却组成了一个有机的整体。
浦起龙说:"如此九首,可作一大篇转韵诗读。"(《读杜心解》卷一)杨伦说:"九首承
接只如一首,杜诗多有此章法。"(《杜诗镜铨》卷二)他们都指出了这一点。九首所
写的是一位兵士从军赴边的全过程:第一首写被迫从军、离家赴边;第二首写上路
后的遭遇及习武情形;第三首写途中的感触、思绪;第四首写途中被官长驱迫与自
己对家人的思念;第五首写初到边关的见闻、感受;第六首叙述自己对边地战争的
看法;第七首写在边地从戎之艰辛及思归之情;第八首写与敌方接战获胜之情景;
第九首写自己报国之志愿,且斥边将冒功邀赏之行径。不但在情节的发展上层层
推进,脉络清晰,而且所塑造的这位兵士的人物性格也逐步展开,渐趋丰满:从苦
闷、压抑到彷徨、愤慨再到坚毅、谦逊,其成长的过程交代得十分清楚。在逐步深
化主题的过程中,诗人又时时注意前后呼应,如第三首中的"战骨当速朽"、第五首
中的"我始为奴仆"分别与第二首中"男儿死无时"、"不受徒旅欺"相照应,前者说
明兵士死亡预感的加深,后者强调其失望心理的复现。又如从"功名图麒麟"、"几
时立功勋"到"一胜何足论"、"能无分寸功",兵士对于功名的态度经历了极其复杂

的变化。这些地方都可谓是细针密线,充分体现了杜诗联章诗章法之严密。其次,这组诗的结构虽然严整,但绝不是平铺直叙、毫无变化。前五首写赴边途中的经历,后三首写到达边关后的军中生活,都以叙事为主,抒情为辅,唯独第六首忽发议论,在写法上有一个极大的变化。还有,在情节不断推进的过程中,诗人的感情和辞气却是抑扬交替、错落有致的,简而言之,第一首抑,第二首扬,第三首先抑后扬,第四首抑,第五首先抑后扬,第六首先扬后抑,第七首抑,第八首先扬后抑,第九首先抑后扬。语气的抑扬顿挫对人物内心百感交集、抑塞历落的心理变化起了很好的渲染作用。

乾元中寓居同谷县作歌七首

其 一

有客有客字子美,白头乱发垂过耳。岁拾橡栗随狙公,天寒日暮山谷里。中原无书归不得,手脚冻皴皮肉死。呜呼一歌兮歌已哀,悲风为我从天来。

其 二

长镵长镵白木柄,我生托子以为命。黄独无苗山雪盛,短衣数挽不掩胫。此时与子空归来,男呻女吟四壁静。呜呼二歌兮歌始放,邻里为我色惆怅。

其 三

有弟有弟在远方,三人各瘦何人强？生别展转不相见,胡尘暗天道路长。东飞驾鹅后鹙鶬,安得送我置汝旁？呜呼三歌兮歌三发,汝归何处收兄骨？

其 四

有妹有妹在钟离,良人早殁诸孤痴。长淮浪高蛟龙怒,十年不见来何时。扁舟欲往箭满眼,杳杳南国多旌旗。呜呼四歌兮歌四奏,林猿为我啼清昼。

其　五

四山多风溪水急,寒雨飒飒枯树湿。黄蒿古城云不开,白狐跳梁黄狐立。我生何为在穷谷? 中夜起坐万感集。呜呼五歌兮歌正长,魂招不来归故乡。

其　六

南有龙兮在山湫,古木岧兮枝相樛。木叶黄落龙正蛰,蝮蛇东来水上游。我行怪此安敢出,拔剑欲斩且复休。呜呼六歌兮歌思迟,溪壑为我回春姿!

其　七

男儿生不成名身已老,三年饥走荒山道。长安卿相多少年,富贵应须致身早。山中儒生旧相识,但话宿昔伤怀抱。呜呼七歌兮悄终曲,仰视皇天白日速。

正像杜甫的单篇七古的章法比五古更为奇崛顿挫一样,他的联章七古的结构也更多地呈现出跳荡变化的特点。《同谷七歌》这组诗在结构上也是精心安排的,浦起龙指出:"七首皆身世乱离之感。遍阅旧注,疑后三首复杂不伦。杜氏连章诗,最严章法,此歌何独不讲? 及反复观之,始叹其丝丝入扣也。盖穷老作客,乃七诗之宗旨,故以首尾两章作关照,余皆发源首章,条疏于左:一歌,诸歌之总萃也。首句点清'客'字。'白头'、'肉死',所谓通局宗旨,留在末章应之。其'拾橡栗',则二歌之家计也。'天寒'、'山谷',则五歌之流寓也。'中原无书',则三歌、四歌之弟妹也。'归不得',则六歌之值乱也。结独逗一'哀'字、'悲'字,则以后诸歌,不复言悲哀,而声声悲哀矣。故曰诸歌之总萃也。"(《读杜心解》卷二)的确,第一首是全诗的总括,以后六首前后贯串,给人以很强的整体感。可是这组诗更值得注意的结构特点是变化神妙,不可端倪。施补华说:"《同谷七歌》,首章'有客有客',次章'长镵长镵',三章'有弟有弟',四章'有妹有妹',皆平列。五章'四山多风',忽变调。六章'南有龙兮',又变调。七章忽作长调起,以骯髒之词收足。有此五、六章之变,前四章皆灵。有七章长歌作收,前六章皆得归宿,章法可学。然二章'长镵长镵'与'弟'、'妹'不类,又不变之变。"(《岘佣说诗》)施氏指出其章法多变很对,可惜他仅仅从字句上着眼,其实还有更重要的地方:第一,七首诗都是前六句押一个韵,至后二句忽然变韵,其中一、五两首从仄声韵变为平声韵,三、四两首从平声韵变为仄声韵,第七首从上声韵变为入声韵,只有第二首是在去声内转韵,第六首是在平声内转韵,韵脚的多变使全诗的声调忽抑忽扬、忽徐忽疾,很好地配合了抑塞历落的感情变化。第二,七首诗的内容多变,一、二两首都是实写自己目前的处境;三、四两首忽然将思绪抛向远方的弟妹,多为想象之语;后三首又回到眼前,然改以抒感为主。第六首的情形尤其值得注意,因为其他六首都用赋体,唯独此首用比兴手法写成。潘柽章曰:"前后六章,皆自叙流离之感,不应此章独讥时事。此盖咏同谷万丈潭之龙也。龙蛰而蝮蛇来游,或自伤龙蛇之混,初无指切。"(《杜诗博议》,《杜诗详注》卷八引)认为如果第六首是用比兴体讥刺时事,就与其他六首不同,所以硬把它释成也是咏当地实景。其实正如王嗣奭所云:"山有龙湫,因之起兴,大抵以龙比君,而蝮蛇以比小人或乱贼,非实事也。盖此时蛇龙俱蛰矣。"(《杜臆》卷三)岁暮天寒,安能有蝮蛇在水上游!不管此处的"蝮蛇"是指李辅国等奸邪还是史思明等叛将,[1]它毫无疑义是想象之词、比兴之体。杜甫在总体上是"自叙流离之感"的,《同谷七歌》中插入"独讥时事"的第六首,正是有意要打破结构上的整齐划一,这是杜甫联章诗章法的一大特点。《前出塞九首》中第六首的忽发议论体现了这一点;第一章中所引的《陪郑广文游何将军山林十首》中的九首诗都泛咏山林景物,唯独第三首专咏一种绝域异花,也体现了这一点。

①《钱注杜诗》卷三引吴若本注以为这是指李辅国等逼迫玄宗事,浦起龙则认为指"史孽寇逼"(《读杜心解》卷二),我们倾向于后一种看法。

这种写法能在组诗的严整结构中掺入错落有致、一多对比的因素,从而使全诗摇曳生姿。①胡应麟说:"《七歌》亦仿张衡《四愁》,然《七歌》奇崛雄深,《四愁》和平婉丽。汉、唐短歌,各为绝唱,所谓异曲同工。"(《诗薮》内编卷三)清人申涵光说:"《同谷七歌》,顿挫淋漓,有一唱三叹之致,从《胡笳十八拍》及《四愁诗》得来,是集中得意之作。"(《杜诗详注》卷八引)这些说法有一定的道理,但是更应该指出的是杜诗的独创性,尤其是奇崛顿挫的结构不但与顺着东南西北的方向铺陈的《四愁》诗大异其趣,而且比按着时间顺序叙事的《胡笳十八拍》更为变化莫测,体现了杜甫对诗歌结构的惨淡经营。

沈德潜说:"少陵歌行,如建章之宫,千门万户,如钜鹿之战,诸侯皆从壁上观,膝行而前,不敢仰视。如大海之水,长风鼓浪,扬泥沙而舞怪物,灵蠢毕集。"(《说诗晬语》卷上)这一风格描述的主要对象就是杜诗那种严整细密又波澜起伏,法度森然又变化莫测的结构,这种结构在杜诗的七古中体现得最为淋漓尽致,但在其他诗体(如五古、五排)以及组诗中也有所体现。从语言、意象到结构,杜甫在诗歌艺术的不同层面上都付出了巨大的努力,取得了惊人的造诣。

四 / 诗律:"思飘云物动,律中鬼神惊"

杜甫论艺,常常提到"律"字,如"遣词必中律"(《桥陵诗三十韵》),"文律早周旋"(《哭韦大夫之晋》),而最引人注目的则是"晚节渐于诗律细"(《遣闷戏呈路十九曹长》)一句。广义的诗律是泛指诗歌创作的规律、法则,并不专指律诗艺术,更不可等同于律诗的"格律"。胡应麟说杜诗"体裁明密,有法可寻"(《诗薮》外编卷四),杜甫的全部诗歌确实具有"有法可寻"的特点,从遣词造句到谋篇布局,处处体现出匠心独运的艺术规范,这是"诗律细"的确切含义,实际上已涵盖了上面三节的全部内容。但是在本节中,我们想要探讨的是杜甫的"诗律"在律诗范围内的

---

① 程千帆师对此有精辟的分析,见《古典诗歌描写与结构中的一与多》(载《古诗考索》)。

具体表现,也即杜甫在律诗写作中所取得的艺术造诣。我们这样做的理由有两点,第一,虽然方回所云"文之精者为诗,诗之精者为律"(《瀛奎律髓序》)颇以立论偏颇而为后人讥评,①但律诗确实称得上唐代的"一代之胜"(焦循《易余籥录》卷一五),因为律诗是古典诗歌发展到唐代才出现的一种新的形式,前代诗人在丽辞和声律两方面经过几百年的艰苦探索而取得的成就都凝聚在这种新兴诗体之中了。与古体诗相比,五七言律诗更加鲜明地体现出唐诗对前代诗歌的超越,也更加深远地影响着唐以后的历代诗坛。杜甫是唐代律诗艺术最高成就的体现者,探讨杜甫在律诗艺术上取得的造诣,对于我们准确评价杜诗在古典诗歌发展过程中的重要地位是十分必要的。第二,律诗在全部杜诗中占有极其重要的地位。根据浦起龙《读杜心解》卷首的《目录》和《少陵编年诗目谱》,我们把杜诗按创作时期和诗体编成下表②:

时期＼诗体篇数	五古	七古	五绝	七绝	五律	七律	五排	七排	合计
入蜀以前	125	49	1	2	154	24	35	1	391
成都至云安	51	43	15	62	221	54	25	2	473
夔州以后	87	49	15	43	255	73	67	5	594
总计	263	141	31	107	630	151	127	8	1458

从此表可以很清楚地看出,即使不包括绝句,杜甫的律诗(包括排律)篇数仍有九百十六首,远远超过古诗的总数四百零四首。而且,越是到后期,杜诗中律诗所占的比重就越大,在入蜀以前的二十多年中,杜甫的律诗共有二百一十四首,只比古体

① 例如纪昀云:"'诗之精者为律'句太套,古体岂诗之粗者?"(《瀛奎律髓汇评》卷首)
② 杜诗的各种版本收诗篇数略有出入,例如《钱注杜诗》共收诗一千四百二十三首,但这不会影响我们的分析结果。

诗(共一百七十四首)多五分之一,但在夔州以后的五年内,杜甫共写了四百首律诗,竟是古体(共一百三十六首)的近三倍!由此可见,杜甫所说的"晚节渐于诗律细",主要是以律诗作为其载体的。

律诗最基本的特征是格律,其中尤以声律和对仗两点最为显著,杜甫在这方面倾注了比其他诗人更多的心血。先看第一个方面:律诗的声律即平仄相对相粘之规律,但杜诗在遵守这个规律的同时还有更为细密的讲求,即双声叠韵的运用。清人周春著有《杜诗双声叠韵谱括略》八卷,对杜诗中运用双声叠韵的情形作了十分详细的论述。在周书所举的五百六十八联双声例句中,出于律诗的有四百十联;在二百九十联叠韵例句中,出于律诗的有二百三十一联,可见杜诗中的双声叠韵主要是用于律诗的(参看刘知渐、熊笃《如何理解杜甫的诗律》,《草堂》1983 年第 1 期)。周氏指出:"双声叠韵,分而言之,三百篇所早有。沿及两汉魏晋,莫不皆然。但尔时音韵之学未兴,并无所谓双声叠韵名目,故散见而不必属对也。自沈约创四声切韵,有'前浮声,后切响'之说,于是始尚对者。或各相对,或互相对,调高律谐,最称精细。唐初律体盛行,而其法愈密,惟少陵尤熟于此,神明变化,遂为用双声叠韵之极则。"(《杜诗双声叠韵谱括略》卷一)他把杜诗中的双声叠韵与律诗联系起来予以考察,并指出其历史渊源,是很有道理的。虽然周氏在具体分析时颇流于琐碎,但他确实独具只眼地指出了杜诗声律精妙的一个奥秘,我们试看几个例子(字下加"—"号为双声,字下加"·"号为叠韵):

美名人不及,佳句法如何。(《寄高三十五书记》)

卑枝低结子,接叶暗巢莺。(《陪郑广文游何将军山林十首》之二)

新松恨不高千尺,恶竹应须斩万竿。(《将赴成都草堂先寄严郑公五首》之四)

恍惚寒山暮,逶迤白雾昏。(《西阁夜》)

　　消息多旗帜，经过叹里闾。(《赠李八秘书别三十韵》)

　　云移雉尾开宫扇，日绕龙鳞识圣颜。(《秋兴八首》之五)

有双声对双声，有叠韵对叠韵，也有双声对叠韵，还有两句中各用二组或三组双声叠韵的，错综变化，不拘一格。这样做的结果是使律诗的声调更显得回环往复，铿锵悦耳，实可视为对律诗平仄格律的加强。

　　我们再看第二个方面：杜诗中的对仗之工整精妙，历来使人叹为观止，限于篇幅，不能一一细述。这里只想指出下面两种情形：一是"当句对"，例如：

　　南极一星朝北斗，五云多处是三台。(《送李八秘书赴杜相公幕》)

　　高江急峡雷霆斗，翠木苍藤日月昏。(《白帝》)
　　古往今来皆涕泪，断肠分手各风烟。(《公安送韦二少府匡赞》)

末一例中"古往今来"与"断肠分手"、"涕泪"与"风烟"分别是两组句中自对，所以这一联诗貌似不对而实为工对。二是"流水对"，例如：

　　谁怜一片影，相失万重云。(《孤雁》)

　　岂谓尽烦回纥马，翻然远救朔方兵。(《诸将五首》之二)

流水对使诗句呈一气流转之风姿，从而避免了对仗易有的板重之病。

　　由此可见，杜甫对于律诗的格律不仅是遵循规则，而且有所创造，其"诗律细"的程度已超越了格律的要求。

　　一般说来，诗歌的样式与内容之间并不存在固定的对应关系。但五七言律诗在发展的初期有一个约定俗成的题材范围。在初、盛唐时期，题材范围最狭窄的诗体要算是七律，它一开始几乎总是以应制诗的面目出现的。稍后，它的题材范围渐渐扩大到文人唱酬、流连光景等,但仍是畛域甚小。五律的情况要好一些,但也不外是抒写性灵、描摹景物和咏史怀古等,与古体诗相比,它的题材范围仍然不够宽广。在杜甫之前,这基本上已成了一种风会。杜甫的早期诗作也显示出他受到这种风会的影响,但他后来却用自己的创作实践打破了这一藩篱,从而为律诗的题材内容开辟了新的天地。让我们以七律为例对此作一些论述。

七律滥觞于梁、陈,定型于初唐。①初唐及盛唐前期的七律虽然声律对仗日趋精严,但内容的狭小、贫乏严重地影响着这种新诗体在艺术上的发展,即使是杜甫也未能例外。例如作于乾元初年的《奉和贾至舍人早朝大明宫》、《紫宸殿退朝口号》、《题省中壁》等诗,内容近于应制诗,艺术上也并不比其他诗人高明。②但是杜甫的七律很快就打破了"应制之体"的束缚:

曲江二首(其一)

　　一片花飞减却春,风飘万点正愁人。且看欲尽花经眼,莫厌伤多酒入唇。江上小堂巢翡翠,苑边高冢卧麒麟。细推物理须行乐,何用浮名绊此身?

此诗亦作于乾元初年,可是它从内容到形式都已体现了新的气象。刘辰翁评曰:"小纵绳墨,最是倾倒,律诗不甚缚律者。"(《唐诗品汇》卷八四引)此诗声调谐婉,对仗工稳,并不像杜甫的晚期七律那样拗峭偃蹇,为什么竟是"不甚缚律者"呢?蒋金式评曰:"只一落花,连写三句,极反复层折之妙。接入第四句,魂消欲绝。"(《杜诗镜铨》卷四引)这是从意脉语气的角度作出的回答,说得很好。但我们认为

---

① 七律形式的最后确立在唐中宗景龙年间,见赵昌平《初唐七律的成熟及其风格渊源》(载《中华文史论丛》1986年第4辑)。

② 例如贾至、王维、杜甫、岑参的四首《早朝大明宫》诗,后人或以王诗为最佳(如胡震亨、冯舒),或以岑诗为最佳(如杨万里、陆时雍),也有人认为杜诗最佳(如何焯),但是正如纪昀所言,"此种题目无性情风旨之可言,仍是初唐应制之体。"(《瀛奎律髓汇评》卷二)所以四人之诗难分高下。

更为重要的原因在于此诗的内容已经与"应制之体"相去甚远了：诗从落花写起，在无可奈何的伤春情绪中浸透着深沉的人生感慨，第三联的写景中更融入了对国家兴衰的伤感。举凡歌功颂德之语，端庄华丽之景，都已一扫而空。不平衡的感情注入了以对称、平衡为基本特征的形式之中，就是此诗"不甚缚律"的深层原因。随着杜甫人生阅历的越来越丰富，人生感慨的越来越深沉，他的七律也离"应制之体"越来越远。杜甫入蜀以后，他的七律已经以抒写漂泊支离的身世之感和忧国忧民的情怀为主要内容，从而完成了为七律题材开拓新天地的使命。这种开拓在七律的发展过程中具有划时代的意义，其中最重要的一点是在七律中注入了丰富而深刻的政治内涵，使这种诗体彻底跳出了宫廷和贵族生活的小圈子，从而成为能够表现社会、时代等广阔内容的新手段。[①]管世铭云："七言律诗至杜工部而曲尽其变。……其气盛，其言昌，格法、句法、字法、章法无美不备，无奇不臻。横绝古今，莫能两大。"（《读雪山房唐诗钞》卷一八《七律凡例》）诚为确论。七律艺术所以会在杜甫手中臻于成熟而且曲尽其变，题材内容的开拓是根本原因。

刘熙载曰："律诗声谐语俪，故往往易工而难化。"又曰："律诗不难于凝重，亦不难于流动，难在又凝重又流动耳。"（《艺概》卷二）这是他对自唐至清历时一千多年的律诗发展史的总结。杜甫虽然生活在律诗刚刚形成的时代，但他在实际创作中也已领悟到这个艺术规律了。杜甫论诗曰："精微穿溟涬，飞动摧霹雳"（《夜听许十一诵诗爱而有作》），"雕刻初谁料，纤毫欲自矜。神融蹑飞动，战胜洗侵陵"（《寄刘峡州伯华使君四十韵》），"思飘云物动，律中鬼神惊"（《敬赠郑谏议十韵》），这些话都表示了"工而能化"、"又凝重又流动"的意思。如上所述，杜诗的声调、对仗等细节方面已经体现了严整之中包含变化的特点，而杜诗的意脉、章法则更是从整体上体现了"思飘云物动，律中鬼神惊"的艺术化境。

月　夜

今夜鄜州月，闺中只独看。遥怜小儿女，未解忆长安。香雾云鬟湿，

---

① 参看程千帆、张宏生《七言律诗中的政治内涵》（载《被开拓的诗世界》）。

清辉玉臂寒。何时倚虚幌，双照泪痕干？

王嗣奭赞曰："意本思家，而偏想家人之思我，已进一层。至念及儿女不能思，又进一层。"(《杜臆》卷二)今人分析此诗时也常常复述这个观点，其实除了构思奇特之外，此诗还有一个重要特点，即意脉的流转自如。诗人独自在沦陷的长安，有家难归，因望月而怀远。首联想象在鄜州的家中，妻子正独自望月。颔联中有"遥怜"二字，似乎叙事的角度又回到了长安，其实这仍是烘托妻子之孤单：儿女幼小，不解思父，故只能"闺中独看"。颈联摹写她在月光下的情态，曰"湿"曰"寒"，都是形容她望月时间之久。尾联双绾，既是代述妻子心事，也是表示自己的希望。虽然诗人的思绪在两地间来回跳荡，可是全诗的意脉是多么的流畅！

禹　庙

禹庙空山里，秋风落日斜。荒庭垂橘柚，古屋画龙蛇。云气嘘青壁，江声走白沙。早知乘四载，疏凿控三巴。

仇兆鳌赞曰："只此四十字中，风景形胜，庙貌功德，无所不包。其局法谨严，而气象弘壮，读之意味无穷。"并且分析道："首二秋至禹庙，三四庙中之景，五六庙外之景，末乃因禹庙而遡禹功。"(《杜诗详注》卷一四)从表面上看，杜诗确是如此：层次清晰，"局法谨严"。然而事实上中间二联绝非单纯写景，因为贡橘柚、驱龙蛇都是大禹的功绩。[①]而"嘘青壁"、"走白沙"，"造物之气势，即神禹之气势也"(《读杜心解》卷三)，都紧扣了禹的事迹。所以此诗的意脉是：首联慨叹禹庙之古老荒凉，中二联既是写景，也是缅怀禹治水安民之事迹，并想象禹凿山导江之气势，末联以正面赞颂禹功作结。如果说《月夜》的意脉贯若联珠，那么《禹庙》的意脉则如

①《尚书·禹贡》："岛夷卉服，厥篚织贝，厥包橘柚锡贡。"《孟子·滕文公下》："禹掘地而注之海，驱蛇龙而放之菹。"按：最早指出这二句杜诗是用典的是宋人孙觉(莘老)，说见晁说之《晁氏客语》。

草蛇灰线,似断实连,两首诗在意脉上一明一暗,异曲同工。一般说来,律诗的严整形式(尤其是中间二联的对仗)容易造成意脉的中断,而杜甫的律诗却做到了"外文绮交,内义脉注。跗萼相衔,首尾一体"(《文心雕龙·章句》),这是杜甫的律诗出类拔萃的重要原因。

上面分析了杜甫的二首五律,然而清人黄子云说:"杜之五律、五七言古,三唐诸家亦各有一二篇可企及。七律则上下千百年无伦比。其意之精密,法之变化,句之沉雄,字之整练,气之浩汗,神之摇曳,非一时笔舌所能罄。"(《野鸿诗的》)可见杜甫律诗的飞动神妙主要体现在七律之中。让我们看几个例子:

闻官军收河南河北

剑外忽传收蓟北,初闻涕泪满衣裳。却看妻子愁何在,漫卷诗书喜欲狂。白日放歌须纵酒,青春作伴好还乡。即从巴峡穿巫峡,便下襄阳向洛阳。

此诗是杜甫的"生平第一首快诗"(《读杜心解》卷四),明末黄周星评曰:"写出意外惊喜之况,有如长江放溜,骏马注坡,直是一往奔腾,不可收拾。"(《唐诗快》卷二)如此流转自如的语气、如此贯若连珠的意脉,显然具有近于古诗的特征,李因笃评此诗说:"律中当带古意,乃致神境。然崔颢《黄鹤楼》以散为古,公此篇以整为古,较崔作更难。"(《杜诗集评》卷三)的确,像崔颢《黄鹤楼》那样的七律,作于七律调式尚未成型之时,平仄不甚谐,对仗不甚工,带有"古意"是情理中事。可是杜甫的这首七律不但通首合律,而且尾联也对仗工稳,如此严整的形式竟然丝毫没有束缚其跳动的情思,真是难能可贵。那么,此诗的奥秘在于何处呢?清人顾宸指出:"此诗之'忽传'、'初闻'、'却看'、'漫卷'、'即从'、'便下',于仓卒间写出欲歌欲哭之状,使人千载如见。"(《杜诗详注》卷一一引)虚词的斡旋确是此诗语气流转的原因之一,但更值得注意的却正是意脉的流畅:首联写初闻喜讯之激动;颔联虽为对仗,但"看妻子"与"卷诗书"实为两个连续性的动作,而且正是在"涕泪满衣"后才有的动作;颈联承"喜欲狂"而来,因喜而放歌纵酒,且思及还乡;尾联遂筹划还乡路径,不但用流水对法,而且一连嵌入四个地名,以见其思绪之飞扬。从首至尾,感情如突然开闸后泻出的洪流,意脉也随之一气流注。

登 高

　　风急天高猿啸哀,渚清沙白鸟飞回。无边落木萧萧下,不尽长江滚
　　滚来。万里悲秋常作客,百年多病独登台。艰难苦恨繁霜鬓,潦倒新停
　　浊酒杯。

胡应麟评此诗为"古今七言律第一"(《诗薮》内编卷五),诚非虚誉。胡氏又把此诗与崔颢《黄鹤楼》、沈佺期《古意呈乔补阙知之》二首七律进行对比:"《黄鹤楼》、'郁金堂',皆顺流直下,故世共推之。然二作兴会适超,而体裁未密;丰神故美,而结撰非艰。若'风急天高',则一篇之中句句皆律,一句之中字字皆律,而实一意贯串,一气呵成。骤读之,首尾若未尝有对者,胸腹若无意于对者。细绎之,则锱铢钧两,毫发不差,而建瓴走坂之势,如百川东注于尾闾之窟。"(同上)这个观点与上引李因笃评《闻官军收河南河北》之言如出一辙,并非偶然。正如胡氏所云,《登高》一诗"句句皆律"、"字字皆律",在形式上特别严整精致。全诗四联都对仗工稳,即以首联而言,不但两句相对,而且首句中"风急"对"天高"、次句中"渚清"对"沙白",句中自对也极为精当。诗中没有使用虚字来斡旋语气,而且前二联写景,后二联抒情,章法井然有序。然而此诗的意脉并未被截断、阻隔,反而更见流动、顿挫之妙:前四句写登高所见,目光从高到低,又由近及远,写景极有层次,而且首句主要写听觉,次句则写视觉,三、四句既写所见之景,又含所闻之声,错综变化地写出了一幅有声有色的寥廓秋景。后四句转入抒情,由于"不尽长江滚滚来"一句所写视野极为辽远,所以下接"万里"二字,过渡无痕。颈联被罗大经称为"十四字之间含八意"(见本章第一节),然而,层次之间脉络通畅,而且上句以"客"字收尾,下句即转入自身多病之意,句与句之间也承接自然。抑塞历落的感情、百折千回的思绪竟被纳入严整工细的形式之中,奥妙在于意脉之流动贯穿,这说明杜甫对七律这种形式的运用已达到了随心所欲而不逾矩的地步了。

  杜甫的七律也常常借助逆接、倒插的章法来体现跳掷飞动的气势，例如《登楼》的首联："花近高楼伤客心，万方多难此登临"。施补华云："起得沉厚突兀。若倒装一转：'万方多难此登临，花近高楼伤客心。'便是平调。"（《岘佣说诗》）的确，按正常的思维顺序，本该先说"万方多难"，但杜诗人手便推出"伤客心"三字，使人触目惊心，取得了很好的艺术效果。又如《送路六侍御入朝》的前半部分："童稚相亲四十年，中间消息两茫然。更为后会知何地？忽漫相逢是别筵！"一、二、四句都是按时间顺序写的，可是第三句忽入倒插，逆接下句，不但意脉跳荡，打破了平铺直叙的单调，而且生动地渲染了诗人对相逢之艰难、短促的感受。

  杜甫还善于把大开大阖、波澜起伏的古诗章法纳入七律之中，这一特点有时体现在一联里面，例如："锦江春色来天地，玉垒浮云变古今"（《登楼》），上句写空间之广漠，下句写时间之悠远；"江间波浪兼天涌，塞上风云接地阴"（《秋兴八首》之一），上句从地写到天，下句从天写到地；"王侯第宅皆新主，文武衣冠异昔时"（《秋兴八首》之四），上句从昔写到今，下句从今写到昔，等等。更多的则是体现在一篇之中。如：

阁　夜

  岁暮阴阳催短景，天涯霜雪霁寒宵。五更鼓角声悲壮，三峡星河影动摇。野哭千家闻战伐，夷歌几处起渔樵。卧龙跃马终黄土，人事音书漫寂寥。

颔联上句写所闻之声，以时间为背景，下句写所见之象，以空间为背景，跨度极大，但合起来则声情摇曳地写出了一个雄浑的夜境。颈联一哭一歌，诗人的感情也随之抑扬起伏。尾联上句尤称奇绝："卧龙跃马"写历史上的英雄人物，英姿飒爽，意气风发，竟以"终黄土"三字一笔兜转，句中自为开阖，何等笔力！全诗从岁暮异乡之凄寂写到三峡夜景之悲壮，又从眼前之萧瑟写到历史上的雄豪，最后归于寂寥，真有上天入地、俯仰古今之慨。而章法之开阖变化，正如冯舒所云："无首无尾，自成首尾。无转无接，自成转接。但见悲壮动人。"（《瀛奎律髓汇评》卷一）

最能从整体上体现杜甫七律之艺术造诣的当推《秋兴八首》。《秋兴八首》在形式上极其工整华美,以至于招致了一些批评,① 然而诗人以飞动的思绪纵横于上下千年、南北万里之间,在整饬工丽的语言外壳下是流动、跳荡的意脉,所以章法上开阖错综,变化不测。明人陈继儒云:"云霞满空,回翔万状,天风吹海,怒涛飞涌,可喻老杜《秋兴》诸篇。"(《杜诗详注》卷一七引)话虽说得有点朦胧,却生动地说出了人们读《秋兴八首》时的总体感受。②

除了七律之外,杜甫的五言排律也堪称一绝。我们在第一章第三节曾对杜甫喜爱五排的情形予以论述,现举一首篇幅较短的作品为例:

哭台州郑司户苏少监

故旧谁怜我,平生郑与苏。存亡不重见,丧乱独前途。豪俊何人在,文章扫地无。羁游万里阔,凶问一年俱。白日中原上,清秋大海隅。夜台当北斗,泉路窅东吴。得罪台州去,时危弃硕儒。移官蓬阁后,谷贵殁潜夫。流恸嗟何及,衔冤有是夫。道消诗发兴,心息酒为徒。许与才虽薄,追随迹未拘。班扬名甚盛,嵇阮逸相须。会取君臣合,宁铨品命殊。贤良不必展,廊庙偶然趋。胜决风尘际,功安造化炉。从容询旧学,惨淡闷阴符。摆落嫌疑久,哀伤志力输。俗依绵谷异,客对雪山孤。童稚思诸子,交朋列友于。情乖清酒送,望绝抚坟呼。疟病餐巴水,疮痍老蜀都。飘零迷哭处,天地日榛芜。

首八句写自己与苏、郑二人的交谊及分离后闻其噩耗之经过,接下来十句分别叙述苏、郑的不幸遭遇,下面十四句追忆二人生前的事迹,最后十二句写自己流落异

---

① 明人郝敬云:"王元美谓其藻绣太过,肌肤太肥,造语牵率而情不接,结响凑合而意未调。"(《杜诗详注》卷一七引)按:王世贞字元美,著有《艺苑卮言》八卷,然检之未见此言。
② 前人对于《秋兴八首》的分析、评论极多,叶嘉莹先生撰有《杜甫秋兴八首集说》一书,长达四十万字,可参看。

地并遥致哀悼之意,意脉流转自如,读之几忘其为排律。清人卢世㴶曰:"想诗成时,热泪一涌而出,不复论行点矣,是以谓之哭也。"(《杜诗详注》卷一四引)诚然,正是由于诗人痛悼故人,悲伤之情不能自已,所以泪墨和书,一气呵成。然而此诗确为字俪句偶的排律,形式相当严整。首先是对仗工稳:除了首尾两联外,中间二十联都对得很工,"得罪台州去"以下四句,胡仔称为"扇对格",即"第一与第三句对,第二与第四句对"(《苕溪渔隐丛话》前集卷九),对法工巧而灵活。其次是章法细密:开头写郑、苏怜我,末尾写己哭苏、郑,互相呼应,而且开头突兀而起,结尾意接混茫,起结俱妙。第二段分写苏、郑二人的不幸,先是一句写苏,一句写郑;再一句写苏、一句写郑;然后是二句写郑,二句写苏,布置极为匀称,又有所变化。这样的排律真称得上是"思飘云物动,律中鬼神惊",用元稹的话说,就是"辞气豪迈而风调清深,属对律切而脱弃凡近"了。必须指出的是,在杜甫的一百二十七首五排中,这样的作品为数甚多,有些长达四十韵、五十韵甚至一百韵的长篇五排也仍有飞动变化之妙,[①]这真是惊人的艺术壮观。

刘熙载说:"近体气格高古尤难,此少陵五排、五七律所以品居最上。"又说:"少陵以前律诗,枝枝节节为之,气断意促,前后或不相管摄,实由于古体未深耳。少陵深于古体,运古于律,所以开阖变化,施无不宜。"(《艺概》卷二)这两段话说得极好,杜甫所以能在律诗的严整形式中开阖顿挫,纵意所如,"运古于律"确是其独得之秘。

五 / 境界:"凌云健笔意纵横"

大约在代宗宝应元年(762),年过半百的杜甫作《戏为六绝句》,其一云:"庾信文章老更成,凌云健笔意纵横。"这是对庾信诗赋的高度评价,也是对杜诗境界的

① 例如《秋日夔府咏怀奉寄郑监李宾客一百韵》,卢世㴶评曰:"此是集中第一首长诗,其中起伏转折,顿挫承递,若断若续,乍离乍合,波澜层叠,毫无丝痕,真绝作也。"(《杜诗详注》卷一九引)

夫子自道。而且，庾信的诗赋确实到了暮年才臻于高境，可是杜诗却早在诗人中年时就已具有"老成"的特点了。所谓"老成"，不是一种艺术风格，而是一种艺术境界，其确切内涵即"凌云健笔意纵横"，也就是能纵心所欲地表现一切内容，传递各种感情，而不受技巧、形式、乃至题材走向等传统的束缚，变化神妙，浑成无迹。从长安十年开始，杜甫的诗歌就逐渐接近了这种境界。我们看两首杜甫入蜀以前所作的诗：

苏端薛复筵简薛华醉歌

　　文章有神交有道，端复得之名誉早。爱客满堂尽豪杰，开筵上日思芳草。安得健步移远梅，乱插繁花向晴昊？千里犹残旧冰雪，百壶且试开怀抱。垂老恶闻战鼓悲，急觞为缓忧心捣。少年努力纵谈笑，看我形容已枯槁。座中薛华善醉歌，歌词自作风格老。近来海内为长句，汝与山东李白好。何刘沈谢力未工，才兼鲍照愁绝倒。诸生颇尽新知乐，万事终伤不自保。气酣日落西风来，愿吹野水添金杯。如渑之酒常快意，亦知穷愁安在哉！忽忆雨时秋井塌，古人白骨生青苔，如何不饮令心哀！

此诗作于至德二载(757)，刘辰翁评曰："此老歌行之妙，有不自知其所至者。"(《唐诗品汇》卷二八引)张溍则曰："纵横排宕中法律井井，想见得心应手之妙。"(《杜诗镜铨》卷三引)张甄陶亦曰："极天然，极老到，真不可及。"(同上)三个说法不同，但意思颇为接近，即意畅笔健，已臻老成之境。入手便发议论，颇觉突兀，但后面以"爱客"与"善醉歌"分别承之，意脉清晰。而且这两段的字句不施丹彩，苍劲老健。最妙的是诗人的思绪两次飞扬远去：第一次思及芳草、远梅，又想到千里冰雪，而"百壶"句一笔兜回，又回到筵席的题目上来。第二次更是想入非非，"气酣"一句，笔力何等酣畅！下句云"野水添金杯"，又将思绪拉回，此句貌似无理，但一则不这样就难以与上句衔接，二则这正可暗示是在无可奈何的境况中的幻想，故实为无理而妙之句。最后三句竟想到秋井白骨，情极凄惨，可是句子并无衰飒之气，末句且能振起，而且又以"饮"字扣题。总之，此诗思绪跳荡飞扬，随意纵横，章法句法也随之变化莫测，真可说是"文章有神"了。

九日蓝田崔氏庄

老去悲秋强自宽,兴来今日尽君欢。羞将短发还吹帽,笑倩旁人为正冠。蓝水远从千涧落,玉山高并两峰寒。明年此会知谁健?醉把茱萸仔细看。

此诗作于乾元元年(758),杨万里评首联曰:"字字对属。又第一句顷刻变化,才说悲秋,忽又自宽。以'自'对'君'甚切,'君'者,君也。'自'者,我也。'羞将短发还吹帽,笑倩旁人为正冠。'将一事翻腾作一联,又孟嘉以落帽为风流,少陵以不落为风流,翻尽古人公案,最为妙法。'蓝水远从千涧落,玉山高并两峰寒。'诗人至此,笔力多衰,今方且雄杰挺拔,唤起一篇精神,自非笔力拔山,不至于此。'明年此会知谁健,醉把茱萸仔细看。'则意味深长,悠然无穷矣。"(《诚斋诗话》)杨氏此评颇为透彻,此诗最大特点就是在律诗的严整形式内能让思绪、意脉纵横自如地飞动,句中抑扬,翻用典故,都体现了打破传统写法的精神。颈联本该承颔联而下,此处却笔势陡起,截断众流,章法极为潇洒。尾联意稍颓唐,但诗笔仍老健。[①]

然而,杜诗真正跃入"凌云健笔意纵横"的老成境界是在杜甫入蜀以后,尤其是在他到夔州以后。宋人对于杜甫的夔州诗特别注意,黄庭坚说:

> 但熟观杜子美到夔州后古律诗,便得句法简易,而大巧出焉。平淡而山高水深,似欲不可企及。文章成就,更无斧凿痕,乃为佳作耳。(《与王观复书》之二,《豫章黄先生文集》卷一九)

> 好作奇语,自是文章病。但当以理为主,理安而辞顺,文章自然出类拔萃。观杜子美到夔州后诗,韩退之自潮州还朝后文章,皆不烦绳削而自合矣。(《与王观复书》之一,《豫章黄先生文集》卷一九)

① 方回解尾句为"仔细看茱萸"(《瀛奎律髓汇评》卷一六),沈德潜则以为"茱萸,酒名,言把酒而看蓝水、玉山"(《唐诗别裁》卷一三),二说皆通,沈说稍胜,但解茱萸作酒名则为画蛇添足。

朱熹的看法与此针锋相对：

> 人多说杜子美夔州诗好，此不可晓。夔州诗却说得郑重烦絮，不如
> 他中前有一节诗好。鲁直一时固有所见，今人只见鲁直说好，但却说好，
> 如矮人看戏耳。① (《朱子语类》卷一四〇)

> 杜甫夔州以前诗佳，夔州以后，自出规模，不可学。(同上)

> 杜诗初年甚精细，晚年横逆不可当，只意到处便押一个韵。(同上)

从表面上看，黄庭坚对杜甫的夔州诗极口赞誉，而朱熹对之肆意贬低，正如水火之
不相容。然而清人潘德舆指出："夫'横逆不可当'者，风动雷行，神工鬼斧，即山谷
所谓'不烦绳削而自合'者也。世人不玩朱子'横逆不可当'之意，而耳食朱子'夔
州以后自出规模'之说，便疑其老而漫与，率笔颓唐，无关佳处。"(《养一斋李杜诗
话》卷二)潘氏看出"横逆"与"不烦绳削"实指同一个特征，很有眼光。其实"自出
规模"与"横逆不可当"的意思非常接近，都是说纵意所如，不再遵循传统的诗歌法
则。"郑重烦絮"意即词繁意复，不够精练，②也即率意挥洒，不甚推敲字句的意
思，这层意思也可包含在"横逆不可当"里面。所以我们认为朱熹对夔州诗的批评
虽有多种说法，但其着眼点几乎是重叠的：他认为杜甫晚年作诗不再遵循固有的
法度(尤指"选诗"的法度，详后)，也不复着意推敲字句，而是随心所欲地率意成
篇，而这正是黄庭坚大加赞赏的艺术境界。两人的分歧在于：黄认为这种做法是
"自合"，而朱认为是"自出规模"，即"不合"。为什么对同一种境界有截然相反的

---

① 朱熹此语并非无的放矢，如南宋前期的陈善云："观子美到夔州以后诗，简易纯
熟，无斧凿痕，信是如弹丸矣。"(《扪虱新话》上集卷一)基本是对黄庭坚观点的
复述。
② 《汉书》卷九九："然非皇天所以郑重降符命之意。"颜师古注云："郑重，犹言频
烦也。"

评判呢？我们认为这是由于两人采取的标准不同。朱熹批评夔州诗时有一个明确的参照物，即"选诗"，他说："李太白始终学选诗，所以好。杜子美诗好者，亦多是效选诗，渐放手。夔州诸诗，则不然也。"（《朱子语类》卷一四〇）所谓"选诗"，即《文选》中选录的汉魏六朝诗。①毫无疑问，李、杜二人都是善于学习汉魏六朝诗的，由于汉魏六朝诗人在诗歌艺术上长期探索的成绩已凝聚在律诗这种新诗体之中，而杜甫显然比李白更倾心于律诗，所以我们有理由说杜甫之学习"选诗"比李白有过之而无不及。②但是朱熹说杜甫"渐放手"，也是符合事实的，杜甫的晚期诗作，确实体现了与"选诗"分道扬镳的倾向。可是为什么这就是不好呢？众所周知，唐诗虽然是汉魏六朝诗的继续，但就整体成就而言，唐诗毕竟极大地超越了汉魏六朝诗，这正是文学自身的发展规律所决定的。如果唐代诗人都"始终学选诗"的话，那么唐诗恐怕会始终停留在初唐的水平上，根本不可能产生盛唐诗及中、晚唐诗，也就不会有作为一代之胜的唐诗了。朱熹看出杜甫与"选诗"始合终离的关系，目光是敏锐的，但他因此而否定杜甫的夔州诗，则体现了一种保守的文学观念。黄庭坚评杜甫夔州诗时没有说出明确的参照物，但事实上他是以宋诗的审美规范作为标准的，"平淡而山高水深"及"以理为主，理安而辞顺"两句话就透露了个中秘密。从梅尧臣开始，宋人就视"平淡"为诗美的最高境界。苏轼说："凡文字少小时须令气象峥嵘，采色绚烂，渐老渐熟，乃造平淡。其实不是平淡，绚烂之极也。"（赵德麟《侯鲭录》卷八引）黄庭坚所说的"平淡而山高水深"也即"绚烂之极"的意思，这是北宋诗坛上的共识，而不是黄氏个人的偏嗜。应该指出，虽说"平淡"的境界要到宋代才成为诗人们自觉地追求的目标，但它作为一种朦胧的审美理想早就体现于唐诗甚至是南朝诗歌了。换句话说，对于平淡美的追求实际上是贯穿于中国古代诗歌的整个发展过程的。③所以黄庭坚对杜甫夔州诗的赞扬不但体现

---

① 由于萧统是梁代人，故《文选》所选诗人中时代最迟的是梁代陆倕（卒于梁普通七年〔526〕），未及陈、隋。

② 近代"选学"名家李详撰有《杜诗证选》一文（载《李审言文集》），对杜诗在语言艺术方面与"选诗"的渊源关系论之甚详，可参看。

③ 参看韩经太《中国诗学的平淡美理想》，《中国社会科学》1991年第3期。

了历史的目光,而且体现了进步的文学观念,是对杜诗创新意义的肯定。

现在让我们来看杜甫晚期创作的实际情况。

杜甫晚年时作诗的方式有了很大的变化。一方面,他仍像早年一样在诗歌艺术上刻苦锤炼,精益求精;另一方面,他开始随意挥洒,漫不经心。用杜甫自己的话来说,前者就是"颇学阴何苦用心"(《解闷十二首》之七)、"晚节渐于律诗细"(《遣闷戏呈路十九曹长》),后者则是"老去诗篇浑漫与"(《江上值水如海势聊短述》)。①对于这两种似乎是互相矛盾的写作态度,仇兆鳌解释说:"律细,言用心精密。漫与,言出手纯熟。熟从精处得来,两意未尝不合。"(《杜诗详注》卷一八)这样的解释在字面上可谓周匝,但是从杜甫晚期的创作实际来看,所谓的"漫与"并不仅仅指"出手纯熟",而是指超越了"苦用心"、"诗律细"的阶段而进入了纵意所如的境界。我们先以七律为例对此作一些说明。

七律的格律很精严,这使得它具有整齐、对称的形式美,无论在声调还是在文字上都是如此。杜甫在七律格律的确立过程中作出了很大的贡献,他的许多七律写得极其工整、精美(见本章第四节),然而杜甫的晚期七律中也有面目迥异的作品:

愁

　　江草日日唤愁生,巫峡泠泠非世情。盘涡鹭浴底心性?独树花发自分明。十年戎马暗万国,异域宾客老孤城。渭水秦山得见否?人今罢病虎纵横。

诗人于题下自注云:"强戏为吴体。"方回云:"拗字诗在老杜集七言律诗中谓之'吴体',老杜七言律一百五十九首,而此体凡十九出。不止句中拗一字,往往神出鬼没。虽拗字甚多,而骨格愈峻峭。"(《瀛奎律髓汇评》卷二五)可见"吴体"即后人所

---

① 《江上值水如海势聊短述》作于上元二年(761),《解闷十二首》作于大历元年(766),《遣闷戏呈路十九曹长》作于大历二年(767),都是晚期的作品。

说的"拗体",也即平仄不全合律的律诗。①此诗除了尾句外,七句都不完全入律,而且不甚注意粘对。既然说是"强戏为吴体",就不是像崔颢的《黄鹤楼》那样是格律尚未严格,而是有意识地打破平仄格律,在对称、回环的语音结构中揳入若干不对称、不和谐的音节,这使得全诗音调拗峭劲健,很好地配合了诗中抑塞不平的情感内蕴。应该指出,杜甫的拗体七律完全是随意为拗的,并不像后代的诗论家所归纳的那样,一定在第几句第几字用拗,又有一定的救法,甚至比正格律体更为繁琐。②我们只要把杜甫的十多首拗律相比一下,就可以看出它们"拗"的程度是各不相同的,是一种任意性很大的对格律的突破。

暮　归

　　霜黄碧梧白鹤栖,城上击柝复乌啼。客子入门月皎皎,谁家捣练风凄凄。南渡桂水阙舟楫,北归秦川多鼓鞞。年过半百不称意,明日看云还杖藜。

晓发公安

　　北城击柝复欲罢,东方明星亦不迟。邻鸡野哭如昨日,物色生态能几时?舟楫眇然自此去,江湖远适无前期。出门转盼已陈迹,药饵扶吾随所之。

这两首诗都是拗体七律,对于前一首,申涵光评曰:"有疏斜之致,不衫不履","律中带古,倾欹错落,尤为入化。"(《杜诗镜铨》卷一九引)方东树则评曰:"笔势回旋顿挫阔达,纵横如意,不流于直致,一往易尽。是乃所以为古文妙境,百炼钢化为绕指柔矣。"(《昭昧詹言》卷一七)对于后一首,王嗣奭评曰:"七言律之变至此而极

---

① 吴体是最早出现的拗体,郭绍虞先生认为吴体和拗体"亦微有分别:拗体可该吴体,吴体不可该拗体,这全是义界大小的关系"。(《论吴体》,《照隅室古典文学论集》下编)那是后来才发生的情形。
② 在清代赵执信《声调谱》、翟翚《声调谱拾遗》等书中都有拗体律诗之"谱",可参看。

妙,亦至此而神。此老夔州以后诗,七言律无一篇不妙,真山谷所云'不烦绳削而自合'者。"(《杜臆》卷一〇)这说明杜甫的拗律除了声律上较为散漫之外,在语言、结构方面也打破了七律形式固有的整饬、匀称、精美。所谓"疏斜之致","倾欹错落","不衫不履",意即语气疏宕流转,对仗似对非对,语言不施丹彩,这些诗在总体上呈朴老疏野之态,与那些精丽深密的七律大异其趣。黄庭坚称之为"不烦绳削而自合",方东树称之为"百炼钢化为绕指柔",其实是同一个意思,即超越了七律固有的形式、格律以及传统的技巧、手段等等因素的限制和束缚,从而得以随心所欲地运用、支配那些形式、格律、技巧、手段。

至于在形式上原来就较少限制的古体诗,晚年的杜甫更是运用自如,达到了出神入化的地步。我们在本章第三节中分析过《观公孙大娘弟子舞剑器行》等七古名篇在结构上变化莫测的情形,其实杜甫晚期的古诗大多写得纵横恣肆,即使是五古也是如此。例如《雷》、《火》、《毒热寄简崔评事十六弟》等诗,通篇铺叙,极力刻画,务求畅尽,不求含蓄。又如《课伐木》、《催宗文树鸡栅》、《种莴苣》等诗,对生活琐事细细叙述,"郑重烦絮"。这些诗都写得老健苍劲,意之所到,笔亦随之,不像杜甫早期的诗那样讲究章法布局。我们再看两首篇幅较短的七古:

短歌行赠王郎司直

王郎酒酣拔剑斫地歌莫哀,我能拔尔抑塞磊落之奇才。豫章翻风白日动,鲸鱼跋浪沧溟开。且脱佩剑休徘徊。西得诸侯棹锦水,欲向何门趿珠履?仲宣楼头春色深,青眼高歌望吾子,眼中之人吾老矣!

缚鸡行

小奴缚鸡向市卖,鸡被缚急相喧争。家中厌鸡食虫蚁,不知鸡卖还遭烹。虫鸡于人何厚薄,吾叱奴人解其缚。鸡虫得失无了时,注目寒江倚山阁。

前一首诚如卢世㴸所评,"突兀横绝,跌宕悲凉"(《杜诗详注》卷二一引)仇兆鳌分析说："此歌上下各五句。于五句中间,隔一韵脚,则前后叶韵处,不见其错综矣。此另成一章法。"其实此诗之妙正在于无章法,开始两句长达十一字,句子冗长而音节急促,抑塞历落的感情倾泻而出。第五句和第十句单押韵,也是随意起落,完全是一种不拘绳墨的写法。如果说前一首的语言还相当遒丽,尚未臻于平淡之境的话,那么后一首则已风花落尽,纯以老笔思理取胜了。何焯评曰:"句句转。"(《义门读书记》卷五二)的确,此诗在语言上故作枯率之笔,叙事也极其简练率真,然而思理曲折入胜,尾句尤妙,宋人陈长方云:"古人作诗,断句则旁入他意,最为警策。"(《步里客谈》卷下)所举例子即此诗。为什么尾句旁入他意就为"警策"呢?明末俞瓅评此诗云:"结语有举头天外之致。"(《杜诗镜铨》卷一五引)也就是说突然转入一个较高的境界,而在逻辑上切断与前面的联系,意脉的突然断裂当然会在读者的期待心理上产生紧张,从而发人深省。此诗前面七句都是写"鸡虫得失",琐琐屑屑,使人心烦意乱,尾句突然转入一个寥阔开朗的境界,暗示着只要在精神上处于超脱的境地,患得患失的世俗思虑都可消除。这种洗净了绮丽色泽,只剩下筋骨思理的诗,体现着平淡、老健的美,实已呈露出宋诗的风貌。无怪黄庭坚要对之大为赞赏,并一再仿效了。(详见第六章第三节)

综观杜甫晚期的诗歌,可以看出他确已从诗歌艺术的必然王国跃入了自由王国。诗人经过长期的艰苦探索,在诗歌艺术上已经有了极为丰富的积累,举凡炼字、构句、谋篇等技巧,声韵、对仗等格律,都不再是他表情达意的障碍或束缚,而是他能得心应手地运用的手段。唯其如此,他才可能达到"凌云健笔意纵横"的老成境界。

有一个问题需作一些补充说明。元人方回论杜甫晚期诗说:

> 大抵老杜集,成都时诗胜似关辅时,夔州时诗胜似成都时,而湖南时诗又胜似夔州时,一节高一节,愈老愈剥落也。(《瀛奎律髓》卷一〇)

> 山谷论老杜诗,必断自夔州以后。试取其自庚子至乙巳六年之诗观之,秦陇剑门,行旅跋涉,浣花草堂,居处啸咏,所以然之故,如绣如画。又

取其丙午至辛亥六年诗观之,则绣与画之迹俱泯。赤甲白盐之间,以至巴峡、洞庭、湘潭,莫不顿挫悲壮,剥落浮华。(《程斗山吟稿序》,《桐江集》卷一)

方回的话立论过偏,我们不认为杜诗完全是"一节高一节",尤其不认为"湖南时诗又胜似夔州时",其实黄庭坚论杜诗也并未"必断自夔州以后",但我们觉得方回说杜甫晚期诗"剥落浮华"是很有眼光的。"剥落浮华"与"平淡"的意思很接近,但是前者更具体、更准确地说出了杜甫晚期诗歌的美学特征及其由来。诚然,杜甫在夔州乃至在湖南的诗作中并不是没有高华遒丽、工稳深密的作品,律诗如《秋兴八首》,古诗如《追酬故高蜀州人日见寄》、《寄韩谏议注》等,都堪称"如绣如画"。然而杜甫晚期诗的主要倾向确是"剥落浮华",也就是洗净了绮丽风花,也就是绚烂之极归于平淡。从绮丽到"剥落",从绚烂到平淡,是艺术境界的升华,正如温度极高的火焰反而呈淡青色一样。我们这样说并不意味着轻视或否定绮丽、绚烂,并不意味着轻视或否定杜甫的前期诗歌,因为晚期杜诗与前期杜诗在艺术境界上的关系是发展、超越而不是抛弃、否定。前期杜诗遒丽、精工、法度森然,具有极高的审美价值。后期杜诗恣肆、朴野、挥洒如意,已臻于老成的境界。前者与当时整个诗坛的风会比较一致,后者则更多地体现着杜甫艺术成就的独到之处。我们知道,六朝诗歌的主要艺术成就是声律丽辞,所以在整体上呈现绮丽的风貌。初、盛唐诗人虽然对此有所批判、扬弃,但初、盛唐诗在骨力渐趋遒劲的同时仍保持着色泽秾丽的外貌。所以我们认为,杜甫晚期诗风的转变不仅仅是对他自己的超越,也是对整个时代的超越。从诗歌史的角度来看,杜甫晚期诗的老成境界是对六朝诗及继承六朝诗的初、盛唐诗的超越,并体现了中、晚唐诗乃至宋诗的发展趋势。典型地体现了宋诗特征的黄庭坚对杜甫的夔州诗予以高度评价,论诗坚守"选诗"法度的朱熹对夔州诗持批评态度,原因就在于此。

六 / 风格:"沉郁顿挫"

诗歌风格是诗人人格的艺术表现,一位伟大的诗人的人格必定具有丰富的内涵,所以其诗歌风格也必定具有多姿多彩的特征,杜诗就是如此。元稹说:"至于子美,盖所谓上薄风骚,下该沈、宋,古傍苏、李,气夺曹、刘,掩颜、谢之孤高,杂徐、庾之流丽,尽得古今之体势,而兼人人之所独专矣。"(《唐故工部员外郎杜君墓系铭并序》,《元氏长庆集》卷五六)宋人孙仅说:"公之诗支而为六家:孟郊得其气焰,张籍得其简丽,姚合得其清雅,贾岛得其奇僻,杜牧、薛能得其豪健,陆龟蒙得其赡博,皆出公之奇偏尔,尚轩轩然自号一家,爀世烜俗。"(《读杜工部诗集序》,《草堂诗笺·传序碑铭》)前者指出杜甫对前代诗人各种风格的兼收并蓄,后者指出杜甫对后代诗人多种风格的深刻影响,可见杜诗风格涵盖之广。王安石则正面指出杜诗风格之多样性:"至于甫,则悲欢穷泰,发敛抑扬,疾徐纵横,无施不可。故其诗有平淡简易者,有绮丽精确者,有严重威武若三军之帅者,有奋迅驰骤若泛驾之马者,有淡泊闲静若山谷隐士者,有风流酝藉若贵介公子者。"(《苕溪渔隐丛话》前集卷六引)宋人张表臣也举出例句说明杜诗具有"含蓄"、"奋迅"、"清旷"、"华艳"、"侈丽"、"发扬蹈厉"、"雄深雅健"等风格(《珊瑚钩诗话》卷一)。胡应麟更认为杜诗风格中包涵了许多组对立的因素:"杜则精粗、钜细、巧拙、新陈、险易、浅深、浓淡、肥瘦、靡不毕具"(《诗薮》内编卷四)。我们认为前人的这些说法都很有道理,而且认为杜诗风格的丰富多彩正是其高度艺术成就的体现。然而,一位伟大的诗人又必定具有非常独特的主导风格,这种风格就是诗人艺术个性的标志。

杜诗的主导风格是"沉郁顿挫"。

"沉郁顿挫"原是杜甫的自我评价,天宝九载(750),杜甫在《进雕赋表》中说:

> 臣幸赖先臣绪业,自七岁所缀诗笔,向四十载矣,约千有余篇。今贾马之徒,得排金门上玉堂者甚众矣。惟臣衣不盖体,尝寄食于人,奔走不暇,只恐转死沟壑,安敢望仕进乎?伏惟明主哀怜之。倘使执先祖之故事,拔泥涂之久辱,则臣之述作,虽不能鼓吹六经,先鸣数子,至于沉郁顿挫,随时敏捷,扬雄、枚皋之徒,庶可企及也。

如果我们以此为根据说杜诗的主导风格是"沉郁顿挫",那显然是理由不足。因为此时的杜甫年仅三十九岁,虽然他自称已有"千有余篇"作品,但今存不足四十首,也没有鲜明地体现出"沉郁顿挫"的风格来。而且,"贾、马"(即贾谊、司马相如)与扬雄、枚皋是辞赋作家而不是诗人,杜甫在献赋时把自己的"述作"与贾、马、扬、枚相比,则所谓"述作"多半是指赋而不是诗,这样,"沉郁顿挫"云云也多半是杜甫对自己的赋的评价。所以,我们说杜诗的主导风格是沉郁顿挫,原因不在于杜甫的自述,而在于这符合杜诗的实际情况。

先让我们看看"沉郁顿挫"这个风格术语的含义是什么。杜甫自称"至于沉郁顿挫,随时敏捷,扬雄、枚皋之徒,庶可企及也",不言而喻,他认为扬、枚的创作具有"沉郁顿挫,随时敏捷"的特点。枚皋的作品无传,[①]《汉书·枚皋传》说:"上有所感,辄使赋之。为文疾,受诏辄成。"可见他写作很快。扬雄的情况正相反,他作《甘泉赋》时,"卒暴,遂倦卧,梦五藏出地,以手收内之。"(桓谭《新论》)正如《文心雕龙·神思》所云:"扬雄辍翰而惊梦,……虽有巨文,亦思之缓也","枚皋应诏而成赋,……虽有短篇,亦思之速也。"所以"随时敏捷"只可能是指枚皋而言,由于这是指写作速度,不属于风格范畴,故此处不予讨论。"沉郁顿挫"则单指扬雄而言,扬雄作《方言》,刘歆作书与雄云:"非子云淡雅之才,沉郁之思,不能经年锐积,以成此书。"(《与扬雄书》,《全汉文》卷四〇)扬雄作文好深思,王充说他"造于眇思,极窈冥之深"(《论衡·超奇》),《汉书·扬雄传》说他"默而好深湛之思",刘勰也说:"子云属意,辞人最深"(《文心雕龙·才略》),可见"沉郁"原为思虑深沉之意。先唐的人说到"沉郁"时往往与"思"联系在一起,如陆机《思归赋》曰"伊我思之沉郁,怆感物而增悲",钟嵘《诗品序》曰"方今皇帝资生知之上才,体沉郁之幽思"等等,都证明了这一点。至于"顿挫",其含义比较明确,陆机《文赋》云:"箴顿挫而清壮。"《后汉书·郑孔荀传》云:"北海天逸,音情顿挫。"李贤注:"顿挫犹抑扬也。"可见"顿挫"意即抑扬、起伏、中有停顿,这既可指感情、声调,也可指文气、章法。从

---

① 枚皋的赋在初唐时已经失传,《隋书·经籍志》中没有记载,唐初的几部类书(如《艺文类聚》、《北堂书钞》)中也没有收录,可见杜甫也并未读到过枚皋的作品,所谓"随时敏捷"云云多半是指《汉书》等书中所记载的枚皋的写作方式,而不可能指其作品风格。

词源学的角度来看,"顿挫"本来就是风格术语,而"沉郁"则本指文学构思的一种状态。但是自从杜甫把"沉郁顿挫"合而论之以后,"沉郁"也逐渐转变成风格术语,而且其内涵也越来越丰富了,宋人严羽、明人高棅都将"沉郁"视为杜诗的主要风格,①这种观点受到后人普遍的认同。下面我们对杜诗"沉郁顿挫"的风格作一些具体的说明。

杜诗"沉郁顿挫"风格的具体内涵包括三个层面:第一层面是诗歌的表层,包括语言、意象、结构、声调等方面,举凡语言之凝炼、意象之精警、结构之波澜起伏、声调之抑扬顿挫,都给人以凝重、深沉、千锤百炼、千回百折之感,这在总体上形成了沉郁顿挫的艺术风貌,我们在前面几节中已有论述,这里不再重复。

第二个层面是诗歌的艺术构思,上文说过,"沉郁"的本义就是指文学构思而言的,而杜甫诗思之深刻堪称前无古人。杜甫自称:"为人性僻耽佳句,语不惊人死不休!"(《江上值水如海势聊短述》)又说:"陶冶性灵存底物?新诗改罢自长吟。孰知二谢将能事,颇学阴何苦用心。"(《解闷十二首》之七)相传李白作诗戏赠杜甫:"饭颗山头逢杜甫,头戴笠子日卓午。借问别来太瘦生,总为从前作诗苦。"(《见孟棨《本事诗·高逸第三》》)此诗多半是后人伪托,但描摹杜甫苦吟之状相当生动。既然杜甫作诗的方式是呕心沥血,惨淡经营,杜诗就必然呈深沉凝重之貌,而不可能像李白诗那样呈飘逸之姿。杜甫构思之深刻在作品中有两点主要的体现,一是含蓄,二是曲折。我们在第二章第二节中说过,杜甫对于儒家诗论是心领神会的,他既重视诗歌"兴、观、群、怨"的一面,又注意"温柔敦厚"的一面,所以他赞扬元结的《舂陵行》等诗是"比兴体制,微婉顿挫之词",而杜甫在创作中也很好地贯彻了这种精神。例如"三吏"、"三别"这一组诗,诗人对苦难的人民表示了深切的同情,对造成战乱的统治者和叛将表示了深刻的遣责,感情极其强烈,但表现方式则相当含蓄,不但叙事精炼,而且诗人感情仅在字里行间自然地流露出来。相比之下,白居易的新乐府诗叙事既伤太尽,诗人自己又在诗中大声疾呼,虽然剑

---

① 严羽《沧浪诗话·诗评》:"太白不能为子美之沉郁。"高棅《唐诗品汇·总序》:"开元天宝间则有……杜工部之沉郁。"

拔弩张,艺术感染力却远逊杜诗。再如《哀江头》一诗,对于玄宗、杨妃的历史悲剧表示了巨大的哀痛,与白居易《长恨歌》的主题相近,然而杜诗含蓄而白诗直露,所以苏辙评曰:"余爱其(按:指《哀江头》)词气如百金战马,注坡蓦涧,如履平地,得诗人之遗法,如白乐天诗词甚工,然拙于纪事,寸步不遗犹恐失之,此所以望老杜之藩垣而不及也。"(《苕溪渔隐丛话》前集卷一三引)这说明含蓄确是杜诗的一大特点。杜诗的曲折也令人惊叹,我们在第二章中分析过《自京赴奉先县咏怀五百字》、《北征》等大篇,在本章第三节中又分析了《前出塞九首》和《乾元中寓居同谷县作歌七首》这两组连章诗,这些作品波澜起伏,千回百折,极尽吞吐曲折之能事。即使是篇幅短小的律诗,在杜甫笔下照样能写入曲折尽致的旨意,例如:

和裴迪登蜀州东亭送客逢早梅相忆见寄

东阁官梅动诗兴,还如何逊在扬州。此时对雪遥相忆,送客逢春可自由?幸不折来伤岁暮,若为看去乱乡愁。江边一树垂垂发,朝夕催人自白头。

此诗颇为朴野疏宕,但是诗中旨意则极为曲折,浦起龙分析说:"官亭梅放,诗兴遄飞,高怀不减古人矣。尔时对景见忆者,当客别春回,旅怀怅触,其亦情不自禁乎?然以予迟暮羁栖,亦幸未蒙折赠耳。倘一枝触目,未免转益乡愁,即看此地江花早发,殊悲催老客途也。然则君而不念我也,君念我而寄我,不更使我徘徊难遣哉!意绪千端,衷肠百结,何图于五十六字曲曲传之!"(《读杜心解》卷四)含蓄、曲折使杜诗深沉隽永,一唱三叹,也就是说,构思的深刻是杜诗沉郁顿挫风格的深沉内涵。赵翼论杜诗说:"盖其思力深厚,他人不过说到七八分者,少陵必说到十分,甚至有十二三分者。其笔力之豪劲,又足以副其才思之所至,故深人无浅语。"(《瓯北诗话》卷二)这段话正说出了上述两个层面之间的关系。

第三个层面是凝聚在诗歌中的感情和思想。《尚书·舜典》云:"诗言志。"《毛诗序》云:"诗者,志之所之也。在心为志,发言为诗。情动于中而形于言。"后人对"志"的解释不尽相同,我们认为"志"本指志向、志意,其引申义则可泛指思想。

"情"当然是指感情,"志"和"情"实际上包含了诗人的全部心理活动,也即诗人的整个内心世界。①闳其中者肆其外,诗人的内心世界越是深沉,诗歌的风格也就越深沉,借用赵翼的话说,就是"深人无浅语"。我们在第一章第二节中说过,杜甫对儒学的核心内容——"仁"的思想终身服膺,须臾不离,他热爱生活,热爱亲友,热爱人民,热爱祖国,也热爱天地间一切生命和一切美好的事物,而且爱得深沉,爱得刻骨铭心。梁启超在一次演讲中把杜甫称为"情圣"(《情圣杜甫》,《杜甫研究论文集》一辑),绝非虚语。当然,仅仅具有深挚的感情还不一定形成沉郁的风格,如果杜甫一生都在开元盛世,那么杜诗也许会像李白诗一样的飘逸,可是正像我们在第一章第四节中所说的,杜甫受到了时代的"玉成"——他的一生主要是在"万方多难"的时代度过的。从旅食京华到漂泊湖湘,杜甫的生活是艰难困苦的,他的亲友离散四方,他的人民处在水深火热之中,他的祖国饱受战乱的蹂躏,甚至天地间一切生命和一切美好的事物都受到了损害和破坏:白鱼困密网,百鸟也在罗网,树木或枯或病,连雄丽的蜀山都蒙上了凄怆之气。总之,杜甫以满腔的爱心去拥抱的正是一个疮痍满目的外部世界,所以他的爱中充满着同情、悲悯、惋惜,是一种浓烈而又沉重的感情。而且,正如孔子所云,"唯仁者能好人,能恶人。"(《论语·里仁》)杜甫就是这样的"仁者",他爱得深,恨得也深,他自幼便"嫉恶怀刚肠"(《壮游》),遭逢乱离后更大声疾呼:"必若救疮痍,先应去蟊贼!"(《送韦讽上阆州录事参军》)可惜杜甫眼看着世间疮痍而不能救,眼看着蟊贼横行而无法除,所以深沉的感情就引起了深沉的痛苦。杜诗中有很多沉痛的句子,例如:

　　　汝曹催我老,回首泪纵横。(《熟食日示宗文宗武》)

　　　促觞激万虑,掩抑泪潺湲。(《湘江宴饯裴二端公赴道州》)

---

① 孔颖达《左传正义》(昭公二十五年)云:"在己为情,情动为志,情、志一也。"我们认为诗歌的言志与抒情两个特征确实密不可分,但是情和志的内容还是有所区别的。

君不见空墙日色晚，此老无声泪垂血。(《投简咸华两县诸子》)

虎倒龙颠委榛棘，泪痕血点垂胸臆。(《柟树为风雨所拔叹》)

酒阑却忆十年事，肠断骊山清路尘。(《九日》)

吊影夔州僻，回肠杜曲煎。(《秋日夔府咏怀寄郑监审李宾客之芳一

百韵》)

访旧半为鬼，惊呼热中肠。(《赠卫八处士》)

穷年忧黎元，叹息肠内热。(《自京赴奉先县咏怀五百字》)

诗人泪流如雨，肝肠如煎，读者也会受到深深的感染。卢世㴶云："《赴奉先》及《北征》，肝肠如火，涕泪横流，读此而不感动者，其人必不忠。"(《杜诗镜铨》卷四引)用我们今天的话说，如果一个人读了杜诗而不受感动，那么他肯定是个没有爱心的人！

深挚的感情又伴随着深刻的思想，这主要体现为对国家和人民的命运的深切忧虑，以及对国家兴亡盛衰原因的深沉思考。杜诗中充满着沉重的忧患感：首先，诗人身遭丧乱，穷愁潦倒，当然不能不为自己及其亲友担忧。"男儿生不成名身已老，三年饥走荒山道。长安卿相多少年，富贵应须致身早。山中儒生旧相识，但话宿昔伤怀抱。"(《乾元中寓居同谷县作歌七首》之七)——这是杜甫为自己的前途而忧虑。"强将笑语供主人，悲见生涯百忧集。入门依旧四壁空，老妻睹我颜色同。"(《百忧集行》)——这是杜甫为全家的生计而忧虑。"天台隔三江，风浪无晨暮。郑公纵得归，老病不识路。……山鬼独一脚，蝮蛇长如树。呼号傍孤城，岁月谁与度？"(《有怀台州郑十八司户》)——这是杜甫为远谪朋友的安危而忧虑。更为可贵的是，诗人已经跳出了个人的小圈子，他忧郁的目光投向了远为广阔的现

实。《自京赴奉先县咏怀五百字》《北征》《诸将五首》《秋兴八首》等名篇固不必说，即使在那些似乎与国政时事无关的题材中，其忧国忧民之情也时时有所流露。例如在饮酒时，他写道："岂无成都酒，忧国只细倾"（《八哀诗·赠左仆射郑国公严公武》）；在送别时，他写道："国步犹艰难，兵革未衰息"（《送韦讽上阆州录事参军》）；在题画时，他想到"时危惨淡来悲风"（《题李尊师松树障子歌》）；在观舞时，他想到"风尘澒洞昏王室"（《观公孙大娘弟子舞剑器行》）；咏月则云"干戈知满地，休照国西营"（《月》）；咏雨则云"不愁巴道路，恐湿汉旌旗"（《对雨》）。正如宋人所说："少陵有句皆忧国。"（周紫芝《乱后并得陶杜二集》，《太仓稊米集》卷一〇）忧患感不但直接给杜诗抹上了沉郁的感情色彩，而且使杜诗在反映社会和时代时具有无与伦比的深刻性，在预见或预感当时尚未发生的历史进程时也具有惊人的准确性（详见第四章第五节）。所以我们说感情的深挚和思想的深刻是杜诗沉郁风格最深层面的内涵。

人们往往认为杜诗的"顿挫"仅仅与诗歌形式有关，[①]我们则认为"顿挫"同样存在于杜诗风格的第三个层面，即感情和思想的层面。前面说过，"顿挫"这个术语本来就是兼指感情和声调、文气的，其含义之一就是感情的抑扬起伏。人的内心世界是一个无比广阔的世界，如果一个人具有丰富的感情和深邃的思想，那么他的内心绝不是波澜不起的一口古井，而是波涛汹涌的一片大海。杜甫的内心就好像是一片大海，动荡时代的疾风骤雨使这片大海波澜起伏，而理想与现实的巨大落差又使它忽而高涨，忽而低落，就像大海中的潮汐一样。杜甫怀有一颗赤子之心，对于国家中兴的任何迹象，有时仅仅是传闻，他都会欢呼雀跃，兴奋不已，《洗兵马》《闻官军收河南河北》《承闻河北诸道节度入朝欢喜口号绝句十二首》等诗就体现了这种兴奋心情。同样，对于国家的任何危机，哪怕是尚处于潜伏状态的危机，杜甫都为之忧心忡忡，《饮中八仙歌》《同诸公登慈恩寺塔》《自京赴奉先县咏怀五百字》等诗就体现了这种忧患感。当然，更多的情形是，杜甫为国家、人民的巨大灾难而痛苦，《哀江头》《北征》"三吏三别"等诗皆为显例。即使在日

---

① 例如王双启《"沉郁顿挫"辨析》（《草堂》1982 年第 2 期）一文就持这种观点。

常生活的细微题材中,杜甫也是忽悲忽喜,枏树为风雨吹倒,竟使他血泪交流;田父请他饮酒,又使他喜不自胜。总之,杜甫忧乐俱过于人,所以他的感情的抑扬跌宕的幅度也过于人,而这就是"顿挫"风格的情感内涵。此外,杜甫的思维空间异常地广阔,思绪跳荡的幅度极大,这在《秋兴八首》等诗中有鲜明的体现(详见第二章第六节),由此而产生的时空转换,意脉断裂等特征,显然也属于"顿挫"的范围。所以我们认为,杜诗中所凝聚的感情和思想也具有"顿挫"的特征,像《观公孙大娘弟子舞剑器行》所呈现的"浏漓顿挫"的风格(见本章第三节),其本质即诗人心中的情感波澜和跳荡思绪。

综上所述,"沉郁顿挫"确是杜诗的总体风格。这种风格是一位感情特别深挚、思想特别深刻的诗人在动荡时代所创造的,其中又融入了深厚的学力和深沉的构思,所以它是由很多因素凝聚而成的。这么多因素集中于一位诗人身上,这在文学史上重复出现的可能性是极小的。所以,尽管自宋至清,历代学习杜诗的诗人不在少数,但没有一个人能重现这种风格。而且,虽然"沉郁"风格的美学价值越来越为人重视,晚清词论家陈廷焯甚至将"沉郁"视为诗词的最高境界而且用它来品评众多的词人,[①]但人们一提到"沉郁顿挫"就必然想起杜诗,可见这已经被公认是属于杜甫个人的。"沉郁顿挫",这就是杜诗的独特风格。

---

① 陈廷焯在《白雨斋词话》卷一中说:"作词之法,首贵沉郁。""沉郁"说实为陈氏词论的核心内容,详见《白雨斋词话》一书。

第 四 章

志在天下的人生信念与致君尧舜的政治理想

一 / 平正笃实的哲学观点

唐代是一个思想比较解放的时代,儒、道、释三派思想都受到统治者的重视、支持,思想界呈现出百花齐放的繁纷局面。盛唐时代的诗人思想既活跃又复杂,往往是一人身上杂糅有几种思想,比如李白,既受儒、道、佛三家思想的影响,又喜好纵横、任侠。在这种思想氛围中成长起来的杜甫,其思想也同样染上了一些自由色彩。青年时代的杜甫,曾与李白一起到王屋山寻访道士华盖君,欲学长生之道。他们同游梁宋时,也有"方期拾瑶草"(《赠李白》)的愿望。在他后来的诗作中,也多次写到丹砂、灵芝等道家所重视的长生之药。杜甫与佛教的关系更深一些,他不但常到佛寺游览,听讲佛法,而且与赞公、文公等和尚交谊甚深,诗中写到佛语的地方也很多。有些学者据此而认为杜甫信仰道教和佛教,更甚于信仰儒家，①这实在是一种本末倒置的观点。我们认为杜甫确实受到佛、道二教的一些影响，但这种影响在杜甫思想中所占的地位绝对不能与儒学相比。简单地说，杜甫在青年时代一度醉心于道教，特别是对仙丹灵芝以及由此通往的长生仙界颇感兴趣，那是盛唐时代的浪漫风尚影响之下一位青年诗人的任性举动，是杜甫在世界观尚未确立时的浪漫幻想。等到杜甫试图进入仕途并受到种种挫折之后，他就再也没有这种豪兴了。杜甫对佛教感兴趣主要是在壮年以后的事，由于他在现实生活中感到极度的苦闷，有时不免想从空门得到一点慰藉，这与王维所说的"一生几许伤心事，不向空门何处销"（《叹白发》，《全唐诗》卷一二八）是同样的感情倾向。然而王维沿着这个倾向走到了尽头，最终达到了"万事不关心"（《酬张少府》，《全唐诗》卷一二六）的程度，成了一个虔诚的佛徒。杜甫则不然，他有时在诗中表示要皈依佛门，论者特别注意《秋日夔府咏怀奉寄郑监审李宾客之芳一百韵》这首诗，因为诗中说："身许双峰寺，门求七祖禅。落帆追宿昔，衣褐向真诠。……本自依迦叶，何曾藉偓佺。炉峰生转盼，橘井尚高褰。东走穷归鹤，南征尽跕鸢。晚闻多妙教，卒践塞前愆。顾恺丹青列，头陀琬琰镌。众香深黯黯，几地肃芊芊。勇猛为心极，清羸任体孱。金篦空刮眼，镜象未离铨。"不但用佛语、佛典甚多，而且语气颇为坚决，似乎真的要遁入空门了。清人俞瑒评曰："垂老而将为出世之人，故皈依曹溪之念特深。"（《杜诗镜铨》卷一六引）确实此诗体现了垂暮的诗人在苦闷中寻求归宿的心情，然而据此而断定杜甫已皈依佛门则是欠妥的。理由极简单：首先，上诗作于大历二年（767），可是在那以后，杜甫仍然自视为儒者，次年即作《大历三年春白帝城送船出瞿塘峡久居夔府将适江陵漂泊有诗凡四十韵》云："卧病久为客，蒙恩早厕儒。"同年作《江汉》云："江汉思归客，乾坤一腐儒。"又作《舟中出江陵南浦奉寄郑少尹审》云："社稷缠妖气，干戈送老儒。"反复以儒自称，这哪里是一位皈依佛门者的口气！其次，真正遁入空门的人应该割断尘念，"万事不关心"，可是杜甫恰恰相反，家事国事，事事在心。就在《秋日夔府咏

---

① 见郭沫若《李白与杜甫·杜甫的宗教信仰》、金启华《杜甫诗论集·论杜甫的思想》。

怀》这首诗中,诗人沉痛地回忆了国家的灾祸:"即今龙厩水,莫带犬戎膻。……旧物森犹在,凶徒恶未悛。国须行战伐,人忆止戈铤,奴仆何知礼,恩荣错与权。胡星一彗孛,黔首遂拘挛。"他又倾诉了自己的不幸遭遇:"生涯已寥落,国步尚迍邅。衾枕成芜没,池塘作弃捐。别离忧怛怛,伏腊涕涟涟。露菊斑丰镐,秋蔬影涧瀍。共谁论昔事,几处有新阡?"他还勉励郑、李二人勤于国事:"宵旰忧虞轸,黎元疾苦骈。云台终日画,青简为谁编?"如此关心着人间的诗人,怎能成为一位真正的佛徒!佛教本是一种出世的宗教,要求信徒割断世俗的情爱,桑下三宿尚为所忌,更不用说爱家人、爱朋友、爱人民、爱国家了!所以像杜甫那样对人间怀着深挚的爱心的人,是绝对跨不进佛门的。杜诗中有两个有趣的例子:《别李秘书始兴寺所居》云:"重闻西方止观经,老身古寺风泠泠。妻儿待米且归去,他日杖藜来细听。"《谒真谛寺禅师》:"问法看诗妄,观身向酒慵。未能割妻子,卜宅近前峰。"这两首诗都作于大历二年前后,即与《秋日夔府咏怀》作于同时,那正是杜甫对佛教最感兴趣之时。然而前一首说要为妻儿谋食故中断听经,后一首说自己不能像南朝周颙那样离弃妻儿而卜宅于山中近寺之处,①可见杜甫明白地承认妻儿是他遁入空门不可逾越的障碍。更何况杜甫对于兄弟、朋友、人民乃至天地间一切生命都怀有深挚的感情!

那么,杜诗中有许多首写到丹砂灵芝或佛语佛典,这个现象又该如何解释呢?②我们认为杜诗中有些表示要求仙访药或皈依佛国的话是牢骚之语,如《观李固请司马弟山水图三首》之二云:"范蠡舟偏小,王乔鹤不群。此生随万物,何处出尘氛?"又如《写怀二首》之二云:"放神八极外,俯仰俱萧瑟。终然契真如,

①《杜臆》卷一〇云:"结语十字为句。"可从。《南史》卷三四《周颙传》:颙"长于佛理","清贫寡欲,终日长蔬。虽有妻子,独处山谷"。此诗即用此典。
② 郭沫若先生为了证实杜甫信仰道教和佛教,不厌其烦地把诗中涉及二教的句子罗列了各十几例(见《李白与杜甫·杜甫的宗教信仰》),似乎这就足以证明其观点了。其实正如萧涤非先生所说,"如果我们把杜甫诗中有关儒家思想的诗句也逐条罗列,那将不是十几条,而是百几十条。"(《杜甫研究再版前言》)怎么能够轻率得出"与其称之为'诗圣',倒宁可称之为'诗佛'"的结论呢?

得匪金仙术?"①这些话都是因人生艰难而发出的愤激之语,就好像诗人在《陪郑广文游何将军山林十首》之四中说"词赋工无益,山林迹未赊。尽捻书籍卖,来问尔东家",但他并没有当真变卖书籍而废词赋;又好像诗人在《曲江三章章五句》之三中说"故将移往南山边,短衣匹马随李广,看射猛虎终残年",但并未当真弃文习武以射猎终生一样,这些一时冲动脱口而出的牢骚话是不能拘泥于字面而作刻板的理解的。另外还有两种情形也值得注意,第一种是诗歌的题材与宗教有关,比如描写对象是道观、佛寺,或者赠诗的对象是道士、僧人,这些诗中出现涉及宗教的话是题中应有之义。例如:《冬日洛城北谒玄元皇帝庙》咏的是被唐王朝尊为玄元皇帝的老子之庙,诗中不免要对老子赞颂一番。又如《同诸公登慈恩寺塔》咏的是佛寺浮图,所以尽管此诗的主要倾向是抒发忧国之思,但也不免有"方知象教力,足可追冥搜"二句以颂佛法。显然,这些诗并不能说明诗人信仰宗教。第二种是诗中用的典故成语涉及佛、道二教,杜甫是读破万卷的诗人,而佛经道藏中本来有许多精妙的语言、生动的比喻、丰富的想象,它们当然会受到诗人的注意和运用。杨伦也说:"释典道藏,触处有故实供其驱使,故能尽态极妍,所谓读破万卷,下笔有神,良非虚语。"(《杜诗镜铨》卷九)例如《风疾舟中伏枕书怀三十六韵奉呈湖南亲友》云:"葛洪尸定解,许靖力难任。家事丹砂诀,无成涕作霖。"这是杜甫的绝笔诗,郭沫若先生因此说:"请看他对于神仙的信仰是怎样坚定!"(《李白与杜甫》第182页)金启华先生也因此认为杜甫"最后濒绝似乎是以道家思想结束"(《杜甫诗论集》第29页)。但在我们看来,"葛洪尸定解"云云都是用典,②正如仇兆鳌所云:"末叙穷老无聊之况。尸定解,将死道路。力难任,不复远行。丹砂未成,则内顾无策,结语盖待济于诸公矣。"(《杜诗详注》卷二三)证据就在这四句诗的前面:"朗鉴存愚直,

---

① 张綖评曰:"此篇说得放旷,是愤俗之语,观者勿以辞害意可也。"(《杜诗详注》卷二〇引)我们同意这种理解。

② 杜甫大历四年(769)自潭州往衡州时,作《咏怀二首》以抒穷途流落之感,其二云:"未辞炎瘴毒,摆落跋涉惧。虎狼窥中原,焉得所历住。葛洪及许靖,避世常此路。"显然是因为葛、许二人都曾流落南荒,而诗人自己也正在南方飘泊,所以并用其典,并不就意味着要像葛洪一样信仰道教,可与此诗参看。

皇天实照临。公孙仍恃险,侯景未生擒。书信中原阔,干戈北斗深。……战血流依旧,军声动至今。"诗人念念不忘的是疮痍满目的人间而不是仙界!

所以我们认为,虽然杜甫对道教、佛教都曾感到兴趣,他对道藏佛经都很熟悉,他与道士、佛徒都有所交往,这说明他在哲学思想上的态度甚为平正、宽容、不排异端,但是他终生服膺且视为安身立命之所的则是儒家思想,是以孔孟之道为核心的早期儒家思想。孔、孟所关心的是人间而不是彼界,是人类社会的伦理道德而不是宇宙的本体,所以孔孟之道在本质上是关于立身处世的人生哲学,这也就是杜甫世界观的核心。从表面上看来,这种世界观似乎缺少思辨的色彩,其实并不如此。康德说:"由于道德哲学具有比理性所有其他职能的优越性,古人应用'哲学家'一词,经常是指道德家。"(《纯粹理性批判》第 570 页)在中国古代,一切思想都是以人为最基本的思维对象的,诸子百家的哲学都是人生哲学,他们的价值判断都是道德判断,不过对于人生和道德的态度不同而已。而孔、孟之道是直面人生的思想,所谓修身齐家治国平天下,其实就是对于人世间的立身、伦理、政治等道德范畴作深刻思考而得出的准则,所以是先秦诸子中最深刻的人生哲学,既具有强烈的实践意义,也具有深邃的思辨色彩。在这种世界观的指导下,杜甫对于人生采取了诚笃的、脚踏实地的态度,他关心的是此生而不是来世,是人间而不是彼界,是大唐帝国的天下而不是海外仙山、西方佛国。即使人生充满苦难,世间疮痍满目,杜甫也始终不渝地用满腔的热诚去拥抱它们,决不放弃,决不逃避。正如孔子所说:"未知生,焉知死?"(《论语·先进》)杜甫极少考虑死后的归宿,杜诗即使偶尔涉及身后,也仍然着眼于生前的事业,例如:"千秋万岁名,寂寞身后事!"(《梦李白二首》之二)"死为星辰终不灭,致君尧舜焉肯休?"(《可叹》)死后的不朽必以生前的建树(前者指文学,后者指政治)为基础,可见诗人的终极关怀仍在生前。

二 / 志在天下的人生信念

儒家既然以人生与社会为关注的对象,就必然采取积极的入世的人生态度。

孔子奔走列国,栖栖惶惶,为的是实现其政治理想。孟子游说诸侯,力拒杨、墨,也是为了实现其政治理想。他们对自己的事业充满了信心,而且怀有一种崇高的使命感。孔子奔走列国时经常遇到艰难困苦甚至暴力威胁,但他从不动摇,当他被匡人围困时,说:"文王既没,文不在兹乎?天之将丧斯文也,后死者不得与于斯文也。天之未丧斯文也,匡人其如予何?"(《论语·子罕》)孟子说齐宣王不成,说:"夫天未欲平治天下也,如欲平治天下,当今之世,舍我其谁也?"(《孟子·公孙丑下》)后人往往把这些言论视为天命论,其实它们主要是体现了孔、孟的使命感,是以天下为己任的崇高思想在那个时代的特殊表述。否则的话,孔、孟早就会在接踵而至的挫折面前动摇、沮丧,不可能"知其不可而为之"(《论语·宪问》)了。

在儒家思想哺育下成长起来的杜甫也是这样,他对于人生抱有坚定的信念,而且把安邦济民视为自己的使命。许多学者注意到杜甫的人生信念是有所变化的,罗宗强先生指出:"他青年时期虽也有非凡抱负,但长安十年以后,他的生活理想发生了变化,一面是功名心并未熄灭,稍有条件,就强烈地表现出来;一面却又逐渐消弭了非凡抱负,而追求温饱,并由于生活的困顿和接近人民群众,产生了为民的积极的思想因素。"(《李杜论略》第 64 页)我们认为罗先生的观察非常细致,但是不同意他关于杜甫"非凡抱负"的观点。事实上,杜甫对于人生的理想和抱负正是在艰难困苦中建立起来的,他的"非凡抱负"与"为民的积极的思想因素"是完全一致的,并不呈现此消彼长的关系。

青年时代的杜甫,虽然早就具有"会当凌绝顶,一览众山小"(《望岳》)的雄心,但他还沉浸在浪漫主义的时代氛围之中,对人生充满着幻想。他忽尔纵情游历,忽尔求仙访道,对人生的艰辛还缺乏体验,对于自己的人生道路还没有作深沉的思考,所以其时的壮志仅仅是对于未来的美好憧憬,是一种朦胧的希冀,并不具有具体、确定的内涵。在长安十年的艰难困苦中,杜甫一面体验着人生的艰辛,一面也观察着人民的疾苦、国家的危机。孟子说:"故天将降大任于斯人也,必先苦其心志,劳其筋骨,饿其体肤,空乏其身,行拂乱其所为,所以动心忍性,曾益其所不能。"并因此而提出了"生于忧患,死于安乐"的著名命题(《孟子·告子下》)。对于浅薄浮躁的人,艰难困苦会使之放弃理想和抱负,然而对于沉稳坚毅的人,艰难困苦反而会激发其志气、坚定其信心。杜甫显然是后一种人，所以十年长安的经历不但没有使他壮志销尽，反而更加坚定了他的人生信念。让我们看看诗人自己是怎么说的。天宝九载（750），三十九岁的杜甫在《奉赠韦左丞丈二十二韵》中首次表述了自己的抱负。到天宝十四载（755），四十四岁的诗人又在《自京赴奉先县咏怀五百字》中重申了他的抱负。把这两首诗对照一下，可以看出诗人抱负的变化：在杜甫初入长安时，①他的抱负是"致君尧舜上，再使风俗淳"；当杜甫结束长安十年时，他的抱负是"许身一何愚，窃比稷与契"。从表面上看，两者之间变化不大。但事实上，前者比较抽象、浮泛，后者则比较具体、切实。前者主要从君主着眼，后者则开始着眼于人民："穷年忧黎元，叹息肠内热！"前者是未经磨难时的率然自许："自谓颇挺出，立登要路津。"后者则是屡遭挫折后的坚定誓词："居然成濩落，白首甘契阔。盖棺事则已，此志常觊豁。……取笑同学翁，浩歌弥激烈！"我们可以说杜甫年青时自视甚高，自以为可立致卿相，实现抱负，随着阅历的加深，他越来越看清了前途的艰难，最后对实现壮志的可能性也感到怀疑了，但是不可说他"逐渐消弭了非凡抱负"。志士仁人实现抱负的具体计划是可能被现实摧毁的，但是理想抱负本身是一种信念，属于精神范畴，外界的、物质的力量是不可能将其消灭的。杜甫的情形就是如此，长安十年的困顿生活没有使他灰心，安史之乱以后的颠沛流离也没有使他绝望，当他携带全家在蜀道上艰难跋涉、几濒绝境时，仍作《凤凰台》诗明志："恐有无母雏，饥寒日啾啾。我能剖心血，饮啄慰孤愁。心以当竹实，炯然无外求。血以当醴泉，岂徒比清流？所重王者瑞，敢辞微命休？……再光中兴业，一洗苍生忧！"即使在他以垂暮之年飘泊于湘江之上时，仍然写下了《朱凤行》：

> 君不见潇湘之山衡山高，山巅朱凤声嗷嗷。侧身长顾求其曹，翅垂
> 口噤心甚劳。下愍百鸟在罗网，黄雀最小犹难逃。愿分竹实及蝼蚁，尽

---

① 《奉赠韦左丞丈》一诗中对往事的回忆是从少年时代开始的，但参以其他杜诗，我们认为"致君尧舜"的思想当产生于杜甫进入长安前后。

使鸱鸮相怒号。

请看他救济天下苍生的宏愿何尝有丝毫的改变！杜甫咏诸葛亮云："出师未捷身先死，长使英雄泪满襟！"（《蜀相》）《杜诗言志》卷六评曰："少陵生平，赍志未酬，故于怀才不遇之士每相感触，引为同心。……至于古人，则武乡侯尤甚。盖诸葛公自比管乐，而其为纯王之正，则绝非管乐所可及。故于《咏怀古迹》篇中，独极其尊崇推奉之意。而此篇则专伤其功业之未成，亦所以自喻也。"诸葛亮没有能完成恢复汉室的大业，但他的志向是无可怀疑的。杜甫坎坷终生，根本没有施展宏图的机会，但是他的抱负也是至死不渝的。杜甫正是在这一点上与诸葛亮发生了强烈的共鸣，才写出了"长使英雄泪满襟"的句子，我们有什么理由不像杜甫理解诸葛亮那样来理解杜甫呢？

应该指出，杜甫在现实生活中的遭遇非常悲惨，常常陷于饥寒交迫的境地，在那种时候诗人理所当然要把谋求温饱作为当务之急，而这种心情也就真实地反映在他的诗中："但使残年饱吃饭，只愿无事长相见"（《病后过王倚饮赠歌》），"无食问乐土，无衣思南州"（《发秦州》），等等，诗人在口头上是很少提到他的宏伟抱负了，但是那仅仅是暂时的搁置，而不是永远的抛弃。理想的火焰依然在诗人心底燃烧，一有机会仍要放出光芒，上文所举的《凤凰台》、《朱凤行》二诗就是明证。我们认为在现实中为衣食焦思奔劳与在心底里保持远大的抱负是可以同时体现在一个人身上的，这正是"贫贱不能移"的儒家精神之体现。那么，杜甫的人生理想在残酷现实的不断打击下竟毫无动摇、毫无改变吗？当然不是如此，杜甫是凡人而不是超人，他在艰难困苦的人生历程中常常感到苦闷、失望，低沉的叹息和愤激的牢骚在杜诗中都是很常见的（详见第二章）。然而可贵的是，杜甫到死都没有放弃对于人生的基本信念——志在天下的信念。杜甫的人生理想也有变化，最主要的是早年那种"立登要路津"的幻想很快就破灭了，他在同州时慨叹"男儿生不成名身已老"（《乾元中寓居同谷县作歌七首》之七），晚年更悲叹"官应老病休"（《旅夜书怀》），"卿到朝廷说老翁，漂零已是沧浪客"（《惜别行送向卿进奉端午御衣之上都》）。然而功名理想的破灭虽然也意味着实现人生抱负的途径已经断绝，却并不意味着人生信念的放弃。如上所述,杜甫以天下为己任的人生信念是至死不渝的。大历四年(769),诗人作诗对友人说:"致君尧舜付公等,早据要路思捐躯"(《暮秋枉裴道州手札率尔遣兴寄递近呈苏涣侍御》),垂暮之人还把"致君尧舜"的理想谆谆托付给友人,正说明他对这个理想是何等的珍视。

三 / 推己及人的仁爱精神

杜甫自比稷契,自许甚高,王嗣奭指出:"人多疑自许稷契之语,不知稷契元无他奇,只是己溺己饥之念而已。"(《杜臆》卷一)所谓"己溺己饥",就是孟子所说的:"禹思天下有溺者,由己溺之也。稷思天下有饥者,由己饥之也。"(《孟子·离娄下》)杜甫所以能自比稷契,志在天下,最根本的原因是他的思想浸透着儒家的仁爱精神。

"仁"是儒家思想的核心内容,其准确内涵是"爱人"(见《论语·颜渊》和《孟子·离娄下》)。自从有了人类社会,爱便是全人类的共同理想,也是一切进步思想所共有的内容。儒家的特点在于,它所倡导的爱是以推己及人为逻辑起点的。孔子说:"夫仁者,己欲立而立人,己欲达而达人,能近取譬,可谓仁之方也已。"(《论语·雍也》)孔子的弟子有若说:"君子务本,本立而道生。孝弟也者,其为仁之本与!"(《论语·学而》)孟子则主张:"老吾老以及人之老,幼吾幼以及人之幼。"(《孟子·梁惠王上》)尽管孔子也说过"泛爱众"(《论语·学而》),但就整体倾向而言,儒家的爱显然是一种有差等的爱,而不是一视同仁的平等的爱。与主张"兼爱"的墨家或西方主张"博爱"的基督教思想相比,儒家的这个特点尤为突出,而且常常因此受到攻讦。我们认为,至少在古代,儒家的这个特点并非纯属消极意义。因为儒家的仁爱思想虽隐含着维护宗法社会等级制度的长远目的性,但是在具体的实施过程中,却是一种符合实际、切实可行的主张,它既不是好高骛远的空想,也不是违反人性的矫情。从爱自身出发,经过爱亲人的中介,最后达到泛爱众人的目标,这种爱是人们乐于接受、易于实行的,它绝不是强制性的道德规范,更不是对天国入场券的预付,而是一种发自内心的、平凡而又真诚的情感流动。

杜甫的仁爱精神就是这样的一种推己及人的精神。

杜甫深深地爱着他的妻子、儿女和弟妹。杜甫与杨氏夫人伉俪情笃,白头偕老。当诗人陷身长安时,怀念远在鄜州的妻子,作诗云:"香雾云鬟湿,清辉玉臂寒。何时倚虚幌,双照泪痕干?"(《月夜》)当他在成都草堂生活稍安定时,又作诗云:"昼引老妻乘小艇,晴看稚子浴清江。俱飞蛱蝶元相逐,并蒂芙蓉本自双。"(《进艇》)前者悱恻,后者旖旎,都体现了诗人对妻子的一片深情。杜甫对儿女也十分慈爱,当他与家人隔绝时,分外惦念幼小的孩子:"世乱怜渠小,家贫仰母慈。……倘归免相失,见日敢辞迟?"(《遣兴》)当他得知家人无恙后,又喜赋《得家书》诗:"今日知消息,他乡且定居。熊儿幸无恙,骥子最怜渠!"杜诗中写及儿女的诗句如"所愧为人父,无食致夭折"(《自京赴奉先县咏怀五百字》),"汝啼吾手战,吾笑汝身长"(《元日示宗武》)等,都极其深挚动人。杜甫一生中始终与妻儿相依为命,患难与共,一家老小固然使他的生计更为艰难,但也给他的心灵以温馨的抚慰:"老妻忧坐痹,幼女问头风。"(《遣闷奉呈严公二十韵》)杜甫对离散各方的弟妹也非常关心,时时见于吟咏,集中"弟妹"连称的诗句就有:"故乡有弟妹,流落随邱墟"(《五盘》);"干戈犹未定,弟妹各何之"(《遣兴》);"我已无家寻弟妹"(《送韩十四江东省觐》);"弟妹悲歌里,乾坤醉眼中"(《九日登梓州城》);"团圆思弟妹,行坐白头吟"(《又示两儿》);"渐惜容颜老,无由弟妹来"(《遣愁》);"弟妹萧条各何往,干戈衰谢两相催"(《九日五首》之一),真是手足情深!

杜甫还把这种至情至性推向朋友之间,他对李白、高适、岑参、王维、薛据、郑虔、苏源明、孟云卿等挚友都情同兄弟,写下了许多歌咏友情的诗作,其中如《赠卫八处士》、《梦李白二首》都成了千古传诵的名篇。杜甫对郑虔的友谊非常感人,他对这位才高命蹇的友人既敬重又同情,从天宝十二载(753)作《陪郑广文游何将军山林十首》,①到大历二年(767)作《九日五首》(其三中写到郑虔)为止,杜集中咏及郑虔的诗达二十二首之多,其中《醉时歌》与《有怀台州郑十八司户》二诗尤为感人,且看后者:"天台隔三江,风浪无晨暮。郑公纵得归,老病不识路。昔如水上

---

① 此诗系年据闻一多《少陵先生年谱会笺》。

鸥，今为置中兔。性命由他人，悲辛但狂顾。山鬼独一脚，蝮蛇长如树。呼号傍孤城，岁月谁与度？从来御魑魅，多为才名误。夫子嵇阮流，更被时俗恶。海隅微小吏，眼暗发垂素。鸠杖近青袍，非供折腰具。平生一杯酒，见我故人遇。相望无所成，乾坤莽回互。"王嗣奭评曰："想象郑公孤危之状，如亲见，亦如亲历，纯是一片交情。"（《杜臆》卷三）此诗所以能对郑虔在荒远之地的险恶处境与悲惨心境作如此细致、生动的描述，是由于杜甫对老友的命运极为关切，从而设身处地，揣测怀想，仿佛伴随着老友跋山涉水远谪海隅一般。郑虔的例子足以说明杜甫对朋友怀有诚挚的爱，这是一种无私的、纯洁的情感。

更为可贵的是，杜甫还进而把仁爱之心推广到天下苍生乃至天地间一切生命，从而形成了博大、深沉的仁爱精神。杜甫困居长安时，逢到秋雨连绵，生计窘迫，却想到"禾头生耳黍穗黑，农夫田妇无消息"（《秋雨叹三首》之二）。他回家探亲却发现幼子已饥饿而死，在巨大的哀痛中仍然"默思失业徒，因念远戍卒"（《自京赴奉先县咏怀五百字》）。他在荒凉艰险的蜀道上苦苦挣扎时想到"奈何渔阳骑，飒飒惊蒸黎"（《石龛》）。感人最深的是下面这首诗：

茅屋为秋风所破歌

八月秋高风怒号，卷我屋上三重茅，茅飞渡江洒江郊。高者挂罥长林梢，下者飘转沉塘坳。南村群童欺我老无力，忍能对面为盗贼，公然抱茅入竹去，唇焦口燥呼不得！归来倚杖自叹息。俄顷风定云墨色，秋天漠漠向昏黑。布衾多年冷似铁，娇儿恶卧踏里裂。床头屋漏无干处，雨脚如麻未断绝。自经丧乱少睡眠，长夜沾湿何由彻！安得广厦千万间，大庇天下寒士俱欢颜！风雨不动安如山。呜呼！何时眼前突兀见此屋，吾庐独破受冻死亦足！

尽管人们从小便在语文课本和各种诗歌选本上多次读过这首诗，但是当他们再一次读它时，仍会受到深深的感动。诗人在床头屋漏、长夜难眠的窘迫境遇中仍然推己及人，想到遭受同样痛苦的天下寒士，并抒发了"安得广厦千万间，大庇天下寒士俱欢颜"的宏愿,甚至表示"吾庐独破受冻死亦足",这是何等崇高的精神,何等博大的胸襟!①杜甫就是用这种广博的仁爱精神去拥抱整个世界的,所以杜诗中写到天地间的一切生灵时都出之以爱抚的笔触:"尚怜四小松,蔓草易拘缠。霜骨不甚长,永为邻里怜"(《寄题江外草堂》);"筑场怜穴蚁,拾穗许村童"(《暂住白帝复还东屯》);"盘飧老夫食,分减及溪鱼"(《秋野五首》之一)。在杜甫心目中,天地间的万物都与人一样,应该沐浴在仁爱的氛围之中。《题桃树》云:"小径升堂旧不斜,五株桃树亦从遮。高秋总馈贫人实,来岁还舒满眼花。帘户每宜通乳燕,儿童莫信打慈鸦。寡妻群盗非今日,天下车书正一家。"杨伦评曰:"此诗于小中见大,直具民胞物与之怀,可作张子《西铭》读,然却无理学气。"(《杜诗镜铨》卷一一)宋儒所谓"民胞物与"是理论演绎的结果,而杜甫却从内心情感的自然流露中体现了这种精神,所以更为感人。

正由于杜甫的仁爱精神具有推己及人的性质,所以当他目睹天下苍生(乃至天地间一切生命)遭受荼毒时就与自身或自己的亲人在受苦受难一样,为之忧愁、焦虑、哀伤、愤怒。广博的仁爱精神使诗人自觉地承担起人间的一切苦难,并把解救苍生视为自己的使命,从推己及人到"己溺己饥",再到自许稷契,这是一个平凡而又伟大的心理逻辑过程。

四 / 致君尧舜的政治理想

杜甫具有强烈的忠君意识,"葵藿倾太阳,物性固莫夺"(《自京赴奉先县咏怀五百字》),"恋主寸心明"(《柳司马至》)、"恋阙丹心破"(《散愁》二首之二)等自白是常见于杜诗的。即使他流落夔州偶食异味时,也想到"君王纳凉晚,此味亦时须"(《槐叶冷淘》)。宋人说杜甫"一饭未尝忘君"(苏轼《王定国诗集叙》,《东坡集》

> ① 郭沫若先生曾对此诗大加訾议(见《李白与杜甫》中《杜甫的阶级意识》一节)。学术界对郭说普遍持不同看法,萧涤非、罗宗强二先生的反驳尤中肯綮,详见《关于〈李白与杜甫〉》(载《杜甫研究》)与《李白与杜甫生活理想之比较》(载《李杜论略》)。我们怀疑郭先生的那番议论并非他的由衷之言,兹不赘述。

卷二四），仅仅是夸张而并非无中生有的捏造。这种意识无疑属于封建伦理道德的范畴，是封建时代中士大夫阶级的共识，不过杜甫对此格外诚笃而已。我们以现代的眼光去审视古人时，当然不应赞美这种意识，但也没有必要对之大张挞伐，因为一切道德范畴都是历史范畴，用后代的价值观去苛求古人是没有意义的。更重要的是，杜甫的忠君思想是与爱国、爱民思想紧密地结合在一起的，有时甚至是二位一体，我们对之应作具体分析。

在封建社会中，实行仁政的首要条件是贤明的君主。生活在封建秩序已经稳固的唐代的杜甫，当然不可能想到舍此之外还能有什么别的途径。今人往往说杜甫的忠君是愚忠，但我们认为杜甫的忠君思想最主要的内涵并非不分青红皂白地忠于一人一姓，而是希望通过贤明的君主以施行仁政，即"致君尧舜上，再使风俗淳"（《奉赠韦左丞丈二十二韵》）。尧舜是儒家推崇的古代明君，是以仁政治天下的典范，在儒家经典中经常出现的尧舜形象，其实就是儒家用自己的观点塑造的理想人物，并不完全是真实的历史存在。杜甫要让唐玄宗成为尧舜式的君主，其实质也就是希望玄宗能实行仁政。而且对于杜甫来说，效法尧舜并不需要追溯远古，因为自有近世的典型可以取法，那就是开创了贞观之治的唐太宗。① 如果说杜甫在"神尧十八子"（《别李义》）、"宗枝神尧后"（《奉赠李八丈曛判官》）等句中把唐高祖比作尧仅是一般的颂圣之语而别无深意的话，那么他把太宗比作舜却是确有深义的。天宝十一载（752），杜甫登上慈恩寺塔远眺昭陵，说："回首叫虞舜，苍梧云正浮。"潘柽章指出："高祖号神尧皇帝，太宗坐内禅，故以虞舜、苍梧言之。"（《杜诗详注》卷二引）甚确。② 杜甫对于太宗与贞观之治是不胜景仰的，《北征》结尾云"煌煌太宗业，树立甚宏达"，《行次昭陵》云"寂寥开国日，流恨满山隅"，都径把太宗视为唐朝基业的开创者。而"眇然贞观初，难与数子偕"（《夏日叹》）的叹息与"贞观是元龟"（《暮府书怀四十韵》）的议论又说明他对贞观之治的向往。在漫长

---

① 贞观年间，魏征曾上疏太宗，提出了"君为尧舜，臣为稷契"的政治理想（详见《贞观政要》卷三《君臣鉴诫》），这对杜甫很可能是有所影响的。

② 《旧唐书·高祖本纪》："高宗上元元年八月，上尊号曰'神尧皇帝'。天宝十三载二月，上尊号'神尧大圣大光孝皇帝'。"

的封建社会中,贞观确是最值得称道的一个时期:政治开明,国家安定,人民安居乐业。那正是杜甫希望通过"致君尧舜"所达到的政治理想。这个理想在杜甫的时代是不是完全脱离现实的空想呢? 我们的回答是否定的。玄宗其人,虽然后来极为荒淫昏庸,但他早年曾有励精图治的经历,而且亲手开创了堪称为贞观之继的开元盛世。杜甫曾亲自经历过开元盛世,亲眼看到过其时人民安居乐业的景象(见第一章第四节),所以他对玄宗怀有很深的感情,也抱有很大的希望。对杜甫来说,忠君的目的是施行仁政,所以忠君与爱民是一致的。诗人在《自京赴奉先县咏怀五百字》中自明心迹,先说"穷年忧黎元,叹息肠内热",继言"葵藿倾太阳,物性固莫夺";在《壮游》中追忆丧乱,说"上感九庙焚,下悯万民疮";在《同元使君〈春陵行〉》中赞扬元结,则说"致君唐虞际,淳朴忆大庭。何时降玺书,用尔为丹青。狱讼永衰息,岂惟偃甲兵。悽恻念诛求,薄敛近休明"。他不是把忠君与爱民的关系说得很清楚吗?

　　正因为忠君的目的是施行仁政,所以当皇帝荒淫无道时,杜甫就毫不掩饰地表示出不满、讥讽,虽然他不可能公然反对皇帝,但杜诗中对黑暗朝政的批判是入木三分的,而且这种批判常常不把皇帝排除在外。例如杜甫对天宝年间的穷兵黩武极为不满,而"边庭流血成海水,武皇开边意未已"(《兵车行》),"君已富土境,开边一何多"(《前出塞九首》之一),"古人重守边,今人重高勋。岂知英雄主,出师亘长云"(《后出塞五首》之三)等句都直接把批判的矛头对准着玄宗,何尝因忠君而为尊者讳? 再如玄宗沉湎酒色、骄纵外戚以致朝政昏乱,这在杜诗中受到彻底的揭露,如"惜哉瑶池饮,日晏昆仑丘"(《同诸公登慈恩寺塔》)、"况闻内金盘,尽在卫霍室"(《自京赴奉先县咏怀五百字》)、"落日留王母,微风倚少儿"(《宿昔》)等,而"忆昔南海使,奔腾献荔枝。百马死山谷,到今耆旧悲"(《病橘》)和"云壑布衣鲐背死,劳人害马翠眉须"(《解闷十二首》之十二)对劳民伤财以供杨妃穷奢极欲之事的揭露,也都是直指玄宗的。甚至连肃宗之惧内,也没有逃过诗人的讥刺:"张后不乐上为忙!"(《忆昔二首》之一)除了锋芒毕露的批判之外,还有许多杜诗表面上是颂圣,骨子里是讥刺,例如《能画》咏安史乱前之玄宗"政化平如水,皇明断若神",语似颂扬,然而此诗前几句是"能画毛延寿,投壶郭舍人。每蒙天一笑,复似物皆春",可见"政化"云云,正是讽刺玄宗自以为政化皇明,从而恣意享乐。又如

《奉赠卢五丈参谋琚》咏代宗"天子多恩泽,苍生转寂寥",既有下句,则上句只可能是讥刺皇帝之假仁假义!

所以我们认为,杜甫的忠君意识确实很强烈,其中也确实有一些愚忠的成分,但是更值得注意的是:杜甫忠君的实质是要"致君尧舜",其目的是实行仁政,因此对无道之君能予以批判。[①] 前者是杜甫等同于普通的封建士大夫之处,后者才是杜有的独特思想风貌。前者是封建时代在一位士大夫心头投下的阴影,后者才体现出这位伟大诗人的理性光辉。我们有什么理由渲染、强调前者而对后者却轻描淡写乃至视而不见呢? 难道我们今天重视杜甫、研究杜甫,是首先把他看作一位封建士大夫而不是看作一位伟大的诗人吗?

还有一个问题也需要稍予论析。在安史之乱爆发以后,杜甫对皇帝寄予殷切的期望,一再称颂他们是中兴之主,肃宗是"宣光果明哲"(《北征》),代宗也是"周宣汉武今王是"(《承闻河北诸道节度入朝欢喜口号绝句十二首》之二),但事实上肃、代二宗皆甚为昏庸。甚至对一手酿成安史之乱的玄宗,杜甫也常常怀念:"君不见金粟堆前松柏里,龙媒去尽鸟呼风"(《韦讽录事宅观曹将军画马图歌》)、"金粟堆南木已拱"(《观公孙大娘弟子舞剑器行》)。玄宗的生日也使他感慨不已:"自罢千秋节,频伤八月来"(《千秋节有感二首》之一)。对于这种情形,当代学者也往往认为是"愚忠"。[②] 然而我们认为对此应作具体分析。在封建社会中,皇帝往往被看成国家的象征,所以对于封建士大夫来说,忠君与爱国是完全一致的。而在外族入侵、国家危亡时,皇帝的这种象征意义就更显著了。[③] 安史之乱是带有民族斗争性质的叛乱(参看第一章第二节),后来唐王朝又再三受到回纥、吐蕃等外族

---

① 萧涤非先生说:"与其说杜甫是'一饭未尝忘君',不如说他是'一饭未尝忘致君'。什么是'致君'? 那就是变坏皇帝为好皇帝,干涉皇帝的暴行。"(《杜甫研究》第 48 页)我们同意这种看法。

② 参看罗宗强《李杜论略》第 57 页。

③ 例如北宋的徽、钦二宗是荒淫无道的亡国之君,但当他们被金兵俘虏北去后,却在爱国的士大夫中引起了广泛的同情和思念,吕本中诗云:"洒血瞻行殿,伤心望虏营。"(《丁未二月上旬四首》之四,《东莱先生诗集》卷一一)陈与义诗云:"龙沙此日西风冷,谁折黄花寿两宫?"(《有感再赋》,《陈与义集》卷一七)显然这种感情是不宜简单地贬为"愚忠"的。

入侵的威胁,杜甫在那种历史条件下对皇帝的感情,① 显然极大程度地包含着爱国主义的因素,我们对之不宜轻易地予以否定。

五 / 知本察隐的政治器识

那么,杜甫致君尧舜的政治理想有哪些具体的内涵呢? 择其要者,有如下三端:

一是君臣修德,他说:"君臣重修德,犹足见时和。"(《伤春五首》之五)修德的主要做法是:君要善于纳谏:"先朝纳谏诤,直气横乾坤"(《别李义》)、"端拱且纳谏,和风日冲融"(《往在》);臣要勇于谏诤:"千载少似朱云人,至今折槛空嶙峋。娄公不语宋公语,尚忆先皇容直臣!"(《折槛行》)

二是减少战争,让人民过和平生活。杜甫对战争的态度是十分鲜明的,对于唐王朝穷兵黩武的开边战争,他坚决反对,《兵车行》、《前出塞九首》等诗就是明证。对于唐王朝平定叛乱及抵御外族入侵的战争,他坚决支持,这在《喜闻官军已临贼境二十韵》、《观安西兵过赴关中待命二首》、《警急》、《西山三首》等诗中体现得很清楚。在国家的统一不受分割的前提下,杜甫坚决主张息兵罢战。乾元元年(758),杜甫看到安史之乱即将敉平,作《洗兵马》以抒愿:"安得壮士挽天河,净洗甲兵长不用!"大历四年(769),垂暮的诗人又作《蚕谷行》:

> 天下郡国向万城,无有一城无甲兵。焉得铸甲作农器,一寸荒田牛
> 得耕。牛尽耕,蚕亦成,不劳烈士泪滂沱,男谷女丝行复歌!

三是薄赋轻徭,减轻农民的负担。杜甫认为"俭德"是治国之本:"文王日俭德,俊乂始盈庭"(《奉酬薛十二丈判官见赠》),"借问悬车守,何如俭德临?"(《提封》)"俭德"即节用爱民,减轻租赋,所以他又说:"薄敛近休明。"(《同元使君〈春陵

---

① 杜甫将肃宗、代宗比作前代的中兴之主,其实不过是表示了对唐帝国中兴的愿望,正如《忆昔二首》之二所云:"周宣中兴望我皇!"

行〉》面对着现实中的急征暴敛，诗人不断地予以愤怒的谴责："彤庭所分帛，本自寒女出。鞭挞其夫家，聚敛贡城阙！"（《自京赴奉先县咏怀五百字》）"乱世诛求急，黎民糠籺窄！"（《驱竖子摘苍耳》）"况闻处处鬻男女，割慈忍爱还租庸。"（《岁晏行》）"征戍诛求寡妇哭，远客中宵泪沾臆！"（《虎牙行》）他一针见血地指出苛政是逼迫人民铤而走险的根本原因："不过行俭德，盗贼本王臣！"（《有感五首》之三）他大声疾呼："谁能叩君门，下令减征赋！"（《宿花石戍》）

对于杜甫的这些政治主张，《新唐书》本传谓之"好论天下大事，高而不切"。若用今人的话来说，就是"迂阔"。①我们认为，由于杜甫一生中始终没有实现其政治主张的机会，所以除了在肃宗朝一度直言进谏之外，上述政见都处于理想的状态。凡是理想，总与现实有一定的距离，理想越是远大、崇高，它与现实的距离也就越大。杜甫的这些政治主张其实就是儒家的政治主张，也是漫长的封建社会中进步政治家们共同的理想。我们读《论语》、《孟子》，读《贞观政要》中所载魏征之言，读王安石的《上仁宗皇帝言事书》，都能感到它们与杜甫的主张有强烈的相似之处。发人深省的是，从孟子以来，这些政治家也常被世人目为"迂阔"。孟子"遂以儒道游于诸侯，思济斯民。然由不肯枉尺直寻，时君咸谓之迂阔于事，终莫能听纳其说"（赵岐《孟子题辞》，《孟子注疏》卷首）。魏征劝唐太宗行仁政，有人攻击他"书生未识时务，若信其虚论，必败国家"（见《资治通鉴》卷一九三），所以王安石在《上仁宗皇帝言事书》（《临川先生文集》卷三九）中说："然臣之所称，流俗之所不讲，而今之议者以为迂阔而熟烂者也。……唐太宗之初，天下之俗犹今之世也。魏文正公之言，固当时所谓迂阔而熟烂者也。"他还在《孟子》一诗中深情地说："沉魄浮魂不可招，遗编一读想风标。何妨举世嫌迂阔，故有斯人慰寂寥。"（《临川先生文集》卷三二）如果我们承认孟子、魏征、王安石的政治主张在封建社会中具有进步意义的话，那么为什么不能理直气壮地肯定杜甫的相同主张呢？②

① 例如罗宗强先生就持这种观点，见《李杜论略》第61、62页。
② 这种政治主张如能付诸实施或部分付诸实施，是可以产生积极效果的，魏征对贞观之治的贡献就是明证。当然，在杜甫的时代，这种主张距离现实较远，但是作为一种理想，它根本没有必要为迁就黑暗现实而降低自身的高度。

如果说上述内容只是一些纲领性的政治原则，而且都是儒家学说的阐发，所以"高而不切"的话，那么杜甫还有许多关于当时的朝政国事的意见，却是非常的切实、具体，因而常常受到历代注家的赞叹。例如至德二载（757）春，叛将史思明等合兵围攻太原，杜甫作《塞芦子》诗，主张迅速扼守芦子关以阻止叛军西犯，王嗣奭评曰："此篇直作筹时条议，剀切敷陈，灼见情势，真可运筹决胜。"（《杜诗详注》卷四引。按：今本《杜臆》中未见此语）又如广德元年（763），杜甫作《有感五首》，其二对河北降将李怀仙等仍被任命为诸镇节度使深表不安，希望收集诸镇以实关中，仇兆鳌评曰："此最当时大计，唯此计不行，而后有吐蕃之陷京，怀思之犯阙，不胜纷纷多事矣。考大历八年，子仪入对，谓河南等镇，殚屈禀给，未始搜择。请追赴关中，勒步队，示金鼓，则攻必破，守必全，久长之策也。公之熟筹时事，正与汾阳意同。"（《杜诗详注》卷一一）其三对宦官程元振建议迁都洛阳表示反对，钱谦益笺云："自吐蕃入寇，车驾东幸，天下皆咎程元振。又以子仪新立功，不欲天子还京，劝帝且都洛阳以避蕃寇。代宗然之。子仪……附章论奏，代宗省表垂涕，亟还京师。其略曰：'东周之地，久陷贼中。……险不足恃，适为战场。明明天子，躬俭节用，苟能黜素餐之吏，去冗食之官，抑竖刁、易牙之权，任蘧瑗、史鳅之直，则黎元自理，盗贼自平。中兴之功，旬月可冀。'公诗云……正举括汾阳论奏大意。"（《钱注杜诗》卷一二）郭子仪是肃、代二朝的社稷之臣，杜甫的某些主张竟与之不谋而合，[1]这说明杜甫对军国大事能提出相当高明的切实措施，并不一味地"高而不切"。

当然，杜甫的政治才识更重要地体现为，他对当时尚未发生的政治事变的预见具有惊人的准确性。当安史之乱尚未爆发，唐王朝还呈现着花团锦簇的虚假繁荣时，杜甫已敏锐地感到了大动乱的逼近。天宝年间唐王朝的开边战争频繁不断，有时还取得暂时的胜利，这在时人眼中也许是国力强盛的表现，可是杜甫看到了内郡凋敝、人悲鬼哭的阴惨景象。[2]玄宗奢侈骄淫，杨氏兄妹游宴无度，这在时

---

① 钱笺"举括"云云，实乃不谋而合之意。因为杜甫当时正处僻远的梓州，不可能很快就知道郭子仪给朝廷的奏章的内容。

② 例如天宝十载（751）鲜于仲通伐南诏丧师后，杨国忠复命李宓南征。杜甫《兵车行》对此进行了批判，可是高适、储光羲等人却作诗对此大加颂扬，参看周勋初先生《杜甫身后的求全之毁和不虞之誉》（载《文史探微》）。

人眼中也许是歌舞升平的象征，可是杜甫看到了奸臣弄权、外戚乱政的动乱征兆。对于安禄山"主将位益崇，气骄凌上都"(《后出塞五首》之四)的骄横表现，杜甫曾多次预言即将发生藩镇叛乱的危险。除了对安史之乱这个大事变的酿成、发生洞若观火之外，杜甫对于一些次要的历史事件也有先见之明。如安史之乱发生以后，唐王朝为了迅速平叛，向回纥借兵。杜甫对此深以为忧，在《北征》、《留花门》等诗中表示了他的忧虑。又如杜甫入蜀路经剑门，对那里地势险峻颇怀隐忧。后来，勇悍善战的回纥兵果然成为唐王朝的心腹之患，形势险要的蜀地也果然成为军阀割据的巢穴。对于玄、肃二朝出现的乱兆，清初王夫之在《读通鉴论》卷二二、卷二三中曾为之条分缕析，如云："无故而若大患之在边，委专征之权于边将，其失计固不待言矣"；"邪佞进，女宠兴，酣歌恒舞，……度量有涯，淫溢必泛，盖必然之势矣"；"借援夷狄，导之以蹂中国，因使乘以窃据，其为失策无疑也"，等等，都与杜甫所言者若出一人之口。一位诗人在历史事件发生之前所作的预言竟与后代学者的分析不谋而合，这是何等的远见卓识！

对于杜甫的政治才能，历来有两种看法。第一种看法是杜甫仅仅"好论天下大事，高而不切"，并无实际的政治才能。第二种看法正好相反，宋人郭印称杜甫："诗中尽经济，秋毫未设施。"(《草堂》，《云溪集》卷三)朱翌则称杜甫："凄其忧世心，妙若医国扁。"(《读杜诗至减米散同舟路难思共济舟人偶来告饥似诗谶也》，《永乐大典》卷八九六引《灊山集》)陆游更慨叹说："看渠胸次隘宇宙，惜哉千万不一施！……后世但作诗人看，使我抚几空嗟咨！"(《读杜诗》，《剑南诗稿》卷三三)清人蒋士铨亦有同感："先生不仅是诗人，薄宦沉沦稷契身。"(《南池杜少陵祠堂》，《忠雅堂诗集》卷二)今天的学者中也有人认为杜甫完全有可能成为一代名臣。① 我们认为，历史是不能逆转、假设的，既然历史没有给予杜甫以施展政治才能的机会，我们也就无从判断他到底能否成为社稷之臣。我们的看法是：杜甫对于政治确实具有相当高明的见解，体现了既深知治本又善察隐患的政治器识。但是与其

---

① 参看祁和晖、谭继和《能臣之才，良臣之节——论杜甫的政治器识和节操》(《草堂》1986 年第 1 期)、《杜甫被埋没了的本质——论少陵瑚琏资质与上乘政治器识》(《草堂》1987 年第 1 期)。

说他是一个有经世之才的政治家,宁可说他是一位观察力极其敏锐的诗人。与其说他对某些历史进程的预见体现了他的政治才能,宁可说那体现了一种忧患意识。安史之乱发生以后,杜甫曾多次预言叛乱即将被敉平,预言唐王朝即将出现中兴的局面,[①]然而都没有料中。所以他在晚年痛心地说:"江边老翁错料事,眼暗不见风尘清!"(《释闷》)可见他的某些预言也只是表示了诗人的主观愿望,而不一定是审时度势的结论。既然杜甫准确地预见到的事变全是国家和人民的祸患,他所提出的政治措施也主要是对国家祸患的挽救之方,我们就有理由肯定那主要是由于他怀有一种深广、沉重的忧患意识,一个时时刻刻在忧国忧民的诗人当然比一般人更容易觉察到国家祸患的隐伏滋生。

六 / 沉重深广的忧患意识

那么,杜甫所怀有的忧患意识是不是有所从来的呢? 为了回答这个问题,首先需要回顾一下忧患意识的起源。

远在生民之初,忧患就是与生俱来的。初民们的忧患意识,正是严酷的客观现实打在他们心灵上的烙印。中国古代传说中的氏族首领几乎都以夙夜忧勤的形象出现,并非仅仅出于儒家的虚构。到了春秋战国时期,诸侯兼并,战乱频仍,从王公大人到黎民百姓都对自己的命运忧心忡忡,因为国家的灾难和个人的不幸总是形影相随的。既然忧患意识笼罩着整个时代,反映着时代意识的诸子百家当然都难以摆脱忧患的阴影。那些主张入世的思想流派无一例外地带有先天下之忧而忧的感情色彩,孔子栖栖惶惶,墨子摩顶放踵,诚如《庄子·骈拇》所言:"今世之仁人,蒿目而忧世之患。"

毫无疑问,在春秋战国时代最深沉地体现了时代的忧患意识的学派首推儒家。我们读儒家经典时,总是能感觉到字里行间有一种深重的忧患感。《易·系辞下》说:"作《易》者其有忧患乎!"《尚书·君牙》篇说:"心之忧危,若蹈虎尾,涉于

---

① 例如《喜达行在所三首》、《北征》等诗,参看本书第二章第三节。

春冰。"《礼记·儒行》篇说："虽危,起居尚信其志,犹将不忘百姓之病也,其忧思有如此者。"《诗经》中更是充满了忧危之词："人之云亡,心之忧矣"(《诗经·大雅·瞻印》),"战战兢兢,如临深渊,如履薄冰"(《诗经·鄘风·载驰》),等等。而首次明确指出忧患意识的重要性与必要性的则是孔子,他说："人无远虑,必有近忧。"(《论语·卫灵公》)孟子继而提出了"生于忧患"(《孟子·告子下》)的著名命题。更重要的是,儒家的忧患意识是与对国家、人民的责任感密不可分的。儒家思想家们敢于面对礼崩乐坏的现实,敢于承担起救世补天的重大使命。孔、孟都没有真正掌握过政权,然而这并不妨碍他们以天下为己任。正因为有了强烈的责任感,他们在"道之不行,已知之矣"(《论语·微子》)的情形下仍然要"知其不可而为之"(《春秋公羊传·宣公八年》),甚至不惜用"杀身以成仁"(《论语·卫灵公》)的献身精神为理想而奋斗。这种以天下国家为己忧、以天下国家为己任的精神,是儒家思想体系中最积极的因素,也是杜甫从儒家思想中汲取的最重要的精神力量。

杜甫忧国忧民的精神虽是来源于儒家思想,但他把这种深沉的忧患意识用文学样式表达出来,却是来源于中国古代文学自身的传统。在杜甫以前的古代文学中,体现了忧患意识的作品是很多的。这些作品大体上可分成两大类:第一类所体现的主要是对于自己及亲友的命运的忧患意识,从宋玉《九辩》、司马迁《悲士不遇赋》到曹植、阮籍的"忧生之嗟"①都蒙上了这种忧患的浓重色调。第二类则是内涵更为深广的忧世之作,例如《诗经》中的《载驰》、《正月》等篇与汉代梁鸿的《五噫》、张衡的《四愁》,所表达的忧思都不仅仅止于诗人自身。这后一种倾向是我国古代文学中最优秀的传统之一,其代表人物是屈原和贾谊。

屈原的作品,无一例外地蒙着一层浓重的忧患情调。关于《离骚》,司马迁说,屈原"忧愁幽思而作《离骚》,《离骚》者,犹离忧也"(《史记·屈原贾生列传》)。关于《九章》,从首章《惜诵》"惜诵以致愍兮,发愤以抒情",到末章《悲回风》"悲回风

---

① 谢灵运《拟魏太子邺中集诗》平原侯植诗序:"公子不及世事,但美遨游,然颇有忧生之嗟。"(《文选》卷三○)阮籍《咏怀诗》颜延之注:"嗣宗身仕乱朝,常恐罹谤遇祸,因发兹咏,故每有忧生之嗟。"(《文选》卷二三)

之摇蕙兮，心冤结而内伤"，忧患之感与《离骚》完全相同。①此外，《天问》仰问苍天以抒胸中之愁怨，《招魂》呼号四方而愁魂魄之不归，即使是《九歌》那样的祭神乐歌，其中又夹杂着"或以阴巫下阳神，或以阳主接阴鬼"（朱熹《楚辞集注》卷二）的男女恋情，然而如《云中君》云"极劳心之忡忡"，《山鬼》云"思公子兮徒离忧"，也常有哀怨忧伤的情调。司马迁说"余读《离骚》、《天问》、《招魂》、《哀郢》，悲其志。"（《史记·屈原贾生列传》）严羽说："读《骚》之久，方识真味，须歌之抑扬，涕泪满襟，然后为识《离骚》。"（《沧浪诗话·诗评》）屈赋对读者的强烈感染力主要来自它所蕴含的忧患意识，这里面当然包含着诗人信而见疑、忠而被谤的痛苦以及美人迟暮的惆怅，但是更重要的则是诗人对于国家、人民命运的危机感："曾不知夏之为丘兮，孰两东门之可芜?"（《九章·哀郢》）"宁溘死而流亡兮，恐祸殃之有再!"（《九章·惜往日》）那么，在屈原的时代，楚国是不是已经岌岌可危了呢? 据史书记载，它当时还是一个"地方五千里，带甲百万"的强国，当时在说客之间流行着"从合则楚王，横成则秦帝"的说法（见《战国策·楚策一》），可见它仍足以与秦国相抗衡。即使到屈原沉江五十余年之后，②其时楚已损兵失地，国势衰微，但秦始皇命老将王翦率师伐楚，王翦还一定要有六十万士兵才肯出师，从中不难窥见楚国的实力。总之，在屈原生前，楚国虽然在与秦国的战争中几次失利，但并未濒于灭亡的危险。屈原作品中那种仿佛大难已经迫于眉睫的气氛，与其说是反映了当时楚国的实际形势，倒不如说是体现了诗人心中的忧患意识，体现了诗人对国家和人民的强烈的责任感。

贾谊生活的汉文帝时代，是被史家称为"文景之治"的盛世，西汉帝国正蒸蒸日上，日趋富强，朝廷上下都以为可以坐享太平，独有贾谊深谋远虑，时发忧世之言。他上疏文帝说："臣窃惟事势，可为痛哭者一，可为流涕者二，可为长太息者六，若其他背理而伤道者，难遍以疏举。进言者皆曰天下已安已治矣，臣独以为未

① 今天看来，《九章》中的作品不尽出自屈原之手，但唐人尚无此疑，杜甫显然是依照刘向、王逸的看法来认定屈原的作品的。
② 此处从王夫之《楚辞通释》说，把屈原卒年定为楚襄王二十一年（前278），王翦伐楚事在秦始皇二十三年（前224）。

也。"(《汉书·贾谊传》)贾谊的赋虽然没有直陈时事,但其中充满着悲愤抑郁之情,其忧患的情调是与他的忧国之念完全一致的。

对于屈原,杜甫怀有深深的敬意。"窃攀屈宋宜方驾"(《戏为六绝句》之五)、"骚人嗟不见"(《偶题》)的诗句说明杜甫是把屈原视为文学创作的典范的。但是我们把屈赋与杜诗相比一下,不难发现它们在艺术上很少相似之处。就艺术形式而言,倒是李白受屈赋的影响更深一些。这个情况前人早就看出来了,宋人曾季狸说:"古今诗人有《离骚》体者,惟李白一人,虽老杜亦无似《骚》者。"(《艇斋诗话》)黄庭坚更明确地指出:"子美诗妙处乃在无意为文,夫无意而意已至,非广之以《国风》、《雅》、《颂》,深之以《离骚》、《九歌》,安能咀嚼其意味,闯然入其门耶!"(《大雅堂记》,《豫章黄先生文集》卷一七)这也就是说,杜甫在学习《诗经》、《楚辞》这些典范时,主要的着眼点不在于它们的艺术形式而在于它们的精神实质。就《楚辞》来说,这种精神中最核心的部分就是深沉的忧患意识。

对于贾谊,杜甫也同样怀有深挚的敬意。当然,杜甫很重视贾谊的文学才能与政治才能,称曰:"贾傅才未有。"(《发潭州》)但是,真正在杜甫心中引起共鸣的还是贾谊那颗居安思危的忧世之心:"贾生恸哭后,寥落无其人!"(《别蔡十四著作》)

与屈骚、贾赋一样,深沉的忧患意识构成了大部分杜诗的基调。我们在第三章第六节中已经论述过,杜诗的主体风格是沉郁顿挫,而忧国忧民的忧患意识就是这种风格最本质的内涵,也是它形成的基础。终杜甫的一生,除了裘马清狂的青年时代之外,几乎无时不在忧患之中。黄庭坚题杜甫画像说:"中原未得平安报,醉里眉攒万国愁。"(《老杜浣花溪图引》,《山谷外集》卷一六)后人以为这两句诗"状尽子美平生矣"(俞文豹《吹剑三录》),当我们读到"登兹翻百忧"(《同诸公登慈恩寺塔》)、"忧端齐终南"(《自京赴奉先县咏怀五百字》)、"多忧增内伤"(《入衡州》)、"独立万端忧"(《独立》)之类的诗句时,浮现在眼前的不正是一位"醉里眉攒万国愁"的老人吗?

屈原生前为楚国的安危日夜忧虑,在他自沉五十年之后,楚国果然被秦国吞并了。贾谊生前虽未得重用,但后来"谊之所陈略施行矣"(《汉书·贾谊传》),他为之痛哭流涕的祸萌终于被朝廷逐一消灭,汉王朝由"文景之治"进入了鼎盛的武帝时代。而杜甫则亲身经历了他所忧惧的巨大灾难,亲眼看到了唐帝国由极盛转入衰微。也就是说,杜甫与屈、贾的时代不同,其忧世预言与历史实际进程相符合的程度也不一致。但是杜甫与屈、贾有重要的共同点:他们都怀着对国家、人民的命运的巨大关切,都具有对于现实生活的深邃的洞察力,因而都能够敏锐地觉察到当时社会中各种形式的隐患。这种对于历史演变的深刻预感和忧患意识是难以为常人所理解的,所以屈原的忠谏始终不被楚王采纳,贾谊遭到绛、灌之属的谗毁,杜甫则除了谏房琯一事引起肃宗大怒之外,根本没有机会让朝廷听到他的声音。于是,他们在当时就处于一种非常孤独的境地。屈原悲叹:"国无人莫我知兮!"(《离骚》)贾谊说:"国其莫我知,子独壹郁其谁语?"(《吊屈原赋》,《汉书·贾谊传》)杜甫也说:"众宾皆醉我独醒"(《醉歌行》)、"向来忧国泪,寂寞洒衣巾"(《谒先主庙》)。这种深沉的孤独感主要不是由于自己的才能、品德不为社会所承认,而是由于拳拳忠忱和侃侃谠言不被社会所接受。所以要抗拒这种孤独感,仅靠对自己的天赋、操守的孤芳自赏是远远不够的,只有对国家、人民的命运怀有强烈的责任感,对自己的事业、理想怀有强烈的自信心,才能产生足以抗拒这种孤独感的精神力量。我们在第二节中说过,杜甫对国家、人民怀有强烈的责任感和使命感,他一生穷愁潦倒,但他"忧在天下,而不为一己失得"(黄彻《碧溪诗话》卷一〇),直到晚年飘泊西南时仍壮心不已:"济时敢爱死?寂寞壮心惊!"(《岁暮》)正是这种责任感和使命感构成了杜甫的精神支柱,使他能够承担起人间的一切苦难和忧患,既没有佯狂避世,也没有遁入空门。

由此可见,杜甫的忧患意识既来源于孔、孟的思想体系,也来源于屈、贾的文学传统。这种忧患意识与对国家、人民的责任感是相辅相成、融为一体的。正因为杜甫怀有强烈的责任感,所以他更能洞察国家、人民的隐患祸萌,从而具有更深广的忧患意识。反之,正因为杜甫具有深广的忧患意识,他就更强烈地希望为国家、人民排忧解难,从而产生更强烈的责任感。在杜甫心中,本来是低沉压抑的忧患意识已升华成为一种非常积极、非常坚毅的精神力量。阮籍《咏怀诗》中的忧患意识给读者带来的主要是压抑和绝望,而杜诗中的忧患意识却能给读者带来激昂和希望。所以风格沉郁的杜诗对于后代读者产生了巨大的鼓舞作用，成了志士仁人从中汲取精神力量的源泉。宋人范仲淹主张"先天下之忧而忧"（《岳阳楼记》，《范文正公集》卷七），清初顾炎武认为"保天下者，匹夫之贱与有责焉"（《日知录》卷一三《正始》），都可视为这种忧患意识的不同表述方式。

第五章

转益多师的文学观点与掣鲸碧海的审美理想

一 / 文学史观之一："别裁伪体亲风雅"

当唐代诗人登上诗坛时,他们面临着十分丰厚的文学遗产。如何对待这份遗产? 这是他们无可回避的一个问题。由于这份遗产丰富多彩,所以在一段时期内使人眼花缭乱,不知所措,顾小失大和买椟还珠的事也时有发生。显然,要使文学遗产真正成为诗歌继续发展的起点、动力而不是包袱、阻力,必须有正确的文学史观作为指导。从初唐到盛唐,诗歌的发展正是与文学史观的发展同步进行的。人们在谈到这个过程时,往往过分强调陈子昂的历史作用。其实,杜甫在这方面的理论贡献要比陈子昂更为重要。

早在贞观年间,唐太宗与他的大臣们就多次提出了反对绮靡文风的主张。如果说太宗的言论还是泛指文学史上的浮华之文的话,①那么魏征等人在修史时所发的议论正是对准南朝诗赋的绮靡风气的。②然而正如罗宗强先生所说,太宗、魏征他们立论的着眼点是政治而不是文学,他们关心的是绮靡文风会导致朝政昏乱乃至国家覆亡,而不是文学本身应该如何发展。③所以他们在理论上尽管对南朝文风颇多批评,但在创作上依然随波逐流。例如太宗的诗今存近百首,其中多数是风骨荏弱、辞采绮丽之作,正是南朝诗风的继续。从文学自身的角度对绮靡文风进行反省的首推"初唐四杰"。四杰的理论中虽然仍有与太宗、魏征等人相同的观点,即从国家安危的角度来反对绮靡文风,但他们对此已不再那么强调了。例如他们批评上官仪等人:"龙朔初载,文场变体,争构纤微,竞为雕琢。揉之以金玉龙凤,乱之以朱紫青黄,影带以狥其功,假对以称其美,骨气都尽,刚健不闻。"(杨炯《王勃集序》,《杨盈川集》卷三)就完全是从文学自身的利弊立论的。与此同时,四杰的诗歌题材也从宫廷扩大到江山朔漠,体现出与南朝诗风分道扬镳的最初努力。等到武后垂拱年间(685—688),陈子昂就大张旗鼓地对南朝诗歌进行批判:"汉魏风骨,晋宋莫传。……仆尝暇时观齐梁间诗,彩丽竞繁,而兴寄都绝,每以永叹。思古人,常恐逶迤颓靡,风雅不作,以耿耿也。"(《与东方左史虬修竹篇序》,《陈伯玉文集》卷一)陈子昂的历史功绩在于,他既把批判的矛头准确地指向齐梁诗风,又树立了"汉魏风骨"的学习典范,有破有立,不但提高了其理论的品位,而且增强了它对当时诗坛的实际指导意义。从初唐到盛唐,诗歌的发展至少是部分地沿着陈子昂指出的方向前进的。所以盛唐诗人如王维、高适、岑参等都崇尚建安诗歌,而李白的名句"自从建安来,绮丽不足珍"(《古风五十九首》之一,《李太白全集》卷一)其实也正是陈子昂观点的韵文复述。

杜甫对陈子昂怀有深深的敬意。宝应元年(762)夏,杜甫在绵州作《送梓州李

① 唐太宗所说的"浮华之文"既指梁武帝父子、陈后主、隋炀帝等人的诗文,也指司马相如、扬雄的赋作,详见《贞观政要》卷七与《帝京篇序》(《全唐诗》卷一)。
② 参看魏征《陈书·后主本纪后论》,《隋书·文学传序》,李百药《北齐书·文苑传赞》,令狐德棻《周书·王褒庾信传论》等。
③ 参看《隋唐五代文学思想史》第二章第一节《反绮靡与主张文质并重》。

使君之任》说:"遇害陈公殒,于今蜀道怜。君行射洪县,为我一潸然!"是年冬,杜甫来到射洪(今四川射洪),瞻仰了陈子昂的遗迹,作诗说:"陈公读书堂,石柱仄青苔。悲风为我起,激烈伤雄才。"(《冬到金华山观得故拾遗陈公学堂遗迹》)又特别赞颂了陈的文学业绩:"有才继骚雅,哲匠不比肩。公生扬马后,名与日月悬。……终古立忠义,感遇有遗篇!"(《陈拾遗故宅》)如此高度的褒扬,甚至超过了杜甫对祖父杜审言的评价。然而杜甫的文学观点与陈子昂同中有异,最主要的差别是对南朝诗歌艺术的态度,这一点留待第二节中再讲。即使在相同的方面,杜甫的思想也不是陈子昂观点的复述,而是发展和超越。

我们知道,虽然陈子昂在批判南朝浮靡诗风的基础上号召恢复"汉魏风骨"时也提到了"风雅"和"兴寄",但事实上他所重视的文学传统是建安和正始两个时代的诗歌,而对汉乐府乃至《诗经》的传统不免有所忽视,他在《与东方左史虬修竹篇序》中赞扬东方的《咏孤桐篇》:"骨气端翔,音情顿挫,光英朗练,有金石声。……不图正始之音复睹于兹,可使建安作者相视而笑。"显然,"骨气端翔"四句就是陈子昂对"正始之音"与"建安作者"的风格描述,也就是他对"风骨"、"兴寄"的具体阐述。《文心雕龙·风骨》云:"结言端直,则文骨成焉;意气骏爽,则文风生焉。"陈子昂所说的"风骨"的内涵与之很接近,即要求诗歌的思想感情爽朗明晰,语言风格刚健遒劲。[①]至于"兴寄",当然是由比兴说而来,但不说"比兴"而说"兴寄",可见侧重点在于有为而发、有所寄托,而不再在于"托事于物"(《周礼·太师》郑众注)。把"风骨"与"兴寄"合在一起作为号召,其目的在于使诗歌真正地表现内心的慷慨激昂的感情与明晰深刻的思想,这些感情与思想当然是时代、社会的投影,但毕竟不是时代、社会本身。换句话说,陈子昂所号召的主要是带有浪漫色彩的抒情述志,而不是写实。因为只有前者才是建安诗歌与正始诗歌的共同特点,而且从陈子昂的诗歌创作及其他言论来看,他注重正始诗歌更甚于建安。陈子昂诗的代表作是《感遇》三十八首,其抒情性质和兴寄手法都与阮籍《咏怀》诗一脉相

---

① 此外陈子昂还谈到了诗歌的情感、音节方面的抑扬顿挫,可参看《文心雕龙·声律》中的有关论述。

承,后人皆持此见,兹不赘述。其实陈子昂亦曾自谓:"某实鄙能,未窥作者。斐然狂简,虽有劳人之歌;怅尔咏怀,曾无阮籍之思。"(《上薛令文章启》,《陈伯玉文集》卷一〇)毫无疑问,陈子昂的理论与创作都对盛唐诗歌具有先导作用:充满着理想精神与浪漫色彩的盛唐之音正是从此发轫的。但是如上所述,陈子昂的理论有严重的缺陷,那就是他只注意到先唐诗歌优秀传统中的一个部分(即建安、正始诗歌,尤其是后者),却忽视了更为重要的正面反映时代、社会的写实传统(主要体现于《诗经》、汉乐府,也包括部分建安诗歌)。杜甫正是在这一点上实现了对陈子昂的超越。

首先,与陈子昂一样,杜甫对建安诗歌也非常重视,"目短曹刘墙"(《壮游》)、"诗看子建亲"(《奉赠韦左丞丈二十二韵》)虽为诗人早期的自负之言,但言下之意正是对建安诗人的推崇。他晚年赞扬高适"方驾曹刘不啻过"(《奉寄高常侍》),又称赞苏涣的诗"突过黄初诗"(《苏大侍御访江浦赋八韵纪异》),也说明了这一点。然而杜甫的文学史眼光比陈子昂更为深邃,他的目光虽然也从建安下及正始乃至南朝,但更注重于上溯至汉乐府、楚辞与《诗经》。他说:"纵使卢王操翰墨,劣于汉魏近风骚。"(《戏为六绝句》之四)后人对"劣于汉魏"句颇多歧说,但正如郭绍虞先生所言,应以"汉魏近风骚"五字连读为妥(见《杜甫戏为六绝句集解》),可见杜甫认为汉魏诗歌是与风骚的传统一脉相承的。更重要的是下面这首诗:

戏为六绝句(其六)

未及前贤更勿疑,递相祖述复先谁? 别裁伪体亲风雅,转益多师是汝师。

如果说《戏为六绝句》是"杜公一生谭艺之宗旨,亦千古操觚之准绳"(史炳《杜诗琐证》卷下),那么这一首又堪称为《戏为六绝句》之宗旨,它简明扼要地阐述了杜甫的文学史观。孙奕、王嗣奭等人认为首句是杜甫的夫子自道(见郭绍虞《杜甫戏为六绝句集解》,下同),误。因为这六首诗都是杜甫文学思想的表述,是他对整个文学史及当时诗坛风气进行考察的理论总结,并不是专说自己个人的创作经验。所以此句的确切含义是说今人应虚心向前贤学习,因为前贤在诗歌创作中已经取得了辉煌的成绩。联系唐人所面临的丰厚文学遗产及杜甫对前人的虚心态度,就会觉得这样的解释是合理的。与第一句的意思相承接,第二句的"递相祖述"也不应如钱谦益所云作"沿流失源"解,而应如浦起龙说是"好字眼",也就是说,杜甫是赞成"祖述"前贤的。问题的关键是前贤数量很多,究竟以何者为先呢?后面两句就是杜甫对此作出的回答,如此解释语气才贯若连珠。第三句中的"伪体"二字,歧说纷纭,杨慎以"无出处之言"为伪体,清人林昌彝以"性情不真者"为伪体,今人马茂元先生又以"以模拟代替创造"为伪体(见《论戏为六绝句》,《杜甫研究论文集》三辑),都欠妥切。郭绍虞先生说:"伪体云者,不真之谓。其沿流失源甘作齐梁后尘者,固不免于伪;即放言高论,不能虚心以集益者,亦何莫非伪体乎?"以"不真之谓"四字释"伪体",语颇圆匝,但后面两句话仍觉缺乏根据。我们认为既然杜甫并未明言"伪体"的内涵,后人就不宜随意引申。杜诗说"别裁伪体亲风雅",可见"伪体"必是与"风雅"相对立的,也就是背离了《诗经》优良传统的那些诗歌(当然,多半包括"齐梁"在内)。由于《诗经》的传统在较长一段历史时期内没有被人们重视、继承,所以杜甫在树立《诗经》为典范时又号召"别裁伪体"。三、四两句之间是互相补充的辩证关系:前一句确立了最高的典范,后一句则主张转益多师;前一句要求删汰文学遗产中的糟粕以趋向典范,后一句要求广泛地借鉴文学遗产中的一切精华。推崇特定的典范又不作茧自缚,广泛地师承前人又不茫然无主。有破有立,主次分明。这就是杜甫对文学遗产采取的既有批判又有继承的正确态度的理论表述。与陈子昂相比,杜甫的胸怀更博大,视野更广阔,目光更深邃,这正是一位"集大成"者应有的品质。

其次,陈子昂提倡"风雅"着眼于"兴寄",杜甫提倡"风雅"侧重于"比兴",貌似相同,其实有很大的差别。大历元年(766),杜甫在夔州读到元结的《舂陵行》与《贼退示官吏》二诗,极为赞叹,作诗和之:

同元使君《舂陵行》并序

览道州元使君结《舂陵行》兼《贼退后示官吏作》二首,志之曰:当天子分忧之地，效汉朝良吏之目。今盗贼未息，知民疾苦，得结辈十数公，落落然参错天下为邦伯，万物吐气，天下小安可待矣！不意复见比兴体制，微婉顿挫之词。感而有诗，增诸卷轴，简知我者，不必寄元。

　　遭乱发尽白，转衰病相婴。沉绵盗贼际，狼狈江汉行。叹时药力薄，为客赢瘵成。吾人诗家流，博采世上名。粲粲元道州，前圣畏后生。观乎舂陵作，欻见俊哲情。复览贼退篇，结也实国桢。贾谊昔流恸，匡衡尝引经。道州忧黎庶，词气浩纵横。两章对秋月，一字偕华星。致君唐虞际，淳朴忆大庭。何时降玺书，用尔为丹青？狱讼永衰息，岂惟偃甲兵！悽恻念诛求，薄敛近休明。乃知正人意，不苟飞长缨！凉飚振南岳，之子宠若惊。色沮金印大，兴含沧浪清。我多长卿病，日夕思朝廷。肺枯渴太甚，漂泊公孙城。呼儿具纸笔，隐几临轩楹。作诗呻吟内，墨淡字欹倾。感彼危苦词，庶几知者听。

　　《戏为六绝句》作于宝应元年（762）前后，与此诗作仅隔四年许，所以此诗序中"比兴体制"云云正可看作是对上述"风雅"传统的具体阐述。杜甫所说的"比兴"到底是什么意思呢？显然它不可能是指"比方于物"与"托事于物"（《周礼·太师》郑众注），而应是："比，见今之失，不敢斥言，取比类以言之。兴，见今之美，嫌于媚谀，取善事以喻劝之。"（《周礼·太师》郑玄注）因为先郑所释的"比兴"是一种修辞手法，后郑所释则含有美刺之义，而元结的两首诗相当古拙，绝无比喻等等修辞手段，其价值正在于对社会黑暗现象的揭露。《舂陵行》末句云："何人采国风？吾欲献此辞！"（《元次山集》卷四）可见元结自己也认为他的诗是继承了《诗经》的美刺传统的。所以杜甫所谓"比兴体制"，正是指《诗经》所开创的美刺、规讽传统。杜诗中对元结的诗予以极高评价，云："贾谊昔流恸，匡衡尝引经。道州忧黎庶，词气浩纵横。"又云："感彼危苦词，庶几知者听。"都是从元诗的讽喻作用着眼的。杜甫并不反对或轻视陈子昂的"兴寄"主张，上引杜甫对《感遇》诗的赞颂就说明了这一点，但他进而倡导"比兴体制"，却弥补了陈子昂诗论的一大缺陷。有两点情况需要作进一步的说明：一、杜甫在倡导《诗经》的优秀传统时虽然沿用了"比兴"一词,但其内涵要比汉儒所释更为广阔、深刻。简而言之,汉儒(例如郑玄)所说的美刺是一种狭隘的功利主义观点,在他们看来,无论是美是刺,作诗都是为了规谕君主。而杜甫所倡导的其实是广泛而真实地反映社会、时代的写实,也即恢复《诗经》中优秀作品的本来面目,杜甫的创作实际就证明了这一点。二、杜甫虽以《诗经》作为写实文学的代表,但事实上他对于汉乐府民歌及建安诗人反映社会现实的诗歌也一样重视,他在倡导"比兴"传统时同样做到了"转益多师"。

综上所述,我们认为杜甫"别裁伪体亲风雅"的主张不但具有较高的理论价值,而且对当时的诗坛具有重大的指导意义。如果说陈子昂的理论为盛唐诗指明了方向,那么杜甫的理论就是盛唐诗继续发展的指南。因为唐诗在盛、中之际的变化之标志,正是从以抒情述志为主转变为以写实为主。所以中唐诗人白居易、元稹等人都对杜甫给予极高的评价,而且在新乐府诗的写作中主动接受了杜甫的巨大影响。可惜的是白居易等人过分强调了诗歌的讽喻作用,结果反而从杜甫的理论向汉儒倒退了一步。我们把杜甫的理论置于唐诗发展的过程中予以考察,不难看出其承前启后的历史地位。

二 / 文学史观之二:"清辞丽句必为邻"

陈子昂对于以"齐梁间诗"为代表的南朝文学是一笔抹煞的,在南朝诗风占主导地位的初唐诗坛上,陈子昂的呼声无异是振聋发聩的一声春雷。陈子昂的好友卢藏用说:"宋齐之末,盖憔悴矣。逶迤陵颓,流靡忘返,至于徐、庾,天之将丧斯文也。后进之士若上官仪者,继踵而生,于是风雅之道扫地尽矣。……道丧五百岁而得陈君。……崛起江汉,虎视函夏,卓立千古,横制颓波,天下翕然,质文一变。"(《右拾遗陈子昂文集序》,《全唐文》卷二三八)语虽不无夸张,但确实说出了陈子昂挽狂澜于既倒的历史功绩。在齐梁之风已弥漫数百年之久的历史背景下,只有矫枉过正才能摧陷廓清。陈子昂对南朝诗歌的批判正是一种矫枉过正的观点,这在当时是完全必要的。然而,矫枉过正的观点必然是偏颇的。陈子昂理论的偏颇之处在于他在反对南朝诗歌的浮靡风气时却将其艺术成就也一笔抹煞了。随着浮靡诗风逐渐退出诗坛，这种偏颇也越来越明显。盛唐诗人在创作实践中其实已经在暗中纠正这种偏颇了，例如李白在理论上虽然追随陈子昂的观点，对建安以来的诗歌均斥为"绮丽不足珍"，但是他在创作中则对南朝诗人谢灵运、谢朓等倾心学习，且受到鲍照、何逊、阴铿等人的影响，而陈子昂鄙弃不为的七言诗也在李白笔下大放光彩。^①等到杜甫登上诗坛时，距离陈子昂写《与东方左史虬修竹篇序》已有五十来年了。^②在这段时期里，盛唐诗人已以他们的创作实绩将南朝诗歌的浮靡风气扫除干净，也就是说，陈子昂大声疾呼的革新主张已经实现。这样，对陈子昂的理论进行反思从而纠正其偏颇的任务就被历史提出来了。

这个任务是由杜甫完成的。

杜甫既然对文学遗产抱着"转益多师"的态度，他当然不可能对前人在诗歌艺术上的任何成就轻易否定或置之不理。从杜甫的创作来看，他对历代诗人在艺术上的成就采取了极为虚心的态度，兼收并蓄，转益多师，这正是他成为"集大成者"的原因之一。与之相应的是，杜甫在理论上也正面提出了"不薄今人爱古人，清辞丽句必为邻"（《戏为六绝句》之五）的主张，这是杜甫文学史观的第二点主要内容。

首先，杜甫对南朝诗歌的艺术成就给予高度的评价，这体现在以下两个方面：第一，南朝诗歌艺术最突出的成就体现在丽辞和声律两个方面。陈子昂批评南朝诗歌"彩丽竞繁"，李白也说："梁、陈以来，艳薄斯极，沈休文又尚以声律。……寄兴深微，五言不如四言，七言又其靡也，况使束于声调俳优哉！"（《见孟棨《本事诗·高逸第三》）他们在创作上很少写律诗，也体现了轻视丽辞、声律的观点。杜甫则不然，他不但对律诗的写作倾注了最多的心血，而且反复声明重视律诗："遣词必中律"（《桥陵诗三十韵》）、"晚节渐于诗律细"（《遣闷戏呈路十九曹长》），等等。这说明杜甫对于南朝诗人在丽辞、声律两方面的艺术探索是高度肯定的，他

---

① 清道光蜀刻本《陈子昂先生全集》中收有七绝《杨柳枝》一首，据学者考证，实乃晚唐胡曾的《咏史诗》。见韩理洲《杨柳枝非陈子昂所作考》，载《陈子昂研究》。
② 陈子昂作《与东方左史虬修竹篇序》在垂拱年间（658—688），如果我们把杜甫在开元二十四年（736）或稍后作《望岳》视为他登上诗坛，那么两者之间相隔约五十年。如果我们把杜甫在宝应元年（762）前后作《戏为六绝句》视为他在理论上达到成熟，两者之间已相隔七十多年了。

一生中的艺术追求正是沿着这个方向前进的(参看第四章第四节)。

第二,杜甫对许多南朝诗人都很推崇,时时有诗咏及他们:

焉得思如陶谢手,令渠述作与同游。(《江上值水如海势聊短述》)

飞动摧霹雳,陶谢不枝梧。(《夜听许十一诵诗爱而有作》)

孰知二谢将能事,颇学阴何苦用心。(《解闷十二首》之七)

谢朓每篇堪讽诵。(《寄岑嘉州》)

清新庾开府,俊逸鲍参军。(《春日忆李白》)

不复见颜鲍。(《遣怀》)

高岑殊缓步,沈鲍得同行。(《寄彭州高三十五使君适虢州岑二十七
长史参三十韵》)

流传江鲍体,相顾免无儿。(《赠毕四曜》)

这些诗句有的是直抒己见,有的是借古人以赞美友人的诗才,但同样都流露了杜
甫对南朝诗歌的赞赏。陶渊明、谢灵运、颜延之、鲍照、沈约、江淹、谢朓、何逊、阴
铿、庾信,几乎是一份完整的南朝优秀诗人的名单! 这里特别值得一提的是杜甫
对庾信的看法。庾信其人在生前虽然名高一时,但自隋末开始,一直受到严厉的
批评。王通《中说·事君篇》说:"徐陵、庾信,古之夸人也,其文诞。"①魏征《隋
书·文学传》中说:"徐陵、庾信,分路扬镳。其意浅而繁,其文匿而采,辞尚轻险,

① 《中说》一书真伪难定,但书中观点当是反映了隋末、唐初人的看法。

情多哀思。"令狐德棻《周书·王褒庾信传论》中更说："然则子山之文,发源于宋末,盛行于梁季。其体以淫放为本,其词以轻险为宗,故能夸目侈于红紫,荡心逾于郑卫。昔扬子云有言:'诗人之赋丽以则,辞人之赋丽以淫。'若以庾氏方之,斯又词赋之罪人也。"以后王勃、卢藏用等人也都"徐、庾"并斥,①直到杜甫的时代人们还在嗤点庾信的作品。为什么人们对六朝文学的批评集矢于庾信呢?上引令狐德棻的话颇能说明问题:庾信的诗赋句式整齐、音律和谐、辞采绮丽、典故繁密,在艺术上堪称是六朝文学的代表。当人们批评南朝文学"绮丽"时,庾信当然要首当其冲了。由于同样的原因,杜甫要为六朝文学的艺术成就翻案时,也就对庾信给予了特殊的关注。除了誉其"清新"外,杜甫还在《戏为六绝句》之一中专咏庾信:

> 庾信文章老更成,凌云健笔意纵横。今人嗤点流传赋,不觉前贤畏后生。

杜甫在《咏怀古迹五首》之一中还说:"庾信平生最萧瑟,暮年诗赋动江关。"可证此诗中"文章"兼指诗、赋而言。我们知道,庾信入北以后文风发生了较大的变化,虽说早期的绮靡诗风并未绝迹,但他毕竟写出了《拟咏怀诗二十七首》与《哀江南赋》等面目一新的作品。显然,杜甫对庾信的评价是顾及整体、抓住本质的,而令狐德棻的批评则多少是出于对南朝文学的偏见。正因为杜甫在整体上重视南朝诗歌的成就,所以他极为重视《文选》。他自称"续儿诵文选"(《水阁朝霁奉简云安严明府》),又教导儿子要"熟精文选理"(《宗武生日》),而《文选》虽然是一部通代的总集,但其中入选作品较多的作家大多是南朝人。②那么,杜甫对于南朝诗歌是不是

---

① 分见《上吏部裴侍郎启》(《王子安集》卷八)、《左拾遗陈子昂文集序》(《全唐文》卷二三八)。
② 《文选》中入选作品较多的十名作家依次为:陆机六十篇(《演连珠》五十首作一篇计入)、江淹三十五篇、曹植三十二篇(《七启》八首作一篇计入)、谢灵运三十二篇、颜延之二十六篇、谢朓二十三篇、潘岳二十二篇、任昉二十一篇、鲍照二十篇、沈约十七篇。除陆、曹、潘三人外都是南朝作家,而且这三人的诗文在艺术上正是南朝文学的先声。

毫无批判呢？当然不是,他对于南朝文学的淫靡不振保持着高度的警惕:"恐与齐梁作后尘!"(《戏为六绝句》之五)所以冯班说:"千古会看齐梁诗,莫如杜老。晓得他好处,又晓得他短处。他人都是望影架子话。"(《钝吟杂录》卷四)

　　其次,杜甫在借鉴前人的清辞丽句时目光并未局限于南朝,他对于"惊采绝艳"(《文心雕龙·辨骚》)的楚辞也给予极高的评价。自初唐以来,论者在批评南朝浮靡文风时常常株连到楚辞,王勃云:"自微言既绝,斯文不振,屈、宋导浇源于前,枚、马扬淫风于后。……故魏文用之而中国衰,宋武贵之而江东乱。虽沈谢争鹜,适先兆齐梁之危;徐庾并驰,不能免陈周之祸。"(《上吏部裴侍郎启》,《王子安集》卷八)就是颇有代表性的观点。直到杜甫的时代,许多人仍持这种看法,例如贾至云:"三代文章,炳然可观。洎骚人怨靡,扬马诡丽,班、张、崔、蔡、曹、王、潘、陆,扬波扇飙,大变风雅。宋、齐、梁、隋,荡而不返。"(《工部侍郎李公集序》,《全唐文》卷三六八)李华云:"屈平、宋玉,哀而伤,靡而不返,六经之道遁矣。"(《赠礼部尚书清河孝公崔沔集序》,《全唐文》卷三二五)独孤及云:"尝谓扬、马言大而迂,屈、宋词侈而怨。沿其流者,或文质交丧,雅郑相夺,盍为之中道乎。"(《唐故殿中侍御史赠考功郎中萧府君文章集录序》,《全唐文》卷三八八)即使是推崇"屈平词赋如日月"(《江上吟》,《李太白全集》卷七)的李白,也难免受这股思潮的影响,写下了"正声何微茫,哀怨起骚人。扬马击颓波,开流荡无垠"(《古风五十九首》之一,《李太白全集》卷一)的句子。这种观点本是从南朝的复古主义文学思想发展而来的,①由于唐人对于长期流行的淫靡文风有更痛切的反省,所以表达的语气也更加激烈。可是这种观点显然比陈子昂否定南朝诗歌艺术的观点更为偏颇,因为它否定的对象实际上是古代文学中堪与《诗经》相提并论的一个源头。当时只有杜甫对《楚辞》采取了正确的态度。在杜甫看来,《楚辞》与《诗经》一样,是文学遗产中最为光辉的典范,"风骚共推激"(《夜听许十一诵诗爱而有作》)、"文雅涉风骚"(《题柏大兄弟山居屋壁二首》之一)、"劣于汉魏近风骚"(《戏为六绝句》之四)、

----

① 《文心雕龙·宗经》云:"楚艳汉侈,流弊不还。"裴子野《雕虫论》云:"悱恻芳芬,楚骚为之祖;靡漫容与,相如扣其音。由是随声逐影之俦,弃指归而无执。"(《全梁文》卷五三)

"有才继骚雅"(《陈拾遗故宅》)等诗句都将"骚"与"风"、"雅"并称,就清楚地说明了这一点。所以,杜甫对《楚辞》的主要作家屈原、宋玉怀有深深的敬意,"先生有才过屈宋"(《醉时歌》)、"不必伊周地,皆登屈宋才"(《秋日荆南述怀三十韵》),言下之意屈、宋就是才士的代名词。当杜甫晚年飘泊西南,来到屈、宋的故乡时,更是时时咏及:"若道士无英俊才,何得山有屈原宅?"(《最能行》)"摇落深知宋玉悲,风流儒雅亦吾师。怅望千秋一洒泪,萧条异代不同时!"(《咏怀古迹五首》之二)我们知道,与《诗经》相比,《楚辞》的语言更瑰丽,想象更丰富,也就是更有文采。所以刘勰说:"《骚经》、《九章》,朗丽以哀志。《九歌》、《九辨》,绮靡以伤情。《远游》、《天问》,瑰诡而惠巧。《招魂》、《招隐》,耀艳而深华。……故能气往铄古,辞来切今,惊采绝艳,难与并能矣。"(《文心雕龙·辨骚》)这样,在那些一味主张复古的人看来,《楚辞》偏离了儒家文学思想的规范,而且是后代绮丽文风的厉阶。这显然是一种保守的、落后的文学史观。杜甫则不然,他把《楚辞》对《诗经》的踵事增华看作是文学发展的正常情形(详见本章第三节),在肯定《楚辞》思想意义的同时,对于其"惊采绝艳"的艺术特征也予以高度的评价。

正是在这种宽广的历史视野中,杜甫提出了他对于前代诗歌艺术成就的总体观点:

戏为六绝句(其五)

　　不薄今人爱古人,清词丽句必为邻。窃攀屈宋宜方驾,恐与齐梁作

后尘。

此诗旨意本很明确,但注家多喜穿凿,故歧解纷纭,需要作一些说明。首句中的"今人"究系何指?钱谦益等认为指齐梁以后的庾信等人(见郭绍虞《杜甫戏为六绝句集解》,下同),卢元昌等又认为指当时好嗤点古人的轻薄后生。对于全句的意思,则杨伦解作"我非敢薄今人而专爱古人",翁方纲解"不薄"作"何不薄",仇兆鳌等又解作"今人爱慕古人……我亦岂敢薄之"(即以"不薄"二字另读,以后五字连读)。我们认为"不薄"即"爱",此句意即既爱今人,复爱古人,对古人、今人并无

厚薄之分。这样,"今人"、"古人"只须泛解作"今时之人"与"古时之人"即可,不必追究到底以什么时间为古、今的分界线了。郭绍虞先生说:"首章'今人嗤点流传赋'句所言之'今人'既指后生,则以'今人爱古人'五字相连更较近似。"我们觉得这种说法很难成立。因为"嗤点流传赋"的并不是全体"今人",杜甫也决不会不分青红皂白地对所有的"今人"都同样看待,而且杜甫对同时的李白、王维、高适、岑参等诗人皆很推服的事实也证明他对许多"今人"确是"不薄"的。首句的意思确定后,次句旨意就迎刃而解了:只要是清词丽句,就一定要与之为邻。"清词丽句"四字意味深长。杜甫并不反对"绮丽",他称赞李琎"挥翰绮绣扬"(《八哀诗·赠太子太师汝阳郡王琎》)。即使对于南朝诗人,杜甫也颇重视他们的绮丽篇什:"绮丽玄晖拥"(《八哀诗·故右仆射相国张公九龄》)、"丽藻初逢休上人"(《留别公安太易沙门》)。然而杜甫特别强调"清新",他赞扬李白是"清新庾开府,俊逸鲍参军"(《春日忆李白》),孟浩然"清诗句句尽堪传"(《解闷十二首》之六),严武"诗清立意新"(《奉和严中丞西城晚眺十韵》)。他遥问高适、岑参:"更得清新否?"(《寄彭州高三十五使君适虢州岑二十七长史参三十韵》)他追忆已故的高适也说"不意清诗久零落!"(《追酬故高蜀州人日见寄》)我们知道,"清"字本身有"澄"、"洁"、"冷"等含义,所以"清新"一词除了新颖之义外,也含有清冷、疏淡之义,[1]司空图《诗品》中有"清奇"一品:"娟娟群松,下有漪流。晴雪满竹,隔溪渔舟。可人如玉,步屟寻幽。载瞻载止,空碧悠悠。神出古异,淡不可收。如月之曙,如气之秋。"内涵与"清新"比较接近。显然,把"清新"与"绮丽"结合成"清词丽句",可以防止过分的秾艳、雕琢。这正是杜甫对古今诗人进行艺术评判的一个标准。按照这个标准,屈、宋显然是典范作家,而齐梁诗人则大多未免绮丽有余、清新不足。[2]所以杜甫

---

[1] 晋陆云称陆机文章"清新相接"(《与兄平原书》,《全晋文》卷一〇二),梁萧统诗云"摛藻每清新"(《宴阑思旧诗》,《梁诗》卷一四),似为"清新"这个风格术语的较早出处。

[2] 杜甫在南朝诗人中最重庾信——"清新庾开府"(《春日忆李白》),李白在南朝诗人中最重谢朓——"诗传谢朓清"(《送储邕之武昌》,《李太白全集》卷一八),所推崇的对象不同,但着眼点都在一个"清"字,颇值得我们深思。

明确提出:要争取与屈、宋并驾齐驱,切勿追随齐梁的后尘! 由此可见,"清词丽句必为邻"的思想不但是对陈子昂否定南朝诗歌的观点的纠正,也是对由来已久的否定《楚辞》的看法的纠正,杜甫的这种文学思想在文学批评史上占有十分重要的地位。

三 / 文学史观之三:"历代各清规"

在上面两节中我们论述了杜甫对于文学遗产的态度,无论是题材内容还是艺术形式,杜甫都主张虚心地向前人学习,从而最大程度地借鉴前人的创作经验。那么,杜甫是不是一位复古主义者呢? 他是不是像王勃、贾至等人那样因为推崇"三代文章"而认为后代文学每况愈下呢? 回答是否定的。前面说过,杜甫虽然将《诗经》、《楚辞》视作诗歌的最高典范,但是他决不因此而轻视后代的文学。即使是对于当代的诗人,杜甫也多所褒奖推服,刘克庄云:

> 杜公为诗家宗祖,然于前辈如陈拾遗、李北海,极其尊敬。于朋友如郑虔、李白、高适、岑参,尤所推让。白固对垒者。于虔则云:"德尊一代"、"名垂万古"。于适则云:"美名人不及,佳句法如何?"又云:"独步诗名在。"于参则云:"谢朓每篇堪讽咏。"未尝有竞名之意。晚见《春陵行》则云:"粲粲元道州,前贤畏后生。"至有"秋月、华星"之褒。其接引后辈又如此。名重而能谦,才高服善,今古一人而已。(《后村先生大全集》卷一七六《诗话后集》)

除了刘克庄提到的诗人之外,杜甫对王维、孟浩然、薛据、贾至、孟云卿、孔巢父、苏源明、毕曜、裴迪、薛华、严武、郑审、李之芳、苏涣等同时代诗人也多有赞叹,可见他对"不薄今人爱古人"这句话确是身体力行的。值得注意的是杜甫对初唐四杰的态度:

戏为六绝句

其二

王杨卢骆当时体，轻薄为文哂未休。尔曹身与名俱灭，不废江河万古流。

其三

纵使卢王操翰墨，劣于汉魏近风骚。龙文虎脊皆君驭，历块过都见尔曹。①

对于这两首诗，历代注家亦多歧说，郭绍虞先生作了很好的总结，前一首："自来解此诗者有二歧说。谓为少陵讥哂四子者，赵次公、刘克庄、邵二泉诸人是也。谓为推尊四子者则自洪迈、葛立方以来诸家皆然。考杜《偶题》诗云：'后贤兼旧制，历代各清规。'所谓'历代各清规'者，正是'当时体'之绝妙解释。则所谓当时体者初无贬抑之意。且此六绝中又有'转益多师是汝师'之语，则知其于杨王四子亦在可师之列。故知谓子美笑王杨卢骆文体轻薄者妄也。然谓杜推尊四子，而以轻薄为文指后生嗤点之辈，则亦未当。赵注据《玉泉子》称'时人之议杨好用古人姓名谓之点鬼簿，骆好用数对谓之算博士'，此正时人讥哂之证。唐史载裴行俭语称'勃等虽有文才而浮躁浅露'，此又四子立身为文不免轻薄之证。故'轻薄为文'四字确为讥哂四子之语，但此非出于杜，而出于时人。故杜于四子，初无贬抑之意，而于时人之妄肆雌黄者，反不以为然也。"后一首："是诗歧解关键所在，即在'尔曹'二字。以尔曹指卢王则定为贬辞，赵次公、邵二泉诸家是也。以尔曹指后生，则又为赞辞，自刘辰翁以来诸家皆然。按本诗语意若以尔曹指卢王，则先后不贯，且与

① "历块过都见尔曹"语本王褒《圣主得贤臣颂》："过都越国，蹶如历块。"（《文选》卷四七）前代杜诗注家均未言"块"字何指，马茂元先生认为"块"指"土地"（见《戏为六绝句》，《杜甫研究论文集》三辑），山东大学中文系《杜甫诗选》释作"片土"，似欠妥。傅庚生先生译作"拳拳的块土"（《杜诗散绎》十二），较妥。因为"块"的本义就是"土块"，《左传·僖公二十三年》："野人与之块。"

少陵论诗宗旨亦不相类,故以尔曹指后生者为是。"的确,杜甫对初唐四杰一向都很重视,早在流寓秦州时就写过"举天悲富骆,近代惜卢王"(《寄彭州高三十五使君适虢州岑二十七长史参三十韵》)的句子,而且这种看法与《戏为六绝句》之一中对庾信的高度评价是统一的。众所周知,四杰是初唐诗歌发展过程中的关键人物。一方面,他们最早开始抵制南朝遗留下来的浮靡诗风,将诗歌题材由宫廷、台阁扩大到江山朔漠之间。另一方面,他们也继承了南朝诗人在丽辞、声律方面的成就,从而为诗歌形式的革新作出了贡献(尤其是五言律诗和七言歌行),语言风格也由绮丽转向清新。如果说陈子昂以大张旗鼓的革新主张而"横制颓波",那么四杰却是以改造南朝诗风的方式而"以故为新"的。所以王世贞说:"卢、骆、王、杨,号称四杰。词旨华靡,固沿陈、隋之遗。骨气翩翩,意象老境,超然胜之。五言遂为律家正始。"(《艺苑卮言》卷四)陆时雍说:"王勃高华,杨炯雄厚,照邻清藻,宾王坦易。……调入初唐,时带六朝锦色。"(《诗镜总论》)也就是说,四杰的诗是南朝诗与盛唐诗之间的过渡,所以尚带有南朝诗风的痕迹。而且,四杰时代的诗歌水平在总体上早已被盛唐诗人所超越。这样,人们讥笑四杰就是难以避免的了。李商隐云:"沈宋裁辞矜变律,王杨落笔得良朋。当时自谓宗师妙,今日唯观属对能。"(《漫成五章》之一,《李义山诗集》卷六)不难推测,杜甫时代的人也容易有这种感觉。杜甫的过人之处就在于他具有清醒的历史意识,所以把四杰置于特定的历史背景中予以评价。"当时体"三字就是这种历史意识的集中体现,杜甫其实比旁人更能看清四杰的不足之处,但他对四杰在唐诗发展过程中的贡献给予极高的评价,并不因为四杰"劣于汉魏近风骚"而将他们一笔抹煞。

杜甫的这种历史意识更完整地体现在《偶题》一诗中:

> 文章千古事,得失寸心知。作者皆殊列,名声岂浪垂?骚人嗟不见,
> 汉道盛于斯。前辈飞腾入,余波绮丽为。后贤兼旧制,历代各清规。法
> 自儒家有,心从弱岁疲。永怀江左逸,多谢邺中奇。……

王嗣奭云:"此公一生精力,用之文章,始成一部杜诗,而此篇乃其自序也。诗三百

篇各有序,而此篇又一部杜诗之总序也。起来二句,乃一部杜诗所从胎孕者。'文章千古事',便须有千古识力为之骨。而'得失寸心知',则寸心具有千古。此乃文章家秘密藏,而千古立言之标准。"(《杜臆》卷八)我们认为此诗不但是"一部杜诗之总序",而且是杜甫对一部诗歌史的总序,因为它精要地概括了先唐诗歌发展的全过程,是对古代诗歌史内在规律的理论总结。自从曹丕提出"文章经国之大业,不朽之盛事"(《典论·论文》)以后,人们对文学日益重视,并开始探讨文学自身的规律。陆机《文赋》云:"余每观才士之所作,窃有以得其用心。夫其放言遣辞,良多变矣。妍蚩好恶,可得而言。"杜甫说"得失寸心知",意思与之相近。但是陆机《文赋》基本上属于创作论的范畴,并未对文学作历时性的研究。刘勰虽然提出了"文变染乎世情,兴废系乎时序"(《文心雕龙·时序》)的历史主义观点,但他仅仅把文学史的演变归纳成"质文代变"(同上)的历史循环论的简单模式,而且由于过分宗经而使其文学史观具有厚古薄今的保守色彩:"榷而论之,则黄唐淳而质,虞夏质而辨,商周丽而雅,楚汉侈而艳,魏晋浅而绮,宋初讹而新。从质及讹,弥近弥淡。何则? 竞今疏古,风味气衰也。"(《文心雕龙·通变》)杜甫则不然,他在此诗中提出的是全新的文学史观念,让我们稍作阐述:"作者皆殊列"是说历代作家各处于不同的地位,"殊列"是指创作倾向、风格之相异而不是指成就之高下,否则"名声岂浪垂"一句就难以讲通了。联系下文及杜甫的其他言论,这两句意谓凡是名垂青史的作家都不是徒有虚名的,他们在不同的位置上为文学的发展作出了贡献。这两句是一个总概,下面就开始评论历代作家。由于这是一首诗而不是一篇论文,所以杜甫不可能一代一代地罗列所有的作家,而只是选择了诗歌史上的几个重要轨迹点:楚辞作家、汉代诗人……"前辈"二句究系何指? 王嗣奭认为:"前辈如建安、黄初诸公,飞腾而入。至六朝之绮丽,乃其余波,不可少也。"我们觉得不一定要讲得这么确凿,但从建安到六朝,诗歌确实发生了从偏重骨气刚健向偏重形式华美的变化。然而杜甫所谓"余波绮丽为",其实并无贬义。傅庚生先生把此句释为:"到了末流的余波,走下坡路的时候,作家们往往就重文轻质,专骛形式,追逐那些绮文丽采去了。"(《杜诗散绎》十二)恐怕是望文生义。因为杜甫对于南朝诗歌在艺术形式上的成就从来都是很重视的(详见本章第二节),况且此诗中就有明确的内证："永怀江左逸,多谢邺中奇。"毫无疑问"江左逸"是指东晋和南朝诗人,"邺中奇"是指建安诗人,杜甫对他们都深表敬意,何曾有所轩轾呢？"后贤兼旧制,历代各清规"二句是此诗中的警句。王嗣奭解之颇确："后贤继作,前代义例兼而有之,然历代各有清规,非必一途之拘也。""后贤兼旧制"实际上就是本章前面二节所论述的内容,亦即从"别裁伪体亲风雅"与"清词丽句必为邻"这两个角度对前代的遗产作全面的继承。在杜甫的时代,前代的文学遗产已经非常丰厚,在创作上一空依傍已经没有可能,所以杜甫的观点正是一种正视现实的态度的理论表述。然而更重要的是"历代各清规"："清规"即美好的规范,既然每个时代各有自己的美好规范,那么文学史也就是一个流动的、发展的过程了。这种观点不同于那种一意推崇"三代文章"而菲薄汉、魏以下的复古主义,也不同于一味厚今薄古认为后代一定胜于前代的文学进化论。文学史不同于科学史,它的发展不是表现为一系列的证谬、否定。文学史也不同于技术史,它并不表现为简单的数量积累,所以不一定是后来居上。一个时代的文学有一个时代的特点,真正的文学作品都具有永久的魅力,而且往往是不可重复、不可超越的。杜甫虽然没有明确地把这些意思都表达出来,但"历代各清规"这句话使我们有理由认为杜甫对文学史的这些性质、特点是有所了解的。正是这种文学思想使杜甫既能虚心地师承前人,又能满怀信心地创新求变,努力建立自己时代的"清规"——以五七言古今体诗为载体的艺术法则和审美规范。

四／创作论之一："颇学阴何苦用心"

相传李白曾戏赠杜甫云："借问别来太瘦生,总为从前作诗苦!"(见孟棨《本事诗·高逸第三》)杜甫自己也说过：

陶冶性灵存底物？新诗改罢自长吟。孰知二谢将能事,颇学阴何苦用心!(《解闷十二首》之七)

这一方面是杜甫创作方式的总结,另一方面也是杜甫文学思想的表述。阴铿、何逊的诗以锤炼工致见长,他们观察仔细,描写精致,典型地体现了南朝后期诗人苦心孤诣地追求诗歌形式美的努力。杜甫对阴、何甚为赞许,这正体现了他重视诗歌艺术形式的文学思想。

首先,杜甫重视句法,他说:

李侯有佳句,往往似阴铿。(《与李十二白同寻范十隐居》)

美名人不及,佳句法如何?(《寄高三十五书记》)

故人得佳句,独赠白头翁。(《奉答岑参补阙见赠》)

史阁行人在,诗家秀句传。(《哭李尚书之芳》)

最传秀句寰区满,未绝风流相国能。(《解闷十二首》之八)

为人性僻耽佳句,语不惊人死不休。(《江上值水如海势聊短述》)

前面五例是对别人诗句的称赞,最后一例则是诗人自述其创作态度,可见他把造句视为诗歌艺术的重要环节。从形式上看,诗句是诗歌的基本组成单位,一首好诗必须以"佳句"、"秀句"为基础。所以杜甫有时赞美别人说"新诗句句好"(《奉赠严八阁老》),"清诗句句尽堪传"(《解闷十二首》之六),既然"句句好",当然也就是"篇篇好"了。

那么,杜甫对句法有哪些具体要求呢? 他没有细说,我们只能依据字面作一些推测:"秀句"、"丽句"指精美之句,等等。但是一位作家的理论与其创作往往是桴鼓相应的,所以杜甫的创作实际有助于我们理解其理论。我们在第三章第一节、第二节中曾说过,杜甫的诗句精警、凝练、优美,不但在寥寥数字的篇幅中浓缩了极为深广的内涵,而且在形式上千变万化、美不胜收。杜诗中传诵千古的名句之多,古今诗人没有谁能与之相比。显然,杜甫关于句法的主张应该包括上述内容。但是杜甫又决不是仅仅注意锤炼佳句而忽视句子与全篇的关系的,他说:"赋诗新句稳,不觉自长吟。"(《长吟》)所谓"稳",不但指句子自身的工稳,而且指句子在全诗中的位置之稳妥,亦即句子必须与全诗的其他部分保持和谐的关系。在这种观点指导下写出的诗篇,就不会发生有句无篇的弊病。

其次,杜甫注重章法,他说:

> 毫发无遗憾,波澜独老成。(《敬赠郑谏议十韵》)

> 意惬关飞动,篇终接混茫。(《寄彭州高三十五使君适虢州岑二十七
> 长史参三十韵》)

前一联指诗歌的篇章结构而言,杜甫认为诗篇应该章法细密,结构严整,但同时又应该避免平板直截,而要力求跌宕多姿,波澜起伏。后一联指诗歌的意脉及结尾而言,杜甫认为诗意应变化飞动,而结尾尤须言尽而意不尽,给读者留下广阔的想象空间。同样地,我们可以依据杜甫的创作实际来充实、理解他关于章法的观点。第三章第三节中说过,杜诗的结构严谨,脉络清晰,可谓法度森然,然而在严整之中又多变化转折,峰峦起伏,波澜迭现。严整周详与腾挪错综奇妙地结合在一起,这就是杜诗的章法特点,也可视作杜甫关于章法的观点。

第三,杜甫重视诗律,他说:

> 遣词必中律。(《桥陵诗三十韵》)

> 文律早周旋。(《哭韦大夫之晋》)

> 觅句新知律。(《又示宗武》)

晚节渐于诗律细。(《遣闷戏呈路十九曹长》)

正像我们在第三章第四节中所论述的,杜甫所说的"诗律"主要是指律诗艺术而言的。律诗是古典诗歌发展到唐代才出现的一种新的形式,由于这种诗体主要是继承了前代诗歌在丽辞和声律两方面的艺术经验而形成的,所以当时一些诗人对之颇为鄙薄,不但年代早于杜甫的陈子昂、李白有轻视律诗的倾向,而且年代晚于杜甫的元结及《箧中集》诗人也对律诗视若敝屣。杜甫则不然,他不但在具体的创作中对律诗艺术进行了多方面的探索,为律诗格律形式的确立与艺术手段的成熟作出了巨大的贡献,而且在理论上再三强调"诗律"(包括格律与艺术两个方面)的重要性,上面所引的杜诗就是明证。

第四,杜甫重视读书,把学识的积储看作提高艺术修养的必要步骤。他称赞友人"群书万卷常暗诵"(《可叹》),他教导儿子要"熟精文选理"(《宗武生日》),他自己也"续儿诵文选"(《水阁朝霁奉简云安严明府》)。他还直接把读书与作诗联系起来:"觅句新知律,摊书解满床"(《又示宗武》),"读书破万卷,下笔如有神!"(《奉赠韦左丞丈二十二韵》)后两句诗可称是对读书与作诗之间的辩证关系的最好说明。读书与作诗之间到底有没有关系?历代论者对这个问题都没有很好地解决。南朝钟嵘云:"观古今胜语,多非补假,皆由直寻。"并指责"大明、泰始中,文章殆同书抄"(《诗品序》)。他主要是从"用事"的角度否认读书与作诗的关系。南宋严羽则提出:"诗有别材,非关书也。诗有别趣,非关理也。"他同时又指出:"非多读书,多穷理,则不能极其至。"(《沧浪诗话·诗辨》)严羽的看法显然比钟嵘的要全面,但他对读书与作诗之间的关系仍没有说清楚。其实杜甫早已对此作了很好的说明:读破万卷以后,诗人的见识提高了,艺术修养加强了,语言材料丰富了,写起诗来就可能左右逢源,如有神助。在杜甫看来,读书与作诗之间决不是毫无关系,也不是说多读书就一定能作好诗。如果仅以记诵为能事,那当然对作诗并无多大益处。杜甫所提倡的读书是"熟精"其"理",读而能"破",也即融会贯通,积学广才。杜甫在创作中所以能茹古涵今,转益多师,与他善于读书有很大的关系。

　　上面所论述的前三点都与诗歌的形式美有关，①第四点是关于诗人的艺术修养的，其最终目的也是为了提高诗歌的艺术水准。杜甫虽然赞赏"李白斗酒诗百篇"的挥洒如意，他自己也写过不少冲口而出的即兴之作，但他更倾向于反复推敲、千锤百炼的写作方式，他提倡苦吟，提倡以功力见长。他自称"颇学阴何苦用心"、"语不惊人死不休"，又称赞他人："知君苦思缘诗瘦。"（《暮登四安寺钟楼寄裴十迪》）他不但自己作诗时惨淡经营，呕心沥血，而且喜欢与别人讨论诗艺，切磋琢磨，精益求精。杜甫《春日忆李白》云："何时一樽酒，重与细论文？"后人对此语有各种揣测，苏辙说："（李白）不识理如此，老杜赠白诗有'细论文'之句，谓此类也哉！"（《诗病五事》，《栾城集》卷八）罗大经则说："李太白一斗百篇，援笔立成……子美寄太白云：'何时一樽酒，重与细论文？''细'之一字，讥其欠缜密也。"（《鹤林玉露》卷六《作文迟速》条）他们认为杜诗有讥讽李白之意，显然是穿凿附会，因为此诗开头就说："白也诗无敌，飘然思不群。"赞叹之意，溢于言表，不可能在诗尾语含讥讽。王嗣奭有几句解释较为合理："公向与白同行同卧论文旧矣，然于别后自有悟入，因忆向所与论犹粗也。"（《杜臆》卷一）我们认为此诗语意实很明白，就是希望重与李白对酒促膝，细论诗文。既云"重与"，可见以前二人曾在一起"论文"，而且已曾"细论文"。杜诗中常常提到与人讨论诗文的事：

　　　　同调嗟谁惜，论文笑自知。（《赠毕四曜》）

　　　　会待妖氛静，论文暂裹粮。（《寄彭州高三十五使君适虢州岑二十七

长史参三十韵》）

　　　　畴昔论诗早。（《遣闷奉呈严公二十韵》）

---

　　① 杜甫重视诗歌形式美的观点不止这三点，比如他极为重视炼字，曾称赞张九龄的诗文"未阙只字警"（《八哀诗·故右仆射相国张公九龄》），但他没有留下足够的有关言论，所以我们只能从他的作品中去体会，参看第三章第一节。

把酒宜深酌,题诗好细论。(《敝庐遣兴奉寄严公》)

荆州遇薛孟,为报欲论诗。(《别崔潩因寄薛据孟云卿》)

说诗能累夜,醉酒或连朝。(《奉赠卢五丈参谋琚》)

自失论文友,空知卖酒垆。(《赠高式颜》)

只有经过反复锤炼的诗歌才经得起仔细讨论,而讨论其实也是锤炼的一种方式。由此可见,杜甫不但自己在诗歌艺术的王国中不断地艰苦摸索,而且希望与诗友们互相讨论以集思广益,从而把诗歌艺术提高到新的水平。

综上所述,杜甫提倡在诗歌创作中高度重视艺术形式的完美,提倡诗人通过多读书来提高自己的学识并借鉴前人的创作经验,提倡通过苦吟、锤炼与讨论来使诗歌艺术精益求精。毫无疑问,这种严肃认真、一丝不苟的创作态度对于古典诗歌艺术的发展是极其有益的。杜甫的主张及其创作实绩对后代诗人产生了深远的影响,从中唐诗人韩愈、孟郊、贾岛、姚合开始,历代倾向于苦吟、锻炼的诗人大多体现出杜甫的影响。当然有些苦吟诗人产生了闭门觅句或雕琢过甚的缺点,但是这种负面的结果不应由杜甫负责,因为杜甫在提倡苦吟的同时,还提出了下面一节中将要论述的诗学观点。

五／创作论之二:"诗兴不无神"

中国诗论的开山纲领就开始讨论诗歌的本质以及诗人创作冲动的原因:"诗言志。"(《尚书·尧典》)"志"是一个涵义极为丰富的名词,其中也包含着"情"的成分,所以唐代孔颖达说:"在己为情,情动为志,情、志一也。"(《左传正义·昭公二十五年》)魏晋时期,文学进入了自觉的时代,诗论也就更加强调"情"的一面,陆机在《文赋》中提出:"诗缘情而绮靡。"刘勰更从理论上全面地探讨了"情"在文学创作中的重要地位:"情者,文之经","文质附乎性情。"(《文心雕龙·情采》)与"言志"说相比,"缘情"说更准确地指明了中国古典诗歌的抒情诗本质。杜甫对此是心领神会的,他论诗常常涉及"情":

> 有情且赋诗,事迹可两忘。(《四松》)

> 箧中有旧笔,情至时复援。(《客居》)

> 老来多涕泪,情在强诗篇。(《哭韦大夫之晋》)

> 缘情慰漂荡,抱疾屡迁移。(《偶题》)

最后一例中"缘情"二字显然从陆机《文赋》而来,可见杜甫论诗是倾向于"缘情"说的。

然而,人类的感情可以经多种渠道来宣泄,诗歌仅是其中之一。所以内心感情的郁积并不一定会发之为诗,两者之间还需要一个转变的契机,那就是灵感。陆机《文赋》云:"若夫应感之会,通塞之纪,来不可遏,去不可止。藏若景灭,行犹响起。方天机之骏利,夫何纷而不理。思风发于胸臆,言泉流于唇齿。纷葳蕤以馺遝,唯毫素之所拟。文徽徽以溢目,音泠泠而盈耳。及其六情底滞,志往神留,兀若枯木,豁若涸流,览营魂以探赜,顿精爽而自求。理翳翳而愈伏,思轧轧其若抽。是故或竭情而多悔,或率意而寡尤。虽兹物之在我,非余力之所戮。故时抚空怀而自愧,吾未识夫开塞之所由也。"这一段文字生动地描绘了文思泉涌与文思枯竭的不同创作状态,说明陆机对灵感在文学创作中的重要作用已经有了感性的认识。杜甫没有写过专门论诗的文章,但他在长期的创作实践中积累了丰富的经验,所以对于灵感问题具有深刻的体会,把灵感称之为"兴"或"诗兴":"宽心应是酒,遣兴莫过诗"(《可惜》);"云山已发兴,玉佩仍当歌"(《陪李北海宴历下亭》);"诗兴不无神"(《寄张十二山人彪三十韵》)。触发诗兴的可以是使人愉悦的赏心乐事:"郑县亭子涧之滨,户牖凭高发兴新。……更欲题诗满青竹,晚来幽独恐伤神。"(《题郑县亭子》)"东阁官梅动诗兴,还如何逊在扬州。"(《和裴迪登蜀州东亭送客逢早梅相忆见寄》)也可以是不如人意的事物,所以杜甫在"金谷铜驼非故乡"、"棣萼一别永相望"的处境中说:"愁极本凭诗遣兴,诗成吟咏转凄凉。"(《至后》)并在《哭台州郑司户苏少监》中说:"道消诗发兴,心息酒为徒。"杨伦注云:"言不以为世用始放情于诗酒也。"(《杜诗镜铨》卷一一)而《醉时歌》中"但觉高歌有鬼神,焉知饿死填沟壑"二句正是对这类"诗兴"的绝妙说明。由此可见,杜甫所谓"诗兴"或"兴",决不是指兴致、兴趣,而是指一种激发诗情的精神状态,也即灵感。杜甫在安史之乱后目睹了一幕幕使人心碎的人间惨剧,写出了"三吏"、"三别"等杰作,他晚年回忆说:"曾为掾吏趋三辅,忆在潼关诗兴多。"(《峡中览物》)明确指出他所目睹的民间疾苦是其"诗兴"的源泉。而王嗣奭评"三吏"、"三别"说:"公以事至东都,目击成诗,若有神使之。"(《杜臆》卷三)不啻是"诗兴"的注脚。这种"若有神使之"的"诗兴",正是"来不可遏,去不可止"的灵感。杜甫认为诗兴的范围应该是无比广阔的,所以他声称:"诗尽人间兴,兼须入海求。"(《西阁二首》之二)宋人张戒批评许多诗人"不知世间一切皆诗",然后说:"惟杜子美则不然:在山林则山林,在廊庙则廊庙,遇巧则巧,遇拙则拙,遇奇则奇,遇俗则俗,或放或吸,或新或旧,一切物,一切事,一切意,无非诗者。故曰:'吟多意有余。'又曰:'诗尽人间兴。'诚哉是言!"(《岁寒堂诗话》卷上)的确,杜诗的题材丰富,内容广阔,但诗人决不是有见即书的,一部杜诗中绝少有为文造情的无病呻吟之作,其奥妙就在于他是有"兴"才作诗,也即有了灵感才创作,只是他的感情特别丰富,艺术感受特别灵敏,所以灵感也常常如泉之涌而已。有时杜甫没有灵感,他就搁笔罢吟,所谓"稼穑分诗兴"(《偶题》),就是指这种情形。有时杜甫本不想作诗,但受到外物的感动,灵感倏忽而生,"药裹关心诗总废,花枝照眼句还成"(《酬郭十五判官》),[①]结果还是写成了诗。所以我们认为,杜甫非常重视灵感在诗歌创作中的重要作用,

----

① 郭受赠诗杜甫说:"春兴不知凡几首?"(《杜员外垂示诗因作此寄上》,《杜诗详注》卷二二)杜甫作《酬郭十五判官》答之,文中所引为其中的三、四两句,仇兆鳌注"三四酬新诗春兴",颇确。

他不但意识到灵感大多是由外界事物的触发而产生的,而且认为人们可以主动地去捕捉灵感,这显然比陆机的看法前进了一步。

杜甫诗论中与"兴"有密切关系的一个概念是"神"——"苍茫兴有神"(《上韦左相二十韵》),"诗兴不无神"(《寄张十二山人彪三十韵》),在这些地方,"神"的含义近于刘勰所谓"神理"(《文心雕龙·情采》)。然而在多数情况下,"神"是指一种极高的、难以言传的艺术境界,例如:

乃知盖代手,才力老益神。(《寄薛三郎中据》)

醉里从为客,诗成觉有神。(《独酌成诗》)

挥翰绮绣扬,篇什若有神。(《八哀诗·赠太子太师汝阳郡王琎》)

义方兼有训,词翰两如神。(《奉贺阳城郡王太夫人恩命加邓国太夫人》)

可以与此互相印证的是,杜甫在评论书画艺术时也常常提到"神"字:

书贵瘦硬方通神。(《李潮八分小篆歌》)

虎头金粟影,神妙独难忘。(《送许八拾遗归江宁觐省甫昔时尝客游此县于许生处乞瓦棺寺维摩图样志诸篇末》)

绝笔长风起纤末,满堂动色嗟神妙。(《戏为韦偃双松图歌》)

国初以来画鞍马,神妙独数江都王。(《韦讽录事宅观曹将军画马图歌》)

将军善画盖有神。(《丹青引赠曹将军霸》)

　　韩干画马,毫端有神。(《画马赞》)

"神"的概念很早就产生了,《易·系辞上》:"阴阳不测之谓神。"《易·系辞下》:"知几其神乎!"这里的"神"或指事物之变化莫测,或指思虑之神奇玄妙,但都含有神奇、不知其所以然的意思。到了庄子,就常常把"神"与技艺联系起来,《庄子》中有一些寓言,如"庖丁解牛"、"佝偻承蜩"、"轮扁斫轮",都说明技艺极度熟练后能达到出神入化的境界,庄子把这种境界称为"道"而不称为"神",但他把这种境界描绘成"得之于手而应于心,口不能言,有数存焉于其间"(《庄子·天道》),并假托孔子之言以赞之:"用志不分,乃凝于神。"(《庄子·达生》)可见"道"即"神",所以后来陆机《文赋》、刘勰《文心雕龙·神思》中都用"轮扁斫轮"作为比喻来说明文学创作中难以言传的神妙境界。另外,孟子曾从理论上对"神"的概念进行界定:"充实之谓美,充实而有光辉之谓大,大而化之之谓圣,圣而不可知之之谓神。"(《孟子·尽心下》)这虽然主要是指道德而言,但也具有美学的意义。杜甫则首次把"神"的概念移植到诗歌艺术中来,而且使其内涵变得更为明确、丰富。

　　首先,杜甫把"神"看成是诗人艺术修养的最高境界,"才力老益神"、"诗应有神助"(《游修觉寺》)、"文章有神交有道"(《苏端薛复筵简薛华醉歌》)等句都是指此而言,显然,这类似于我们今天所说的艺术的自由王国。值得注意的是,杜甫所说的"神"虽然也含有妙不可言的意思,但他并不认为这是玄虚飘渺、高不可攀的。他自述其经验说:"读书破万卷,下笔如有神!"朱光潜先生认为此处的"神"就是灵感(见《谈美》第 120 页),我们觉得灵感主要产生于外界事物的感触,读书多与产生灵感之间没有必然的关系。但是读书多能增进艺术修养,有助于诗人进入较高的艺术境界。所以"下笔如有神"不是说灵感纷至沓来,而是说诗人写起诗来得心应手,纵意所如,诗歌格律、修辞手段等等属于艺术形式范畴的因素不再对诗人表情述志构成任何障碍,反倒成为供诗人任意驱使的力量。显然,"下笔如有神"与"凌云健笔意纵横"的意思很相近,都是指一种艺术境界,这正是杜甫推崇、追求并且到达了的境界。庄子对这种境界的描绘带有不可知论的神秘色彩,杜甫却把它看成是可以通过刻苦努力去达到的切实目标,这说明杜甫关于"神"的观念已有了新的涵义。

其次，杜甫把"神"看成是诗歌艺术造诣的最高境界，"篇什若有神"、"神融摄飞动"（《寄高峡州伯华使君四十韵》）、"诗成觉有神"等句指此而言。任何艺术都离不开形式，艺术作品的审美价值也离不开形式美，但是仅仅具有形式美而缺乏生气、神韵的作品不可能臻于艺术的化境。所以绘画艺术虽然离不开线条、色彩、构图等等形式方面的因素，但是古代的画论家早已把"气韵生动"置于绘画"六法"之首（南齐·谢赫《古画品录序》）。同样地，诗歌艺术当然离不开用字、造句、谋篇以及比喻、典故、夸张等等艺术技巧和修辞手段，但是仅仅具备完善的技巧、手段的作品不一定就是一首好诗，文学史上大量存在的精雕细琢的文字游戏性质的诗作便是明证。所以杜甫尽管对于诗歌的艺术技巧十分重视，但他对臻于艺术化境的作品只用"神"字表示叹赏。杜甫在两首诗中表达了这种观点：

思飘云物动，律中鬼神惊。毫发无遗憾，波澜独老成。（《敬赠郑谏议十韵》）

雕刻初谁料，纤毫欲自矜。神融摄飞动，战胜洗侵陵。[1]（《寄刘峡州伯华使君四十韵》）

王嗣奭评曰："'思飘云物'四句，乃诗家三昧，悟之可得诗诀。"（《杜臆》卷一）又曰："'雕刻初谁料'，言其文初实雕刻，而雕刻之妙已入自然，人不能料也。'纤毫欲自矜'，言用心之细，虽纤毫不肯放过也。此二句乃作文之诀。'神融'句谓文有生气，'战胜'句谓文无敌手。其妙只取筌蹄之弃，而其高出人上已百万层矣。……公实身有之，故写得淋漓爽澈如此。"（《杜臆》卷九）王氏之评颇中肯綮，我们完全同意"诗家三昧"与"作文之诀"的说法，因为这确是杜甫诗论中最为精妙的部分，

---

[1] 其他的杜诗中也表示过类似的看法，例如："精微穿溟涬，飞动摧霹雳。"（《夜听许十一诵诗爱而有作》）兹不赘引。

是杜甫深味创作甘苦后的经验之谈。"毫发无遗憾"、"纤毫欲自矜"等句主张在艺术形式上精益求精，这层意思我们已在上一节中论述过了。这两段话中的重点在于"思飘云物动，律中鬼神惊"、"神融摄飞动"等句，因为前一层意思是指艺术形式层面而言的，后一层意思则意味着对艺术形式层面的升华和超越。前者使诗歌具有优美的外形，后者才能使诗歌获得活泼的生机。那么，杜甫所说的"神"到底指什么而言呢？我们认为这是指诗歌艺术的最高境界，一旦一首诗达到了这个境界，它就"入神"了，也就是具备生气、情韵，通篇皆活，字字皆立了。否则的话，即使字稳句妥，精美无疵，也只能如泥塑木雕的美人像一样毫无生气。杜甫对于"神"没有作更具体、更详细的论述，我们认为这不是诗人故意秘不示人，而是由于"神"本来具有不可言传的特点。属于艺术形式范畴的因素是有形的，可以条分缕析，师弟传授，所以杜甫论之甚详。"神"则是无形的，变化无穷，所以有待于每个诗人的意会、妙悟。真正优秀的诗歌都是诗人匠心独运的结果，都具有与众不同的艺术个性，而"神"正是使诗歌获得艺术个性的关键，它自身当然不可能具有固定的形态和有限的内容。然而杜甫所说的"神"与后代严羽的"入神"说及王士禛的"神韵"说都有很大的区别。简而言之，严羽所论重在"羚羊挂角，无迹可求"，故反对"以文字为诗，以议论为诗，以才学为诗"（《沧浪诗话·诗辨》），王士禛所论重在冲淡清奇的王、孟诗风，故对李、杜敬而远之。也就是说，严、王所论之"神"是一种局部的、偏颇的境界或风格。而在杜甫看来，"神"具有极大的涵盖面，"神"可以包含一切形式，融汇一切技巧，笼盖一切风格，"神"还能总摄"文字"、"议论"、"才学"，升华进入艺术化境。由此可见，杜甫关于"神"的思想在古代文学思想史上具有独特的地位。

我们在第四节中说过，杜甫重视诗歌的形式美，也重视诗人的艺术修养。如果一位诗人片面地理解那种观点，仅仅注意自身的艺术修养而忽视灵感的作用，或者仅仅停留于作品形式美的讲求而不思上升到更高的境界，那就势必产生为文造情与缺乏气韵等弊病。反之，如果一位诗人仅仅注意"兴"与"神"，却对自身的艺术修养与具体的艺术手段置之不顾，也只能写出浮浅粗糙、装腔作势的作品来。所以说，我们在第四节、第五节中分别论述的杜甫创作论的两个部分具有合之双美、离之两伤的互补性质,事实上它们是密不可分的一个整体。杜甫的创作论是他对诗歌艺术付出的巨大心血的理论结晶,永远值得后人珍视。

六／审美理想:"掣鲸碧海"

就题材内容的广泛性来说,杜诗是前无古人的。单就山水与咏物这两类摹写物象的诗来说,杜甫的审美视野之广阔也是前无古人的。巨至山川日月,微至草木虫鱼,在杜甫笔下都成了绝妙的诗料。王安石对此惊叹说:"浩荡八极中,生物岂不稠? 丑妍巨细千万殊,竟莫见以何雕锼?"(《杜甫画像》,《临川先生文集》卷九)并非过誉之词。杜甫并不排斥纤小柔美的审美对象,特别是当他在成都过着较为平静的生活时,笔下出现了诸如《舟前小鹅儿》、《题桃树》等诗题,也曾咏过"花浓春寺静,竹细野池幽"(《上牛头寺》)、"小院回廊春寂寂,浴凫飞鹭晚悠悠"(《涪城县香积寺官阁》)等细巧婉丽之景。但是相对而言,杜甫对于那些雄伟壮丽的事物有着特殊的爱好,这在他的山水诗与咏物诗中表现得十分明显。

杜甫早年壮游吴、越、齐、赵,晚年漂泊秦、陇、蜀、楚,经历了许多山川。如果我们把杜甫所游历过的山川与杜诗中所描写过的山川统计对照一下,就可发现,诗人不是有见必书的,他在用诗笔赞颂祖国的河山时是有所选择的。杜甫于开元十九年(731)南游吴越,至二十三年(735)方归。他那时正是裘马清狂的翩翩公子,可以优游不迫地观赏山水,但是在杜集中并未留下咏吴越山水的诗篇。当然这也许是由于少作未能保存下来,可是在他晚年所作的《壮游》诗中,虽然提到"剡溪蕴秀异,欲罢不能忘",而从全诗来看,引起他回忆的与其说是吴越山川,倒不如说是那里的历史人物。由此我们可以推测,吴越一带秀丽妩媚的山水也许没有引起杜甫很多的吟兴。杜集中最早的山水诗是诗人游吴越归来的次年(开元二十四年)所作的《望岳》,咏的是与吴越山水风格迥异的雄伟壮丽的泰山,看来并不是偶然的。杜甫的山水诗中以咏秦陇的崇山峻岭与夔巫的高江急峡的作品为最多最好,绝不是出于偶然。

杜甫在咏物诗的物象选择上也有明显的倾向,他从小就喜爱吟咏壮丽的事物："七龄思即壮，开口咏凤凰。"(《壮游》)后来则对骏马、雄鹰、健鹘、劲松等物特别垂青，屡屡吟咏。杜集中最早的咏马、鹰等物的诗《房兵曹胡马》、《画鹰》作于开元年间，最晚的《王兵马使二角鹰》作于大历元年(766)，《玉腕骝》作于大历二年(767)，《朱凤行》作于大历四年(769)，可见这种倾向是贯穿其整个创作过程的，这也绝非出于偶然。①

宋人黄彻说："杜集及马与鹰甚多，亦屡用属对，……盖其致远壮心，未甘伏枥；嫉恶刚肠，尤思排击。"(《䂮溪诗话》卷二)杨伦则说："公好以骅骝雕鹗况人，又集中题鹰马二项诗极夥，想俱爱其神骏故耶！"(《杜诗镜铨》卷二)这两段话分别从思想倾向与审美倾向的角度对杜甫咏马、鹰的诗作了分析，可谓一语中的。杜甫素怀大志，自许甚高，对于国家、人民怀有强烈的责任感和使命感，所以一往无前、腾骧万里的骏马正好与诗人的远大抱负相契合。而欲展济世的抱负，就必须有除恶的精神，自处乱世的杜甫对此体认尤切："必若救疮痍，先应去蝥贼！"(《送韦讽上阆州录事参军》)勇猛搏击的雄鹰正是这种精神的最好象征。众所周知，杜甫的咏物诗往往有所寄托，咏物即咏怀，无怪他要以骏马、雄鹰作为吟咏的客体来寄托其怀抱了。另一方面，马、鹰诸物形体匀称健美，动作灵敏矫捷，在形、神两个层面都具备出类拔萃的美学品位。东晋高僧支道林"常养马数匹，或言：'道人畜马不韵。'支曰：'贫道重其神骏。'"(《世说新语·言语第二》)"神骏"二字正是对马的形、神所作的审美品评。杜甫诗云："可怜九马争神骏，顾视清高气深稳。借问苦心爱者谁？后有韦讽前支遁。"(《韦讽录事宅观曹将军画马图歌》)可见他之爱马是出于与支道林同样的审美观照。②我们认为，杜甫咏马、咏鹰诗的思想倾向与审美倾向是相辅相成的，而且两者之间具有深刻的内在一致性。因为"致远壮心"与"疾恶刚肠"作为一种思想境界和感情类型，具有崇高、宏大、壮伟的特点，而这些特点正是"神骏"这个美学范畴的基本属性。

① 杜集中咏马诗有十四首，咏鹰诗有九首(此外还有《画马赞》、《雕赋》等文)，其中多有名篇。
② 此外杜诗中还有"别养骥子怜神骏"(《天育骠骑歌》)之句，而《画鹘行》中也有句云"写此神俊姿"，"神俊"义近"神骏"。

杜甫的山水诗也有类似的情形。山水从古以来就是人们审美观照、寄托情志的对象，孔子说："知者乐水，仁者乐山。"（《论语·雍也》）属性的类比与感情的投射是这种观照过程的关键。在汉代大赋中的山川往往是呈"嵯峨揭业，熠耀焜煌之状"（《文心雕龙·夸饰》），体现了君子比德的观念。魏晋以来，山水作为以形媚道的意象，越来越多地受到诗人的关注，山水诗也蔚为大国。到了盛唐，山水诗大放异彩，千姿百态的山川以各具个性的风貌与诗人的精神世界相契合：王、孟所咏多为清幽静寂的明山秀水，高、岑所咏多为壮丽奇特的雪山冰河，而一泻千里的黄河几乎成了李白狂放性格的化身。杜甫则把他的审美目光的焦点对准着秦陇、夔巫两处的高山巨川。千里蜀道的重岩叠嶂与巫山巫峡的险峰湍流既雄伟壮丽，又萧森险恶，仿佛是造物有意显示其伟力而造就的，具有惊心动魄的悲壮之美。这两处山川不但是杜甫的宏伟抱负与崇高人格的绝妙象征，而且是他的奇崛个性与悲愤情感的最好投射对象。铺天塞地的青阳峡、深不可测的万丈潭、雷霆争斗的瞿塘、绝壁千仞的巫山，这些经过诗人审美观照的山川景象，都被强调、突出了以下特征：奇伟不凡，拗怒偃蹇，山是负气争高，水是众流争门，都带有雄强的力度。它们的美学特征就是"壮美"或"崇高"。

所以说，杜甫的山水诗与咏物诗为我们探索杜甫的审美理想提供了两个典型的视角，而从这两个视角出发的目光又恰恰重合于一点：壮美。

一部杜诗，千汇万状，具有多姿多彩的美学风貌。王安石、张表臣等都曾指出杜诗的这个特点（详见第三章第六节）。然而杜诗具有一个可以总摄诸多美感特征的本质的主导的美学倾向，那就是壮美。胡应麟有一段话说得很好：

> 杜七言句壮而闳大者，"二仪清浊还高下，三伏炎蒸定有无"；壮而高拔者，"蓝水远从千涧落，玉山高并两峰寒"；壮而豪宕者，"五更鼓角声悲壮，三峡星河影动摇"；壮而沉婉者，"三年笛里关山月，万国兵前草木风"；壮而飞动者，"含风翠壁孤云细，背日丹枫万木稠"；壮而整严者，"江间波浪兼天涌，塞上风云接地阴"；壮而典硕者，"紫气关临天地阔，黄金台贮俊贤多"；壮而秾丽者，"香飘合殿春风转，花覆千官淑景移"；壮而奇

峭者,"窗含西岭千秋雪,门泊东吴万里船";壮而精深者,"织女机丝虚夜月,石鲸鳞甲动秋风";壮而瘦劲者,"万里悲秋常作客,百年多病独登台";壮而古淡者,"百年地僻柴门迥,五月江深草阁寒";壮而感怆者,"锦江春色来天地,玉垒浮云变古今";壮而悲哀者,"雪岭独看西日落,剑门犹阻北人来。"(《诗薮》内编卷五)

胡氏此言仅指七言,可是显而易见,杜甫的五言诗也有同样的情形。这说明杜甫的审美视野是极其广阔的,他对各种美学体势兼收并蓄,体现出恢宏的大家气度。然而杜甫的审美活动绝不是散漫无所归宿的任意游荡,而是目标明确的坚定追求,这个目标就是壮美。唯其如此,杜诗中那些"沉婉"、"瘦劲"、"古淡"、"感怆"的美学特征不但未与壮美的主导倾向产生不和谐感,反而由于"壮"的统摄而提高了自身的审美品位,形成了胡氏所谓"壮而沉婉"、"壮而瘦劲"……例如《野人送朱樱》:"西蜀樱桃也自红,野人相赠满筠笼。数回细写愁仍破,万颗匀圆讶许同。忆昨赐沾门下省,退朝擎出大明宫。金盘玉箸无消息,此日尝新任转蓬。"方东树评曰:"此小题也。前半细则极其工细,后发大议论则极其壮阔,实为后来各名家高曾规矩。"(《昭昧詹言》卷一七)又如《曲江对雨》:"城上春云覆苑墙,江亭晚色静年芳。林花著雨燕支湿,水荇牵风翠带长。龙武新军深驻辇,芙蓉别殿漫焚香。何时诏此金钱会,暂醉佳人锦瑟傍。"黄生评曰:"雨景则寂寥,诗语偏浓丽,俯视中晚以此。"(《杜诗详注》卷六引)为什么"小题"能写得"壮阔"?"寂寥"能写得"浓丽"?显然奥秘在于审美主体而不在客体,也就是说,杜甫充分发挥了审美主体的能动性,从而以追求壮美的审美理想拥抱、观照了"丑妍巨细千万殊"的客体。

那么,杜甫为什么会明确、坚定地追求壮美呢?首先,这和诗人的性格、胸襟有关。如前所述,杜甫具有雄豪的性格、伟大的抱负、高尚的人品、阔大的胸怀,这些内在因素决定了他在审美情趣上倾向于壮美。其次,这和诗人的创作倾向有关。杜甫思虑深刻,笔力雄强,这样的诗人不是不能描写细小、寻常的事物,但是真正让他驰骋才思、显露笔力的还是那些奇伟不凡的事物。换句话说,只有壮美才能与杜甫的才思笔力相称。壮美,也称阳刚之美,是在古代中国特别受人重视的一种美学范畴。在古人看来，阳刚之美的深层内涵是审美主体的思想境界，孟子说："充实之谓美，充实而有光辉之谓大。"（《孟子·尽心下》）他又说："我善养吾浩然之气。……其为气也，至大至刚，以直养而无害，则塞于天地之间。"（《孟子·公孙丑上》）所谓"充实"、"有光辉"、"至大至刚"，其本来意义当然属于道德范畴。但是这种高尚情操与崇高思想显然也具有美学意义，因为它们会给人以刚强、雄劲、宏伟的感受，这与壮美给人的审美感受是相通的，所以孟子能称之为"美"、"大"。无独有偶，古代西方的经典美学著作——郎加纳斯《论崇高》中也说："在这全部五种崇高的条件之中，最重要的是第一种，一种高尚的心胸。……崇高就是伟大心灵的回声。"（《西方文论选》第 125 页）我们认为郎加纳斯所以能把"崇高"作为一个美学范畴，正是由于他高度重视高尚、深刻的思想感情在审美活动中的作用。阆其中而肆其外，杜甫精神世界的禀性是决定其审美理想的根本原因。

杜甫在《戏为六绝句》之四中正面提出了他的审美理想：

> 才力应难跨数公，凡今谁是出群雄？或看翡翠兰苕上，[①]未掣鲸鱼
> 碧海中。

清人宗廷辅对此诗的分析颇为精当："数公指庾信及王杨卢骆，是说古人。'凡今谁是出群雄'，是说今人。古人才力甚大，著'应难'二字，有许多佩服之意。今人亦未可一概抹煞，著'谁是'二字，有许多想望之意。翡翠兰苕喻文采鲜妍，乃今人所擅之一能。鲸鱼碧海喻体魄伟丽，数公之才力却是如此。其广狭大小，岂可相提并论哉。"（《古今论诗绝句》）的确，杜甫写此诗的本意是针对当时诗坛的实际情形的，但是后面两句显然具有十分深远的普遍意义，因为这体现了杜甫的审美理想。翡翠，一名翠雀，羽毛有蓝、绿、赤、棕等色，鲜艳异常。兰苕，兰草与陵苕，泛指美丽的花草。所以"翡翠兰苕"这个意象的含义十分明确，它是指一种绮丽、妩

---

① 郭璞《游仙诗》之三："翡翠戏兰苕，容色更相鲜。"（《晋诗》卷一一）杜诗用其字面，但与郭诗原意无关。

媚、纤细、柔弱的美,也即优美或阴柔之美。相反地,碧海无边,鲸鱼跋浪,是何等
壮丽,而"掣鲸碧海"更需要雄豪的气魄与巨大的力量,所以这个意象是指一种壮
丽、宏伟、阔大、遒劲的美,也即壮美或阳刚之美。清人姚鼐有一段文字专论两种
美学范畴:

> 其得于阳与刚之美者,则其文如霆,如电,如长风之出谷,如崇山峻
> 崖,如决大川,如奔骐骥;其光也,如杲日,如火,如金镠铁;其于人也,如
> 冯高视远,如君而朝万众,如鼓万勇士而战之。其得于阴与柔之美者,则
> 其文如升初日,如清风,如云,如霞,如烟,如幽林曲涧,如沦,如漾,如珠
> 玉之辉,如鸿鹄之鸣而入廖廓;其于人也,漻乎其如叹,邈乎其如有思,暖
> 乎其如喜,愀乎其如悲。(《复鲁絜非书》,《惜抱轩文集》卷六)

这段文字对阳刚之美与阴柔之美作了十分生动的描绘,常为人们称引。我们知
道,把文学作品的美学倾向分成刚、柔两大类的思想滥觞于刘勰,他说:"刚柔以立
本。"(《文心雕龙·镕裁》)又说:"然文之任势,势有刚柔。"(《文心雕龙·定势》)从
刘勰到姚鼐,杜甫正是一个中介,因为是杜甫首先对刘勰语焉不详的思想进行了
形象化的说明。值得注意的是,刘勰以刚柔论文,并无轩轾之意,他明确指出:"刚
柔虽殊,必随时而适用。"(《文心雕龙·定势》)姚鼐的上述描述也没有高下之
分。①可是杜甫明确地表示了他的倾向性:"或看"者,今人偶而能到也;"未掣"者,
今人才力不足也。杜甫并不贬低、排斥"翡翠兰苕"之美,而且认为这种美也决非
容易达到的。但是他显然更加重视"掣鲸碧海"之美,认为那是更难以达到的境
界。我们在上文中说过,杜甫的这种审美理想是由他的性格特征与创作倾向决定
的。那么,这种审美理想有什么普遍意义和理论价值呢?我们认为其理论价值在
于指明了诗歌中两种美学风格的区别,这种区别不是优劣、是非,而是难易、大小。

---

① 姚鼐在其他文章中曾表示过偏重阳刚之美的观点:"文之雄伟而劲直者,必贵于
温深而徐婉。"(《海愚诗钞序》,《惜抱轩文集》卷四)

元好问评论秦观与韩愈的诗风说："有情芍药含春泪，无力蔷薇卧晚枝。拈出退之山石句，始知渠是女郎诗。"（《论诗三十首》之二四，《遗山先生文集》卷一一）①袁枚批评说："此论大谬。芍药、蔷薇，原近女郎，不近山石，二者不可相提而并论。诗题各有境界，各有宜称。"（《随园诗话》卷五）陈衍也说："诗者，劳人思妇公共之言，岂能有雅颂而无国风，绝不许女郎作诗耶！"（《宋诗精华录》卷二）平心而论，元好问对秦、韩两家诗风的把握是准确的，他所以受到后人讥评，是因为他片面强调了韩诗雄肆风格的美学价值而对秦诗婉丽之风表示出轻蔑。杜甫则不然。杜甫对于阴柔之美绝不轻视、排斥，他只是更加强调阳刚之美在诗歌美学中的重要意义。与"翡翠兰苕"相比，"掣鲸碧海"之美更适宜于反映广阔的社会生活，体现动荡的时代节律，抒发慷慨激昂的情感波澜，表达伟大深沉的人生理想。"掣鲸碧海"境界更阔大，气魄更宏伟，对诗人在胸襟、人格、见识、才力等方面提出了更高的要求。王安石诗云："吾观少陵诗，力与元气侔。"（《杜甫画像》，《临川先生文集》卷九）胡震亨说杜诗"大而能化"（《唐音癸签》卷六），刘熙载说："杜诗高、大、深俱不可及。"（《艺概》卷二）杜诗之"大"，正是其"掣鲸碧海"的审美理想的具体表现。

　　杜甫的审美理想为后代诗人的审美活动指出了"向上一路"，在韩愈、苏轼、陆游、辛弃疾、元好问等诗人的作品中，都体现出对"掣鲸碧海"美学境界的追求。

---

　　① 秦观《春日五首》之二："一夕轻雷落万丝，霁光浮瓦碧参差。有情芍药含春泪，无力蔷薇卧晓枝。"（《淮海集》卷一〇）此诗颇可代表秦诗的婉丽风格，《山石》（《韩昌黎诗系年集释》卷二）是韩诗名篇，首句云"山石荦确行径微"，体现了韩诗的雄肆风格。

第六章

诗学绝诣与人品高标的千古楷模

一／主题走向:"子美集开诗世界"

我们在第一章第一节中说过,杜甫被后人公认为诗歌史上的"集大成者"。"集大成"这个词,如果从字面上理解,似乎仅仅指集过去之大成,但事实上并非如此。历史在时间上具有延续性,一个旧时代的结束意味着一个新时代的开始。在时代变换的关键时刻产生的杰出人物既标志着旧时代的终结,又标志着新时代的开端。在古代思想史上,孔子被孟子称为"集大成"(《孟子·万章下》),但孟子又说:"圣人,百世之师也。"(《孟子·尽心下》)孔子在封建社会中被尊为"万世师表",其中最主要的原因并不是他全面地总结、继承了他以前的一切思想遗产,而是他在继承遗产的基础上建立了一个新的思想体系,从而为其后长达两千年的封建社会制定了完整的指导思想。由此可见,孔子之"集大成",最重要的意义不在于承前,而在于启后。杜甫也有同样的特点。杜甫所处的时代正是古典诗歌发展史上的重要转折点(详见第一章

第五节），他作为诗国的集大成者，既对前代的一切诗歌遗产进行了总结，又为后代的诗歌开辟了广阔的道路，而后者显然具有更为重要的意义。

杜诗"浑涵汪茫，千汇万状"（《新唐书·杜甫传》），在主题走向上具有无比丰富的特点和重大的创新意义，这对后代诗歌产生了巨大的影响，择其要者有以下四端。

首先是用诗歌反映民生疾苦等社会内容。最早自觉地接受杜诗这方面影响的是中唐的新乐府诗人，元稹说：

> 自风雅至于乐流，莫非讽兴当时之事，以贻后代之人。沿袭古题，唱和重复，于文或有短长，于义咸为赘剩。尚不如寓意古题，刺美见事，犹有诗人引古以讽之义焉。曹、刘、沈、鲍之徒时得如此，亦复稀少。近代唯诗人杜甫《悲陈陶》、《哀江头》、《兵车》、《丽人》等，凡所歌行，率皆即事名篇，无复倚傍。余少时与友人乐天、李公垂辈，谓是为当，遂不复拟赋古题。（《乐府古题序》，《元氏长庆集》卷二三）

这段话中有两点值得注意：一，元稹对杜甫"即事名篇"的歌行给予高度的评价，不仅看到杜甫在诗歌形式上的合理改革，而且注意到这是对《诗经》、汉乐府以来的写实主义诗歌传统的继承与发扬。二，元稹指出了杜甫的作法对自己以及白居易、李绅等人的新乐府诗产生了根本性的影响。元稹还说过："得杜甫诗数百首，爱其浩荡津涯，处处臻到，始病沈、宋之不存寄兴，而讶子昂之未暇旁备矣。"（《叙诗寄乐天书》，《元氏长庆集》卷三〇）可见他推崇杜甫并不仅仅着眼于"铺陈终始，排比声韵"，① 而

① 元稹在《唐故工部员外郎杜君墓系铭并序》（《元氏长庆集》卷五六）中将李、杜进行对比说："余观其（指李白）壮浪纵恣，摆去拘束，模写物象，及乐府歌诗，诚亦差肩于子美矣。至若铺陈终始，排比声韵，大或千言，次犹数百，辞气豪迈而风调清深，属对律切而脱弃凡近，则李尚不能历其藩翰，况堂奥乎"，元好问讥之云："排比铺张特一途，藩篱如此亦区区。少陵自有连城璧，争奈微之识碔砆。"（《论诗三十首》之十，《遗山先生文集》卷一一）我们认为元稹只是说"铺陈、排比"是杜甫胜于李白之处，并无"藩篱如此"之意，况且"铺陈排比"本身也并非"碔砆"，元好问所云是欠妥的。潘德舆附和元好问而批评元稹尊杜是"于其本性情、厚伦纪、达六义、绍三百者，未尝一发明也"（《养一斋李杜诗话》卷二），也是顾此失彼的片面看法。

且也着眼于"寄兴",即上述"讽兴当时之事",这正是新乐府诗人尊杜的主要原因。白居易推崇杜诗中的"《新安》、《石壕》、《潼关吏》、《芦子》、《花门》之章,'朱门酒肉臭,路有冻死骨'之句"(《与元九书》,《白氏长庆集》卷四五),并因唐衢赏爱其《秦中吟》而说:"致吾陈、杜间,赏爱非常意"(《唐衢二首》之二,《白氏长庆集》卷一),也表明了同样的观点。又冯贽《云仙杂记》卷七载:"张籍取杜甫诗一帙,焚取灰烬,副以膏蜜,频饮之,曰:'令吾肝肠从此改易。'"这虽是小说家言,但张籍崇杜则是确实的,他的诗歌创作可以证明这一点。所以说,杜甫对中唐新乐府诗人的影响是深刻的、整体性的。白居易的《秦中吟》十首、《新乐府》五十首,元稹的《田家词》、《织妇词》、《采珠行》、《估客乐》,张籍的《野老歌》、《筑城词》、《陇头行》、《促促词》,王建的《水夫谣》、《田家行》、《簇蚕词》、《织妇曲》等新题乐府,都是在杜甫的直接影响下产生的。①到了晚唐,杜荀鹤、曹邺、皮日休等人写了许多反映动乱时代人民生活之惨状的诗作,在创作精神上受到杜甫很大影响,虽说他们的诗在形式上与杜诗差异较大。唐以后的诗人也沿着杜甫开辟的这条道路继续前进。从宋代王禹偁的《感流亡》,梅尧臣的《田家语》、《汝坟贫女》,苏舜钦的《城南感怀呈永叔》,王安石的《河北民》,苏轼的《吴中田妇叹》,黄庭坚的《流民叹》,陆游的《农家叹》,范成大的《催租行》、《后催租行》,尤袤的《淮民谣》,刘克庄的《筑城行》、《苦寒行》,金代元好问的《秋蚕》、《麦叹》、《续小娘歌》等名篇,到元代戴表元、刘铣、张养浩、舒頔、萨都剌、王冕,明代高启、刘基、万表、宋师襄、张溥、侯方域、吴应箕,清代钱澄之、顾炎武、吴嘉纪、屈大均、吴伟业、查慎行、郑燮、吴蔚光、宋韶、吴廷燮等人叙写民瘼的诗作,都不同程度地反射出杜诗影响的光芒。

其二是用律诗反映时事政治,并发表政治见解。作为一代"诗史"的杜诗,在记载时事、表示政见时并不受诗体的限制,无论古体、今体,也无论长篇、短制,在杜甫笔下都很好地发挥了这方面的功用。然而,最能体现出杜甫特性、并对后代

---

① 李绅曾作新题乐府二十首,诗已佚。从元稹《乐府古题序》及《和李校书新题乐府十二首·序》(《元氏长庆集》卷二四)来看,李绅的新题乐府也是在杜甫的影响下写成的。

诗歌产生了重大影响的则是具有政治内涵的今体诗,尤其是七言绝句和七言律诗。①

一般说来,诗歌的样式和内容之间并不存在固定的对应关系,但是五七言今体诗在发展的初期有一个约定俗成的题材范围。在初、盛唐时,题材范围最狭窄的要算是七律,它一开始几乎主要是以应制诗的面目出现的。稍后,它的题材范围渐渐扩大到文人唱酬、流连光景等,但仍是畛域甚小。七绝与五言今体的情况要稍好一些,但也不外是抒写性灵、描摹景物和咏史怀古等。我们读初、盛唐人的今体诗作,总觉得它们高华超妙,雍容闲雅,这与它们的主题走向很有关系。在杜甫之前,表现政治内涵的今体诗是很少的,这样的七言律、绝更是罕有所闻。到了杜甫手里,七律与七绝这两种诗体才被注入了丰富而深刻的政治内涵,七律如《诸将五首》、《秋兴八首》、《闻官军收河南河北》等,七绝如《三绝句》、《承闻河北诸道节度入朝欢喜口号绝句十二首》、《喜闻盗贼总退口号五首》等,这些诗开辟了全新的题材领域。杜甫开创的这个传统,在相当长的一段时间里没有得到很好的继承。中唐时擅写七言律、绝的白居易、元稹、刘禹锡、柳宗元等诗人,虽然写过一些寓有政治感情的作品,但绝少在七言律、绝中直书时事或直抒政见。倒是不甚擅长今体的韩愈在这方面接受了杜甫较深的影响。韩愈在元和十二年(817)从裴度征淮西时,写了多首七绝、七律以歌颂那次平叛战争,诚如清人朱彝尊所评:"皆在裴公幕府一时感事而作。"(《韩昌黎诗系年集释》卷一〇引)这些诗如《赠刑部马侍郎》:"红旗照海压南荒,征入中台作侍郎。暂从相公平小寇,便归天阙致时康。"《次潼关先寄张十二阁老使君》:"荆山已去华山来,日出潼关四扇开。刺史莫辞迎候远,相公亲破蔡州回。"叙事之直截,语言之凝重,都极似杜甫的同类七绝。又如《晋公破贼回重拜台司以诗示幕中宾客愈奉和》:"南伐旋师太华东,天书夜到册元功。将军旧压三司贵,相国新兼五等崇。鸂鶒欲归仙仗里,熊罴还入禁营中。长

---

① 杜甫表现政治内容的五律也很多,如《有感五首》、《西山三首》、《警急》、《王命》等皆为这方面的名作。这对后代诗人也产生了一定的影响,如吕本中在靖康事变时写的《兵乱后自嬉杂诗》二十九首、《丁末二月上旬四首》等五律,"皆似老杜"(曾季狸《艇斋诗话》),但相对而言,七律与七绝的影响更为显著。

惭典午非材职,得就闲官即至公。"《唐宋诗醇》卷三一评曰:"严重苍浑,直逼杜陵。"这些韩诗述时事、表政见的主题取向,显然也是与杜诗一脉相承的。当然,韩愈仅仅是偶一为之,也没有产生多大影响。真正继承并发展杜甫的上述传统,尚有待于晚唐和宋代的诗人们。

首先值得注意的是李商隐。施补华说:"义山七律,得于少陵者深。"(《岘佣说诗》)而用七律表现政治内容正是李商隐学杜最有成效的一个方面。在李商隐所处的时代,宦官把持朝政,藩镇拥兵割据,社会动荡不安。作为一个社会责任心非常强烈的诗人,李商隐敏感地注意到了这些问题,并在七律的写作中对这些问题以及自己的态度作了淋漓尽致的表现。例如反映甘露事变的《重有感》:"玉帐牙旗得上游,安危须共主君忧。窦融表已来关右,陶侃军宜次石头。岂有蛟龙愁失水?更无鹰隼击高秋。昼号夜哭兼幽显,早晚星关雪涕收。"诗中赞扬了刘从谏上表请清君侧的义举,并希望他早日兴师翦除宦官,从思想倾向到风格倾向都酷肖杜诗《诸将五首》。又如《哭刘蕡》:"上帝深宫闭九阍,巫咸不下问衔冤。黄陵别后春涛隔,湓浦书来秋雨翻。只有安仁能作诔,何曾宋玉解招魂。平生风义兼师友,不敢同君哭寝门。"刘蕡因应试对策抨击宦官擅政而被黜,是晚唐政治斗争中的一件大事。此诗痛悼刘蕡,并指斥当时政治环境之黑暗,具有鲜明的政治内容和强烈的政治批判色彩。此外,《行次昭应县道上送户部李郎中充昭义攻讨》写平定昭义镇刘稹叛乱事,《汉南书事》批判朝廷的扩边政策,也都表现出同样的主题走向。李商隐的外甥韩偓则远绍杜甫,近师商隐,写了许多表现政治内容的七律,其政治内涵集中于两个方面:对唐王朝灭亡过程的直接描述和对唐亡的深沉哀悼,前者如《乱后却至近甸有感》、《冬至夜作》、《八月四日作四首》,后者如《故都》,都堪称名篇。[①]

如果说在这方面仿效杜甫的诗人在唐代还是寥若晨星的话,[②]那么到了宋代

---

① 关于李商隐、韩偓七律的详细情形,请参看程千帆、张宏生《七言律诗中的政治内涵》(载《被开拓的诗世界》)。
② 晚唐其他诗人也偶尔写过表现政治内容的七律,如杜牧《河湟》、吴融《金桥感事》等,但没有形成风气。

就有如繁星满天了。我们先看七绝的情况：北宋后期的新、旧党争是当时政治生活中的大事，苏轼的《山村五绝》在抨击新政时还有些转弯抹角，在黄庭坚笔下则出现了直书政见的作品，如《病起荆江亭即事十首》之四："成王小心似文武，周召何妨略不同。不须要出我门下，实用人材即至公。"他希望消除两党门户之见以选拔人材，这是何等鲜明的政治态度！到了南宋，山河破碎的严酷现实使诗人们更加倾向于这种手法。刘子翚的《汴京纪事》二十首与陈与义的《邓州西轩书事十首》就是两个成功的例子。前一组诗犹如一幅历史画卷，生动地描绘了汴京沦陷的巨大事变。后一组诗则对国土沦丧的原因表达了非常鲜明的见解。值得注意的是，陈与义的这组诗与他的其他七绝风格迥异：语句刚健古朴，声调律拗相间，有明显的学杜痕迹，这与其主题走向之学杜是互相印证的。此外，范成大出使金国时写下的七十二首七绝，[①]对中原沦陷、人民遭受异族统治者蹂躏的政治现实作了忠实的记录，如《州桥》："州桥南北是天街，父老年年等驾回。忍泪失声问使者：几时真有六军来？"潘德舆评曰："沉痛不可多读。此则七绝至高之境，超大苏而配老杜者矣。"（《养一斋诗话》卷九）南宋灭亡后，汪元量作《醉歌》十首、《湖州歌》九十八首、《越州歌》二十首，这一百二十八首七绝，对南宋覆亡的沧桑巨变作了多角度、多层次的生动描述，其友李珏读后说："唐之事纪于草堂，后人以诗史目之。水云之诗，亦宋亡之诗史也，其诗亦鼓吹草堂者也。"（《书汪水云诗后》，《增订湖山类稿》附录一）我们再看七律的情况。北宋诗人写过一些抒发政治感情的七律，但直接反映时政者尚属罕见。到了南宋，这样的七律就大批涌现了。像陈与义的《次韵尹潜感怀》、《伤春》，曾几的《雪中陆务观数来问讯用其韵奉赠》，陆游的《感愤》、《书愤》，杨万里的《题盱眙军东南第一山二首》，刘克庄的《书事》，文天祥的《过零丁洋》，汪元量的《潼关》等，都是慷慨咏时的名篇。现举两篇为例。

　　　　　　　伤　春　　陈与义

庙堂无策可平戎，坐使甘泉照夕烽。初怪上都闻战马，岂知穷海看

---

　　①《范石湖集》卷一二中从《渡淮》到《会同馆》。这组诗曾以《北征集》之名单行。

飞龙！孤臣霜发三千丈，每岁烟花一万重。稍喜长沙向延阁，疲兵敢犯犬羊锋。

感　愤　　陆　游

今皇神武是周宣，谁赋南征北伐篇？四海一家天历数，两河百郡宋山川。诸公尚守和亲策，志士虚捐少壮年。京洛雪消春又动，永昌陵上草芊芊。

纪昀评前一首云："此首真有杜意。"(《瀛奎律髓汇评》卷三二)《唐宋诗醇》卷四五评后一首云："《诸将五首》之嫡嗣也。"皆为确评。

除了唐、宋诗人以外，元好问、顾炎武、吴伟业、钱谦益、丘逢甲等后代诗人也继承了杜甫的这种传统。

其三是用诗歌表现日常生活中的琐细内容。在杜甫之前的诗人很少咏及日常生活中的平凡细节，而杜甫向这方面开拓了一片很大的题材领域(见第二章第五节)。最早继承杜甫的这种创作倾向的是中唐的韩愈等人。韩愈很爱吟咏日常生活的细节，如《郑群赠簟》写友人赠送一领竹席，《赠刘师服》写自己牙齿缺落只能食烂饭，等等。他甚至对那些颇令人败兴的生活琐事也不废吟咏，例如《赠侯喜》写自己与友人往干涸的洛水垂钓仅得寸长之鱼的经过。[①] 如果说前一类诗是学杜的话，那么后一类诗可称是杜甫的发展。韩派的其他诗人也有这种爱好，如孟郊《游子吟》咏慈母为游子缝衣之深情，卢仝《走笔谢孟谏议寄新茶》写友人赠茶及自己连饮七碗之事，都是显例。到了宋代，诗坛风气有了很大的转变。从欧阳修、梅尧臣开始，诗人们把审美的目光投向生活的每个角落。欧阳修赞扬梅诗"长于本人情，状风物"(《书梅圣俞诗稿后》，《欧阳文忠公集》卷七三)，的确，梅尧臣在这方面付出了极大的努力，梅集中常见《食荠》、《范饶州坐中客语食河豚鱼》之类的诗题，还有一首题作《师厚云虮古未有诗邀予赋之》。这些"古未有诗"的琐屑题

---

① 参看舒芜《陈迩冬选注〈韩愈诗选〉序》(载《从秋水兼葭到春蚕腊炬》)。

材是初入诗国,诗人还缺乏从审美角度对之进行检汰的能力,所以其尝试有时不很成功,例如《扪虱得蚤》、《八月九日晨兴如厕有鸦啄蛆》等,都未能获得成功。但是梅尧臣的尝试毕竟为后人提供了很好的经验,到了苏、黄的时代,平凡琐屑的题材开始在诗人笔底大放异彩。① 例如在唐诗中绝无仅有的咏茶诗,苏、黄均乐此不疲,且佳作迭见,苏轼的《汲江煎茶》和黄庭坚的《双井茶送子瞻》都是脍炙人口的名篇。又如陈师道诗歌的主要内容即为个人生活的细节,"苦嗟所历小,不尽千里目"(《和魏衍三日二首》之一,《后山诗注》卷七)这两句诗,正说出了他的诗歌在内容上的一个特点。宋代诗人注视平凡的生活细节的目光绝不局限于自己的书斋,例如:

　　　　被酒独行遍至子云威徽先觉四黎之舍三首(其一)　　　苏轼
　　半醒半醉问诸黎,竹刺藤梢步步迷。但寻牛矢觅归路,家在牛栏西复西。

　　　　　　四时田园杂兴六十首(其十五)　　　范成大
　　蝴蝶双双入菜花,日长无客到田家。鸡飞过篱犬吠窦,知有行商来买茶。

这些生趣盎然的农村生活情景不但扩大了诗歌题材范围,而且给诗坛注入一股清新空气。宋人在写日常生活方面的成绩是超越唐人的,但究其原委,杜甫实有不可忽视的筚路蓝缕之功。

　　宋代以后,此类题材已为诗坛习见,所以不再被看作是独特的主题取向了。某些偏爱此类题材的诗人,如清代的张问陶、郑珍、莫友芝等人,也不被认为是受了杜甫的影响。然而从一人的独创成为后代诗坛的共识,正说明了杜甫影响之深远。

----

① 参看拙稿《论宋诗的"以俗为雅"及其文化背景》,载《国际宋代文化研讨会论文集》。

其四是用诗歌发议论,尤其是用诗歌表示文学观点。杜甫喜爱论诗,散见于杜诗中的论诗之句为数很多(详见第五章),更值得注意的则是主题为论诗之作,即《偶题》,《解闷十二首》之四、五、六、七、八,《戏为六绝句》等诗。由于中国古代的诗论家大多也是诗人,所以这种以诗论诗的方式极受后人青睐。中唐诗人白居易、韩愈、孟郊都爱写论诗诗,如白居易作《采诗官》、《寄唐生诗》,韩愈作《调张籍》、《荐士》,孟郊作《戏赠无本二首》、《赠郑夫子鲂》。虽然他们所写的多为古体,与杜甫论诗喜用今体不同,但这种以诗歌作为诗论形式的作法肯定是受了杜甫的启发,因为白、韩等人极其重视杜诗,他们的论诗诗中表达的一些观点(如白主张写民生疾苦,韩、孟提倡雄强的笔力与苦吟)也显然与杜甫诗论有渊源关系。古体的论诗诗在唐以后也代有作者,从欧阳修《水谷夜行寄子美圣俞》、梅尧臣《答韩三子华韩五持国韩六玉汝见赠述诗》到蒋士铨《辨诗》、赵翼《论诗》,多有名篇。古体诗比今体诗在形式上更便于议论:篇幅可长可短,不受声律约束,人们爱用古体来写论诗诗本是情理中事。然而使人惊奇的是,杜甫以后的历代论诗诗中最为普遍的诗体并不是古体,而是今体诗中不甚宜于议论的七言绝句,这除了归因于杜甫的影响之外就难以作出合理的解释了。自从杜甫写成《戏为六绝句》等诗以后,论诗七绝经历了漫长的发展阶段。有的仿效者也是偶尔戏作,并未将此视为固定的诗论形式,例如李商隐《漫成五章》,题云"漫成",犹言"戏为"。五首诗中只有两首与诗论有关,类似于杜诗《解闷十二首》的情形。再如陈师道的《绝句》:"此生精力尽于诗,末岁心存力已疲。不共卢王争出手,却思陶谢与同时。"声调语气都像杜诗,且径题作"绝句",纯属学杜之作。[1]但从晚唐开始,论诗绝句就有了新的发展,出现了下面两种类型:第一类是专咏某家诗集的,带有题跋的性质,如晚唐韦庄《题许浑诗卷》、崔道融《读杜紫薇集》、宋李覯《戏题玉台集》、王安石《题张司业诗》、近人梁启超《读陆放翁集》四首、柳弃疾《题张苍水集》四首都属这一类。第二类则是纯粹的论诗诗,是历代论诗绝句的主流。北宋末年吴可作《学诗诗》三首,

---

① 唐宋以后的论诗绝句仍有坚守杜甫门径的,例如沈德潜有《戏为绝句》六首,从题目到内容都仿效杜甫《戏为六绝句》。又陈书有《仿少陵戏为六绝句元韵》,俱见《万首论诗绝句》。

南宋龚相、赵蕃都有和作(见《诗人玉屑》卷一)。到了戴复古,就把他的论诗诗称为"论诗十绝",①正式标出了"论诗"的专名。稍后的元好问则有《论诗绝句三十首》之作。郭绍虞先生指出:"此二者都是源本少陵,但是各得其一体。戴氏所作,重在阐说原理;元氏所作,重在衡量作家。这正开了后来论诗绝句的两大支派。"(《中国文学批评史》第 296 页)到了清代,论诗绝句蔚为大国,不但作者众多,而且规模巨大,如王士禛《戏仿元遗山论诗绝句》三十五首、袁枚《仿元遗山论诗》三十八首、徐嘉《论诗绝句》五十七首、姚莹《论诗绝句》六十首、林昌彝《论本朝人诗》一百五首等,都属大型组诗。而谢启昆《读全宋诗仿元遗山论诗绝句》竟多至二百首,谢氏一人所作的论诗绝句总数竟达五百八十首。据郭绍虞、钱仲联、王蘧常先生所编的《万首论诗绝句》,自唐迄清共有作者近八百人,作品近万首,②可见论诗绝句这种形式在后代的繁衍昌盛。除了论诗之外,清人又进而以七绝来论词、论曲,如厉鹗有《论词绝句》十二首,凌廷堪有《论曲绝句》三十二首。总之,论诗诗尤其是论诗绝句成了中国古代文学批评中最特殊的重要形式,③这正是杜甫独创精神的结果。

除了上述四个方面之外,杜甫在诗歌题材上还有一些次要的创造,例如题画诗,沈德潜云:"唐以前未见题画诗,开此体者,老杜也。其法全在不粘画上发论,如题画马、画鹰,必说到真马、真鹰,复从真马、真鹰开出议论,后人可以为式。"(《说诗晬语》卷下)④又如《萧八明府实处觅桃栽》、《又于韦处乞大邑瓷碗》等"以诗代简"(《杜诗镜铨》卷七)的诗,虽被后人评为:"此等皆戏笔手札,不足为诗,然

① 戴复古的这组诗原题为《昭武太守王子文日与李贾严羽共观前辈一两家诗及晚唐诗因有论诗十绝子文见之谓无甚高论亦可作诗家小学须知》(《石屏诗集》卷七),后人往往简称为《论诗十绝》。
②《万首论诗绝句》把历代的论诗绝句编于一书,嘉惠学林,厥功甚伟。但此书间有铨选欠严者,如王维《题辋川图》、苏舜钦《冬日偶书》等诗,很难说是论诗绝句,是为白璧微瑕。
③ 参看张伯伟《论诗诗的历史发展》(《文学遗产》1991 年第 4 期)。
④ 按:在杜甫之前已有人作过题画诗(见刘继才《杜甫不是题画诗的首创者》,《辽宁大学学报》1981 年第 2 期),但使题画诗达到一定的艺术水平并对后人产生巨大影响的则首推杜甫。

亦有致"(《杜臆》卷四），其实也为后人开一方便法门，从宋代的苏、黄开始，历代诗人都有许多"以诗代简"的作品，以浓郁的生活气息而得到读者的喜爱。限于篇幅，不一一细述。

"不创前未有，焉传后无穷?"(《赵翼《读杜诗》，《瓯北集》卷三九）杜甫以惊人的独创精神对诗歌的主题走向作了多方面的探索，从而以成功的经验为后人开辟了宽广的道路。无论从独创性之鲜明还是从影响之深远来看，杜甫对古代诗歌题材领域的贡献都是无与伦比的。王禹偁诗云："子美集开诗世界"(《日长简仲咸》，《小畜集》卷九），这正是对杜甫的这一历史功绩的恰如其分的评价。

二 / 艺术启迪之一："天下几人学杜甫"

杜甫生前曾慨叹说："百年歌自苦，未见有知音!"(《南征》)然而深埋地下的宝剑尚能光射牛斗，杜诗的万丈光焰又岂能被长久掩藏？从中唐开始，杜诗登峰造极的艺术造诣就为整个诗坛所瞩目，其影响也日益扩大。入宋以后，人们对杜甫的巨大影响看得愈来愈清楚并对此赞不绝口，宋初的宋祁说："它人不足，甫乃厌余。残膏剩馥，沾丐后人多矣。"(《新唐书·杜甫传赞》)孙仅还具体地指出了杜诗艺术对中晚唐诗人的影响：

> 公之诗支而为六家：孟郊得其气焰，张籍得其简丽，姚合得其清雅，贾岛得其奇僻，杜牧、薛能得其豪健，陆龟蒙得其赡博。皆出公之奇偏尔，尚轩轩然自号一家，爝世烜俗。后人师拟不暇，矧合之乎？(《读杜工部诗集序》，《草堂诗笺·传序碑铭》)

孙仅所言不尽准确，而且有重大的遗漏：中晚唐诗人中学杜最有成就的韩愈和李商隐都被忽略了。但他已指出了唐人学杜的特点：诗人们从各自的创作倾向与风格倾向出发，到风格内涵极其丰富的杜诗中有选择地汲取艺术营养。这种学习主要体现为艺术风格的模仿，其次才是艺术手段的借鉴，所以尽管不少中晚唐诗人学杜各有所得,有的甚至登堂入室,但诗坛并没有体现出整体性的学杜成就。苏轼诗云:"天下几人学杜甫,谁得其皮与其骨?"(《次韵孔毅甫集古人句见赠五首》之三,《东坡集》卷一三)如果此语是针对中晚唐诗人而发,那么上述孙仅的话可被看作是一个不太好的答案。

中唐诗坛呈现百花齐放的局面,不但元白与韩孟两大诗派在风格倾向上大异其趣,而且刘禹锡、李贺、贾岛等人也自成一体,既然中唐诗人学杜各有所得,杜诗艺术对中唐诗坛的影响就呈现繁纷复杂的情形。

杜甫对元、白一派的艺术启迪主要体现在两个方面:首先,元、白等在学习杜甫"即事名篇"的乐府诗写作方式的同时也注意学习杜诗的语言,元稹诗云:"杜甫天材颇绝伦,每寻诗卷似情亲。怜渠直道当时语,不著心源傍古人。"(《酬孝甫见赠十首》之二,《元氏长庆集》卷一八)所谓:"当时语",就是活的语言,人民口头的语言。众所周知,语言浅近平易是元、白诗的一大特色,他们的乐府诗尤其具有民歌的语言风格,这显然与杜诗有很深的渊源关系。传说白居易"每作诗令老妪解之,问曰:'解否?'妪曰:'解。'则录之。'不解'则易之"(惠洪《冷斋夜话》卷一)。这种创作态度也显然是与杜甫一脉相承的。其次,元稹很推崇杜甫"铺陈终始,排比声韵,大或千言,次犹数百"的长篇排律,而元、白在创作上也继承了杜甫的传统,竞相写作长篇排律。元、白的排律多有长达百韵者,而且往复唱和,乃至次韵,乐此不疲。① 当然,元、白的长排未能达到杜诗那么高的艺术造诣,正如沈德潜所云:"少陵出而瑰奇鸿丽,一变故方,后此无能为役。元、白滔滔百韵,俱能工稳,但流易有余,镕裁未足,每为浅率家效顰。"(《说诗晬语》卷上)可是就艺术手法而言,元、白的长排"皆尺土寸木,经营缔构而为之"(《石洲诗话》卷一),鲜明地体现了杜诗的影响。

与元、白一派相反,韩、孟一派最推崇杜诗奇险的一面。韩愈《调张籍》诗云:"李杜文章在,光焰万丈长。……想当施手时,巨刃磨天扬。垠崖划崩豁,乾坤摆

---

① 例如白居易《和梦游春诗一百韵》(《白氏长庆集》卷一四)、元稹《酬乐天东南行诗一百韵》(《元氏长庆集》卷一二)等。

雷硠。"程学恂曰:"此诗李、杜并重,然其意旨,却著李一边多。"(《韩昌黎诗系年集释》卷九)我们的看法恰恰相反:此诗的着重点在杜而不在李,因为诗中所描绘的主要是杜诗的雄奇而不是李诗的豪放,而且韩愈的诗歌创作也可与此互相印证,赵翼指出:

> 韩昌黎生平,所心摹力追者,惟李、杜二公。……至昌黎时,李、杜已在前,纵极力变化,终不能再辟一径。惟少陵奇险处,尚有可推扩,故一眼觑定,欲从此辟山开道,自成一家。此昌黎注意所在也。(《瓯北诗话》卷三)

我们在第三章第二节中说过,杜诗有"冥心刻骨,奇险至十二三分"的特点,也就是用深刻的艺术构思和雄强的笔力创造出奇特的诗歌意象。韩愈心摹手追的正在于此,所以他在《调张籍》诗中说:"我愿生两翅,捕逐出八荒。精诚忽交通,百怪入我肠。刺手拔鲸牙,举瓢酌天浆。腾身跨汗漫,不著织女襄。"而韩愈在创作中也确实形成了独特的奇险风格,比之杜诗有过之而无不及,例如《郑群赠簟》先写暑热难忍:"自从五月困暑湿,如坐深甑遭蒸炊",然而得到一领好簟后,居然"倒身甘寝百疾愈,却愿天日恒炎曦"(《韩昌黎诗系年集释》卷四)。又如《送文畅师北游》写久谪南方后北归之乐,竟说:"昨来得京官,照壁喜见蝎。"(同上卷五)构思之奇险,出人意表。被韩愈形容为"刿目鉥心,刃迎缕解,钩章棘句,掐擢胃肾"(《贞曜先生墓志铭》,《昌黎先生集》卷二九)的孟郊诗也具有同样的特点。所以韩、孟两人常在联句诗中争奇斗怪,各不相让,《纳凉联句》、《斗鸡联句》、《秋雨联句》、《城南联句》等"僻搜巧炼,惊人句层出不竭"(《韩昌黎诗系年集释》卷五引朱彝尊语)的诗就是这样产生的。即使在各自的作品中,韩、孟仿佛也在暗中较量,如韩愈《苦寒》诗云:"啾啾窗间雀,不知已微纤。举头仰天鸣,所愿晷刻淹。不如弹射死,却得亲炮燖。"程学恂曰:"此当与东野《寒地百姓吟》并读。"(《韩昌黎诗系年集释》卷二)孟郊《寒地百姓吟》有句云:"寒者愿为蛾,烧死彼华膏。"(《孟东野诗集》卷三)落想之深刻,与韩诗争胜于毫厘之间。韩派的其他诗人卢仝、马异、刘叉等也

有同样的风格追求。应该指出,韩愈对杜诗的奇险风格有很大的发展。第一,奇
险是杜诗诸多风格特征之一,而且不是杜诗的主导风格。而韩愈则"从此辟山开
道,自成一家",把奇险发展成自己的主导风格,还进而把它倡导成一个诗派的风
格倾向。第二,杜诗奇险,却不怪诞,而韩愈等人却将奇险推向极端,这样做固然
使这种风格具有更为鲜明的个性,但同时也就产生了过于奇险乃至怪诞的结果。
韩愈的《陆浑山火一首和皇甫湜用其韵》、卢仝的《月蚀诗》、刘叉的《冰柱》等诗以
怪诞著称,即使是有些未被视作怪诞的作品,如孟郊的《秋怀十五首》、韩愈的《岳
阳楼别窦司直》、《和虞部卢四酬翰林钱七赤藤杖歌》等,也都呈现着异乎寻常的怪
奇色彩。在奇险诗风这一点上,韩愈与杜甫的关系真可说是青出于蓝而胜于
蓝了。

　　杜甫对韩愈的另一重要影响是诗歌的散文化,即"以文为诗"的手法。我们在
第二章第三节中说过,杜甫的《述怀》、《北征》等诗成功地运用了"赋"的手法,即类
似于散文的叙事方式。此外,杜诗还有一些其他的散文化倾向,例如多议论,句式
打破固有的音节等,还出现了一些运用虚字的诗句,例如"尔之生也甚正直"(《桃
竹杖引赠章留后》)、"观乎春陵作"、"结也实国桢"(《同元使君春陵行》)、"伐竹者
谁子"(《石龛》),等等,杜诗的散文化手法虽然仅仅是滥觞之源,但它在后代却发
展成波澜壮阔的江河,胡小石先生论《北征》诗云:

　　　　至杜甫兹篇,则结合时事,加入议论,撤去旧来藩篱,通诗与散文而
　　一之,波澜壮阔,前所未见,亦当时诸家所不及,为后来古文运动家以
　　"笔"代"文"者开其先声。后来诗人如元和中韩退之,如宋代庆历以来
　　"宋诗"作者之欧、王诸家以至"江西诗派",到近世如所谓"同光体",其特
　　征大要皆以散文入诗,其风气几无不导源于杜,亦可云自《北征》一篇开
　　端。(《杜甫〈北征〉小笺》,《杜甫研究论文集》三辑)

在杜甫的这些后继者中,韩愈是最早、最重要的一位,以至于后人谈到"以文为诗"

时,首先想起的便是韩愈的名字。①韩愈在诗歌的散文化方面迈进了一大步,其要点有三:一是大量运用虚字入诗,大量运用散文句式,如"乃一龙一猪"(《符读书城南》,《韩昌黎诗系年集释》卷九),"事去矣时若发机"(《送区宏南归》,同上卷五)等。二是用古文章法写诗,例如《八月十五夜赠张功曹》,方东树评曰:"一篇古文章法。"(同上卷三)又如《山石》,方东树评曰:"只是一篇游记,而叙写简妙犹是古文手笔。"(同上卷二)三是铺张排比的描写,大放厥辞的议论等常见于散文的表现方式,前者如《南山诗》,方东树评曰:"盖以京都赋体而移之于诗也。"(同上卷五)后者如《谢自然诗》,顾嗣立评曰:"此篇全以议论作诗。"(同上卷一)韩愈诗歌散文化的规模和程度都远远超过了杜甫,但杜甫对他的启迪作用是不容忽视的。

除了元白与韩孟两大诗派之外,中唐的其他诗人也受到杜诗艺术的熏陶。

刘禹锡论诗推崇杜甫,在韦绚《刘宾客嘉话录》中有多处记载。刘说:"杜工部诗如爽鹘摩霄,骏马绝地。"②有趣的是,刘集中有一联足以代表其诗风的名句:"马思边草拳毛动,雕盼青云睡眼开。"(《始闻秋风》,《刘梦得文集》卷四)沈德潜评曰:"英气勃发,少陵操管,不过如是。"(《唐诗别裁》卷一五)可见刘禹锡诗风与杜诗是有渊源关系的。此外,刘禹锡的七绝也颇类杜诗风调,尤其是他的《竹枝词》之类,"比之杜子美《夔州歌》,所谓同工而异曲也"(黄庭坚《跋刘梦得竹枝歌》,《豫章黄先生文集》卷二六)。还有,刘禹锡主张"为诗用僻字须有来处",他说:"尝讶杜员外'巨颡坼老拳',疑'老拳'无据,及览《石勒传》:'卿既遭孤老拳,孤亦饱卿毒手。'岂虚言哉!"(《刘宾客嘉话录》)可见他对杜诗艺术之服膺。

李贺是极其富于艺术个性的中唐诗人,创造了奇诡幽艳的独特诗风,③清人陈式说:"昌谷之诗,唐无此诗,而前乎唐与后乎唐亦无此诗。惟诸体毕备之少陵,

① 陈师道《后山诗话》中首次说到韩愈"以文为诗",详见程千帆《韩愈以文为诗说》(载《古诗考索》)。
② 通行本《刘宾客嘉话录》不载此条,此据唐兰《刘宾客嘉话录的校辑与辨伪》(《文史》第四辑)。
③ 人们往往把李贺看作是韩派诗人,我们认为李贺虽与韩愈有十分密切的关系,但他的诗风非常独特,似不宜归入韩派,参看杜牧《太常寺奉礼郎李贺歌诗集序》(《全唐文》卷七五三)。

间有类乎为昌谷之诗。"(《重刻昌谷集注序》,《三家评注李长吉歌诗》)杜诗中颇有下开李贺诗境之处,如《玄都坛歌寄元逸人》云:"子规夜啼山竹裂,王母昼下云旗翻。"申涵光曰:"二语大类长吉,见此老无所不有也。"(《杜诗详注》卷二引)方管先生指出李贺《李凭箜篌引》中"江娥啼竹素女愁,李凭中国弹箜篌。昆山玉碎凤凰叫,芙蓉泣露香兰笑。十二门前融冷光,二十三丝动紫皇"及《帝子歌》中"九节菖蒲石上死,湘神弹琴迎帝子"之句与杜诗"子规"二句境界相似,他还补充了十多首杜诗以及与之相类的李贺诗作为佐证(见《读杜琐记》,《杜甫研究论文集》三辑),可见这种情形并非偶然的巧合。还有,杜甫的五言绝句也对李贺有所影响,清人方世举评李贺《马诗二十三首》云:"五绝一体,实做尤难。四唐惟一老杜,此亦撼实似之,而沉著中飘萧亦似之。"(《方扶南批本李长吉诗集》卷二)这是说得很准确的。

贾岛、姚合是著名的苦吟诗人,作诗讲究推敲锤炼,这种一丝不苟的创作态度显然与杜甫如出一辙。孙仅说姚合得杜诗之"清雅",贾岛得杜诗之"奇僻",概括得不很准确,但是贾、姚的诗歌,尤其是他们的五言律诗,确实有借鉴杜诗之处,试各举一首为例:

病　蝉　贾　岛

病蝉飞不得,向我掌中行。折翼犹能薄,酸吟尚极清。露华凝在腹,尘点误侵睛。黄雀并鸢鸟,俱怀害尔情。

题李频幽居　姚　合

赁居求贱处,深僻任人嫌。盖地花如毯,当门竹胜帘。劝僧尝药酒,教仆认书签。庭际山宜小,休令著石添。

方回评前一首曰:"贾浪仙诗得老杜之瘦而用意苦矣。"(《瀛奎律髓》卷二七)又评后一首曰:"予谓学姚合诗,如此亦可到也。必进而至于贾岛,斯可矣。又进而至老杜,斯无可无不可矣。"(同上卷二三)后一则评语的表达方式欠妥,但他看出贾、姚诗与杜诗的渊源关系是颇具眼光的。杜甫咏细微景物或幽居生活的五律,如《江头五咏》与《有客》、《独酌》等,字句精雕细琢,风格清幽奇峭,确可视作贾、姚诗的先声。

《蔡宽夫诗话》记载说:"王荆公晚年亦喜称义山诗,以为唐人知学老杜而得其藩篱,惟义山一人而已。每诵其'雪岭未归天外使,松州犹驻殿前军'、'永忆江湖归白发,欲回天地入扁舟'与'池光不受月,暮气欲沉山'、'江海三年客,乾坤百战场'之类,虽老杜亡以过也。"王安石的见解是高明的,李商隐确实是晚唐诗坛上学杜最有成绩的诗人。

孟郊等人学杜,但"皆出公之奇偏尔",李商隐学杜却是看准了杜诗的主导风格的,王安石赞赏的第一联见于下面这首诗:

杜工部蜀中离席

人生何处不离群,世路干戈惜暂分。雪岭未归天外使,松州犹驻殿前军。座中醉客延醒客,江上晴云杂雨云。美酒成都堪送老,当垆仍是卓文君。

程梦星质疑云:"大凡拟诗必原本其旧题,如江淹《杂拟》诸作可证。杜子美未尝有'蜀中离席'之题,义山何从拟之?"(《李商隐歌诗集解》编年诗部分)其实此诗作于大中六年(852),时李商隐在成都推狱事毕将返梓州,"蜀中离席"即此诗本题,只因全诗风格是模仿杜诗的,才在题中冠以"杜工部"三字。黄子云指出颈联句法从杜诗"桃花细逐杨花落,黄鸟时兼白鸟飞"二句脱出(见《野鸿诗的》)。[1]何焯则说:"起句尤似杜。……如此结构,真老杜正嫡也。""此等诗须合全体观之,不可以一句一字求其工拙。荆公只赏他次联,犹是皮相。"(《李商隐诗歌集解》编年诗部分)此诗不但字句、章法酷肖杜诗,而且意蕴之深厚、风格之沉郁也深得杜诗神髓。这说明李商隐曾下大功夫去体味、揣摩杜诗,才能即席写出此诗。如果说有意拟古

---

[1] 按:"桃花"二句体现了杜诗句法的一个特点,即在一联的上下句中各用一对不相连续的迭字,详见第二章第一节。

只是偶然现象,那么我们再看下面两首诗:

安定城楼

迢递高城百尺楼,绿杨枝外尽汀洲。贾生年少虚垂涕,王粲春来更远游。永忆江湖归白发,欲回天地入扁舟。不知腐鼠成滋味,猜意鹓雏竟未休。

筹笔驿

猿鸟犹疑畏简书,风云长为护储胥。徒令上将挥神笔,终见降王走传车。管乐有才真不忝,关张无命欲何如?他年锦里经祠庙,梁父吟成恨有余。

许印芳评前一首云:"句中层折暗转暗递,出语浑沦,不露筋骨,此真少陵嫡派。"(《瀛奎律髓汇评》卷三九)又评后一首云:"沉郁顿挫,意境宽然有余,义山学杜,此真得其骨髓矣。"(同上卷三)其实后一则评语也适用于前一首。此外,《哭刘蕡》、《重有感》等诗也有沉郁的风格倾向。施补华云:"义山七律得少陵者深,故秾丽之中带沉郁。"(《岘佣说诗》)杜诗的沉郁风格对李商隐的影响是整体性的,由于沉郁是杜诗的主导风格,所以李商隐之学杜可谓探骊得珠。

李商隐集中另有一类七律,如:

二月二日

二月二日江上行,东风日暖闻吹笙。花须柳眼各无赖,紫蝶黄蜂俱有情。万里忆归元亮井,三年从事亚夫营。新滩莫悟游人意,更作风檐夜雨声。

此诗轻倩流美,在李商隐的七律中可称别调。但正如贺裳所云,它也是"全篇俱摹仿少陵"(《载酒园诗话》又编)的,杜甫的七律中如《题省中院壁》、《十二月一日三首》、《昼梦》等即俱有此种风调。

在一些具体的艺术手法上，李商隐也多有借鉴杜诗之处。一是句法凝练，如"永忆江湖归白发，欲回天地入扁舟"等句；二是当句对，如《当句有对》一诗；三是七律中用虚字斡旋，一气贯注，如《隋宫》（"紫泉宫殿锁烟霞"）一诗，这些显然与杜甫的律诗艺术有渊源关系（参看第三章第四节），其理甚明，毋庸细述。

当然，李商隐的学杜是借鉴而不是模拟，"胎息在神骨之间，不在形貌"（管世铭《读雪山房唐诗钞·七律凡例》），所以他虽然多方学杜，但他的七律仍然具有自家面目：包蕴密致，沉博绝丽，成为唐诗中极有特色的一家。

除了七律之外，李商隐的其他诗体也有学杜的痕迹。贺裳说："义山绮才艳骨，作古诗乃学少陵，如《井泥》、《骄儿》、《行次西郊》、《戏题枢言草阁》、《李肱所遗画松》，颇能质朴。"（《载酒园诗话》又编）其实除了"质朴"之外，李商隐的古诗在章法的照应穿插及内容的夹叙夹议等方面也颇得益于学杜，《行次西郊作一百韵》就是明证。纪昀则说："义山五律佳者往往逼杜。"许印芳从而列举李诗十数篇以为佐证，其中如《河清与赵氏昆季宴集得拟杜工部》、《哭刘司户贲》等甚得杜诗神理。（《瀛奎律髓汇评》卷二三）

总之，李商隐学杜既能得其精华，又能推陈出新，所以其成就在晚唐诗坛上可称是鹤立鸡群。宋人大力提倡学杜时，就往往把李商隐当作杜诗艺术的入门途径。王安石说："学诗者未可遽学老杜，当先学商隐，未有不能为商隐而能为老杜者。"①黄庭坚亦"深悟此理，乃独用昆体工夫，而造老杜浑成之地"。②可见在宋人眼中，李商隐是杜诗艺术的最好继承者。

当然，晚唐诗人中服膺杜诗的并非仅有李商隐一人。杜牧诗云："杜诗韩笔愁

---

① 冯浩《玉溪生诗集笺注》附录二引叶梦得《石林诗话》。按：检今本《石林诗话》及叶氏其他笔记《石林燕语》、《避暑录话》等均未见此条。然清初冯班已称"王荆公言学杜当自义山入"（《删正二冯评阅才调集》卷下），可与冯浩所引互相印证。然此条出处仍待考。

② 朱弁《风月堂诗话》卷下。按：所谓"昆体工夫"，实指李商隐的诗歌艺术修养，宋人往往称义山体为昆体，朱弁这段话前面所举的例证也都是李商隐的学杜之作。参看拙著《江西诗派研究》第三章第二节《黄庭坚对前人诗歌艺术的继承》。

来读,似情麻姑痒处搔。天外凤凰谁得髓?无人解合续弦胶!"(《读韩杜集》,《樊川文集》卷二)有趣的是,杜牧终因诗歌成就被人呼作"小杜",以别于"老杜"。[1]具体地说,杜牧的学杜主要体现为七律中寓以拗峭之气,如《题宣州开元寺水阁阁下宛溪夹溪居人》一诗,即被薛雪评为"直造老杜门墙"(《一瓢诗话》)。其他晚唐诗人许浑、罗隐、陆龟蒙、韩偓、韦庄等也受到杜诗艺术的影响,只是他们的诗歌成就不很高,学杜所得也有限。

唐昭宗光化三年(900),韦庄编成《又玄集》,选入唐代诗人一百四十二人,以杜甫为第一,成为传世的唐人选唐诗中唯一选录杜诗的一种。天复二年(902),韦庄在成都寻得久已芜没的杜甫草堂故址,芟夷结茅,重建草堂以居之,"欲思其人而成其处"(韦蔼《浣花集序》,《浣花集》卷首)。次年,韦庄让其弟韦蔼把自己的诗作结集,名为《浣花集》,表示对杜甫的纪念。这些在唐朝灭亡前夕发生的事也许是出于偶然,但我们不妨把它们看作一个征兆:杜甫的影响将要进入一个前所未有的阶段了!

三／艺术启迪之二:"诗家初祖杜少陵"

蒋士铨诗云:"宋人生唐后,开辟真难为。"(《辨诗》,《忠雅堂诗集》卷一三)当宋初的诗人登上诗坛时,他们面前正矗立着唐诗的巨大山峰,所以宋初诗坛在整体上呈现出对唐诗顶礼膜拜的姿态,诗坛风气的变化表现为选择不同的唐代诗人作为诗学典范。《蔡宽夫诗话》"宋初诗风"条云:

> 国初沿袭五代之余,士大夫皆宗白乐天诗,故王黄州主盟一时。祥符、天禧之间,杨文公、刘中山、钱思公专喜李义山,故昆体之作,翕然一变。而文公尤酷嗜唐彦谦诗,至亲书以自随。景祐、庆历后,天下知尚古

---

[1]《新唐书·杜牧传》:"牧于诗,情致豪迈,人号为'小杜',以别杜甫云。"孔平仲《孔氏杂说》卷三始称杜甫为"老杜",称杜牧为"小杜"。《唐才子传》卷六因之。

文,于是李太白、韦苏州诸人,始杂见于世。杜子美最为晚出,三十年来,学诗者非子美不道,虽武夫女子皆知尊异之。李太白而下,殆莫与抗。文章隐显,固自有时哉![1]

蔡居厚的这段话有两处遗漏:一是宋初还有崇尚贾岛的晚唐体(九僧、寇准、魏野等),这在方回《送罗寿可诗序》中说得很清楚。二是欧阳修等倡导诗文革新时曾师法韩愈诗文。值得注意的是,被宋初诗人树为典范的白居易、贾岛、李商隐、韩愈等都是学杜有得的唐代诗人。为什么宋初诗人学习白居易等人却不进而师法杜甫呢?我们认为白派诗人王禹偁的情形可以给我们一些启发。

王禹偁对于杜甫非常推崇,但他的作品主要是体现了白居易诗风的影响,很少有类似杜诗者。《蔡宽夫诗话》载:

> 元之本学白乐天诗,在商州尝赋《春居杂兴》云:"两株桃杏映篱斜,装点商州副使家。何事春风容不得?和莺吹折数枝花!"其子嘉祐云:"老杜尝有'恰似春风相欺得,夜来吹折数枝花'之句,语颇相近。"因请易之。元之忻然曰:"吾诗精诣,遂能暗合子美耶?"更为诗曰:"本与乐天为后进,敢期子美是前身。"卒不复易。

"本与乐天为后进,敢期子美是前身"二句既表明王禹偁有学杜的意愿,又说明他认为杜诗的造诣高于白诗,当自己的水平还不足以学杜时,只能先学白诗。

宋初的其他诗人没有能像王禹偁那样对杜诗的价值有清醒的认识,其中如西昆派诗人甚至数典忘祖,诋杜甫为"村夫子"(见刘攽《贡父诗话》),但事实上他们学习白居易、贾岛、李商隐而不学杜甫也是由于水平不够,只是他们没有意识到这一点而已。我们知道,五代时社会动荡不安,诗坛落寞沉寂。身处乱世的诗人不

---

[1] 类似的说法也见于晁说之《成州同谷县杜工部祠堂记》(《嵩山文集》卷一六)、严羽《沧浪诗话·诗辨》、方回《送罗寿可诗序》(《桐江续集》卷三二),可与此参看。

但缺乏深情远志，而且在艺术上也没有足够的力量与气魄，所以只能以诗风浅易的白居易与境界狭小的贾岛为模仿对象。北宋的建立虽然结束了长期的动乱局面，但是文学并不能随着改朝换代而突然发生同步的变化。从沿袭旧习到树立新风，需要一个渐进的过程。所以宋初的白体、晚唐体诗人仍沿续五代诗风，而稍后的西昆体诗人选择沉博绝丽的李商隐诗作为典范，虽然带有矫正五代诗浅陋卑俗的积弊的意味，但仍然缺乏自成一家的气魄，徒得李诗之形貌而未造其深婉意境。也就是说，宋初诗人在诗歌艺术上还缺乏必要的经验积累，还没有树立创造一代独特诗风以与唐诗争雄的信心，所以未能取法乎上，只能先以白居易等中晚唐诗人为学习的对象。然而，由于杜甫是唐诗艺术的最高典范，而白居易等都是受杜甫影响甚深的诗人，所以学习白居易等的结果终将导致学习杜甫。在这个意义上，我们不妨说宋初诗坛的风气正暗含着以杜甫为典范的潜在价值取向。

从诗歌艺术的角度来看，欧阳修领导的诗文革新运动体现了宋人对于建立一代诗风的最初自觉。欧阳修等人对于宋初诗风是深为不满的，这种态度后来由其弟子苏轼尖锐地表示出来了："宋兴七十余年……而斯文终有愧于古。"（《居士集叙》，《东坡集》卷二四）①对宋初诗风的不满当然包含了对宋初诗坛的典范选择的不满，所以从仁宗初年开始，诗人们转而在唐代诗人中选择新的典范。这种选择的结果就是尊杜学杜。南宋的叶适说："庆历、嘉祐以来，天下以杜甫为师。"（《徐斯远文集序》，《水心文集》卷一二）其实尊杜的倾向在庆历以前就开始了。卒于庆历元年（1041）的石延年"大爱杜甫，独能嗣之"（范仲淹《祭石学士文》，《范文正公文集》卷一〇）。苏舜钦则于景祐三年（1036）编成《杜子美别集》（见《题杜子美别集后》，《苏舜钦集》卷一三），而石、苏二人是与欧阳修一起从事诗文革新的主要诗人。宝元二年（1039），王洙编成《杜工部集》二十卷，此本后经王琪修订，成了后世所有杜集的祖本（详见第五节）。相传欧阳修"不甚喜杜诗"（刘攽《贡父诗话》），今

---

① 按：仁宗天圣八年（1030），欧阳修进士及第。次年入西京留守钱惟演幕府后，与尹洙、梅尧臣、苏舜钦等结交，切磋诗文，开展了诗文革新运动。此时距北宋建国（960）已七十年。

本欧集中也确有"杜甫于白得其一节而精强过之,至于天才自放,非甫可到也"(《李白杜甫诗优劣说》,《欧阳文忠公文集》卷一二九)之类的话,但事实上欧阳修也是尊杜的,他有诗云:"昔时李杜争横行,麒麟凤凰世所惊"(《感二子》,同上卷九),"风雅久寂寞,吾思见其人。杜君诗之豪,来者孰比伦?"(《堂中画像探题得杜子美》,同上卷五四),前者李杜并称,后者独尊杜甫,何尝对杜甫有所轻视?人们往往认为欧阳修作诗学韩而不学杜,然何汶《竹庄诗话》卷九载欧阳修之言:"杜子美才出人表,不可学,学必不致,徒无所成,故未始学之。韩退之才可及而每学之。"这段话虽无确证是出自欧阳修之口,但至少不失为一种合理的推测。所以我们认为,宋代尊杜的倾向是从欧阳修的时代开始的。更为重要的是,欧阳修等人革新诗风的努力事实上包含与唐诗并驾齐驱或超越唐诗的意图,当王安石、苏轼、黄庭坚等相继登上诗坛以图完成欧、梅提出的这个目标时,他们理所当然要取法于上,以唐诗的最高艺术典范杜甫作为学习对象了。

宋仁宗皇祐四年(1052),王安石编成《杜工部后集》,序云:"予考古之诗,尤爱杜甫氏作者。其词所从出,一莫知穷极,而病未能学也。……世之学者,至乎甫而后为诗。不能至,要之不知诗焉尔。呜呼,诗其难,惟有甫哉!"(《杜工部后集序》,《临川先生文集》卷八四)王安石又作《杜甫画像》诗云:"吾观少陵诗,为与元气侔。力能排天斡九地,壮颜毅色不可求。浩荡八极中,生物岂不稠?丑妍巨细千万殊,竟莫见以何雕锼?"(同上卷九)对杜甫的艺术造诣与雄强笔力极口赞颂,其友王令"镌镵物象三千首,照耀乾坤四百春"(《读老杜诗集》,《广陵先生文集》卷一一)的诗句也表示了同样的意思。据说王安石还曾对李、杜进行比较:

> 或问王荆公云:"编《四家诗》,以杜甫为第一,李白为第四,岂白之才格词致不逮甫也?"公曰:"白之歌诗,豪放飘逸,人固莫及,然其格止于此而已,不知变也。至于甫,则悲欢穷泰,发敛抑扬,疾徐纵横,无施不可。故其诗有平淡简易者,有绮丽精确者,有严重威武若三军之帅者,有奋迅驰骤若泛驾之马者,有淡泊闲静若山谷隐士者,有风流蕴藉若贵介公子者。盖其诗绪密而思深,观者苟不能臻其阃奥,未易识其妙处,夫岂浅近者所能

窥哉！此甫所以光掩前人，而后来无继也。"（陈政敏《遁斋闲览》，《苕溪渔隐丛话》前集卷六引）①

这段话中已经把杜甫的地位置于李白之上，而且"集大成"的意思也呼之欲出了。

宋神宗元丰八年（1085），苏轼作《书吴道子画后》云："诗至于杜子美，文至于韩退之，书至于颜鲁公，画至于吴道子，而古今之变、天下之能事毕矣。"（《东坡集》卷二三）据陈师道《后山诗话》，苏轼还说过："子美之诗，退之之文，鲁公之书，皆集大成者也。"大约在哲宗元祐年间（1086—1094），秦观作《韩愈论》，正式提出了"杜氏、韩氏，亦集诗文之大成者"的著名论点。黄庭坚则指出了学杜的必要性："学老杜诗，所谓'刻鹄不成尚类鹜'也。学晚唐诗人诗，所谓'作法于凉，其弊犹贪；作法于贪，弊将若何！'"（《与赵伯充》，《山谷老人刀笔》卷四）陈师道也指出了学杜的可行性："学诗当以子美为师，有规矩，故可学。"（《后山诗话》）至此，以杜甫为诗学典范的选择已在理论上得到了论证。

有两点情况应予注意：首先，宋人选择杜甫为诗学典范的过程从一开始就是沿着道德判断与审美判断两条途径同步进行的。宋初孙仅赞扬杜甫："洎夫子之为也，剔陈梁、乱齐宋、抉晋魏，潴其淫波，遏其烦声，与周楚西汉相准的。"（《读杜工部诗集序》，《草堂诗笺·传序碑铭》）宋祁则说杜甫"为歌诗伤时挠弱，情不忘君，人怜其忠云"（《新唐书·杜甫传》）。王安石、苏轼、黄庭坚等人在倾倒于杜诗艺术造诣的同时，也对杜甫的人格及杜诗的思想意义表示了由衷的仰慕（详见第四节）。今人往往认为宋人对杜甫的道德判断是一种误解或歪曲，或者认为宋人以杜甫为典范的主要原因是道德判断而不是审美判断，这是一些似是而非的观点。我们认为宋人尊杜固然是出于双重的价值标准，但是道德判断并没有也不可能取代审美判断，宋人讨论杜诗艺术的大量言论以及受到杜诗艺术影响的大量诗

---

① 王安石编《四家诗》，其次序为杜甫、欧阳修、韩愈、李白。这样的编排是否寓有褒贬之意？王巩《闻见近录》引安石语称"初无高下"，而惠洪《冷斋夜话》卷五却引安石语斥李白"其识污下"云云，当为传闻异辞。我们认为对此不宜随便揣测，但《遁斋闲览》所载王安石尊杜之语是可信的，因为这与王安石的其他言论相符合。

作足以证明这一点。

其次,北宋中叶开始的尊杜倾向并不是少数诗坛巨子的个人选择,而是整个诗坛的共识。熙宁四年(1071),张方平作《读杜工部诗》云:"文物皇唐盛,诗家老杜豪。雅音还正始,感兴出离骚。"(《乐全集》卷二)元丰五年(1082),宋谊作《杜工部诗序》云:"唐之时以诗鸣者最多,而杜子美迥然特异。"(《草堂诗笺·传序碑铭》)与他们同时的张伯玉作《读子美集》云:"寂寞风骚主,先生第一才。"(《分门集注杜工部诗》引)毕仲游则曰:"唐人以诗名家者甚众,而皆在杜甫下。"(《陈子思传》,《西台集》卷六)这些言论都与王安石、苏轼等人的观点如出一辙。

杜甫既然被整个诗坛奉为典范,讨论杜诗也就蔚然成风。从最早的诗话《六一诗话》开始,宋代诗话中没有哪一部不曾讨论过杜诗,而这些言论又多半是关于杜诗艺术的,仅被胡仔收入《苕溪渔隐丛话》的就达十三卷之多。请看下面这些趣闻:

> 予(按:蔡居厚自称)为进士时,尝舍于汴中逆旅,数同行亦论杜诗。旁有一押粮运使臣,或顾之曰:"尝亦观乎?"曰:"平生好观,然多不解。"因举"白也诗无敌,飘然思不群"相问曰:"既言'无敌',安得却似鲍照、庾信?"时座中虽笑之,然亦不能遽对,则似亦不可忽也。(《蔡宽夫诗话》)①

> 吴门下(按:指吴居厚)喜论杜子美诗,每对客,未尝不言。绍圣间,为户部尚书,叶涛致远为中书舍人。待漏院每从官晨集,多未厌于睡,往往即坐倚壁假寐,不复交谈。惟吴至则强与论杜诗不已,人以为苦,致远辄迁坐门外檐次。一日,忽大雨飘洒,同列呼之不至,问其故,曰:"怕老杜诗。"梁中书子美亦喜言杜诗,余为中书舍人时,梁正在本省。每同列

---

① 按:杜诗《春日忆李白》云:"白也诗无敌,飘然思不群。清新庾开府,俊逸鲍参军。"胡仔针对此条云:"庾不能俊逸,鲍不能清新,白能兼之,此无敌也。武弁何足以知之?"(《苕溪渔隐丛话》前集卷二二)我们认为杜诗意谓李白于今日诗坛为"无敌",然于古人中则似庾、鲍,两层意思并不矛盾,胡仔的看法似不符诗意。

相与白事,坐未定,即首诵杜诗,评议锋出,语不得间,往往迫上马不及白
而退。(叶梦得《避暑录话》卷下)

乾道间,林谦之为司业,与正字彭仲举游天竺,小饮论诗。谈到少陵
妙处,仲举微醉,忽大呼曰:"杜少陵可杀!"有俗子在邻壁,闻之,遍告人
曰:"有一怪事:林司业与彭正字在天竺谋杀人。"或问所谋杀者为谁?
曰:"杜少陵也,不知是何处人?"闻者绝倒,喧传缙绅间。(罗大经《鹤林
玉露》卷一四)

宋人喜爱杜诗、讨论杜诗艺术的普遍、深入、持久,于此可见一斑。

正是在这种背景之下,江西派诗人举起了以杜甫为诗家宗祖的大旗。黄庭
坚不但大力提倡学杜,具体指出学杜应从何入手(详见下文),而且鼓励他周围的青
年诗人学杜,例如他赞扬陈师道说:"其作诗渊源,得老杜句法。"(《答王子飞书》,
《豫章黄先生文集》卷一九)又赞扬高荷说:"高子勉作诗,以杜子美为标准。"(《跋
高子勉诗》,同上卷二六)陈师道既论述了学杜的可行性(见上),又指出学杜应循
序渐进:"学者先黄后韩,不由黄、韩而为老杜,则失之拙易矣。"(《后山诗话》)吕本
中不但主张"学诗须熟看老杜、苏、黄,亦先见体式,然后遍考他诗,自然工夫度越
过人"(《童蒙诗训》"文字体式"条),而且要求学习杜甫的求新精神:"老杜诗云:
'诗清立意新',最是作诗用力处,盖不可循习陈言,只规摹旧作也。"(同上"作诗不
应只规摹古人"条)曾几则把杜甫、黄庭坚视为诗学的远祖近宗:"工部百世祖,涪
翁一灯传。"(《东轩小室即事五首》之四,《茶山集》卷二)"老杜诗家初祖,涪翁句法
曹溪。"(《李商叟秀才求斋名于王元渤以养源名之求诗》之二,同上卷七)赵蕃也持
同样的观点:"诗家初祖杜少陵,涪翁再续江西灯。"(《书紫微集》,《章泉稿》卷一)
到了宋末的方回就提出了"古今诗人当以老杜、山谷、后山、简斋为一祖三宗"(《瀛
奎律髓》卷二六)的著名论点。由此可见,正是江西诗派大张旗鼓的宣传把宋代的
学杜推向了高潮。

那么,宋人在创作实践中究竟是怎样学习杜诗艺术的呢?

与唐人不同,宋人学杜主要不是体现为风格的模仿,而是艺术经验的借鉴。

王安石对于杜诗艺术十分倾心,曾有"世间好语言已被老杜道尽"(见《陈辅之诗话》)之叹,他在创作中也时时借鉴杜诗的语言艺术,《石林诗话》卷上载其模仿杜甫的五言诗句之事;《艇斋诗话》载其"《画虎行》用老杜《画鹘行》,夺胎换骨";《遁斋闲览》则记其集杜甫诗句事,等等。我们认为王安石学杜最显著的体现是绝句中运用对仗。绝句一般是不用对仗的,但杜甫反其道而行之,在杜集中颇有对仗工稳的绝句,如《绝句》:"迟日江山丽,春风花草香。泥融飞燕子,沙暖睡鸳鸯。"《绝句四首》之一:"两个黄鹂鸣翠柳,一行白鹭上青天。窗含西岭千秋雪,门泊东吴万里船。"王安石诗也有这样的特点,王诗中不少以对仗精工而著称的句子是出自绝句而不是律诗,如"一水护田将绿绕,两山排闼送青来"(《书湖阴先生壁二首》之一,《临川先生文集》卷二九);"含风鸭绿鳞鳞起,弄日鹅黄袅袅垂"(《南浦》,同上卷二七),而下面这首则通篇出之以工整的对仗:

木 末

木末北山烟冉冉,草根南涧水泠泠。缲成白雪桑重绿,割尽黄云稻正青。

绝句的工巧精美是王安石晚年诗风的特征之一,究其原委,杜甫的影响是不可忽视的。

苏轼对杜诗曾下功夫揣摹,嘉祐五年(1060),二十五岁的苏轼作《荆州十首》,纪昀评曰:"此东坡摹杜之作,纯是《秦州杂诗》。"(纪批《苏文忠公诗集》卷二)熙宁四年(1071)苏轼作《次韵张安道读杜诗》,诗亦"句句似杜"(同上卷六)。直到元符二年(1099),五十八岁的苏轼作《倦夜》一诗,仍是"通首俱得少陵神味"(查慎行《初白庵诗评》卷中)。然而,就整体的创作倾向而言,苏诗并未刻意摹仿杜诗风格,苏轼对杜诗的借鉴多着眼于艺术手段。例如《石鼓歌》,汪师韩评曰:"澜翻无竭,笔力驰骤,而章法乃极谨严,自是少陵嗣响。"(《苏诗选评笺释》卷一)又如《书韩干牧马图》,《唐宋诗醇》卷三五评曰:"马诗有杜甫诸作,后人无从着笔矣。千载独有轼诗数篇,能别出一奇于浣花之外,骨干气象,实相等埒。"《韩干马十四匹》,纪昀批曰:"杜公《韦讽宅观画马诗》独创九马分写之格,此诗从彼处得法,更加变化耳。"(纪批《苏文忠公诗集》卷一五)《荔支叹》,纪昀批曰:"貌不袭杜,而神似之,出没开合,纯乎杜法。"(同上卷三九)《书王定国所藏烟江叠嶂图》,《许彦周诗话》曰:"画山水诗,少陵数首后,无人可继者。荆公《观燕公山水》诗前六句差近之,东坡《烟江叠嶂图》亦差近之。"值得注意的是,苏轼在这些诗中不但借鉴了杜甫的经验,而且有所发展、变化,颇带与杜甫一争高低的意味。可见苏轼学杜的目的不是模仿,而是要以借鉴为手段来实现超越。

黄庭坚对杜诗艺术有更深入的研究,而且发表了很独特的见解,他说:

> 虽然,子美诗妙处,乃在无意为文。夫无意而意已至,非广之以《国风》、《雅》、《颂》,深之以《离骚》、《九歌》,安能咀嚼其意味,闻然入其门耶?故使后生辈求之,则得之深矣。使后之登大雅堂者能以余说而求之,则思过半矣。彼喜穿凿者,弃其大旨,取其发兴于所遇林泉、人物、草木、鱼虫,以为物物皆有所托,如世间商度隐语者,则子美之诗委地矣。(《大雅堂记》,《豫章黄先生文集》卷一七)

所谓"无意为文",也就是"诗文不可凿空强作,待境而生,便自工耳"(《王直方诗话》记黄庭坚语)的意思,这是对杜甫创作思想与杜诗审美价值的深刻体会(参看第五章第五节),也是对当时已露端倪的对杜诗进行穿凿附会的不良倾向的针砭。后人对黄庭坚的这种看法深为赞赏,元好问说:"先东岩君有言:近世唯山谷最知子美……山谷之不注杜诗,试取《大雅堂记》读之,则知此公注杜诗已竟。"(《杜诗学引》,《遗山先生文集》卷三六)王士禛也认为黄庭坚对杜甫的理解之深刻透辟可与向秀、郭象之注《庄子》相媲美:"杜家笺传太纷挐,虞赵诸贤尽守株。苦为南华求向郭,前惟山谷后钱卢。"(《戏效元遗山论诗绝句三十六首》之五,《渔洋诗集》卷一四)①

黄庭坚对杜诗在谋篇、布局、造句、用典、炼字等方面的艺术经验都曾加以细心揣摹,而他学杜最突出的表现则在下面两个方面:

---

① 按:王士禛此诗乃指黄庭坚《大雅堂记》等论杜之文而言,不是说黄庭坚曾为杜诗作笺注。今传之黄庭坚《杜诗笺》乃后人伪作,程千帆师辨之已详,见《杜诗伪书考》(载《古诗考索》)。

第一是对前代诗歌的语言艺术作有效的借鉴,即著名的"夺胎换骨、点铁成金"之说。黄庭坚说:

> 自作语最难,老杜作诗,退之作文,无一字无来处。盖后人读书少,故谓韩、杜自作此语耳。古之能为文章者,真能陶冶万物,虽取古人之陈言入于翰墨,如灵丹一粒,点铁成金也。(《答洪驹父书》,《豫章黄先生文集》卷一九)

又惠洪《冷斋夜话》卷一记黄庭坚语云:

> 诗意无穷,而人之才有限。以有限之才追无穷之意,虽渊明、少陵,不得工也。然不易其意而造其语,谓之换骨法;窥入其意而形容之,谓之夺胎法。

后人对此大加诘难,讥为"剽窃之黠者"(王若虚《滹南遗老集》卷四○《诗话》)。其实这并不是黄庭坚的发明,而是他对杜甫艺术经验的总结。所谓"无一字无来处",当然是一种夸张的说法,但是杜甫作诗确能"陶冶万物",确能"取古人之陈言"且"点铁成金",这在杜诗中有大量的例证,宋人诗话、笔记中对此是津津乐道的,[①]这正是杜甫成为"集大成"的原因之一。"夺胎换骨、点铁成金"与"陈言务去"是如何借鉴前人语言艺术这个问题的两个方面,它们之间的关系是相反相成的辩证关系,因为前者正是推陈出新的有效手段。尽管黄庭坚提出了"夺胎换骨、点铁成金"之说,刘熙载仍说:"陈言务去,杜诗与韩文同,黄山谷、陈后山学杜在此。"(《艺概》卷二)原因就在于此。请看宋人指出的两个例子:

① 例如《王直方诗话》"杜用何逊句"条,《潜溪诗眼》"杜诗学沈佺期"条,《蔡宽夫诗话》"古今比兴语意相类"条,《潘子真诗话》"杜诗来历"条,《野客丛书》卷七"损益前人诗语"条、卷一九"杜诗合古意"条,《履斋示儿编》卷九"递相祖述"条、"用古今句法"条,《能改斋漫录》卷八"杜甫取李陵诗"条,等等。

古人作诗,断句辄旁入他意,最为警策,如老杜云"鸡虫得失无了时,注目寒江倚山阁"是也。黄鲁直作《水仙花》诗,亦用此体,云:"坐对真成被花恼,出门一笑大江横。"①(陈长方《步里客谈》卷下)

杜子美《存殁绝句二首》云:"席谦不见近弹棋,毕曜仍传旧小诗。玉局他年无限笑,白杨今日几人悲?""郑公粉绘随长夜,曹霸丹青已白头。天下何曾有山水?人间不解重骅骝。"每篇一存一殁,盖席谦、曹霸存,毕、郑殁也。黄鲁直《荆江亭即事十首》,其一云:"闭门觅句陈无己,对客挥毫秦少游。正字不知温饱未?西风吹泪古藤州。"乃用此体,时少游殁而无己存也。(洪迈《容斋续笔》卷二)

如此学杜,应该说是很成功的,因为这实属方法论意义的借鉴,而不是一字一句地模拟。②

第二是对晚期杜诗艺术境界的追求,即著名的"不烦绳削而自合"之说。黄庭坚是最早对杜甫的晚期诗作出高度评价的人,他谪居黔州时曾想"尽刻杜子美东西川及夔州诗",作"大雅堂"以陈之(见《刻杜子美巴蜀诗序》,《豫章黄先生文集》卷一六)。他赞扬杜甫夔州诗"不烦绳削而自合","平淡而山高水深","以理为主,理安而辞顺",事实上是以宋诗的审美规范为标准的(详见第三章第五节)。换句话说,黄庭坚从杜甫夔州诗中发现了宋诗审美理想的参照典范。所以黄庭坚对夔州诗不但极口赞誉,而且心摹手追。首先,黄庭坚的七律多拗体,在黄诗三百十一首七律中,拗体就有一百五十三首。施补华云:"少陵七律,无才不有,无法不备……山谷学之,得其奥峭。"(《岘佣说诗》)《王直方诗话》记载:"山谷谓洪龟父

① 所引杜诗乃《缚鸡行》,参看第三章第五节。所引黄诗乃《王充道送水仙花五十枝欣然会心为之作咏》,《山谷内集》卷一五。此外,黄诗《寺斋睡起二首》之一:"小黠大痴螳捕蝉,有余不足夔怜蚿。退食归来北窗梦,一江风月趁渔船。"(《山谷内集》卷一一)也被认为是模仿杜诗《缚鸡行》的(见《杜诗镜铨》卷一五引赵次公语)。
② 参看拙著《江西诗派研究》附录二《黄庭坚"夺胎换骨"辨》。

云:'甥最爱老舅诗中何等篇?'龟父举'蜂房各自开户牖,蚁穴或梦封侯王'及'黄流不解涴明月,碧树为我生凉秋',以为绝类工部。山谷云:'得之矣。'"洪朋所举两联的"绝类工部"之处即它们都是七律中的拗句。拗体使黄庭坚的七律具有奇峭劲挺的独特风格,例如:

题落星寺

落星开士深结屋,龙阁老翁来赋诗。小雨藏山客坐久,长江接天帆到迟。宴寝清香与世隔,画图妙绝无人知。蜂房各自开户牖,处处煮茶藤一枝。

其次,黄庭坚早年作诗追求新奇,晚年却刻意追求杜甫晚期诗风华落尽的平淡境界,写出了许多质朴无华、毫无作意的好诗,如《跋子瞻和陶诗》、《书摩崖碑后》等,即使是七律也不例外,如:

新喻道中寄元明用觞字韵

中年畏病不举酒,孤负东来数百觞。唤客煎茶山店远,看人获稻午风凉。但知家里俱无恙,不用书来细作行。一百八盘携手上,至今犹梦绕羊肠。

由此可见,黄庭坚学杜是基于对杜甫的两条艺术经验的深刻体会,前者的目的是超越前人,后者的目的是超越形式与技巧。如果说韩愈学杜是"一眼觑定"杜诗的一种"尚有可推扩"的风格倾向——奇险,那么黄庭坚"一眼觑定"的却是杜诗的艺术境界以及达到此境界的方法。韩愈代表着唐人的学杜:主要着眼于风格的模仿,结果是各得杜诗风格之一体;黄庭坚代表着宋人的学杜:主要着眼于方法论的借鉴,结果是学杜而不似杜。王安石、苏轼的诗风都不类杜诗,黄庭坚则被陈师道评为"得法于少陵,其学少陵而不为者也"(《答秦觏书》,《后山先生集》卷一四)。其他江西派诗人也有类似的倾向,例如陈师道学杜,颇得益于句法沉着凝练与俚语入诗,但他的朴拙诗风仅在艺术境界上接近杜诗而在风格上并不似杜,所以方回说:"黄、陈皆宗老杜,然未尝依本画葫芦依老杜诗。"(《刘元辉诗评》,《桐江集》卷五)后人对江西派学杜颇多讥评,如胡应麟说黄庭坚"名师老杜,实越前规"(《诗薮》内编卷二),钱谦益更说"自宋以来学杜诗者莫不善于黄鲁直"(见周亮工《书影》卷二),其实正从反面说出了江西派学杜的特点。

在南宋诗坛上,江西诗派的影响很大,除了叶适与"四灵诗派"等以外,①许多人都继承了黄、陈的学杜主张,把杜甫视为诗家的不祧之祖。但是南宋诗人学杜的重点有了很大的变化,这种变化是从靖康事变开始的。靖康事变发生时,吕本中正在汴京,他目睹了那个天翻地覆的大事变,忧国忧民的感情促使他接受了杜甫沉郁诗风的影响,写出了《兵乱后自嬉杂诗》二十九首、《丁未二月上旬四首》等风格酷肖杜诗的作品,现举一首为例:

丁未二月上旬四首之一

丞相忧宗及,编氓恐祸延。乾坤正翻复,河洛倍腥膻。报主悲无术,伤时只自怜。遥知汉社稷,别有中兴年。

曾季狸说:"吕东莱围城中诗皆似老杜。"(《艇斋诗话》)诚为的评。

建炎二年(1128),陈与义避寇南奔,途中作诗云:"但恨平生意,轻了少陵诗!"(《正月十二日自房州城遇房至奔入南山十五日抵回谷张家》,《陈与义集》卷一七)其实陈与义在靖康前作诗已有学杜倾向(如五律《雨》),为什么自悔"轻了少陵诗"呢? 这当然是指山河破碎的形势和颠沛流离的经历使他对杜诗的思想意义有了新的认识,这样,随着爱国主义主题的出现并深化,陈与义的诗风也日益接近杜诗的沉郁,例如《伤春》、《登岳阳楼二首》等七律名篇,又如下面这首五排:

---

① "四灵诗派"以贾岛、姚合为师,叶适则因鼓吹"四灵"诗风而对杜甫颇有微词,见《徐斯远文集序》(《水心文集》卷一二)。

感　事

　　丧乱那堪说,干戈竟未休。公卿危左衽,江汉故东流。风断黄龙府,云移白鹭洲。云何舒国步,持底副君忧?世事非难料,吾生本自浮。菊花纷四野,作意为谁秋?

　　刘克庄评此诗"颇逼老杜"(《后村诗话》前集卷三),无疑是指其风格而言的。

　　陆游的忧国情怀与报国无路的忠愤都堪称是杜甫的异代知己,这是他接受杜诗沉郁风格影响的内在原因。宋末爱国诗人林景熙对此体会甚深:"天宝诗人诗有史,杜鹃再拜泪如水。龟堂一老旗鼓雄,劲气往往摩其垒。"(《读陆放翁诗卷后》,《霁山集》卷三)在陆诗的主导风格中无疑是包含着沉郁顿挫的风格因素的,七古《长歌行》("人生不作安期生")、《关山月》、《秋兴》("成都城中秋夜长"),七律《书愤》("早岁那知世事艰")、《黄州》、《登赏心亭》等名篇都是如此,不一一枚举。

　　南宋灭亡前后,以文天祥为代表的爱国诗人的血泪悲歌往往受到杜甫沉郁诗风的影响,如文天祥的《夜坐》、《南安军》,汪元量的《潼关》,林景熙的《京口月夕书怀》,郑思肖的《德祐二年岁旦二首》等都极类杜诗,这是一种逻辑的必然,毋庸赘述。①

　　总之,南宋诗人学杜重点的转变是国家多难的形势促成的,当他们自觉或不自觉地学习杜诗的沉郁风格时,他们对杜诗艺术的讨论、借鉴也在继续。诗人们对杜诗的熟悉程度提高了,所以出现了"集杜诗",②如文天祥有《集杜诗》一卷,凡

---

　　① 有趣的是,当南宋诗人因国家多难而接受杜诗沉郁风格影响的时候,被他们视作敌国的北方中国诗坛上也经历着类似的变化。这种变化最显著地体现在元好问的身上,赵翼评元诗云:"七言律则更沉挚悲凉,自成声调,唐以来律诗之可歌可泣者,少陵十数联外,绝无嗣响,遗山则往往有之。"(《瓯北诗话》卷八)
　　② 王安石喜作集句诗,如《胡笳十八拍》十八首中集杜句共二十九句(见《临川先生文集》卷三七),但还没有出现专集杜句的作品。从现存材料来看,最早作集杜诗的是南宋诗人杨万里,他的《类试所戏集杜句跋杜诗呈监试谢昌国察院》(《诚斋集》卷一九)共三十句,全部集自杜诗。稍后的杨冠卿作有集杜诗一卷(见陆游《杨梦锡〈集句杜诗〉序》,《渭南文集》卷一五)。

五言绝句二百首,又有集杜《胡笳十八拍》十八首,是为古代最著名的集杜诗。

从总体上看,宋人学杜与唐人学杜有很大的不同:唐人学杜多出于个人的风格倾向与艺术嗜好,而宋人学杜则出于整个诗坛的典范选择;唐人学杜直接体现于创作实践,宋人学杜则以深刻的理论思考为指导。所以我们认为,宋人学杜是一种整体性的自觉的诗学活动,杜诗在古典诗歌史上的典范地位是由宋人确立的。

我们在第三章第五节中说过,杜诗(尤其是晚期杜诗)的艺术造诣既是对一代诗歌的总结,又体现了对整个时代的超越,借用赵翼的话来说,可称"预支五百年新意"(《论诗》之一,《瓯北集》卷二八)。古典诗歌由唐转宋,后人或以韩愈为关键,[1]其实杜甫才是这一转变过程的真正发轫者,因为正是杜甫的艺术探索为韩愈及宋人开辟了新的道路。宋人在创造宋诗独特风貌的艰苦过程中最终选择杜甫而不是韩愈作为诗学典范,原因就在于此。唐诗和宋诗代表着古典诗歌的两种基本风格范畴,"故自宋以来,历元、明、清,才人辈出,而所作不能出唐、宋之范围,皆可分唐、宋之畛域"(钱钟书《谈艺录》一《诗分唐宋》)。这样,既集唐诗艺术之大成又启宋诗风气之开端的杜甫就势必成为后代诗人的不祧之祖了。由于这个原因,宋人选择杜甫为诗家典范具有深远的历史意义,从元至清,除了少数人(例如王士禛)对杜甫敬而远之以外,几乎所有的诗人都接受了宋人的选择。也正是由于这个原因,元、明、清各代诗人学习杜甫虽然各有所得,但其总体成就再也未能超越宋人。

四／人格楷模:"常使诗人拜画图"

中晚唐人谈到杜甫时,都着眼其诗歌本身,并未对杜甫的人格表示过什么看法。五代人刘昫主编的《旧唐书》在杜甫本传中虽然接受了元稹的尊杜观点,但对

---

[1] 叶燮云:"韩愈为唐诗之一大变,其力大,其思雄,崛起特为鼻祖。宋之苏、梅、欧、苏、王、黄,皆愈为之发其端,可谓极盛。"(《原诗》卷一)这种观点在学术界影响很大。

于杜甫的人品颇有微辞："甫性褊躁，无器度，恃恩放恣"，"荡无拘检"，"傲诞"。宋初孙仅在《读杜工部诗集序》中先从文学的角度说杜甫"趋入作者之域，所谓真粹气中人也"，又从政治的角度说，"以公之才，宜器大任，而颠沛寇卤，泪没蛮夷者，屯于时耶，戾于命耶，将天嗜厌代未使斯文大振耶？"最早从人品的角度对杜甫作了高度的评价。到宋祁写《新唐书·杜甫传》时，虽批评杜甫"旷放不自检，好论天下大事，高而不切"，但同时又说他"数尝寇乱，挺节无所污。为歌诗伤时挠弱，情不忘君，人怜其忠云"。这为后人从忠君的角度肯定杜甫定下了基调。苏轼则把这个观点表达得更加形象、生动："古今诗人众矣，而杜子美为首，岂非以其流落饥寒，终身不用，而一饭未尝忘君也欤！"（《王定国诗集叙》，《东坡集》卷二四）在宋人谈论杜甫忠君的言论中，苏轼此论最为引人注目，也最受到后代封建统治者的赞赏。元顺帝至正二年（1342），追谥杜甫为"文贞公"，清乾隆帝则说："呜呼，此真子美之所以独有千古者矣！"（《唐宋诗醇》卷九）封建统治者强调、鼓吹杜甫的忠君思想，是出于维护封建统治的政治目的，当然是不足为训的。那么，对于宋代以及宋以后历代的诗坛来说，宋祁、苏轼的观点是不是人们肯定杜甫人格的唯一依据呢？这种观点对诗人们的影响是不是纯属消极意义呢？要回答这些问题，就必须对当时诗坛的实际情况进行认真的考察。

我们在第四章中说过，杜甫确实具有强烈的忠君意识，苏轼的说法仅是夸张而不是捏造。但是杜甫的忠君思想是与爱国、爱民的思想紧密结合在一起的，其实际内涵是通过"致君尧舜"来推行仁政，而不是盲目忠诚于一人一姓，所以当君主荒淫无道时，杜甫就毫不留情地予以讥讽、批判。应该指出，宋人对此是有清楚的认识的。请看下面两首诗：

杜甫画像　　王安石

吾观少陵诗，谓与元气侔。力能排天斡九地，壮颜毅色不可求。浩荡八极中，生物岂不稠？丑妍巨细千万殊，竟莫见以何雕镂。惜哉命之穷，颠倒不见收。青衫老更斥，饿走半九州。瘦妻僵前子仆后，攘攘盗贼森戈矛。吟哦当此时，不废朝廷忧。常愿天子圣，大臣各伊周。宁令吾庐独破受冻死,不忍四海赤子寒飕飕。伤屯悼屈止一身,嗟时之人我所羞。所以见公像,再拜涕泗流。推公之心古亦少,愿起公死从之游!

老杜浣花溪图引　　　黄庭坚

拾遗流落锦官城,故人作尹眼为青。碧鸡坊西结茅屋,百花潭水濯冠缨。故衣未补新衣绽,空蟠胸中书万卷。探道欲度羲黄前,论诗未觉国风远。干戈峥嵘暗宇县,杜陵韦曲无鸡犬。老妻稚子具眼前,弟妹飘零不相见。此公乐易真可人,园翁溪友肯卜邻。邻家有酒邀皆去,得意鱼鸟来相亲。浣花酒船散车骑,野墙无主看桃李。宗文守家宗武扶,落日塞驴驮醉起。愿闻解鞍脱兜鍪,老儒不用千户侯。中原未得平安报,醉里眉攒万国愁。生绡铺墙粉墨落,平生忠义今寂寞。儿呼不苏驴失脚,犹恐醒来有新作。常使诗人拜画图,煎胶续弦千古无!

这才是宋人眼中的完整的杜甫形象!是什么使得王安石、黄庭坚在杜甫画像前感激流涕、顶礼膜拜呢?黄诗中指出是"平生忠义",然而"忠义"的具体内涵是"愿闻解鞍脱兜鍪"、"醉里眉攒万国愁",也就是对国家、人民命运的深切关怀。王诗中说得更为明确:是杜甫希望君明臣贤的爱国思想,更是杜甫关心天下苍生的赤子之心!无须置疑,王安石、黄庭坚当然也赞同杜甫的忠君思想,然而忠君思想不仅不是他们敬爱杜甫的唯一原因,而且也不是首要原因。

我们还可以从另一个角度来考察这个问题。王、苏、黄三人对杜甫是如此的崇拜,他们从杜甫身上接受的影响如何呢?王安石的政治理想以及对理想的执着精神都与杜甫有相似之处(参看第四章第五节),这是两人成为异代知己的内在原因。如果说王安石受到杜甫什么影响的话,那就是人格力量的感召,而不是忠君思想。苏轼虽然提出了"一饭未尝忘君"的说法,但他本人并不是一个愚忠的人,所以也没有理由说他在这方面受到杜甫多深的影响。相反,苏轼在诗歌创作中对于黑暗现实敢笑敢骂的精神倒是与杜甫一脉相承的。苏轼晚年所作的《荔支叹》,纪昀批曰:"貌不袭杜,而神似之。出没开合,纯乎杜法。"(纪批《苏文忠公诗集》卷三九)其实此诗的批判精神受杜甫影响更深,只要把"十里一置飞尘灰,五里一堠兵火催。颠坑仆谷相枕藉,知是荔支龙眼来"几句与杜诗《病橘》中"忆昔南海使,奔腾献荔支。百马死山谷,到今耆旧悲"一段对比一下就可领悟。这种讥刺锋铓隐隐指向最高统治者的诗篇,显然不是在忠君思想的指导下写成的。黄庭坚学杜主要着眼于艺术,但是在思想倾向上也有一些蛛丝马迹值得注意。崇宁三年(1104),黄庭坚作《书摩崖碑后》,对玄、肃之际的史事极表感慨:"抚军监国太子事,何乃趣取大物为?事有至难天幸尔,上皇绣蹐还京师。内间张后色可否,外间李父颐指挥。南内凄凉几苟活,高将军去事尤危。臣结舂陵二三策,臣甫杜鹃再拜诗。安知忠臣痛至骨?世上但赏琼琚词!"(《山谷内集》卷二〇)我们知道,杜甫对玄、肃之间的关系颇有微词,黄诗中提到的《杜鹃行》就是一例。黄庭坚不但对杜甫批评皇帝表示认可,而且字里行间也对宋徽宗隐含讥刺,这说明他并不认为杜甫是愚忠之人。

由此可见,宋人对杜甫进行道德审视时并没有以"一饭未尝忘君"为唯一的视角,他们心目中的杜甫是一位人格高尚的伟大诗人,忠君意识当然是这种人格的组成部分,但更重要的则是以天下为己任的胸怀和对天下苍生的赤子之心。

那么,为什么是宋人首先对杜甫的人格意义予以高度的重视呢?今人往往把这归因于理学思想的影响。我们认为,作为时代思潮的理学思想,当它逐步发展以至确立以后,当然是笼罩整个宋代的,宋人的文学思想也不能摆脱这个氛围。苏轼的"一饭未尝忘君"说不断地被人复述就说明了这一点,苏辙、张戒、黄彻等人的扬杜抑李观点更反映着理学思想的迂腐性。[①]但是我们也应注意到,宋代文学界的情况是十分复杂的,理学家的文学观念其实并没有占据统治地位。理学家对于文学采取极端轻视乃至敌视的态度,在他们看来,文学(尤其是诗歌)本身即是玩物丧志,所以韩愈被看作"倒学",杜诗也被称为"闲言语"(见《二程遗书》卷一八)。如果整个诗坛都受这种思想支配的话,那么连诗坛自身的存在都成问题,更不用说把一位诗人树为人品楷模了。南宋的朱熹是宋代理学家中文学修养最高

① 苏辙批评李白"不知义理之所在",而称杜甫"有好义之心"(《诗病五事》,《栾城集》卷八);张戒说"子美笃于忠义,深于经术","李太白喜任侠,喜神仙"(《岁寒堂诗话》卷上);黄彻则批评李白:"如论其心术事业,可施廊庙,李杜齐名,真忝窃也。"(《䂬溪诗话》卷二)

的一位，他对杜诗也是毁誉参半，但他对杜甫的人品颇为敬重，曾把杜甫与诸葛亮、颜真卿、韩愈、范仲淹五人称为"五君子"，说："其所遭不同，所立亦异，然求其心，则皆光明正大，疏畅洞达，磊磊落落而不可掩者也。"（《王梅溪文集序》，《朱文公文集》卷七五）这种认识在宋代理学家中是绝无仅有的，而且当朱熹说这话时，杜甫的典范早已由北宋人树立起来了，所以这并不能说明理学思想对杜甫评价的影响，倒是体现了理学家对文学家观点的认同。所以理学思想对于宋人选择杜甫为人品楷模一事只是产生了一些影响，并没有起到支配的作用。这样，我们探索宋人尊杜的原因时，就不应仅仅把目光盯着理学思想。

我们的看法是：宋人对杜甫人格的尊重反映了宋代士大夫对自我人格的尊重。众所周知，宋代士大夫的政治地位和社会地位达到了前所未有的高度，他们的主体意识和参政热情也达到了前所未有的高度。在宋代政坛上叱咤风云的不再有跋扈的武臣与弄权的宦官，而是清一色的士大夫。虽说士大夫阶层本身也有忠奸贤不肖之分，但作为一个整体，他们是具有以天下为己任的使命感的。正是在这种历史背景下，宋代的士大夫对自身的人格力量充满自信，范仲淹、王安石等功业彪炳者是这样，王令、陈师道等命途多舛者也是这样。因为后者虽然失去了建功立业的机会，却依然可以追求自己的人生价值，即由注重外部事功转向注重内心修养。宋人能够选择终生穷愁潦倒、对唐代政治没有产生任何影响的杜甫作为人品楷模，原因就在于此。从这个基点出发，我们才能理解为什么唐人对杜甫的忧国之心熟视无睹，而宋人却对之焚香顶礼；为什么五代人把杜甫的生活态度看成是"荡无拘检"，而宋人却认为那是"乐易可人"。

如果说北宋诗人对杜甫的尊重出于人格的认同，那么南宋诗人则主要是在爱国精神上与杜甫产生深刻的共鸣。前文说过，靖康事变以后，吕本中、陈与义等人对杜诗的思想意义有了新的认识，这种认识必然伴随以对杜甫人格的新评价，因为只有身受亡国之痛的人才能充分体会杜甫对国家命运的深沉关切。爱国名将宗泽因受投降派掣肘，忧愤成疾，临终前长吟杜诗"出师未捷身先死，长使英雄泪满襟"之句（见《宋史·宗泽传》）。李纲在决心以死报国之际，书杜诗赠义士王周士，"以激其气"（《书杜子美魏将军歌赠王周士》，《梁溪先生文集》卷一六二），后来又作《重校正杜子美集序》云："平时读之，未见其工。迨亲更兵火丧乱之后，诵其诗如出乎其时,犁然有当于人心。"(同上卷一三八)陆游不但在创作中"重寻子美行程旧"(杨万里《跋陆务观剑南诗稿二首》之一,《诚斋集》卷二〇),而且无比景仰杜甫的为人。陆游中年入蜀,一路上凭吊了许多杜甫遗迹,他在《游锦屏山谒少陵祠堂》诗中说:"古来磨灭知几人,此老至今元不死!……文章垂世自一事,忠义凛凛令人思!"(《剑南诗稿》卷三)后来又作《读杜诗》说:"看渠胸次隘宇宙,惜哉千万不一施。空回英概入笔墨,生民清庙非唐诗。向令天开太宗业,马周遇合非公谁?后世但作诗人看,使我抚几空嗟咨!"(同上卷三三)陆游对杜甫的"忠义"、"胸次"作出如此高度的赞颂,对其不遇发出如此激动的感慨,完全是借古人之酒杯浇胸中之块垒。他心目中的杜甫形象正是他的自我形象的投射,而报国无路是这两位爱国诗人的共同悲剧。

南宋灭亡后,不但连半壁江山都不再存在,而且宋王室也已屈膝投降。在异族统治者的残酷压迫下,以文天祥为代表的爱国诗人或从容就义,或拒不出仕,以各种方式坚持了民族气节。毫无疑问,他们曾从杜甫身上汲取精神力量。汪元量在《草地寒甚毡帐中读杜诗》中说:"少年读杜诗,颇嫌其枯槁。斯时熟读之,始知句句好。"(《湖山类稿》卷二)郑思肖在《子美孔明庙古柏行图》中说:"尚垂清荫蜀国里,一树风霜千载心。"(《所南翁一百二十图诗集》)都说明了这一点。当然,最引人注目的是文天祥。文天祥被俘北上后,仿"同谷七歌"作《六歌》,以叙自己的惨痛遭遇。又作《集杜诗》一卷,凡五言绝句二百首。又为汪元量集杜句成《胡笳曲》十八首。文天祥在燕京狱中度过了三年多时间,杜诗时时刻刻陪伴着他,他在《集杜诗自序》中说:"余坐幽燕狱中,无所为,诵杜诗稍习。……凡吾意所欲言者,子美先为代言之。……予所集杜诗,自余颠沛以来,世变人事,概见于此矣。"(《文山先生全集》卷一六)可见在支持文天祥抵御威胁利诱的浩然正气中,杜甫的人格力量是一个何等重要的因素!需要指出的是,宋末爱国诗人最重要的思想特征是爱国精神而不是忠君思想。文天祥被俘后,元人责其"弃嗣君别立二王",文答道:"德祐吾君也,不幸而失国,当此之时,社稷为重,君为轻。吾别立君,为宗庙社稷计,所以为忠也。"元人使恭宗赵㬎亲自去劝降,文亦不为所动。(见《宋少保右相枢密使信国公文山先生纪年录》,《文山先生全集》卷一七)文天祥《集杜诗》二百首的次序也是《社稷第一》、《理宗、度宗第二》。汪元量对谢太后屈膝降元事直词指斥:"侍臣已写归降表,臣妾佥名谢道清!"(《醉歌》之五,《湖山类稿》卷一)这些都可印证宋人尊杜的主要原因不是忠君而是爱国。

　　经过宋人的理论阐述和行为仿效,杜甫的人格典范被牢牢地树立起来了。尽管后代不断有人把这种典范的意义片面地夸张为忠君,但在多数人的眼中,杜甫的人格光辉无疑是在于忧国忧民的精神,在于以天下为己任的胸怀。所以在后代效法杜甫而"一饭未尝忘君"的罕有所闻,而学习杜甫忧国忧民的则代不乏人。尤其是在国家存亡危急之秋,杜甫的精神激励着志士仁人为祖国、人民而奋斗、牺牲。例如明清之际,顾炎武、张煌言、杜濬、屈大均等人身上都反映着杜甫精神的光辉。明亡后拒不降清的王嗣奭著《杜臆》毕,曰:"吾以此为薇,不畏饿也。"(见全祖望《续甬上耆旧诗》卷四四)可见杜诗就是他们的精神食粮!又如在抗日战争时期,人们"觉得杜甫不只是唐代人民的喉舌,并且好像也是我们现代人民的喉舌"(冯至《杜甫与我们的时代》,《杜甫研究论文集》一辑)。

　　我们再举一个反面的例子来说明这一点:钱谦益是著名的杜诗注家(详见第五节),作诗也以杜、韩为宗。由于钱谦益在清兵渡江后主动迎降,并一度仕清,故其人品历来为人鄙视。他晚年在笺注杜诗的同时作《后秋兴》十三迭以步杜诗《秋兴八首》之原韵,也被世人认为是"特以文墨自刻饰,非其本怀"(见章太炎《检论》卷八)。但事实上《后秋兴》的思想倾向比较复杂,因为钱谦益晚年对自己的降清是十分悔恨的,他告归隐居后一边从事著述,一边与郑成功、张煌言等抗清力量暗中联络,《后秋兴》即作于此时。这组大型组诗除了掩饰自己的失节之外,也反映了顺治后期汉族人民的抗清斗争,并抒发了自己的故国之思,所以章太炎先生评曰:"悲中夏之沉沦,与犬羊之俶扰,未尝不有余哀也。"(《检论》卷八)①我们认为《后秋兴》从反面说明了杜甫伟大人格的感召力量:当钱谦益这样的一度丧失民族

---

　　① 钱谦益去世后,其族孙钱遵王把《后秋兴》一百零八首编成《投笔集》。陈寅恪先生说:"《投笔集》诸诗,模拟少陵,入其堂奥,自不待言。且此集牧斋诸诗中颇多军国之关键,为其所身预者,与少陵之诗仅为得诸远道传闻及追忆故国平居者有异。故就此点而论,《投笔》一集,实为明清之诗史,较杜陵尤胜一筹,乃三百年来之绝大著作也。"(《柳如是别传》第1168—1169页)我们觉得这个评价是过高的,这也许是陈先生敬重柳如是而爱屋及乌的结果,参看钟来因《杜甫〈秋兴〉与钱谦益〈后秋兴〉之比较研究》(《草堂》1984年第2期)。

气节的人痛感悔恨时,他需要借助于杜甫的人格力量。即使说钱谦益作《后秋兴》纯粹是为自己文过饰非,这也说明他需要借助杜甫的光辉来掩饰自己心中的黑暗,这同样从反面证明:杜甫已被公认为崇高气节与伟大人格的象征了。

五／千家注杜:"少陵自有连城璧"

在中国文学史上,没有哪位文学家的作品拥有像杜诗那么多的注本。自从南宋出现《黄氏补千家集注杜工部诗史》等注本后,"千家注杜"的说法就广为流传了。虽说黄氏注本中实收注家仅一百五十一人,但自宋迄今,杜诗的注家、选家及研究专著作者确已超过千人,[①]成为文学史上罕见的壮观。为什么后人注释杜诗、研究杜诗的兴趣经久不衰呢?我们觉得元好问的诗句"少陵自有连城璧"(《论诗绝句三十首》之一〇,《遗山先生文集》卷一一)正好可用来回答这个问题:杜诗多方面的高度成就使它成了一个取之不竭的艺术宝藏,尽管前人已在其中辛勤发掘且所得甚多,后人也不会空入宝山。全面地评介历代的杜诗注本将需要一本专书的篇幅,我们在本节中只想简单地介绍几种重要注本的情况,并粗略地描述历代杜诗阐释学的源流演变。[②]

北宋初年,杜集版本十分混乱。宝元二年(1039),王洙搜集各种杜集共九十九卷,[③]除其重复,编成《杜工部集》二十卷,其中十八卷为诗,共一千四百零五首;二卷为赋笔杂著,共二十九篇。嘉祐四年(1059),王琪等人对此本进行修订,镂板印行,成为后代所有杜集的祖本。王洙本的特点之一是把杜诗分成古体、近体两

[①] 据周采泉《杜集书录》,自宋迄清的杜集(包括注本、选本、谱录等)共八百三十五种,而清末迄今的杜甫研究著作已有近二百种。

[②] 洪业《杜诗引得序》和万曼《杜集叙录》(《杜甫研究论文集》三辑)对历代杜诗注本(尤其是宋人注本)的版本源流作了清晰、明确的论述,本节内容多处以之为据,谨此说明。

[③] 王洙在《杜工部集记》中说他所看到的秘府所藏及人家所有的杜集有:"古本二卷、蜀本二十卷、集略十五卷、樊晃序小集六卷、孙光宪序二十卷、郑文宝序少陵集二十卷、别题小集二卷、孙仅一卷、杂编三卷。"(按:洪业先生已注意到所列诸本共八十九卷而非九十九卷)可见当时的杜集版本十分混乱。至于樊晃《杜工部小集序》中所说的"文集六十卷"则早已亡佚,《新唐书·艺文志》中的著录仅据旧闻而已。

大类,各体之中又以岁时为先后。特点之二是白文无注,他本所谓"王原叔注"者皆出伪托。①在王洙编杜集时,也有其他人在整理杜集。景祐三年(1036),苏舜钦编成《杜子美别集》,录诗三百八十余首。皇祐五年(1053),王安石编成《杜工部诗后集》,录诗二百余篇。但他们各不相谋,王洙没有看到《杜子美别集》,王安石也没有看到王洙本。②在王洙本刊行后,人们才可能陆续对之进行增补。北宋后期黄伯思编《校定杜工部集》,所收杜诗已达一千四百四十七首。南宋嘉泰、开禧间(1201—1207),蔡梦弼撰《杜工部草堂诗笺》,收诗达一千四百五十四首。宋以后的杜集仅有零星增补,清浦起龙《读杜心解》收诗一千四百五十八首,传世杜诗已基本收罗完备。

南北宋之际,出现了多种杜诗注本。这些注本良莠不齐,有的"浅鄙可笑"(晁公武《郡斋读书志》卷四上),有的妄诞无据而伪托名人(如伪苏注),只有薛苍舒、杜田、赵彦材、鲁訔、师尹诸家注较有价值。注本既繁,读者检阅不便,于是集注本应运而生。流传至今的宋代杜诗注本全是集注本,正是依据它们后人才得以了解宋注的大致情形。宋代重要的集注本有下面几种:

(一)《九家集注杜诗》三十六卷(原名《杜工部诗集注》)

郭知达撰,初刊于淳熙八年(1181),已佚。今存者为宝庆元年(1225)曾噩重刻本。所谓"九家"是指王安石、宋祁、黄庭坚、王洙、薛苍舒、杜田、鲍彪、师尹、赵彦材九人,其中前三人之言皆源出诗话、杂著之类,王洙注乃他人伪托。此本的价值有两点:首先,它是较早出现的集注本,从而保存了几家宋注的第一手材料。其次,它删削了当时流传甚广的"伪苏注",阻止了杜诗注释中的这种恶劣行为。③

① 程千帆师考之甚确,见《杜诗伪书考》(载《古诗考索》)。
② 王洙《杜工部集记》中未提到苏舜钦本,王安石《杜工部后集序》中说他所收集的"世所不传"之杜诗中有《洗兵马》一篇,而此诗早已见于王洙本卷二。
③ 洪业《杜诗引得序》中认为郭知达删削伪苏注尚未尽,并指出两处例子:卷五《后出塞》之五注引"坡云:详味此诗,盖禄山反时,其将有脱身归国,而禄山尽杀其妻子者。不出姓名,亦可恨也"。又卷一九《至日遣兴奉寄两院遗补二首》之一注引"坡云:《唐杂录》谓宫中以女工揆日之长短,冬至后日晷渐长,此当日增一线之功。黄鲁直:此说为是"。今检前一则见于津逮秘书本《东坡题跋》卷二,乃东坡杂书杜诗后之跋语;后一则见于《苕溪渔隐丛话》前集卷一〇,惟径称"山谷云"。所以我们认为这两条注很可能不是出于"伪苏注",待考。

（二）《杜工部草堂诗笺》五十卷（或附以《诗话》二卷、《年谱》二卷）

蔡梦弼编，编定于嘉泰四年（1204），稍后刊行。此本经多次翻刻，版本凌乱，现存各本中以北京图书馆所藏开禧（1205—1207）刻本为最善。此本是会笺本，所集之笺注出自王安石、苏轼等二十余人，亦有不少蔡氏自己的意见。笺文删繁就简，语气连贯通畅，缺点有二：一是错误疏漏较多，如以薛苍舒（字梦符）、薛梦符为两人。二是常将他人的意见攘为己有，书中称"梦弼谓"云云而实为剽窃者有不少。

（三）《黄氏补千家集注杜工部诗史》三十六卷

黄希、黄鹤父子撰，书成于嘉定九年（1216），初刊于宝庆二年（1226），今存宋、元刻本。另有《四库全书》本，舛误很多，不足据。此本号称"千家集注"，实收注家也达一百五十一人，但其中主要的也仅有王洙（伪）、赵彦材等十数家，其余的仅偶尔引及。所以此本的价值不在于所集注家之多，而在于较为精审，尤以编年的成就为特出。从王洙本在分体中略寓编年之意，到黄伯思本不分诗体随年编纂，再经鲁訔"有考于当时事实及地理岁月"（鲁訔《编次杜工部诗序》，《草堂诗笺·传序碑铭》），杜诗的编年已取得一定的成绩。黄氏父子（以黄鹤为主）在此基础上进一步按年编诗，把所作岁月注于逐篇之下，虽尚有考核欠精或证据不足而强为编年者，但编年可靠者较多，多为后代注家所采用。

（四）《集千家注批点杜工部诗集》二十卷①

刘辰翁评点，高崇兰编集，初刻于元大德七年（1303），后代翻刻本极多，今存者以元至大元年（1308）校刻本为最善。刘辰翁曾选批杜诗，成《兴观集》，未刊行。其门人高崇兰取《兴观集》及未收入此集的刘氏批语，复选录杜集旧注，编成此书。②此本所集注家不足百家，且多本于蔡梦弼本与黄鹤本，没有什么特点，其价值全在于批点。对刘辰翁的批点，后人颇多讥讽，但平心而论，刘本长于诗词，故其批点多有精微之处，未可轻视。况且评点与注释不同，它重在体味杜诗的

---

① 此书编纂、刊行俱已入元，但刘辰翁在习惯上被视作宋人，故归入宋注类。
② 刘氏另一门人罗履泰亦编了类似的《须溪批点选注杜工部诗》，其刊行且早于高崇兰本，但罗本极草率，而高本由刘辰翁之子刘将孙亲自校刻，较为精审。

艺术特点而不在于解释成语典故,这在杜诗阐释学中是别开生面的。

宋代出现的杜诗集注本共有二百来种,①可称极盛,然而内容陈陈相因,故大多已经亡佚。在流传下来的宋人集注本中,除上述四种以外,还有收入《四部丛刊》的佚名编《分门集注杜工部诗》一种也值得一提。此本将杜诗按题材内容分为七十二门,虽然分类太琐碎,归属不尽妥当,而且全书由书贾杂凑而成,舛误极多,但它毕竟代表着杜诗编纂学中的一种独特体例。由此可见,在杜诗的宋人注本中,集注、编年、评点、分类这几种形式都已齐备。就体例而言,宋注已达到相当完善的程度,后代注家很少能出其范围。

元代短促,学术文化处于低潮时候,杜诗学也未有大成就。只有张性《杜律演义》专为杜诗七律作注,是为最早专注杜诗之一体的注本,颇开后代风气。②

明人承元人风气,对杜诗的注释以批、选为主。如胡震亨《杜诗通》,注解极其简略,而于品评则既有圈点,又以"神品"、"妙品"等名目标明品第,再引刘辰翁及明人王世贞、胡应麟等的评语,或自加评论,总之是以评为主而以注为辅。又如张綖《杜工部诗通》,选杜诗名篇三百余首,亦以批点为主。

清代学术迈越前代,杜诗注释的成就也令人瞩目,有名的注本层出不穷,现择其尤要者简介如下:

(一)《杜臆》十卷

王嗣奭撰。王乃明代遗民,入清后不仕、不剃发。王氏深研杜诗三十余年,但此书撰写的时间很短,始于明崇祯十七年(1644),成于清顺治二年(1645),历时不足一年,其时王氏年已八十。为什么书名《杜臆》? 王氏在《杜臆原始》中说:"臆者,意也。'以意逆志',孟子读诗法也。诵其诗,论其世,而逆以意,向来积疑,多所披豁;前人谬误,多所驳正。"此书体例颇为特殊,一是不录杜诗原文,二是并不逐句作注,而是在每篇杜诗的题目下以评论与注释参互行文,有的很像是一篇短

---

① 董居谊《黄氏补注杜诗序》云:"近世锓板注以集名者毋虑二百家。"(周采泉《杜集书录》卷二引同治《宜黄县志》)序作于宝庆二年(1226)。
② 此书初刻于明宣德四年(1429),未几即被嫁名虞集而翻刻,题为《杜工部七言律诗注》等,以致谬种流传不绝。参看程千帆师《杜诗伪书考》及周采泉《杜集书录》。

文(如卷三《新安吏》评注)。王嗣奭对杜甫有很深刻的理解,所以对杜诗的旨意有精辟的分析,例如评《醉时歌》:"此篇总是不平之鸣,无可奈何之辞,非真谓垂名无用,非真薄儒术,非真齐孔跖,亦非真以酒为乐也。"分析艺术也颇为细致,如评《中宵》"飞星过水白"句妙在"水"字、评《北征》中"海图坼波涛"四句"写故家穷状如画"等。《杜臆》在注解方面也很见功力,例如《赠花卿》一诗,杨慎认为花卿即花敬定(见《升庵诗话》卷一),胡应麟则以为指一歌妓(见《诗薮》外编卷四),都没能举出证据。王嗣奭则举杜诗《戏作花卿歌》以证花卿指花敬定,很有说服力。正因为《杜臆》中有许多深刻的独到见解,所以它被仇兆鳌《杜诗详注》大量采录,①也受到其他注家的重视。《杜臆》向无刻本,1962 年方由中华书局上海编辑所据稿本影印出版,次年又出了排印本,流传方广。

(二)《钱注杜诗》二十卷

钱谦益笺注,初刻于康熙六年(1667),名《杜工部集》,后中华书局排印本改题今名。钱谦益才大学富,精研杜诗数十年,且与朱鹤龄因注杜愤争而交恶,②故对此书反复推敲,死而后已,所以此书确为钱氏的精心杰构。钱氏对宋代旧注之芜杂繁复极为不满,故极少采录,全书之笺语大多出于本人深思的结果,尤其注重以史证诗,通过对历史事实的钩稽考核来阐明杜诗大旨。关于杜甫的交游及唐代的地理沿革、典章制度的笺注也确凿精审,学术价值很高。书中仅录白文的杜诗达五百多首,绝不烦冗。钱氏自己对书中关于杜诗讥讽玄肃之际史事的阐述最为得意,在序中引其族孙钱遵王之言"凿开鸿蒙,手洗日月"云云。我们认为钱氏的目光确很敏锐,例如《诸将五首》的笺注就极为深刻,但他有时也失于求之过深,如他把《洗兵马》全诗主旨解成讥刺肃宗就大谬不然(参看第二章第二节)。此书在清代曾遭禁毁,但禁而不止,流传至今,是一影响深远的杜诗注本。

① 仇注所引与今本《杜臆》有较多异文,其原因或为仇氏所据之本为别本,或为仇氏引用时有所润饰、改动,详见顾廷龙、刘开扬二先生为中华书局上海编辑所出版《杜臆》所作的前言。
② 关于钱谦益与朱鹤龄开始时合作注杜后因意见不合终于各刻一注的过程,洪业先生在《杜诗引得序》中叙之甚详,可参看。

（三）《杜工部集辑注》二十卷

朱鹤龄撰。朱氏初应钱谦益之请，欲以钱笺与己注合成一书，后因意见不合，乃自成此书，初刻于康熙九年（1670）。朱氏是清初经学家，腹笥甚富，著作等身，此书又曾经百余名学者的参订，故并不像钱谦益所说的是"旨趣滞胶，文义违反"（《草堂诗笺元本序》，《钱注杜诗》卷首），而是很有价值的一种注本。此书的优点在于，它对宋代以来的旧注作了较全面的整理，既不像宋人集注那样一味求博而兼收并蓄，也不像钱笺那样摧陷廓清而所余无几，繁简适度，取舍甚当。此外，朱氏对杜诗中典故成语的注解极见功力，征引类书之广博连钱谦益也颇为心服。对唐代史实、地理之考订，朱注也时有新见。朱注对后来的注本如《杜诗镜铨》等产生了很大的影响。

（四）《杜诗详注》二十五卷

仇兆鳌撰。此书于康熙三十二年（1693）写成进呈，后经增补，至康熙五十二年（1713）改定刊行。此书的特点就是一个"详"字，其长处在于详尽，几可视作对康熙以前各种注本之集注，对唐宋以来的各种笔记、诗话也采摭甚丰，许多罕见之书如《杜臆》就是靠仇注的引用才为世人所知。其短处是繁琐冗沓，一字一句皆求出处，分析段意也嫌琐碎。此外，仇注是清代唯一被收入四库全书的杜诗注本，可见它得到了封建统治者的承认。全书中处处强调杜甫的忠君思想，观点陈腐，是一大缺点。清末施鸿保撰有《读杜诗说》一书，专纠仇注之失，可参看。

（五）《读杜心解》六卷

浦起龙撰，初刻于雍正三年（1725）。此书注释极为简明，于旧注多取钱、朱、仇三家，不作繁琐的征引和考证。它的重点在于解，以史证诗，对杜诗旨意提出了不少独到的见解，如论《后出塞》所咏之人出于虚构等。在分析段意方面，浦注颇能提纲挈领，如《自京赴奉先县咏怀五百字》，仇注分成十段，甚为琐碎，而浦注分成三大段，简明扼要。然而浦注缺点也不少，首先是编次凌乱，以诗体分成六卷后又各自编年，体例欠善。其次是评说章法时颇染八股陋习。其三是强调杜甫的忠君思想，观点之陈腐一如仇注。

（六）《杜诗镜铨》二十卷

杨伦撰，初刻于乾隆五十六年（1791）。在清代重要杜诗注本中，此本最为晚出,故能参酌众长,又出之以简明扼要,立论亦平正通达,较少有穿凿附会或炫奇逞博之病。毕沅在序中极口赞扬,固属过誉,但此本确为最适于一般读者之杜诗注本,故翻刻本很多,流传极广。

除了上述六种之外,清代较有特色、较有价值的杜诗注本还有金圣叹《杜诗解》、吴见思《杜诗论文》、卢元昌《杜诗阐》、黄生《杜诗说》等,不胜枚举。就学术水准而言,清代注本后来居上,是对历时千年的杜诗阐释学的总结。

我们阅读历代杜诗注本时,会发现一个有趣的现象:注家们大多认为自己的注本最能得杜诗之精华,"人人自谓握灵蛇之珠,家家自谓抱荆山之玉",①并常对别的注家作严厉的批评。钱谦益、朱鹤龄两家互相攻讦也许是个特例,但我们在金圣叹、浦起龙等人的注本中也时常看到对别人的尖刻讥讽。然而事实上这些注家各有所得,这正是众多的注本并行不废的原因。我们认为这种现象证明杜诗是一个取之不竭的艺术宝库,其中蕴藏着形形色色的连城之璧,有的注家珍视自己所得之"璧"而讥他人所得者为"碔砆",其实那不过是反映了各自的眼光不同而已。凡是伟大的文学作品,其意义都是不可穷尽的。对于杜诗来说,前代注家在编年、背景解释、字句训诂等方面已取得了极大的成绩,但是杜诗的思想意义和艺术价值依然有待于进一步的阐发。我们尤其希望出现体现当代意识、反映当代杜诗学水准的新的杜诗注本,近闻山东大学《杜甫全集》校注组正在紧张地进行这项工作,海内外学林翘首以待!

六 / 文化意义:"四千年文化中最庄严、最瑰丽、最永久的一道光彩"

杜甫早年壮游,晚年飘泊,行踪所到之处,保留下来许多遗迹,连一生好游名山大川的李白都难以比拟。在诗人曾结庐居住的地方,后人修建了许多祠宇以纪念诗人,其中最著名的就是成都的杜甫草堂。杜甫离蜀后,草堂一度荒芜倾废。

▌ ① 此借用曹植《与杨德祖书》中语,见《文选》卷四二。

到五代前蜀时,诗人韦庄觅得旧址重结茅屋,草堂胜迹得以保存下来。北宋元丰年间(1078—1085)吕大防知成都府时,重建草堂,并绘杜甫像于壁,从此草堂就成了纪念杜甫的祠宇。至南宋、元、明、清各代,草堂曾经多次修茸。在清嘉庆十六年(1811)大修后,主要建筑和园林布局保存至今。1955年,在草堂成立杜甫纪念馆,不但整饰园林,而且广搜杜集版本及有关文物收藏于内。1980年,在草堂成立了杜甫研究学会,次年又创办了《草堂》(后更名为《杜甫研究学刊》)。1985年,纪念馆更名为杜甫草堂博物馆。今日之草堂内有诗史堂、工部祠等古建筑,且遍植杜诗咏及之花木。工部祠面对柴门,东连花径,西设水槛,游人至此宛如身入诗人亲建之草堂,倍感亲切。整个草堂的祠宇建筑与园林设置浑然一体,反映着中华民族悠久的传统文化。杜甫草堂不但是骚人墨客流连忘返的场所,而且是广大人民喜爱的游赏胜地,游人到此缅怀诗圣,同时也沐浴在浓郁的民族文化氛围之中。

除了成都草堂之外,在陕西延安、甘肃天水与成县、四川三台等地也留下了杜甫草堂或祠堂等纪念性建筑物,有的地方(如天水)还不止一处,而且屡毁屡建,祭祀不绝。

在杜甫的诞生地河南巩县南瑶湾村,建有杜甫故里纪念馆。杜甫的墓地则有七八处之多,其中湖南耒阳、平江,河南巩县、偃师的四座历来被当地人民认为是真的杜甫墓,至今争论不休,可见人们多么希望诗人是长眠在他们家乡的土地上!

从泰山石壁上多处铭刻的《望岳》到岳阳楼畔的《登岳阳楼》诗碑,杜甫描绘祖国河山的壮丽诗句到处被刻石、铭碑,这些诗句不但与所咏河山相映生辉,而且为自然景物抹上了浓重的文化色彩。

杜甫对书画艺术有深刻的理解,杜诗与书画艺术也结下了不解之缘。历代书家多喜爱书写杜诗,仅收藏于成都杜甫草堂的杜诗书法作品就有出自祝允明、董其昌、张瑞图、傅山、郑燮、刘墉、何绍基、康有为、章太炎、吴昌硕、于右任、沈尹默、叶恭绰等名家之手的珍品数十幅。杜诗也为绘画艺术提供了无穷的题材,历代画家多有杜甫诗意图传世,其中年代最早的是上海博物馆收藏的宋人赵葵作杜甫诗意图长卷。现代画家的杜甫诗意图更为常见,仅杜甫草堂收藏的即有齐白石、徐悲鸿、傅抱石、潘天寿、陈之佛、吴作人、陈半丁、李苦禅、王个簃、吴湖帆、吴镜汀、朱屺瞻诸家之作,美不胜收。

杜甫的影响还进入了通俗文学的领域,从金院本《杜甫游春》开始,杜甫成为戏剧人物,元杂剧、明清传奇都有敷演杜甫故事的剧作,共有八种之多,①这从一个侧面反映了广大人民对杜甫的热爱。

由此可见,杜甫的影响绝非局限于诗国,也绝非局限于文学范围,而是广泛地进入了中华民族文化形态的各个领域,具有深远的文化意义。当然,上述种种仅是有形的文化形态,而杜甫文化意义更重要的深层次的体现却是无形的,那就是对民族性格的潜移默化。我们在第四章中论述了杜甫坚定踏实的人生态度、推己及人的仁爱精神、以天下为己任的责任感及忧国忧民的忧患意识,这些素质正是中华民族民族性格中最有光辉的部分。虽说这种民族性格的陶铸不是少数个人的功劳,但杜甫的影响无疑是不可或缺的。而且,由于中华民族的人生态度带有审美的意味,而中国文学(尤其是诗歌)又是中华文化诸形态中传播面最为广泛、感召力最为巨大的一种,所以杜甫的文化意义具有无与伦比的历史地位,诚如闻一多先生所云,杜甫是"四千年文化中最庄严、最瑰丽、最永久的一道光彩"(《杜甫》,《杜甫研究论文集》一辑)!

随着中华文化在世界范围内的传播,杜甫的影响早已越过了国界。从13世纪开始,杜诗就在我们的亚洲邻国日本、朝鲜和越南广泛传播,受到各国人民的热爱。从19世纪起,杜诗又被译成各种欧洲文字介绍给西方人民,并受到西方汉学家越来越大的关注。值得注意的是,杜甫的影响远及异国并非仅仅是由于杜诗艺术造诣产生的巨大魅力,而且也是由于杜甫的人格力量发出的夺目光辉。在日本,"五山文学"的开山祖师虎关师炼(1278—1346)被公认为日本杜诗学的鼻祖,虎关的弟子中岩园月(1300—1375)不仅热爱杜诗,而且从杜诗中汲取精神力量,曾作《偶看杜诗有感而作》一诗以抒发愤自励之志。中岩的弟子义堂周信(1325—1388)更是极力推崇杜甫的人格与道德精神,盛赞杜甫的忠义气节。杜甫对日本

① 见田守真《历代的杜甫戏》,《草堂》1986年第1期。

诗人的思想境界也产生了深刻的影响,如江户时代的著名诗人松尾芭蕉(1644—
1694)死后,人们发现他的头陀袋中珍藏着一部杜诗,可见他的诗歌受杜诗影响绝
非偶然。[①]在朝鲜,早在李朝世宗二十五年(1443)就动员了当时最优秀的学者翻
译杜诗,历时四十年,于成宗十二年(1481)刊行了世界上第一部杜诗译本——《杜
诗谚解》,对朝鲜诗人产生了深远的影响。当代的朝鲜杜诗学者李丙畴先生说:
"杜甫的诗散发出浓郁的参与意识,对现实进行揭露","他思念祖国、忧国忧民的
诗句历经千年而不衰,成为永恒的警句,拨动着千万人的心弦。"[②]在美国,杜甫的
声誉与日俱增,著名的现代诗人雷克斯罗思(Ken-neth Rexroth)认为杜甫是世界
上最伟大的非史诗、非戏剧性诗人,杜甫在某些方面比莎士比亚或荷马更为优秀,
至少是更自然、更亲切。雷氏还指出杜甫所关心的是人的坚信、爱、宽宏大量、沉
着和同情,唯有这些品格才能拯救世界,所以养育杜甫的文化比荷马接受的文化
更古老、更明智。雷氏深情地称颂杜甫说:"我三十年来沉浸在他的诗中,我深信,
他使我成了一个较为高尚的人。"[③]在俄国,杜诗被许多著名大学列入课程,叶·
谢列布里亚科夫在他所著的《杜甫评传》一书中强调杜甫的巨大影响在于爱祖国、
爱人民的思想和高超的诗艺,他说:"这位古代优秀作家的诗句至今还能激励读
者,在他们心中激起高尚的思想和情操。"[④]从这些挂一漏万的叙述就可看出,杜
甫不仅是一位赢得世界性声誉的伟大诗人,而且被公认为中华文化的杰出代表。
越是具有强烈的民族文化精神的人物越能赢得世界民族之林的尊敬,杜甫的世界
意义正是深深地植根于他为之贡献一生的中华文化之中。

① 参看许志刚《杜诗在日本的传播》,《文史知识》1992 年第 1 期。
② 见《杜诗研究三十载》,《国外社会科学》1988 年第 5 期。按:1991 年 5 月、8 月,
笔者在南京、成都两次会晤李丙畴先生,李先生对杜甫的景仰给笔者留下了深刻的
印象。
③ 见屈夫、张子清《论中美诗歌的交叉影响》,《外国文学评论》1991 年第 3 期。按:
雷氏选译的《中国诗百首》("One Hundred Poems From the Chinese",Published by
James Laughlin, 1959, Printed in Italy)一书中,杜诗占的比重最大,达三十五首
之多。
④ 见李明滨《杜甫的声誉早已超越国界》,《杜甫研究学刊》1991 年第 1 期。

1961 年 12 月 15 日,在斯德哥尔摩举行的世界和平理事会主席团会议上,决定将杜甫列为次年纪念的世界文化名人。1962 年,在杜甫诞生一千二百五十周年之际,世界各地举行了广泛的纪念活动,例如日本广播协会(NHK)邀请杜诗专家吉川幸次郎教授开设了"杜诗在日本"的讲座。可以预测,随着光辉灿烂的中华文化在世界范围内的发扬光大,杜甫的影响也将与日俱增。

我们的伟大诗人将与哺育他的伟大思想文化一道万古长存。

杜甫简谱

一岁　唐睿宗太极元年/延和元年/唐玄宗先天元年(712)

正月一日,杜甫生于河南巩县瑶湾村。

四岁　唐玄宗开元三年(715)

寄养于洛阳姑母家,得重病几死。

六岁　开元五年(717)

寄居河南郾城,得观公孙大娘舞《剑器浑脱》。

七岁　开元六年(718)

始学作诗,曾咏凤凰。

九岁　开元八年(720)

能书大字。

十四岁　开元十三年(725)

在洛阳与崔尚、魏启心等交游。曾于岐王李范、秘书监崔涤宅听李龟年歌。

十九岁　开元十八年(730)

游晋至郇瑕,未几返洛阳。

二十岁　开元十九年（731）

始漫游吴越，历时四年。

二十一岁　开元二十年（732）

漫游吴越。

二十二岁　开元二十一年（733）

漫游吴越。

二十三岁　开元二十二年（734）

漫游吴越。

二十四岁　开元二十三年（735）

自吴越返洛阳，赴京兆贡举，不第。

二十五岁　开元二十四年（736）

始游齐越，至兖州省父。与苏源明结交。

二十六岁　开元二十五年（737）

游齐赵。

二十七岁　开元二十六年（738）

游齐赵。

二十八岁　开元二十七年（739）

游齐赵，秋于汶上会高适。

二十九岁　开元二十八年（740）

游齐赵。

三十岁　开元二十九年（741）

自齐赵归洛阳，筑陆浑山庄于偃师首阳山下，作文祭远祖杜预。与司农少卿杨怡之女结婚。

三十一岁　天宝元年（742）

居洛阳。

三十二岁　天宝二年（743）

居洛阳。

三十三岁　天宝三载(744)

春遇李白于洛阳。秋与李白同往王屋山访华盖君,因华盖君已死,乃返梁园,遇高适,同游梁宋。曾同登吹台,又登单父琴台。

三十四岁　天宝四载(745)

再游齐赵,会李邕于历下亭。秋与李白重逢于鲁郡,作《赠李白》诗。秋末与李白别,归洛阳。

三十五岁　天宝五载(746)

至长安,与王维、郑虔等游。《饮中八仙歌》当作于是年或以后数年间。

三十六岁　天宝六载(747)

在长安。正月,应诏就试,不第。作《春日忆李白》等诗。

三十七岁　天宝七载(748)

约于是年归偃师陆浑山庄,作《奉寄河南韦尹丈人》。

三十八岁　天宝八载(749)

在洛阳,作《冬日洛城北谒玄元皇帝庙》。

三十九岁　天宝九载(750)

春复至长安。生计渐困。秋以《雕赋》投延恩匦,不报。冬作《奉赠韦左丞丈二十二韵》。

四十岁　天宝十载(751)

在长安。献《三大礼赋》,玄宗奇之。命待制集贤院。作《兵车行》。

四十一岁　天宝十一载(752)

在长安。秋与高适、岑参等同登慈恩寺塔,作《同诸公登慈恩寺塔》。

四十二岁　天宝十二载(753)

在长安。作《丽人行》。

四十三岁　天宝十三载(754)

在长安。冬献《封西岳赋》。作《渼陂行》、《秋雨叹》等诗。

四十四岁　天宝十四载(755)

在长安。秋往奉先省亲,十月返长安,被任河西尉,不就。旋改任右卫率府兵曹参军。十一月复往奉先省亲。作《自京赴奉先县咏怀五百字》。

四十五岁　天宝十五载/唐肃宗至德元载(756)

二月自奉先返长安,就右卫率府兵曹参军职。四月赴奉先,携家至白水依舅氏崔顼。六月携家避乱至鄜州羌村。八月闻肃宗即位于灵武,只身赴之,中途为叛军所获,送至长安。作《哀王孙》、《悲陈陶》、《悲青坂》、《月夜》等诗。

四十六岁　至德二载(757)

春在长安,作《哀江头》、《春望》。四月逃至凤翔,谒肃宗。五月授左拾遗。作《喜达行在所三首》、《述怀》。旋因谏房琯事忤肃宗,诏三司推问,宰相张镐救免。闰八月,往鄜州省亲,作《羌村三首》、《北征》。十一月,携家返长安。

四十七岁　至德三载/乾元元年(758)

春、夏在长安。任左拾遗,与王维、岑参、贾至等唱和。六月贬华州司功参军。冬由华州赴洛阳。

四十八岁　乾元二年(759)

春自洛阳返华州,作"三吏"、"三别"。七月,弃官,携家往秦州。作《秦州杂诗》、《梦李白》等诗。十月,往同谷,沿途作纪行诗一组。至同谷后作《乾元中寓居同谷县作歌七首》。十二月往成都,途中复作纪行诗一组。岁末至成都。

四十九岁　乾元三年/上元元年(760)

春,建草堂于成都浣花溪畔。秋往新津会裴迪,又往彭州会高适,旋返成都。作《蜀相》、《江村》等诗。

五十岁　上元二年(761)

在成都。作《春夜喜雨》、《茅屋为秋风所破歌》等诗。冬,高适代成都尹,访杜甫。冬末严武为成都尹,时访杜甫。

五十一岁　唐代宗宝应元年(762)

春夏在成都。作《遭田父泥饮美严中丞》。七月,送严武入朝至绵州,会徐知道反,赴梓州。秋末迎家至梓州。曾访陈子昂故宅。

五十二岁　宝应二年/广德元年(763)

春在梓州,作《闻官军收河南河北》。八月往阆州吊房琯,十二月返梓州。作

《冬狩行》。

五十三岁　广德二年(764)

春初携家往阆州。作《伤春五首》、《忆昔二首》。拟出蜀,三月严武复镇蜀,来书相邀,乃携家返成都。六月,严武荐杜甫为节度参谋、检校工部员外郎。作《丹青引》、《哭台州郑司户苏少监》等诗。

五十四岁　永泰元年(765)

正月,辞严武幕职。四月严武卒。五月,携家东下,经嘉州、戎州、渝州、忠州而至云安。作《三绝句》。

五十五岁　永泰二年/大历元年(766)

春居云安。夏初移居夔州。作《咏怀古迹五首》、《诸将五首》、《秋兴八首》、《壮游》等诗。

五十六岁　大历二年(767)

在夔州,曾数度移居。作《登高》、《公孙大娘弟子舞剑器行》等诗。

五十七岁　大历三年(768)

正月,出峡东下。三月至江陵。秋移居公安。冬末至岳州。作《登岳阳楼》、《岁晏行》等诗。

五十八岁　大历四年(769)

正月离岳州,沿湘江南下。三月至潭州,又至衡州。夏复返潭州。识苏涣等人。

五十九岁　大历五年(770)

春,仍泊舟潭州。作《江南逢李龟年》。四月避臧玠乱,往衡州。又欲往郴州依舅氏崔玮,阻水耒阳,复返潭州。冬,自潭州赴岳州,作绝笔诗《风疾舟中伏枕书怀三十六韵奉呈湖南亲友》,卒于舟中。

后 记

　　杜甫的传记已经有很多种了,其中冯至先生的《杜甫传》、朱东润先生的《杜甫叙论》和陈贻焮先生的《杜甫评传》等几种,我都曾认真阅读且甚感钦佩。但是去年8月南京大学中国思想家研究中心约我撰写《杜甫评传》时,我还是很爽快地应承下来了。这当然不是因为我自信可以写出一部超过上述著作的书来,而是另有原因:作为《中国思想家评传丛书》的一种,这本《杜甫评传》在写法上必须与一般的杜甫传记有所区别。《中国思想家评传丛书》主编匡亚明先生在丛书总序中指出,这套丛书的任务是"通过对每位传主的评述,从各个侧面展现那些在不同时期、不同领域中有代表性人物的思想活力和业绩,从而以微见著、由具体到一般地勾勒出这段历史中中国传统思想文化的总体面貌,揭示其积极因素和消极因素的主要内涵,以利于开门见山、引人入胜地批判继承、古为今用,也为进一步全面系统地总结中国传统思想文化打下基础。"所以本书在把杜甫当作一位文学家进行评述的同时,必须着重阐明他在思想方面的建树,而且必须对杜甫与传统思想文化的关系予以特别的关注,而这正是其他的杜甫传记注意得不够的地方。不言而喻的是,本书作为丛书的一种,只能以《杜甫评传》为书名,尽管至少有三种同名著作早已问世了。

　　本书从去年8月下旬开始动笔,到今年6月中旬完成初稿,其间除了教学之外,我把所有的时间都用在这本书的写作上了。如今书已写完,对于它自身的长短得失,只能留给读者去评判,我觉得意犹未尽而想再说几句的是一些题外话。

后　记

我热爱杜甫,我很乐意借写评传的机会向这位伟大诗人献上一瓣心香。也许是由于我命途多舛,又缺乏浪漫气质,虽然我对李杜之优劣从不敢妄置一词,但总觉得飘逸的李白离我较远,而沉郁的杜甫离我很近。特别是当我尝到生活的艰难时(比如躺在被大风刮去茅草的茅屋里仰望着满天寒星),更深切地体会到杜甫是一位最可亲近的诗人,他的伟大即在于他的平凡之中,他的大部分诗都是为我们普通人写的。当我听说一位身居高位的学者肆意贬低《茅屋为秋风所破歌》这样的作品且声称要追问凭什么称杜甫为"人民诗人"时,不禁哑然失笑:究竟是谁在这个问题上更有发言权,是养尊处优的他呢还是千千万万正住在茅屋里的普通人?长期以来,学术界形成了一种习惯:在评价古代文学家时,要不厌其烦地指出其"局限"——阶级的、时代的,等等。似乎不这样做便不具备现代意识、不体现理论深度。于是,杜甫便常常因"忠君意识"而受到种种责备,更其甚者,有人竟指责他没有为解决封建社会固有的社会问题提出切实可行的方法,等等。我对此一向感到困惑:这样做究竟有什么意义呢? 人类的文明史是一个不断地积累、发展的过程,在它的各个分支上,都必然体现出后来居上的总趋势,所以任何杰出的历史人物总是要被后人超越的。张衡发明了地动仪,而现代的科学家已能用卫星遥感技术来预测地震了;祖冲之最早把圆周率推算到小数点后面七位,而现代的数学家借助电子计算机已把 π 值精确到小数点后十万位以上了。如果我们说张衡"受到时代的局限"而没有发明更好的地震观测及预测方法,或者说祖冲之"受到时代的局限"而没有把圆周率推算得更加精确,这样的话当然不会有什么错,可是那不是等于什么也没说吗? 据我所知,关于科技史的著作中很少见到此类"论述"。但是在文学史、哲学史的研究领域内,这样的"论述"却是大量的、经常的,有时甚至是喋喋不休的。仿佛越是把古人的"局限性"说得痛快淋漓,便越能显示论者自身的高明。我认为这种做法是对主体诠释和现代意识的极大误解,伽达默尔说:"真正的历史对象不是客体,而是自身和他者的统一物,是一种关系,在此关系中同时存在着历史的真实和历史理解的真实。"(《真理与方法》)文学史研究当然是应该体现现代意识的主体诠释,但在具体的诠释过程中必须时时牢记着对象的"历史"性质。也就是说,我们应该做的是用现代意识去理解、诠释历史人物在历史上的作用、地位,而不应该用现代意识去指责历史人物与现代的差距,因为后者事实上是没有任何意义的。所以我在本书中力图做到的是:以现代意识为指导,把杜甫置于他所属的那个时代予以审视,且诠释杜甫的文学业绩及思想在历史上的地位及其意义。

程千帆老师始终关心着本书的写作,在我动笔之前,他听取了我关于全书框架的构想。在全书完稿之后,他在病榻上审阅了第六章,指点我许多修改意见。更需要指出的是,我曾聆听千帆师讲授"杜诗"课,又曾在他指导下撰写过一些关于杜甫的论文(这些文章都收进了《被开拓的诗世界》一书),这对我撰写本书有极大的帮助。周勋初老师也始终关心本书的写作,并在百忙之中仔细审阅了全稿,提出了很具体的修改意见。愿两位老师接受我由衷的感谢。此外,我妻子陶友红女士利用休息时间帮我誊写了大部分初稿,使原来被我涂改得难以辨认的草稿变得整齐清晰了,我也对她表示感谢。

莫砺锋

1992 年 7 月 19 日,"安得赤脚踏层冰"之时

[补记]

本书交稿后,丛书主编匡亚明先生亲自审阅了全稿,责任编辑巩本栋同窗还提出了很细致的修改意见,作者理应对他们表示感谢。

当我开始写第五章时,母亲不幸患了癌症,且日益沉重,经医治无效,终于在9月初溘然长逝。母亲一直关心着本书的写作,在病榻上还多次问我书写成了没有。如今言犹在耳,而形神永逝,风树之感,不知所言。

谨以此书献给父母亲在天之灵。

莫砺锋

1992 年 10 月 30 日,"秋风渐渐吹我衣"之时

我与杜甫的六次结缘

朋友一进我家，就能察觉我对杜甫的热爱。客厅书架的顶端安放着一尊杜甫瓷像，那是来自诗圣故里的赠品。瓷像的造型独具匠心：愁容满面的杜甫不是俯瞰大地，而是举头望天，基座上刻着"月是故乡明"五字。客厅墙上有一幅题着"清秋燕子故飞飞"的杜甫诗意画，是老友林继中的手笔。我与继中兄结交的初因，就是双方都热爱杜诗。走进书房，便看到高文先生的墨宝，上书其诗一首："杨王卢骆当时体，稷契夔皋一辈人。自掣鲸鱼来碧海，少陵野老更无伦。"靠近书桌的书架上，整整两排都是各种杜集，其中的《杜诗详注》已是"韦编三绝"。我与杜甫须臾不离，我的一生与杜甫结下了不解之缘。

1. 我在苏州中学读书时，便爱上了杜诗。循循善诱的马文豪老师在语文课上引导我们走进了李白、杜甫的世界，当时我对李、杜都很喜欢，更不敢妄言李杜优劣。但是下乡插队以后，李、杜在我心中的天平逐渐倾斜起来。我开始觉得天才横溢的李白固然可敬，可他常常"驾鸿凌紫冥"，虽然在云端里"俯视洛阳川"，毕竟与我相去甚远。杜甫却时时在我身边，而且以"蹇驴破帽"的潦倒模样混杂在我辈中间。1973年深秋，我正在地里用镰刀割稻，一阵狂风从天而降，刮破了那座为我遮蔽了五年风雨的茅屋。我奔回屋里一看，狂风竟然"卷我屋上全部茅"！屋顶上只剩梁、椽，蓝天白云历历在目。生产队长赶来察看一番，答应等稻子割完就帮我重铺屋顶，让我先在破屋子里坚持几天。当天夜里，我缩在被窝里仰望着满天星斗，寒气逼人，难以入睡。我们村子还没通电，定量供应的煤油早已被我点灯用完,四周漆黑一片。忽然,一个温和、苍老的声音从黑暗中传来:"安得广厦千万间,大庇天下寒士俱欢颜,风雨不动安如山!"我顿时热泪盈眶,杜甫关心天下苍生的伟大情怀穿透时空来到我身边了!从那个时刻起,杜甫在我心中的分量超过了李白。想起此前一位身居高位的名人肆意贬低《茅屋为秋风所破歌》,还追问凭什么称杜甫为"人民诗人",我激动万分。我想大声地说:杜甫是当之无愧的人民诗人!在这件事情上,千千万万像我一样住在茅屋里的普通人最有发言权!

2. 1979 年,我考取南京大学研究生,在导师程千帆教授的指导下攻读古典文学。白发苍苍的程先生亲自登上讲坛,为我们开讲两门课程,其中一门就是杜诗。程先生的杜诗课不是作品选读,而是专题研究。他开课的目的不是介绍有关杜诗的知识,而是传授研究杜诗的方法。在程先生讲授内容的基础上,由他与我及师弟张宏生三人合作,写成了一本杜诗研究论文集——《被开拓的诗世界》。我和张宏生在该书的后记里说:"在千帆师亲自给我们讲授的课程中,杜诗是一门重点课。除了课堂上的讲授之外,平时也常与我们讨论杜诗。在讲课和讨论的过程中,我们固然常有经过点拨顿开茅塞之感,千帆师也偶有'起予者商也'之叹。渐渐地,海阔天空的漫谈变成了集中的话题,若有所会的感受变成了明晰的语言。收在这个集子中的十一篇文章,都是在这个教学过程中产生的。我们现在把它们呈献给广大读者,既作为我们师生共同研读杜诗的一份心得,也作为千帆师指导我们学习的一份教学成绩汇报。"《被开拓的诗世界》这本书对我的重要意义是,我的身份从杜诗读者逐渐成长为杜诗研究者。

3. 1991 年,南京大学中国思想家研究中心约请我撰写《杜甫评传》。当时至少已有三种同名的著作早已问世,其中陈贻焮教授所著的一种是长达百万字的皇皇巨著,其细密程度已经无以复加。那么,我为什么同意另外撰写一本《杜甫评传》呢?从表面上看,这是学校交下来的任务,作为《中国思想家评传丛书》的一种,它的写法必然会与其他杜甫评传有所不同。因为这本书在把杜甫当作一位伟大的文学家来进行评述的同时,必须着重阐明他在思想方面的建树,必须对杜甫与传统思想文化的关系予以特别的关注,这正是其他杜甫评传可能不够关注的地方。换句话说,由于这本评传的特殊性质,我仍有可能找到继续拓展的学术空间。

然而从骨子里看,我所以会接受这个任务,是因为我热爱杜甫,我愿意借撰写评传的机会向诗圣献上一瓣心香。我动笔撰写《杜甫评传》时,虽然时时提醒自己应以严谨的学术态度来叙述杜甫的生平和思想,并恰如其分地评价杜甫在思想史上的贡献,但内心的激情仍然不由自主地流淌到字里行间。我希望通过撰写此书向杜甫致敬,并把我的崇敬之情传达给广大的读者。撰写《杜甫评传》的过程将近一年,我与杜甫朝夕相对,有一夜我竟然在梦中见到了他。他清癯,憔悴,愁容满面,就像是蒋兆和所画的像,又像是黄庭坚所咏的"醉里眉攒万国愁"。他甚至还与我说了几句话,操着浓重的河南口音,可惜我没有记住他究竟说了些什么。1993年,我的《杜甫评传》由南京大学出版社出版。此书评传结合而侧重于评,并且寓评于传。我从两个方面论述杜甫的思想:一是其哲学思想、政治思想等,也即一般意义上属于"思想史"范畴的内容;二是其文学思想和美学思想,尤其是他在诗学方面的真知灼见。正是这些内容形成了本书区别于其他杜甫评传的主要特色。

4. 程先生退休后,我开始接他的班,为研究生讲授"杜诗研究"这门课。"薪尽火传",这是程先生经常说起的一句话,是他对学术事业后继有人的殷切希望,也是鼓励我讲好杜诗课的座右铭。我所讲的内容中有一小部分与程先生重合,大部分内容则有所不同,倒不是我有意要标新立异,而是我觉得程先生所讲的许多内容已经写进《被开拓的诗世界》那本书,同学们可以自己阅读,不用我来重复。与程先生一样,我也希望多讲授一些研究方法。我讲到了如何运用目录学知识来选择杜集善本,如何进行杜诗的文本校勘、作品系年和杜甫生平考证,如何"以杜证杜",等等。我也与同学们一起逐字逐句地细读《北征》、《自京赴奉先县咏怀五百字》、《秋兴八首》等重要作品,希望引导同学通过细读来掌握文本分析的要领。我规定选修这门课的同学要写一篇杜诗研究的小论文,历年来已有20来篇学生作业经我推荐发表于《杜甫研究学刊》等刊物。2005年,广西师大出版社的编辑前来约稿,请我把杜诗课的讲稿收进该社的"大学名师讲课实录"系列。盛情难却,我就请武国权同学帮我记录2006年春季学期所讲的内容。我讲课一向不写教案,武国权的记录完全是根据我讲课的现场录音而整理的。他整理得非常仔细,绝对忠实于录音带上的原文,结果发生了一个有趣的插曲。我在讲杜甫的咏物诗时提到王安石的《北陂杏花》，结果我发现武国权的整理稿中说王诗咏的是长在南京"中山北路"上的杏花。我大吃一惊，北宋时哪来什么中山北路呢？现在的南京倒是有一条中山北路的。经过仔细回想，我恍然大悟，原来我说的是"钟山北麓"。这当然不能怪我的普通语说得不好，因为两个名词的读音是完全一样的。由此可见，武国权整理时多么忠实于原文，这也说明本书确确实实是一本根据口授记录的讲演录。

5. 2012 年是杜甫诞生 1300 周年，学术界准备进行一些纪念活动。但是那年春天，社会上倒抢先关注杜甫了。4 月，媒体上爆出一个事件，叫作"杜甫很忙"。原来中学某年级的《语文》课本上有一幅杜甫的肖像画，有些中学生对它进行涂鸦。事件发生后，南京《扬子晚报》的记者打电话给我，请我对此发表看法。我看了记者传来的材料，看到中学生们对杜甫画像涂鸦得很厉害，画成了杜甫飙摩托车，杜甫唱卡拉 OK，还有更加不堪的，我有点不高兴，就没有接受采访。到了 9 月，杜甫草堂博物馆在成都举办杜甫诞辰 1300 周年纪念大会，邀请我到草堂去做题为"诗圣杜甫"的演讲。我当时人在国外，没能成行。到了 12 月，国家图书馆请我去做同样题目的演讲，我就向听众解释为什么"杜甫很忙"事件使我不高兴。我知道涂鸦已成为当代西方艺术的一个流派，我在纽约的一家现代艺术博物馆亲眼看到一幅涂鸦《蒙娜丽莎》的作品。但是我们在任何现代艺术博物馆里都看不到涂鸦圣母玛利亚像的作品，因为西方人认为圣母像是神圣不可侵犯的。同理，我们不能涂鸦杜甫像。杜甫是中华民族的诗圣，诗圣就是诗国中的圣人。儒家主张个人应该修行进德，争取超凡入圣，孟子说"人皆可以为尧舜"，王阳明的弟子说"满街都是圣人"，杜甫就是从布衣中产生的一位圣贤，我们应该对他怀有敬畏之心。2016 年 9 月，我又应邀到杜甫草堂，在"仰止堂"里做"诗圣杜甫"的演讲。我当场对成都人民表示感谢，因为当年的杜甫草堂仅是几间穿风漏雨的破草房，如今却成为亭台整洁、环境幽雅的文化圣地，这是历代成都人民为杜甫"落实知识分子政策"的结果。近年来我在各地的大学或图书馆做过 20 多场关于杜甫的讲座，我愿意为弘扬杜甫精神贡献绵薄之力。

6. 2014 年，商务印书馆约请我编写一本《杜甫诗选》，我邀请弟子童强教授与我合作。此时有多种杜诗选本早已问世,其中山东大学中文系古典文学教研室选注的《杜甫诗选》和邓魁英、聂石樵选注的《杜甫选集》,选目数量适中,注释简明扼要,对一般的读者很有帮助,也是我们常置案头的杜诗读本。既然如此,我们为何同意重新编选一本杜诗选本呢?最主要的原因是我们热爱杜甫,我们希望通过编选本书向杜甫致敬。一座庙宇可以接纳众多的香客,无论他们是先来还是后到,也无论他们贡献的香火是多是少,都有资格在神像前顶礼膜拜。同理,无论别人已经编选了多么优秀的杜诗选本,都不会妨碍我们的重新编选,况且我们对杜甫和杜诗持有自己的观点,我们的编选工作不是跟着前辈亦步亦趋。比如选目,本书与上述两种杜诗选本有较大的差异:删削率达四分之一,新增率则达十分之三。总之,本书所选的190题、255首杜诗,就是我们心目中的杜诗代表作。其中有些作品因思想倾向的因素长期不被现代选家重视,例如《投赠哥舒开府翰二十韵》、《哀王孙》;有些作品因诗体、风格的因素而被忽视,例如七排《题郑十八著作丈》、五古《火》,现在一并选入本书,希望它们得到读者的重视。本书的注释参酌各家旧注,择善而从,力求简洁。偶有己见,仅注出处,不作辨析。如《喜达行在所》"雾树行相引"句,旧注未及出处,本书引《国语·周语》"列树以表道"。又如《风疾舟中伏枕书怀三十六韵奉呈湖南亲友》中"鼓迎非祭鬼"句,旧注仅引《岳阳风土记》,本书增引《论语·为政》:"非其鬼而祭之,谄也。"本书中每首诗都有"评赏",文字或长或短,内容不拘一格,或串讲题旨,或分析诗艺,或介绍前人的重要评论,希望对读者理解杜诗有所帮助。这本《杜甫诗选》已于今年4月出版,衷心希望读者朋友喜爱它,也衷心希望大家对它的错误和缺点予以指正。

莫砺锋

图书在版编目(CIP)数据

杜甫评传 / 莫砺锋著. —南京：南京大学出版社，
2019.5(2022.11 重印)
　　ISBN 978-7-305-21832-3

　Ⅰ.①杜…　Ⅱ.①莫…　Ⅲ.①杜甫(712-770)—评
传　Ⅳ.①K825.6

中国版本图书馆 CIP 数据核字(2019)第 054196 号

出版发行　南京大学出版社
社　　　址　南京市汉口路 22 号　　　　　邮　编 210093
出 版 人　金鑫荣

书　　名　**杜甫评传**
著　　者　莫砺锋
责任编辑　李廷斌　马蓝婕

照　　排　南京紫藤制版印务中心
印　　刷　南京爱德印刷有限公司
开　　本　700×1000　1/16　印张 21.5　字数 308 千
版　　次　2019 年 5 月第 2 版　2022 年 11 月第 4 次印刷
ISBN　978-7-305-21832-3
定　　价　138.00 元

网　　址:http://www.njupco.com
官方微博:http://weibo.com/njupco
官方微信:njupress
销售咨询热线:(025)83594756